SUBSIDIA BIBLICA

7

COMPARATIVE STUDIES
IN RECENT GREEK
NEW TESTAMENT TEXTS

Nestle-Aland's 25th and 26th Editions

ROMAE
E PONTIFICIO INSTITUTO BIBLICO
1983

DAVID HOLLY

Comparative Studies in Recent Greek New Testament Texts

Nestle-Aland's 25th and 26th Editions

ROME
BIBLICAL INSTITUTE PRESS
1983

TYPIS P.U.G. - ROMAE — IMPRESSIO OFFSET

Dedicated
to
my dear Parents,
who were the first
to teach me
in the faith,
and
to
my religious Community
of
Camaldoli,
which continues
to nurture
in me
the love of God
in
Christ Jesus,
with especial appreciation to
its charismatic superiors,
Don Benedetto Calati,
Don Emanuele Bargellini,
and
Don Anselmo Giabbani

Introduction

*T*HESE comparative studies in recent Greek New Testament texts attempt to underscore the multiple differences between Nestle-Aland's 25th (1963) and 26th (1979) editions, with reference, as occasion arises, to the United Bible Societies' edition (UBS³) of 1975. The various types of difference, along with their code-letters, meanings, and examples, may be seen on page 64 within. These differences have been subsumed under 16 headings: accentual changes [a], additions of words (with and without square brackets) [A], punctuation affecting a final accent [á,P], elimination of bold type in the 25th edition via non-italicized type in the 26th [bt to ni], errors [E], lexical changes [L], orthographical changes (which entail both spelling and the addition and subtraction of capitalization)[O], inclusion of italicized type in the 26th edition where there was no bold type in the 25th [nbt to i], subtraction of round single brackets [(p¹)], addition and subtraction of square single brackets [p¹], subtraction of square double brackets [p²], punctuation changes (as added, subtracted, or substituting) [P], the question mark (as added, subtracted, substituted, or substituting) [P?], substitutions of words [S], subtractions of words (with and without square brackets) [Sb], and word-order changes [W]. The studies fall conveniently into three, with an Appendix:

Study One : The Complete Changes between Nestle-Aland's 25th and 26th Editions.
Two : A Catalogue of All the Changes.
Three : A Catalogue of the New Frequencies effected by the Changes.
Appendix : A Study of Important Particles and Other Small Words in the New Testament, the better to relate Word-Frequency to Grammatical and Syntactical Usage. Exact Statistics.

STUDY ONE

This section (pp. 1-61) lists in double columns all the various differences between the 25th and 26th editions. Note well that these differences have been drawn from the first printing of N-A²⁶ (1979). There have been subsequent printings of the same edition. My format is simple, comprising the text reference, the reading of the 25th edition, the reading of the 26th edition, and the code-letter identifying the kind of change. For example,

TEXT	N-A '63 (25th)	N-A '79 (26th)	TYPE
Mt 2.23 †	Ναζαρέθ	Ναζαρέτ	O

This indicates that at Matthew 2.23 there is an orthographical difference (involving a change of spelling from θ to τ). The dagger (†) which follows the reference on the left side of the format indicates that the editors of the 26th edition have called attention to this change in the apparatus below their text. In principle, additions of words, lexical changes, substitutions of words, subtractions of words, and word-order changes are so marked by them. Orthographical differences which involve a change in spelling are not always indicated in this manner. There may be more than one change under a text reference. For example, at Mt 4.2 both a word-order change and an addition of punctuation are found in νύκτας τεσσεράκοντα, .

When there are two or more different kinds of either orthographical or punctuational changes in the same verse, one may find on the right side of the entire format the three symbols + (plus), − (minus), and X (multiple), to indicate whether either spelling or capitalization changes or punctuational differences have been added, subtracted, or substituted, respectively. This is only a device of convenience, inasmuch as one may see at a moment's reflection the nature of the differences. For example, for differing orthographical changes affecting capitalization, a plus and minus are had at Mt 13.3 (p.5), and a minus and plus at 1-Ti 3.1 (p. 44); for punctuational differences, all three signs may be seen at Lk 24.10 (p. 19). Where there is only one such change in a verse, or two or more of the same kind, no such symbols appear, since one may readily see where Nestle-Aland have made an addition, subtraction, or substitution of punctuation, or an orthographical change.

Discovery of the changes between the two editions has been accomplished by collating the differences only by sight. All the editors' daggers in the apparatus below their text (761) * were utilized as well, and the findings have been double-checked. I may only hope that all such changes, for the sake of completeness, have been included.

STUDY TWO

This section (pp. 62-91) consists in a catalogue of the 16 types of changes enumerated in the first paragraph of this introduction. It includes an alphabetical arrangement of these types, eight sections of which

* i.e., †

Mt	Mk	Lk	Jn	Ac	Rm	1-C	2-C	Ga	Eph	Phl	Col	1-Th	2-Th	1-Ti	2-Ti	Tit	Phm	Hb	Jm	1-Pt	2-Pt	1-Jn	2-Jn	3-Jn	Jd	Rv
114	83	95	114	122	34	24	22	10	6	7	9	4	4	3	4	0	20	11	13	7	8	2	0	8	30

The total count is based on how many times daggers appear as symbols in the apparatus. But one dagger may be used for two words (cf. Mt 3.16 bis in N-A²⁶). Such usage is registered in my columns through the insertion of another dagger. Thus, the reason for any divergence in the count. ⟶ A

INTRODUCTION

(**a, A, E, L, O, P¹, S**, and **Sb**), having the differences between the two texts of N-A written out in full, as in Study One. The remaining eight sections (**a, P, bt** to **ni, nbt** to **i**, (**p¹**), **p¹**, **p²**, **P**, and **W**) have only the text reference indicated inasmuch as one may readily consult the information in Study One which has been fully inscribed. In Study One the code **bt** to **ni** has been written out as "bold type" and "not italicized", and **nbt** to **i** has been written, "not bold type" and "italicized", for greater clarity. Strictly speaking, in Study Two the section **nbt** to **i** should have preceded section **O**, but this is of little consequence.

STUDY THREE

This section (pp. 92-111) contains a catalogue of the new frequencies effected by the changes in Nestle-Aland's 26th edition, to be found in the right margins of these manuscript pages under the caption, "New Freq.". Immediately before the "References" on these pages, a succinct code has been inserted, indicating in which manner the changes have occurred. This code comprises the letters **A, L, S**, and **Sb** (for, via addition, lexical change, substitution, and subtraction, respectively).*The plus or minus signs (**+, -**) which precede these letters signify that the changes were effected either by addition or subtraction. Thus, both the addition and subtraction of words were effected in three ways:

a) addition: 1) **+A** : by the simple addition of a word not previously had in the text:
   e.g., ἀκαθάρτου at Rv 18.[2];

from the viewpoint of N-A²⁶

2) **+L** : by a lexical change which may only add to the stock of certain lexical forms comprised under the same word:
   e.g., αὐταῖς for αὐτοῖς at Rv 9.3f, both of which belong to αὐτός;

3) **+S** : by the substitution of a word formerly in the text with another word:
   e.g., ἃ for ὅσα at 1-C 2.9.

b) subtraction: 1) **-Sb** : by the simple subtraction of a word previously had in the text:
   e.g., αἰώνων at Rm 16.[27];

from the viewpoint of N-A²⁵

2) **-L** : by a lexical change which may only subtract from the stock of certain lexical forms comprised under the same word:
   e.g., ἐμοῦ which cedes to μου in the 26th edition at Mt 19.29, both of which belong to ἐγώ;

3) **-S** : by the substitution of a word formerly in the text with another word:
   e.g., ἐξ which cedes to εἰς in the 26th edition at Ac 12.25.

Needless to say, lexical changes and substitutions have double entries under both plus and minus. Moreover, since both the subtractions of lexical forms and of other words via substitution from N-A²⁵ affect the frequency count of such words by way of decrease for N-A²⁶, there is an indirect viewpoint for the 26th edition under the subdivision "subtraction", above.
       On pp. 105-111 of Study Three, there is to be found a subsection entitled, "How the new Greek text (N-A '79) affects the Frequencies in my Categorized Vocabulary (1978/1980)". This subsection presents an alphabetical listing of all the words which have been affected by the new frequencies. Both the old and new word-frequencies are shown, along with other relevant information. Thus, any frequencies not included here remain as already listed in the abovementioned Vocabulary.

APPENDIX

This section (pp. 112-147) contains a study of important particles and other small words in the New Testament with their exact frequencies indicated for the 27 books and letters. Then follows a statistical analysis of N-A²⁶ in which there is a treatment of the number of words in N-A²⁶ as a whole, as well as in each book and letter, the number of times δέ, καί, and the article occur, the number of question marks and editorial daggers, and on which pages of N-A²⁶ all of this information is to be found.

Finally, I would like to extend my sincere appreciation to **James Swetnam, S.J.**, of the Pontifical Biblical Institute in Rome for his encouragement and advice during the preparation of this manuscript, to the Editorial Board of the same Institute for graciously accepting my manuscript for publication, to my own Community of Camaldoli for allotting me the time and leisure necessary in which to complete this work, and to my dear friend **Signor Paolo Cavallaro** of Firenze, Italy, for patiently checking through countless columns of frequencies in order to ensure the accuracy of these studies.

The Author, Camaldoli, Easter, 1983

---

* The only exception is **+O** and **-O** which concern the difference at Lk 12.21 between αὐτῷ (contracted: N-A²⁵) and ἑαυτῷ (N-A²⁶), a difference which concerns the same basic word (as either contracted or uncontracted), a phenomenon which must be considered as orthographical.

Abbreviations

General Principle : Abbreviations are meant to be read in context, and as such should be readily intelligible. Thus, a certain diversity in their forms for the same word should be allowed. The alternative is to have to memorize uniform and stereotyped abbreviations — a rather useless task, but not always avoidable.

A

a		accentual differences.
A		additions of words.
Ac		Acts of the Apostles.
acc., ACC.		accusative (case).
act.		active (voice).
adj.		adjective.
adj., 25	*	" in plural only, declined.
adj., 26	*	" in singular only, declined.
adv.		adverb.
advbl.		adverbial. See advl.
adversat.		adversative.
advl.		adverbial. See advbl.
adv. M.	*	adverb of manner.
adv. PL.	*	adverb of place.
adv. S.	*	simple adverb (catch-all category).
adv. T.	*	adverb of time.
adv. ως	*	adverb like ὁμοίως.
affirm.	*	affirmative (particle).
aft.		after, following.
aor.[1]		first (weak) aorist (verbal action).
aor.[2]		second (strong) aorist (" ").
a,P		punctuation affecting a final accent.
Aram.		Aramaic (word).
artic.	*	article (definite).
as = to		as equal to.
Att.		Attic.
attract.		attraction.
attrib.		attributive (adjective).

B

B·A·G		Bauer-Arndt-Gingrich, "A Greek English Lexicon of the New Testament and Other Early Christian Literature", 2nd Ed. (University of Chicago Press, Chicago and London) 1979.
B.C.		before Christ (ian era).
bef.		before.
bis		twice, two times.
bis [+]		See p. 81 for the use of this.
Bl-D		Blass-Debrunner-Funk, "A Greek Grammar of the New Testament and Other Early Christian Literature" (University of Chicago Press, Chicago and London) 1974.
bt to ni		bold type to not italicized.

C

c.		common (gender).
C		Corinthians : 1-C, 2-C.
C-A	*	contracted verb, stem in α.
caus.	*	causal (conjunction).
C-E	*	contracted verb, stem in ε.
cf.		confer, compare, consult, see.
circumst.		circumstance.

For use of asterisk (*), see p. x under Numerical Abbreviations.

cl.		clause.
class.		classical (Greek, usage).
C-O	*	contracted verb, stem in o.
Col		Colossians.
compar.		comparative.
construct.		construction.
cont'd.		continued.
conj.	*	conjunction.
coörd.	*	coördinate (conjunction).
correl.		correlative.

D

D	*	dental verb.
dat., DAT.		dative (case).
decl.		declension.
def.		definite. See defin.
defin.		definite. See def.
demonst.	*	demonstrative (pronoun).
dep.	*	deponent (verb).
dir.		direct.
disjunct.		disjunctive.
disting.		distinguish.
doubl.		double.

E

E		errors.
ed.		edition.
e.g.		exempli gratia, for example.
emph.		emphatic. See emphat.
emphat.		emphatic. See emph.
enclit.	*	enclitic (particle).

Mt 19.29		received: ὀνόματός μου
Jn 7.3		retained: σοῦ τὰ ἔργα
1-Ti 6.13		lost : παραγγέλλω [σοι]
Eph		Ephesians.
etc.		et cetera, and so forth.
exc.		except.

F

f.		following (used after a reference).
f, f., F.		feminine. See fem.
fem.		feminine. See f, f., F.
fr.		from.
French Concordance		"Concordance de la Bible Nouveau Testament" (Editions du Cerf, Desclée de Brouwer) 1970.
freq., Freq.		frequency.
fut.		future (tense).
fut.[1]		first (weak) future passive (tense).

G

G	*	guttural verb.
Ga		Galatians.
gen., GEN.		genitive (case). See genit.

ABBREVIATIONS

genit.		genitive (case). See gen., GEN.			Clark, Edinburgh) 1976.
G-1	*	guttural verb, iota in the present.	mid.	*	middle (voice).
G in pr.	*	" " in the present only.	Mk		Mark.
			Mt		Matthew.

H

N

Hb		Hebrews.			
Heb.	*	Hebrew (word).	n.		noun.
Hell.		Hellenistic.	N	*	nasal verb.
HGr(k)		Hellenistic Greek.	N-A		Nestle-Aland.
			N-A²⁵		Nestle-Aland, "Novum Testamentum Graece et Latine" (Württembergische Bibelanstalt, Stuttgart) 1963.

I

i.e.		id est, that is.	N-A²⁶		Nestle-Aland, "Novum Testamentum Graece" (Deutsche Bibelstiftung, Stuttgart) 1979.
im., impf.		imperfect (verbal action). Cf. imv.			
impers.	*	impersonal (verb).			
impr.	*	improper (preposition).	N-A '63		= N-A²⁵.
imv.		imperative (mood). Cf. im.	N-A '79		= N-A²⁶.
ind.		indicative (mood).	nbt to i		not bold type to italicized.
indecl.	*	indeclinable (word).	neg.	*	negative. See negat.
indef.		indefinite (pronoun). See indefin.	negat.	*	negative. See neg.
indefin.		indefinite ("). See indef.	neut.		neuter. See nt., NT.
inf.		infinitive (mood).	nm.		name.
inferent.	*	inferential (particle).	nom., NOM.		nominative (case).
in se		in itself.	noviens		nine times.
interj.	*	interjection.	nt., NT		neuter. See neut.
interr.	*	interrogative. See interrog.	N.T.		New Testament.
interrog.	*	interrogative. See interr.	num.		number, numeral.
in toto		totally.			
intr.		intransitive (verb).			
Ion.		Ionic.			
irr.		irregular (word).			
Irr., 18	*	the adjective πολύς, -λλή, -λύ.			

O

			O		orthographical changes.
			obj.		object.
			oft.		often.
			opt.		optative (mood).

J

P

Jd		Jude			
Jm		James.			
Jn		John. Also, 1-Jn, 2-Jn, 3-Jn.	P., pp.		page, pages.
			p¹		... single brackets.

L

			(p¹)		subtraction of round single brackets.
L		lexical changes. } no confusion	p²		subtraction of square double brackets.
L	*	liquid verb. } in context.	P		punctuation changes.
LB	*	labial verb.	P¹		the question mark and its changes.
Lk		Luke.	partic.	*	particle. Cf. pt.
LXX		Septuaginta edidit Alfred Rahlfs, Editio Sexta, 2 vols. (Württ. Bibelanstalt Stuttgart) Undated.	pass.	*	passive (voice).
			perh.		perhaps.
			periphr.		periphrastic.
			pers.	*	personal (pronoun).
			pf.		perfect (verbal action).

M

			pf.²		second (strong) perfect (verbal action).
m, m., M.		masculine. See mas(c).	pf.-pr.	*	verb in perfect w. present meaning.
M.	*	of manner (adverb).	Phl		Philippians.
M.		Morgenthaler, Robert, "Statistik des neutestamentlichen Wortschatzes" (Gotthelf-Verlag, Zürich) 1958.	Phm		Philemon.
			pl., PL.		plural (number).
			PL.		of place.
mas(c).		masculine. See m, m., M.	plupf.		pluperfect (verbal action).
metaphor'ly.		metaphorically.	poss.		possessive (pronoun).
M-G		Moulton-Geden, "A Concordance to the Greek Testament", Ed. 5 (T. and T. Clark, Edinburgh) 1978.	pr.		present (verbal action).
			pr.-pf.	*	verb in present w. perfect meaning.
			predicat.		predicative (adjective).
M-H		Moulton-Howard, "A Grammar of New Testament Greek" (T. and T.	prep.	*	preposition.
			pron.	*	pronoun.

ABBREVIATIONS

pr(op).	proper.	viz.	videlicet, namely.
pt.	participle (mood). Cf. partic.	v.l.	variant reading.
Pt	Peter : 1-Pt, 2-Pt.	voc., VOC.	vocative (case). See vocat.
punctuat.	punctuation.	Vocabul.	my Categorized Vocabulary of 1978/ 1980. See p. 93, num. 2.

Q

		vocat.	vocative (case). See voc., VOC.
		v v.	verses.
quater	four times.	v. v.	vice versa.
ques.	question.		

quinquaquiens ter   affecting fifty-three words.

W

quinquiens   five times; affecting five words.

R

		w.	with.
		W	word-order changes.
rec'd.	received (enclitic).	w/o.	without.
ref.	reference, with reference to.		

Z

refl. *	reflexive (pronoun). Cf. reflex.	
reflex. *	reflexive (pronoun). Cf. refl.	
relat. *	relative (pronoun).	Z Zerwick, M., "Analysis Philologica Novi Testamenti Graeci (Sumptibus Pontificii Instituti Biblici, Romæ) 1966.
Rm	Romans.	
Rv	Revelation (Apocalypse).	

Z-G   Zerwick, M., and Grosvenor, Mary, "An Analysis of the Greek New Testament", vols. I-II (Biblical Institute Press, Rome) 1974 and 1979.

S

S	substitutions of words.
Sb	subtractions of words.
sexiens	six times.
sg., SG.	singular (number).
spec. *	special (verb; declension).
subj.	subject. Cf. subjunctive.
subj.	subjunctive (mood). See subjc.
subjc.	subjunctive ("). See subj.
subord. *	subordinate (conjunction).
subst.	substantive.
suppl. *	suppletive (verb).
Synops.	K. Aland, "Synopsis Quatuor Evangelium" Editio Septima (Württembergische Bibelanstalt Stuttgart) 1971.

--- NUMERICAL ABBREVIATIONS ---

These concern the numerical codes used in my Categorized Vocabulary to classify nouns (always with a decimal; e.g., 1.2 : first decl., second type), and adjectives (always with a comma; e.g., 2-1, 1 : second and first decls., first type). Together with the codes already classified in the former alphabetical list (marked with an asterisk), and the coded Greek abbreviations which follow this numerical list, one may see, in general, which categories of words have been affected by the changes between N-A[25] and N-A[26].

T

t., T. *	time, of time (adverb).	1.1	words like ἀρχή, -ῆς.
temp.	temporal. See tempor.	1.2	" " ἡμέρα, -ας.
tempor.	temporal. See temp.	1.3	" " δόξα, -ης.
ter	thrice, three times.	1.4	" " προφήτης, -ου
Th	Thessalonians: 1-Th, 2-Th.	2.7	" " λόγος, -ου.
Ti	Timothy: 1-Ti, 2-Ti.	2.8	" " ἔργον, -ου.
Tit	Titus.	3.9f	" " ἀλώπηξ, -εκος.
tr., trans.	transitive (verb).	3.12m,f	" " παῖς, -ιδός.
transit. *	transition (adverb of).	3.18	" " Ἕλλην, -ηνος.
triciens bis	affecting thirty-two words.	3.19m	" " αἰών, -ῶνος.
ts.	times.	3.20m,f	" " πατήρ, -τρός; μήτηρ.
		3.22	" " ῥήτωρ, -ορος.

U

		3.24	" " χείρ, -ρός.
		3.31	" " γράμμα, -ατος.
		3.32	" " κέρας, -ατος.
		3.33	" " γένος, -ους.
		3. decl., no class	" " ἁγιότης, -τητος, ἡ
UBS[3]	United Bible Societies, "The Greek New Testament" (Württemberg Bible Society Stuttgart) 1975.	2-1, 1	adjs. like ἀγαθός, -ή, -όν.
		2-1, 2	" " ἅγιος, -ία, -ον.
		2, 5	" " ἀδύνατος, -ον.
UBS[75]	= UBS[3].	3-1, 6	" " πᾶς, πᾶσα, πᾶν.

V

		3-1, 13	" " ταχύς, -εῖα, -ύ.
		3,19	" " ἄφρων, -ον.
		3,21	" " μείζων, -ον.
v.	verse.	3,22	" " ἀληθής, -ές.
vb.	verb.		

ABBREVIATIONS

—— GREEK ABBREVIATIONS ——

+ αν	verbs lengthened in the pres. by αν; e.g., αὐξάνω.
+ αν +	verbs lengthened in the pres. by αν, with an added nasal; e.g., λαμβάνω.
+ ισκ	verbs lengthened in the present by ισκ; e.g., ἀναλίσκω.
μι¹	the ἵστημι family of verbs.
μι²	" τίθημι " " " .
μι³	" δίδωμι " " " .
μι⁴	" δείκνυμι " " " .
+ ν	verbs lengthened in the present by ν; e.g., πίνω.
+ ν +	verbs lengthened in the pres. by ν, with a vowel change; e.g., ἀναβαίνω.
+ ν; = ω	verbs formed from the present plural stem of ἵστημι (i.e., ἱστα-), with an added ν, and conjugated like thematic verbs; e.g., συνιστάνω.
+ σκ	verbs lengthened in the pres. by σκ; e.g., ἀρέσκω.
ω	symbol used for a thematic verb.

—— SIGNS AND SYMBOLS ——

+	plus; = addition.
–	minus; = subtraction.
×	multiple; = substitution.
!	take notice.
▸	cf. p. 12f. for an explanation of this.
<	derived from.
?	uncertainty.
=	equal (to).
†	(in Studies One and Two); see Introduction, p. vi for an explanation.
⸸	(in Study Three); see p. 93, num. 6.
*, §	(in Study Three); see p. 93, num. 10.
× 2	(in Appendix); see p. 113.
ⓘ	(in Appendix); see p. 113.
*	(in Appendix); see p. 113.

Contents

Study One

The Complete Changes
between
Nestle-Aland's
25th and 26th Editions

NOTES

For an explanation of Study One, see the Introduction, p. vi.

For Abbreviations, see pp. viii-xi.

The General Format:

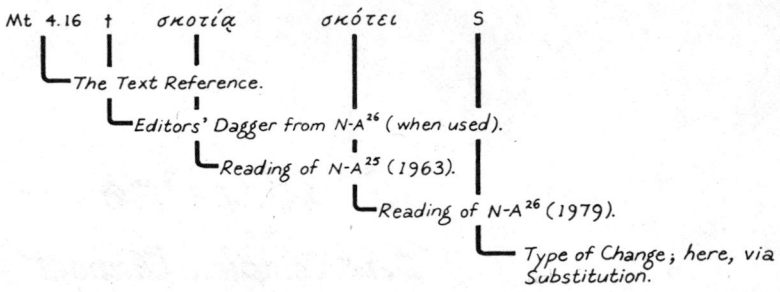

Mt 4.16 † σκοτίᾳ σκότει S

— The Text Reference.

— Editors' Dagger from N-A²⁶ (when used).

— Reading of N-A²⁵ (1963).

— Reading of N-A²⁶ (1979).

— Type of Change; here, via Substitution.

Mt

TEXT	N-A '63	N-A '79	TYPE	TEXT	N-A '63	N-A '79	TYPE
1.15	Ἐλεαζάρ	Ἐλεάζαρ	a	4.19	ἀλεεῖς	ἁλιεῖς	O
	Ἐλεαζάρ	Ἐλεάζαρ	a	.21	Καὶ	καὶ	O
	Μαθθάν	Ματθάν	O		αὐτῶν ·	αὐτῶν,	P
	Μαθθὰν	Ματθὰν	O	.23	Γαλιλαίᾳ,	Γαλιλαίᾳ	P
.19	λάθρα	λάθρα	O	.24	καὶ	Καὶ	O
.20	ἐνθυμηθέντος,	ἐνθυμηθέντος	P		συνεχομένους,	συνεχομένους	P
.22	Τοῦτο	τοῦτο	O	†		[καὶ]	A
.24	[ὁ]	ὁ	p¹	5.1	ὄρος ·	ὄρος,	P
	κυρίου,	κυρίου	— P	.3	οἱ πτωχοὶ	οἱ πτωχοὶ	
	αὐτοῦ ·	αὐτοῦ,	x P		(bold type)	(not italicized)	
.25	[οὗ]	οὗ	p¹	.4	οἱ πενθοῦντες and	οἱ πενθοῦντες and	
2.2	ἀνατολῇ,	ἀνατολῇ	P		παρακληθήσονται	παρακληθήσονται	
.3	ἐταράχθη,	ἐταράχθη	P		(bold type)	(not italicized)	
.6	Ἰούδα.	Ἰούδα	O	.5	οἱ πραεῖς and κληρο-	οἱ πραεῖς and κληρο-	
.7	λάθρα	λάθρα	O		νομήσουσιν τὴν γῆν	νομήσουσιν τὴν γῆν	
.9	ἐπορεύθησαν ·	ἐπορεύθησαν	P		(bold type)	(not italicized)	
	αὐτοὺς	αὐτούς,	a.P	.8	οἱ καθαροὶ τῇ	οἱ καθαροὶ τῇ	
.11	αὐτῷ,	αὐτῷ	P		καρδίᾳ	καρδίᾳ	
	δῶρα...λίβανον	δῶρα...λίβανον			(bold type)	(not italicized)	
	(bold type)	(not italicized)		.9	[αὐτοὶ]	αὐτοὶ	p¹
.13	αὐτῶν,	αὐτῶν	P	.11	ἐστε	ἐστε,	P
	αὐτοῦ,	αὐτοῦ	P		ψευδόμενοι	[ψευδόμενοι]	p¹
	Αἴγυπτον,	Αἴγυπτον	P	.15	μόδιον,	μόδιον	P
.19	Ἡρώδου,	Ἡρώδου	P	.18	ὑμῖν,	ὑμῖν	P
.20	αὐτοῦ,	αὐτοῦ	P	.20	λέγω	Λέγω	O
.22	ἀκούσας	Ἀκούσας	O	.22	αὐτοῦ	αὐτοῦ ·	P
.23 †	Ναζαρέθ	Ναζαρέτ	O		εἴπῃ	εἴπῃ	P
3.1 †	Ἰουδαίας,	Ἰουδαίας	P	.24	θυσιαστηρίου,	θυσιαστηρίου	P
.2 †		[καὶ]	A	.25	ταχὺ	ταχύ,	a,P
.4	Αὐτὸς	αὐτὸς	O		ὁδῷ ·	ὁδῷ,	x P
	αὐτοῦ ·	αὐτοῦ,	P		ὑπηρέτῃ,	ὑπηρέτῃ	— P
.7 †		αὐτοῦ	A	.26	ἐκεῖθεν ·	ἐκεῖθεν,	P
.8	μετανοίας ·	μετανοίας	P	.28	[αὐτὴν]	αὐτὴν	p¹
.9	Ἀβραάμ ·	Ἀβραάμ.	P	.31	ὃς...ἀποστάσιον	ὃς...ἀποστάσιον	
.11	ἐγὼ	Ἐγὼ	O		(bold type) ·	(not italicized)	
	μετάνοιαν ·	μετάνοιαν,	P	.33	οὐκ...σου	οὐκ...σου	
.12	αὐτοῦ,	αὐτοῦ	P		(bold type exc. δὲ)	(not italicized)	
	αὐτοῦ,	αὐτοῦ	P	.34	τῷ...θεοῦ ·	τω...θεοῦ,	P
.14 †		Ἰωάννης	A		(bold type, exc. ὅτι)	(not italicized)	
	μέ (error)	με	a, E	.35	τῇ...αὐτοῦ ·	τῇ...αὐτοῦ,	P
.15 †	[αὐτῷ	πρός	A		(bold type, exc. ὅτι)	(not italicized)	
	ἄρτι ·	αὐτόν	L		πόλις...βασιλέως ·	πόλις...βασιλέως,	P
		ἄρτι,	P		(bold type, exc. ἐστὶν)	(not italicized)	
.16 †		[αὐτῷ]	A	.42	δανείσασθαι	δανίσασθαι	O P O
†		[τὸ]	A	.44	ὑμᾶς,	ὑμᾶς	P
†		[τοῦ]	A	.48	Ἔσεσθε and τέλειοι	Ἔσεσθε and τέλειοι	O
	περιστεράν,	περιστερὰν	a,P		(bold type)	(not italicized)	
†		[καὶ]	A	6.1	δὲ	[δὲ]	p¹
.17	ὁ υἱός...ὁ...εὐδόκησα	ὁ υἱός...ὁ...εὐδόκησα		.5	ὑποκριταὶ ·	ὑποκριταί,	P
	(bold type, exc.μου)	(not italicized)		.6	εἴσελθε...ταμιεῖον...	εἴσελθε...ταμεῖον...	O
4.2 †	τεσσεράκοντα νύκτας	νύκτας τεσσεράκοντα,	W,P		πρόσευξαι	πρόσευξαι	
.5	πόλιν,	πόλιν	P		(bold type)	(not italicized)	
	ἱεροῦ,	ἱεροῦ	P	.7	ἐθνικοὶ ·	ἐθνικοί,	P
.8	λίαν,	λίαν	P	.8 †	[ὁ θεὸς]		Sb
	αὐτῶν,	αὐτῶν	P	.9	οὕτως	Οὕτως	+
.10	μόνῳ	μόνῳ			Ἁγιασθήτω	ἁγιασθήτω	— O
	(not bold type)	(italicized)		.10	ἐλθάτω	ἐλθέτω	O L
.15	καὶ	καὶ		.11	Τὸν	τὸν	O P
	(bold type)	(not italicized)		.16	σκυθρωποὶ ·	σκυθρωποί,	P
.16 †	σκοτία	σκότει	S	.19	ἀφανίζει,	ἀφανίζει	P
	θανάτου,	θανάτου	P	.20	ἀφανίζει,	ἀφανίζει	P
.18	ἀλεεῖς	ἁλιεῖς	O	.26	οὐρανοῦ,	οὐρανοῦ	P

Mt

TEXT	N-A '63	N-A '79	TYPE	TEXT	N-A '63	N-A '79	TYPE
6.28	ἀγροῦ,	ἀγροῦ	P	9.17	ἀσκοί,	ἀσκοὶ	a,P
.33 †	[τοῦ		A		ἀπόλλυνται.	ἀπόλλυνται·	P
		Θεοῦ]	A	.18	[εἰς]	εἰς	p'
7.6	κυσίν,	κυσίν	a,P	†	προσελθών	ἐλθών	S
..7	Αἰτεῖτε,	Αἰτεῖτε	- P	.19 †	ἠκολούθει	ἠκολούθησεν	L
	ὑμῖν·	ὑμῖν,	x P	.21	αὐτοῦ,	αὐτοῦ	P
	ζητεῖτε,	ζητεῖτε	- P	.24	ἀναχωρεῖτε·	ἀναχωρεῖτε,	P
	εὑρήσετε·	εὑρήσετε,	x P	.25	ὄχλος,	ὄχλος	P
	κρούετε,	κρούετε	- P	.27 †		[αὐτῷ]	A
	ὑμῖν.	ὑμῖν·	x P	.32	ἐξερχομένων,	ἐξερχομένων	P
.8	λαμβάνει,	λαμβάνει	P	†		ἄνθρωπον	A
	εὑρίσκει,	εὑρίσκει	P	.35	κώμας,	κώμας	P
.13	[ἡ	ἡ	p'	10.1	αὐτά,	αὐτὰ	a,P
	πύλη]	πύλη	p'	.5	Εἰς	εἰς	O
	ἀπώλειαν,	ἀπώλειαν	P		ἀπέλθητε,	ἀπέλθητε	P
.14 †	ὅτι	τί	S	.13	αὐτήν·	αὐτήν,	P
	ζωήν,	ζωὴν	a,P	.17	συνέδρια,	συνέδρια	P
.15	ἐνδύμασι	ἐνδύμασιν	O	.18	ἐμοῦ,	ἐμοῦ	P
.18 †	ἐνεγκεῖν,	ποιεῖν	S,P	.20	λαλοῦντες,	λαλοῦντες	P
†	ἐνεγκεῖν	ποιεῖν	S	.21	παραδώσει	Παραδώσει	O
.21	μοι	μοι	P		ἐπαναστήσονται...	ἐπαναστήσονται...	
.22	τῷ...ἐπροφητεύσαμεν	τῷ...ἐπροφητεύσαμεν			γονεῖς	γονεῖς	
	(bold type)	(not italicized)			(bold type)	(not italicized)	
.24	πέτραν	πέτραν·	P	.22	τέλος,	τέλος	P
.25	ἔπεσεν·	ἔπεσεν,	P	.23	ὅταν	Ὅταν	O
.26	ἄμμον.	ἄμμον·	P		[τοῦ]	τοῦ	p'
.27	ἔπεσεν	ἔπεσεν	P	†		ἄν	A
.29	ἔχων,	ἔχων	P	.25	αὐτοῦ,	αὐτοῦ	P
8.2	θέλῃς,	θέλῃς	P	†	Βεεζεβούλ	Βεελζεβούλ	O
.3	καθαρίσθητι.	καθαρίσθητι·	P	.26	μή	Μή	O
.4	δεῖξον τῷ ἱερεῖ	δεῖξον τῷ ἱερεῖ			ἀποκαλυφθήσεται,	ἀποκαλυφθήσεται	P
	(bold type)	(not italicized)		.27	σκοτίᾳ,	σκοτία	-
.7 †		καί	A		φωτί·	φωτί,	x P
.8 † {		καί	A		ἀκούετε,	ἀκούετε	- P
	{δὲ		Sb	.32	τοῖς	[τοῖς]	p'
	εἰσέλθῃς·	εἰσέλθῃς,	P	.33	τοῖς	[τοῖς]	p'
.11	ἀπὸ...δυσμῶν	ἀπὸ δυσμῶν		.35	ἄνθρωπον	ἄνθρωπον	
	(bold type)	(not italicized)			(not bold type)	(italicized)	
	οὐρανῶν·	οὐρανῶν,	P		καί (bis)	καί (bis)	
.13 †		[αὐτοῦ]	A		(bold type)	(not italicized)	
.15	πυρετός·	πυρετός,	x P	.37	ἄξιος·	ἄξιος,	P
	ἠγέρθη,	ἠγέρθη	- P	.42	ἐάν	ἄν	S
.16	λόγῳ,	λόγῳ	- P	11.2	Χριστοῦ,	Χριστοῦ	P
	ἐθεράπευσεν·	ἐθεράπευσεν,	x P	.3	ἐρχόμενος,	ἐρχόμενος	P
.19	Καί	καί	O	.5	κωφοὶ ἀκούουσιν	κωφοὶ ἀκούουσιν	
.21 †		[αὐτοῦ]	A		(not bold type)	(italicized)	
.22	μοι,	μοι	P		νεκροὶ ἐγείρονται	νεκροὶ ἐγείρονται	
.23	πλοῖον,	πλοῖον	P		(not bold type)	(italicized)	
.24	κυμάτων·	κυμάτων,	P		πτωχοὶ εὐαγγελίζονται	πτωχοὶ εὐαγγελίζονται	
.27	οὗτος,	οὗτος	P		(bold type)	(not italicized)	
.29	τί...σοί	τί...σοί		.8	βασιλέων.	βασιλέων	- P
	(bold type)	(not italicized)		†		εἰσίν.	+ A,P
.32	θάλασσαν,	θάλασσαν	P	.9	ἐξήλθατε;	ἐξήλθατε	- P'
9.1	διεπέρασεν,	διεπέρασεν	P		προφήτην ἰδεῖν·	ἰδεῖν; προφήτην;	+ W,P'
.2	Καί	καί	O	.10	σου (1st): bold type	σου (1st): not italicized	
.4 †	εἰδώς	ἰδών	S		σου (2nd):not bold type	σου (2nd): italicized	
.6 †	ἔγειρε	ἐγερθείς	L	.11	ἀμήν	Ἀμήν	O
.10	Καί	καί	O		ὑμῖν,	ὑμῖν	P
.14	νηστεύομεν,	νηστεύομεν	- P	.12	βιάζεται,	βιάζεται	P
		[πολλά]	+ A,P	.17	ὠρχήσασθε·	ὠρχήσασθε,	P
.15	πενθεῖν,	πενθεῖν	P	.23	μή =UBS'75	μή	a,E
.16	ἱματίου,	ἱματίου	P		ἕως...;...καταβήσῃ	ἕως...;...καταβήσῃ	
					(bold type)	(not italicized)	

Mt

TEXT	N-A '63	N-A '79	TYPE	TEXT	N-A '63	N-A '79	TYPE
11.25	συνετῶν,	συνετῶν	P	13.38	κόσμος·	κόσμος,	x P
.26	ναί,	ναί	a,P		σπέρμα,	σπέρμα	P
12.1	ἐπείνασαν,	ἐπείνασαν	P	.39	διάβολος·	διάβολος,	P
.3	Δαυίδ,	Δαυίδ	a,P	.40	κατακαίεται	[κατα]καίεται	p¹
	αὐτοῦ;	αὐτοῦ	P!		αἰῶνος.	αἰῶνος·	P
.4	τοὺς...προθέσεως	τοὺς...προθέσεως		.41	τὰ...ἀνομίαν	τὰ...ἀνομίαν	
	(bold type)	(not italicized)			(bold type)	(not italicized)	
	αὐτοῦ,	αὐτοῦ	P		ἀνομίαν,	ἀνομίαν	P
.9	αὐτῶν.	αὐτῶν·	P	.42	βαλοῦσιν...πυρός·	βαλοῦσιν...πυρός·	
.10	ξηράν·	ξηράν.	P		(not bold type)	(italicized)	
.11	ἕν,	ἕν	a,P	.43	οἱ...ἐκλάμψουσιν	οἱ...ἐκλάμψουσιν	
.13	ἐξέτεινεν,	ἐξέτεινεν	P		(bold type)	(not italicized)	
.14	αὐτοῦ,	αὐτοῦ	P	.44 †		πάντα	A
.15 †		[ὄχλοι]	A	.45 †		ἀνθρώπῳ	A
	πάντας,	πάντας	P	.49	δικαίων,	δικαίων	P
.16	ποιήσωσιν·	ποιήσωσιν,	P	.50	βαλοῦσιν...πυρός	βαλοῦσιν...πυρός	
.18 †		εἰς	A		(not bold type)	(italicized)	
.20	εἰς νῖκος τὴν	εἰς νῖκος τὴν		14.2	νεκρῶν,	νεκρῶν	P
	(bold type)	(not italicized)		.3 †		[αὐτὸν]	A
.22	κωφός·	κωφός,	P	.6	γενεσίοις	Γενεσίοις	O
.24 †	Βεεζεβοὺλ	Βεελζεβοὺλ	O	.10		[τὸν]	A
.25	ἐρημοῦται,	ἐρημοῦται	P	.12	αὐτόν,	αὐτὸ[ν]	a,P,p¹
.27	Βεεζεβοὺλ	Βεελζεβοὺλ	O	.14	ὄχλον,	ὄχλον	P
.36	ἄνθρωποι,	ἄνθρωποι	P	.15	ὀψίας	Ὀψίας	O
.41	αὐτήν,	αὐτήν,	P	†	οὖν		Sb
.42	αὐτήν·	αὐτήν,	P	.16	Ἰησοῦς	[Ἰησοῦς]	p¹
.43	ἀνάπαυσιν,	ἀνάπαυσιν	P		ἀπελθεῖν ·	ἀπελθεῖν,	P
.44 †	[καὶ]		Sb	.19	εὐλόγησεν,	εὐλόγησεν	P
.45	ἑαυτοῦ,	ἑαυτοῦ	P	.20	ἐχορτάσθησαν·	ἐχορτάσθησαν,	x P
.46	ὄχλοις,	ὄχλοις,	Π		κλασμάτων,	κλασμάτων	P
.48	μου,	μου	P	.22	[εὐθέως]	εὐθέως	p¹
.49	[αὐτοῦ]	αὐτοῦ	p¹	.24	ἀπεῖχεν,	ἀπεῖχεν	P
.50	οὐρανοῖς,	οὐρανοῖς	P	.29 †		[ὁ]	A
13.3	καὶ	Καὶ	+ O	.30 †		[ἰσχυρὸν]	A
	Ἰδοὺ	ἰδοὺ	− O	.31	αὐτοῦ,	αὐτοῦ	P
.6	ἐκαυματίσθη,	ἐκαυματίσθη	P	.35	ἐκείνην,	ἐκείνην	P
7 †			E		ἔχοντας,	ἔχοντας	P
.11	εἶπεν·	εἶπεν	− P	15.2 †		[αὐτῶν]	A
†		αὐτοῖς,	+ A,P	.6	αὐτοῦ	αὐτοῦ·	+ P
.13	συνίουσιν.	· συνίουσιν,	P		(ἢ		Sb
.15	ἤκουσαν,	ἤκουσαν	− P		τὴν		Sb
	ἐκάμμυσαν·	ἐκάμμυσαν,	x P	†	μητέρα		Sb
	ἐπιστρέψωσιν,	ἐπιστρέψωσιν	− P		αὐτοῦ·		− P,Sb
.16	βλέπουσιν,	βλέπουσιν	P	.9	με,	με	P
	[ὑμῶν]	ὑμῶν	p¹	.10	Καὶ	καὶ	O
.19	Παντὸς	παντὸς	O	.11	στόματος,	στόματος·	P
	αὐτοῦ·	αὐτοῦ,	P	.14	τυφλῶν	[τυφλῶν]	p¹
.20	αὐτόν·	αὐτόν,	P	.15	παραβολήν.	παραβολὴν	a,P
.22	λόγον,	λόγον	P	†		[ταύτην].	A,P
.28	αὐτῷ λέγουσιν·	λέγουσιν αὐτῷ·	W	.20	ἄνθρωπον·	ἄνθρωπον,	P
.30	θερισμοῦ·	θερισμοῦ,	P	.23 †	ἠρώτων	ἠρώτουν	L
.31	αὐξηθῇ,	αὐξηθῇ	P	.27	κύριε·	κύριε,	P
.32	καὶ (not bold type)	καὶ (italicized)		.30 †	κυλλούς, τυφλούς,	τυφλούς, κυλλούς,	W
.33	τρία,	τρία	P		πολλούς,	πολλούς,	a,P
.34	Ταῦτα	ταῦτα	O		αὐτοῦ,	αὐτοῦ,	
	ὄχλοις,	ὄχλοις	−	.34	ἑπτά,	ἑπτὰ	a,P
	αὐτοῖς·	αὐτοῖς,	x P	.37	ἐχορτάσθησαν,	ἐχορτάσθησαν.	x P
.35	καταβολῆς.	καταβολῆς	P		ἦραν,	ἦραν	P
†		[κόσμου].	+ A,P	.39	πλοῖον,	πλοῖον	P
		(not italicized)		16.12	[τῶν ἄρτων],	τῶν ἄρτων	p¹,P
.36	Καὶ	καὶ	O	.17	Βαριωνᾶ	Βαριωνᾶ	a
.37	ἀνθρώπου·	ἀνθρώπου,	P	.18	ἐκκλησίαν,	ἐκκλησίαν	P·

Mt

TEXT	N-A '63	N-A '79	TYPE
16.20 † ἐπετίμησεν	διεστείλατο		S
.21 †	ὃ		A
	Χριστὸς		Sb
.24 αὐτοῦ,	αὐτοῦ		P
.25 σῶσαι,	σῶσαι		P
ἐμοῦ,	ἐμοῦ		P
.26 ἄνθρωπος,	ἄνθρωπος		P
κερδήσῃ,	κερδήσῃ		P
17.1 αὐτοῦ,	αὐτοῦ		P
.5 λαλοῦντος,	λαλοῦντος		P
ὁ υἱός...αὐτοῦ (bold type)	ὁ υἱός...αὐτοῦ (not italicized)		
.10 Ἠλίαν...πρῶτον (not bold type)	Ἠλίαν...πρῶτον (italicized)		
.11 ἔρχεται καὶ (not bold type)	ἔρχεται καὶ (italicized)		
.12 αὐτόν,	αὐτὸν		a,P
ἀλλ'	ἀλλὰ		O
.15 † ἔχει	πάσχει		S
.18 δαιμόνιον,	δαιμόνιον		P
.20 μεταβήσεται,	μεταβήσεται·		P
.24 †	[τὰ]		A
18.5 δέχεται·	δέχεται.		P
.6 ὃς	Ὃς		O
.8 χωλόν,	χωλὸν		a,P
.9 εἰσελθεῖν,	εἰσελθεῖν		P
.15 † {	[εἰς		A
	σὲ]		A
.17 εἰπὸν	εἰπὲ		L
.22 ἑπτάκις,	ἑπτάκις		P
.24 συναίρειν,	συναίρειν		P
† προσήχθη	προσηνέχθη		S
† εἰς αὐτῷ	αὐτῷ εἰς		W
.25 ἀποδοῦναι,	ἀποδοῦναι		P
.27 αὐτόν,	αὐτὸν		a,P
.30 ἤθελεν,	ἤθελεν		P
.31 σφόδρα,	σφόδρα		P
.34 ὀφειλόμενον	ὀφειλόμενον.		+ P
† αὐτῷ.			- P,Sb
.35 Οὕτως	οὕτως		O
19.3 †	ἀνθρώπῳ		A
.7 δοῦναι...ἀπολῦσαι (bold type)	δοῦναι...ἀπολῦσαι (not italicized)		
ἀπολῦσαι ;	ἀπολῦσαι		- P?
	[αὐτήν] ;		+ A,P?
.8 αὐτοῖς ·	αὐτοῖς		- P
ὑμῶν ·	ὑμῶν,		x P
.9 ἄλλην	ἄλλην		P
.10 λέγουσιν	Λέγουσιν		O
μαθηταί ·	μαθηταὶ		a,P
†	[αὐτοῦ] ·		A,P
.11 τοῦτον,	[τοῦτον]		P,p¹
.13 παιδία,	παιδία		P
.14 με,	με,		P
.17 † τήρει	τήρησον		L
.18 † ἔφη	εἶπεν		S
.20 † ταῦτα πάντα	πάντα ταῦτα		W
.21 †	[τοῖς]		A
.22 † [τοῦτον]			Sb
.24 τρήματος	τρυπήματος		S
† εἰσελθεῖν	διελθεῖν		A
†	εἰσελθεῖν		A

TEXT	N-A '63	N-A '79	TYPE
19.26 παρὰ and θεῷ...δυνατά (bold type)	παρὰ...δυνατά (not italicized)		
.28 μοι,	μοι		P
† αὐτοὶ	ὑμεῖς		S
.29 † ἐμοῦ ὀνόματος	ὀνόματός μου		w.a,L
† πολλαπλασίονα	ἑκατονταπλασίονα		S
.30 Πολλοὶ	πολλοὶ		O
20.3 ἀργούς,	ἀργοὺς		a,P
.6 ἑστῶτας,	ἑστῶτας		P
.8 †	αὐτοῖς		A
μισθόν,	μισθὸν		a,P
.9 † {	καὶ		A
{ δὲ			Sb
.10 τὸ	[τὸ]		p¹
.12 † αὐτοὺς ἡμῖν	ἡμῖν αὐτοὺς		W
.14 ὕπαγε·	ὕπαγε.		P
.15 †	[ἢ]		A
.16 Οὕτως	οὕτως		O
.17 Μέλλων			Sb
† { δὲ	Καὶ		S
{ ἀναβαίνειν	ἀναβαίνων		L
†	ὁ		A
†	[μαθητὰς]		A
ἰδίαν,	ἰδίαν		P
.18 † εἰς			Sb
† θάνατον	θανάτῳ		L
.21 †	σου		A
.23 τοῦτο	[τοῦτο]		p¹
.24 καὶ	Καὶ		O
.26 † ἐστὶν	ἔσται		L
ὑμῖν ·	ὑμῖν,		x P
γενέσθαι,	γενέσθαι		-
.27 πρῶτος,	πρῶτος		P
.28 διακονηθῆναι,	διακονηθῆναι		P
ὁδόν,	ὁδὸν		a,P
† κύριε, ἐλέησον ἡμᾶς,	ἐλέησον ἡμᾶς, [κύριε,]		W,p¹
.31 † κύριε, ἐλέησον ἡμᾶς,	ἐλέησον ἡμᾶς, κύριε,		W
21.2 εὐθὺς	εὐθέως		S
.4 Τοῦτο	τοῦτο		O
.7 πῶλον,	πῶλον		O
.9 ὡσαννὰ (bis)	ὡσαννὰ		O
.10 καὶ	Καὶ		O
.14 Καὶ	καὶ		O
.15 ὡσαννὰ (bold type)	ὡσαννὰ (not italicized)		O
ἠγανάκτησαν,	ἠγανάκτησαν		P
.16 ναί,	ναί.		P
.17 Καὶ	καὶ		O
Βηθανίαν,	Βηθανίαν		P
.18 † ἐπαναγαγὼν	ἐπανάγων		L
.19 † αὐτήν,	αὐτὴν		a,P
† οὐ			Sb
.20 καὶ	Καὶ		O
.24 μοι,	μοι		P
.26 ὄχλον,	ὄχλον,		P
.28 δύο·	δύο.		P
†	καὶ		A

.29f A rearrangement of clauses occurs here:

(1) ὁ δὲ...εἶπεν·	(1) ὁ δὲ...εἶπεν·	
† (2) ἐγὼ...ἀπῆλθεν	(4) ἐγὼ,...ἀπῆλθεν	P
(3) προσελθὼν...εἶπεν	(3) προσελθὼν...εἶπεν	
† change: δευτέρῳ	change: ἑτέρῳ	S
† (4) οὐ θέλω,...ἀπῆλθεν	(2) οὐ θέλω,...ἀπῆλθεν	
	change: δὲ	A
(2) is part of v. 29.		

Mt

TEXT	N-A '63	N-A '79	TYPE
21.31 †	ὕστερος	πρῶτος	S
.32	αὐτῶ·	αὐτῶ,	S P
.33	Ἄνθρωπος	ἄνθρωπος	O
	ἐφύτευσεν...πύργον (bold type)	ἐφύτευσεν...πύργον (not italicized)	
	change: ἀμπελῶνα,	change: ἀμπελῶνα	P
	γεωργοῖς,	γεωργοῖς	P
.38	αὐτοῦ·	αὐτοῦ,	P
.41	αὐτούς,	αὐτοὺς	a,P
.42	λέγει	Λέγει	O
	αὐτῇ,	αὐτῇ	P
.44	συνθλασθήσεται·	συνθλασθήσεται,	x P
	πέσῃ,	πέσῃ	– P
22.4	τεθυμένα,	τεθυμένα	P
.7	ὠργίσθη,	ὠργίσθη	P
.9	ὁδῶν,	ὁδῶν	P
.10 †	νυμφῶν	γάμος	S
.11	γάμου·	γάμου,	P
.14	Πολλοί	πολλοὶ	O
.16 †	λέγοντας	λέγοντες	L
	διδάσκεις,	διδάσκεις	– P
	ἀνθρώπων·	ἀνθρώπων,	x P
.17	εἰπὸν	εἰπὲ	L
	ἡμῖν,	ἡμῖν	P
	δοκεῖ;	δοκεῖ· (also, UBS '75)	P?
.21	λέγουσιν·	λέγουσιν	– P
		αὐτῶ·	+ A,P
.26	τρίτος,	τρίτος	P
.29	θεοῦ.	θεοῦ·	P
.34	Σαδδουκαίοις,	Σαδδουκαίους	P
.35	νομικὸς	νομικὸς	P'
.37	καὶ (not bold type)	καὶ (italicized)	
	διανοία (not bold type)	διανοία (italicized)	
	σου.	σου·	P
.39		δὲ	P
.??			P A
23.4 †	{	[καὶ δυσβάστακτα]	A A
.8	ὑμεῖς	Ὑμεῖς	O
.9	γῆς·	γῆς,	P
.12	Ὅστις	ὅστις	O
	ταπεινωθήσεται,	ταπεινωθήσεται	P
.13	εἰσέρχεσθε,	εἰσέρχεσθε	P
.15	γένηται,	γένηται	P
.21	αὐτόν·	αὐτόν,	P
.23	κύμινον,	κύμινον	P
	δὲ	[δὲ]	P'
†	ἀφεῖναι	ἀφιέναι	L
.26	ποτηρίου	ποτηρίου,	P
.34	διὰ	Διὰ	O
	σταυρώσετε,	σταυρώσετε	P
.37	[αὐτῆς]	αὐτῆς	P'
.38	ἀφίεται...ὑμῶν (bold type)	ἀφίεται...ὑμῶν (not italicized)	–
†		ἔρημος.	+ A,P
24.3	ἔσται,	ἔσται	P
.4	καὶ	Καὶ	O
	πλανήσῃ.	πλανήσῃ·	P
.6	δεῖ and γενέσθαι (bold type)	δεῖ and γενέσθαι (not italicized)	
.7	ἐγερθήσεται (bold type)	ἐγερθήσεται (not italicized)	

TEXT	N-A '63	N-A '79	TYPE
24.7	ἔθνος...βασιλείαν, (bold type)	ἔθνος...βασιλείαν (not italicized)	P
.9	τότε	Τότε	O
.10	σκανδαλισθήσονται πολλοὶ (bold type)	σκανδαλισθήσονται πολλοὶ (not italicized)	
.13	τέλος,	τέλος	P
.15	ἐν...ἁγίῳ (bold type)	ἐν...ἁγίῳ (not italicized)	
.20	σαββάτῳ·	σαββάτῳ.	P
.21	Θλῖψις (bold type)	Θλῖψις (not italicized)	
	μεγάλη,	μεγάλη	P
	οἵα...νῦν (bold type)	οἵα...νῦν (not italicized)	
.23	τότε	Τότε	O
.24	ψευδοπροφῆται, (bold type)	ψευδοπροφῆται (not italicized)	P
	δώσουσιν σημεῖα and καὶ τέρατα, (bold type)	δώσουσιν σημεῖα and καὶ τέρατα (not italicized)	P
.26	ταμιείοις (bold type)	ταμιείοις (contracted)	O
.29	σαλευθήσονται (σαλευθ not in bold type)	σαλευθήσονται (italicized; Mk 13²⁵ and Lk 21²⁶ not italicized)	
.30	κόψονται...γῆς (bold type)	κόψονται...γῆς (not italicized)	
.31	μετά...μεγάλης (bold type)	μετά...μεγάλης (not italicized)	
	ἐπισυνάξουσιν (bold type)	ἐπισυνάξουσιν (not italicized)	
	ἐκ...αὐτῶν (bold type, except [τῶν])	ἐκ...αὐτῶν (not italicized)	
.37	ὥσπερ	Ὥσπερ	O
.38	εἰσῆλθεν...κιβωτόν (bold type)	εἰσῆλθεν...κιβωτόν (not italicized)	
.39	καὶ	[καὶ]	P'
.40 †	ἔσονται δύο	δύο ἔσονται	W
.41	γρηγορεῖτε	Γρηγορεῖτε	Ω
.51	αὐτόν,	αὐτὸν	a,P
25.3 †		αὐτῶν	P
.6	ἀπάντησιν.	ἀπάντησιν	– P
†		[αὐτοῦ].	+ A,P
.10	γάμους,	γάμους	P
.13	Γρηγορεῖτε	γρηγορεῖτε	O
.22 †		[δὲ]	O A
.24	ἑσπέρας, διεσκόρπισας·	ἑσπέρας, διεσκόρπισας,	x P
.26	ἑσπέρα,	ἑσπέρα	P
.29	περισσευθήσεται·	περισσευθήσεται,	P
.31	ἔλθῃ and πάντες...αὐτοῦ (bold type)	ἔλθῃ and πάντες...αὐτοῦ (not italicized)	
.33	αὐτοῦ,	αὐτοῦ	P
.41 †		[οἱ]	A
.46	οὗτοι εἰς and αἰώνιον (bold type)	οὗτοι εἰς and αἰώνιον (not italicized)	
	οἱ δὲ and εἰς...αἰώνιον (bold type)	οἱ δὲ and εἰς...αἰώνιον (not italicized)	
26.3	Καϊάφα,	Καϊάφα	P,a
.15	οἱ δὲ ἔστησαν (bold type)	οἱ δὲ ἔστησαν (not italicized)	
	τριάκοντα ἀργύρια (bold type)	τριάκοντα ἀργύρια (not italicized)	
.18	ἐστιν·	ἐστιν,	P
.19	Ἰησοῦς,	Ἰησοῦς	P

Mt / Mk

TEXT	N-A '63	N-A '79	TYPE
26.20	δώδεκα	δώδεκα.	+ P
†	[μαθητῶν].		− P,Sb
.23	τρυβλίῳ,	τρυβλίῳ	P
.26	φάγετε·	φάγετε,	P
.27	πάντες·	πάντες,	P
.28	τὸ αἷμά	τὸ αἷμά	
	(bold type)	(not italicized)	
	τῆς διαθήκης	τῆς διαθήκης	
	(bold type)	(not italicized)	
.31	ταύτῃ·	ταύτῃ,	P
	ποίμνης·	ποίμνης.	P
.36	Γεθσημανί,	Γεθσημανὶ	a,P
	οὗ	[οὗ]	p^1
.41	πρόθυμον,	πρόθυμον	P
.44	τρίτου,	τρίτου	P
.45 †		[τὸ]	A
.46	ἐγείρεσθε,	ἐγείρεσθε	P
.47	λαλοῦντος,	λαλοῦντος	P
	ἦλθεν,	ἦλθεν	P
.48	ἐστιν·	ἐστιν,	P
.51	καὶ	Καὶ	O
	αὐτοῦ,	αὐτοῦ	P
.55	διδάσκων,	διδάσκων	P
.57	Καϊαφᾶν	Καϊάφαν	a
.58	[ἀπὸ]	ἀπὸ	p^1
	ἀρχιερέως,	ἀρχιερέως	P
.62	ἀποκρίνῃ,	ἀποκρίνῃ	P
.64	εἶπας·	εἶπας.	P
	ὑμῖν,	ὑμῖν·	P
	τὸν	τὸν	
	(bold type)	(not italicized)	
	καθήμενον...δυνάμεως	καθήμενον...δυνάμεως	
	(bold type)	(not italicized)	
.67	ἐρράπισαν	ἐράπισαν	O
.74	εὐθὺς	εὐθέως	S
27. 3 †	παραδοὺς	παραδιδοὺς	L
. 6	οἱ	Οἱ	O
. 9f	ἀπὸ... κεραμέως	ἀπὸ...κεραμέως	
	(bold type)	(not italicized)	
.16 †		[Ἰησοῦν]	A
.17 †		[Ἰησοῦν]	A
.24	ἰδὼν	Ἰδὼν	O
†	κατέναντι	ἀπέναντι	S
.31	αὐτοῦ,	αὐτοῦ	P
.32	Κυρηναῖον,	Κυρηναῖον	− P
	Σίμωνα·	Σίμωνα,	x P
.33	κρανίου	Κρανίου	O
	τόπος	Τόπος	O
.34	ἔδωκαν and πιεῖν and χολῆς	ἔδωκαν and πιεῖν and χολῆς	
	(bold type)	(not italicized)	
.35	σταυρώσαντες	Σταυρώσαντες	O
.37	καὶ	Καὶ	O
	ΟΥΤΟΣ... ΙΟΥΔΑΙΩΝ	οὗτός... Ἰουδαίων	O
.39	κινοῦντες... αὐτῶν	κινοῦντες... αὐτῶν	
	(bold type)	(not italicized)	
.40	καὶ	[καὶ]	p^1
.41	[καὶ]	καὶ	p^1
.44	τὸ	Τὸ	O
.46	ἠλὶ ἠλὶ λεμὰ σαβαχθάνι	ηλι ηλι λεμα σαβαχθανι	O
	(w. breathings, accents)	(w/o. breathings, accents)	
.48	ὄξους and ἐπότιζεν	ὄξους and ἐπότιζεν	
	(bold type)	(not italicized)	

TEXT	N-A '63	N-A '79	TYPE
27.49 †	εἶπαν (suppletive)	ἔλεγον	S
.51	[ἀπ']	ἀπ'	p^1
	δύο,	δύο	P
	ἐσείσθη,	ἐσείσθη	P
.52	ἠγέρθησαν·	ἠγέρθησαν,	P
.54 †	γινόμενα	γενόμενα	L
.56	Μαγδαληνή,	Μαγδαληνὴ	a,P
	μήτηρ,	μήτηρ	P
.59	καθαρᾷ,	καθαρᾷ	P
.60	πέτρᾳ,	πέτρᾳ	P
.61	Μαρία,	Μαρία	P
.64 †		αὐτοῦ	A
28. 1	σαββάτων,	σαββάτων	P
. 3	ἀστραπή,	ἀστραπὴ	a,P
. 5	ὑμεῖς·	ὑμεῖς,	P
. 6	ὧδε·	ὧδε,	P
. 7	ὄψεσθε.	ὄψεσθε·	P
. 8	καὶ	Καὶ	O
.12	στρατιώταις,	στρατιώταις	P
.14 †		[αὐτὸν]	A
.15 †		τὰ	A
	Καὶ	καὶ	O
.16	Γαλιλαίαν,	Γαλιλαίαν	P

Mk

TEXT	N-A '63	N-A '79	TYPE
1 . 1	Χριστοῦ.	Χριστοῦ	− P
† {		[υἱοῦ	A
		θεοῦ].	+ A,P
. 4	ὁ	[ὁ]	p^1
†		καὶ	A
. 6	αὐτοῦ,	αὐτοῦ	P
	ἔσθων	ἐσθίων	O
. 7	καὶ	Καὶ	O
	[μου]	μου	p^1
. 8 †		ἐν	A
. 9 †	Ναζαρὲθ	Ναζαρὲτ	O
.11	[ἐγένετο]	ἐγένετο	p^1
	ὁ υἱός and ὁ ἀγαπητός	ὁ υἱός and ὁ ἀγαπητός	
	(bold type)	(not italicized)	
	ἐν and εὐδόκησα	ἐν and εὐδόκησα	
	(bold type)	(not italicized)	
.14 † {	Καὶ		Sb
	μετὰ	Μετὰ	O
		δὲ	A
.15	[καὶ	καὶ	p^1
	λέγων],	λέγων	p^1,P
.16	ἁλεεῖς	ἁλιεῖς	O
.17	ἁλεεῖς	ἁλιεῖς	O
.19	δίκτυα.	δίκτυα,	P
.20	αὐτούς·	αὐτούς.	P
.22	ἔχων,	ἔχων	P
.23	ἀκαθάρτῳ,	ἀκαθάρτῳ	P
.24	τὶ...σοί	τὶ...σοί	
	(bold type)	(not italicized)	
.25	[λέγων]	λέγων	p^1
.27	ἅπαντες,	ἅπαντες	P
† {		πρὸς	A
	αὐτοὺς	ἑαυτοὺς	S
.32 †	ἔδυσεν	ἔδυ	L
.34	νόσοις,	νόσοις	P
	ἐξέβαλεν,	ἐξέβαλεν	P
.35	τόπον,	τόπον	P

Mk

TEXT	N-A '63	N-A '79	TYPE	TEXT	N-A '63	N-A '79	TYPE
1 .39	καί	Καί	O	4 . 2	πολλά,	πολλά	a,P
.40	καί	[καί	p¹	. 3	ἀκούετε	Ἀκούετε	O
	γονυπετῶν	γονυπετῶν]	p¹	. 6	ἐκαυματίσθη,	ἐκαυματίσθη	P
†		καί	A	. 8	{εἰς	ἐν	S
.41	καθαρίσθητι.	καθαρίσθητι ·	P	† {ἐν	ἐν	S
.43	αὐτόν,	αὐτόν	a,P	{ἐν	ἐν	S
.44	δεῖξον τῷ ἱερεῖ	δεῖξον τῷ ἱερεῖ		.13	καί	Καί	O
	(bold type)	(not italicized)		.15	ὁδόν,	ὁδόν ·	x P
2 . 2	πολλοί,	πολλοί	a,P		λόγος,	λόγος	- P
. 4	κράβατον	κράβαττον	O	.16 † ὁμοίως		Sb
. 8	ἑαυτοῖς,	ἑαυτοῖς	P	.19	λόγον,	λόγον	P
. 9	κράβατόν	κράβαττόν	O	.20	{ἐν	ἐν	S
.10	γῆς,	γῆς	P	† {ἐν	ἐν	S
.11	κράβατόν	κράβαττόν	O	{ἐν	ἐν	S
.12	κράβατον	κράβαττον	O	.21	αὐτοῖς	αὐτοῖς ·	P
	εἴδαμεν [Bl-D,§81(3)]	εἴδομεν	L	† ὅτι		Sb
.15	πολλοί,	πολλοί	a,P	.22 † τι		Sb
.19	νυμφῶνος,	νυμφῶνος			κρυπτόν,	κρυπτόν	a,P
	ἐστιν,	ἐστιν	P		φανερωθῇ ·	φανερωθῇ,	x P
	αὐτῶν,	αὐτῶν	P		ἀπόκρυφον,	ἀπόκρυφον	- P
.21	παλαιοῦ,	παλαιοῦ	P	.24	ὑμῖν,	ὑμῖν	P
.22	ἀσκούς,	ἀσκοὺς	a,P	.26	Θεοῦ	Θεοῦ	P
	ἀσκοί.	ασκοί	P		γῆς,	γῆς	P
	[ἀλλά... καινούς.]	ἀλλὰ...καινούς.	p¹	.28	χόρτον,	χόρτον	P
.25	Δαυίδ,	Δαυὶδ	a,P	† εἶτεν	εἶτα	S
	αὐτοῦ ;	αὐτοῦ,	P²		στάχυν,	στάχυν	P
.26	[πῶς]	πῶς	p¹	† εἶτεν	εἶτα	S
	τούς ... προθέσεως	τοὺς ... προθέσεως			{πλήρης	πλήρη[ς]	p¹
	(bold type)	(not italicized)			{σῖτος	σῖτον	L
.27	ἐγένετο.	ἐγένετο	P	.29	ἀποστέλλει...θερισμός	ἀποστέλλει... θερισμός	
3 . 1 †		τήν	A		(bold type)	(not italicized)	
.	χεῖρα ·	χεῖρα.	P	.30	Θεοῦ,	Θεοῦ	P
. 3	χεῖρα ἔχοντι ξηράν·	ξηρὰν χεῖρα ἔχοντι ·	a,W	.32	λαχάνων,	λαχάνων	P
. 5	αὐτῶν,	αὐτῶν	P		ὑπό ... αὐτοῦ	ὑπό...αὐτοῦ	
. 7	θάλασσαν ·	θάλασσαν,	P		(bold type)	(not italicized)	
	ψιει ἀρνἡργυιι ιι	[ιἰσυιλυἱθησαιι].	p¹,P	.33	λόγον,	λόγον	P
. 8	Σιδῶνα,	Σιδῶνα	P	.37	ἀνέμου,	ἀνέμου	P
	πολύ,	πολὺ	a,P	.39	ἄνεμος,	ἄνεμος	P
†	ποιεῖ,	ἐποίει	P,L	.40	{ἐστε ;	ἐστε ;	+ P²
. 9	ὄχλον,	ὄχλον	P	†{οὕτως; πῶς	οὕπω	- P²,Sb,S
.11 †	λέγοντα	λέγοντες	L	{οὐκ		Sb
.13	ὄρος,	ὄρος	P	.41	μέγαν,	μέγαν	P
.14		[οὓς	A		ἐστιν,	ἐστιν	P
†		καί	A	5 . 2	πλοίου,	πλοίου	P
		ἀποστόλοις	A		[εὐθὺς]	εὐθὺς	p¹
		ὠνόμασεν]	A	. 3	δῆσαι,	δῆσαι	P
	αὐτοῦ,	αὐτοῦ	P	. 4	δεδέσθαι,	δεδέσθαι	P
.16	καί... δώδεκα,	[καί...δώδεκα,]	p¹	. 6 †	αὐτόν,	αὐτῷ	P,L
	Πέτρον ·	Πέτρον,	P	. 7	τί... σοί	τί...σοί	
.17	Ἰακώβου,	Ἰακώβου	P		(bold type)	(not italicized)	
†	ὄνομα	ὄνομα[τα]	L,p¹	.14	καί	Καί	O
.22	καί	Καί	+ O		γεγονός.	γεγονὸς	a,P
†	Βεεζεβούλ	Βεελζεβοὺλ	O	.18	καί	Καί	O
	ἔχει,	ἔχει	P	.19	σούς,	σοὺς	a,P
.23	καί	Καί	O	.21	ἐν τῷ πλοίῳ	[ἐν τῷ πλοίῳ]	p¹
.25 †	στῆναι	σταθῆναι.	L	.22	αὐτῆ,	αὐτοῦ	P
.28	βλασφημίαι,	βλασφημίαι	P	.23	αὐτῆ,	αὐτῆ	P
.31 †	ἔρχονται	ἔρχεται	L	.24	πολύς,	πολὺς	a,P
	αὐτοῦ,	αὐτοῦ	P	.25	ἔτη,	ἔτη	P
.32	καί... σου	[καί...σου]	p¹	.26	πάντα,	πάντα	P
.33 †	ἀδελφοί ;	ἀδελφοί	- P²	.27 †	τά		Sb
		[μου];	+ A,P²	.28	αὐτοῦ,	αὐτοῦ	P
.35 †		[γάρ]	A	.29	αὐτῆς,	αὐτῆς	P
				.30	ἐξελθοῦσαν,	ἐξελθοῦσαν	P

Mk

TEXT	N-A '63	N-A '79	TYPE
5.31	σε,	σε	P
.34	εἰς εἰρήνην,	εἰς εἰρήνην	P
	(bold type)	(not italicized)	
.38	Θόρυβον,	Θόρυβον	P
.40	αὐτοῦ,	αὐτοῦ	P
.41	ταλιθὰ κοῦμ	ταλιθα κουμ	O
	(w. accents)	(w/o. accents)	
.42	εὐθὺς	[εὐθὺς]	P'
6.1	ἐκεῖθεν,	ἐκεῖθεν	P
.2	συναγωγῇ ·	συναγωγῇ,	P
†	οἱ		Sb
	τούτῳ ; (2ᵐᵒ)	τούτῳ,	P'
.6	ἐθαύμασεν	ἐθαύμαζεν	L
.7	δώδεκα,	δώδεκα	P
	δύο,	δύο	P
.14	νεκρῶν,	νεκρῶν	P
.21	καὶ	Καὶ	O
.22	αὐτῆς	αὐτοῦ	L
†	τῆς		Sb
	ὀρχησαμένης,	ὀρχησαμένης	P
	ὁ...βασιλεὺς εἶπεν	εἶπεν ὁ βασιλεὺς	W
	...δὲ		Sb
.23 †		[πολλὰ]	A
	ὅτι	ὅ	} S
†{	ὅ	τι	
			Sb
†		με	A
	σοι...μου	σοι...μου	
	(bold type)	(not italicized)	
.26	αὐτήν·	αὐτήν·	P
.27	φυλακῇ,	φυλακῇ	P
.29	ἦλθαν	ἦλθον	L
.30	Ἰησοῦν,	Ἰησοῦν	P
.32	καὶ	Καὶ	O
	πολλοί,	πολλοὶ	a,P
.34	ὄχλον,	ὄχλον	P
	αὐτοὺς	αὐτούς,	a.P
.37	ἄρτους,	ἄρτους	P
.38 †	ἔχετε ἄρτους	ἄρτους ἔχετε	W
.39 †	ἀνακλιθῆναι	ἀνακλῖναι	L
.41	ἰχθύας,	ἰχθύας	P
†		[αὐτοῦ]	A
.44	τοὺς ἄρτους	[τοὺς ἄρτους]	P'
.48	θαλάσσης·	θαλάσσης	P
.50	εἶδαν	εἶδον	L
	εἰμι·	εἰμι,	P
.51	πλοῖον,	πλοῖον	- P
	ἄνεμος·	ἄνεμος,	x P
	ἐκ περισσοῦ	[ἐκ περισσοῦ]	P'
.55	κραβάτοις	κραβάττοις	O
	περιφέρειν,	περιφέρειν	P
.56	ἀσθενοῦντας,	ἀσθενοῦντας	P
7.2	ἄρτους,	ἄρτους	P
.4 †	ῥαντίσωνται	βαπτίσωνται	S
	χαλκίων,	χαλκίων	P
†{		[καὶ	A
		κλινῶν]	A
.6	ὃ	Ὁ	O
	ὅτι	[ὅτι]	P'
.7	με,	με	P
.9 †	τηρήσητε	στήσητε	S
.11	ὠφελήθης (M-H,II,p.85)	ὠφεληθῇς	L
.15	αὐτόν·	αὐτόν,	P
.18	κοινῶσαι,	κοινῶσαι	P

TEXT	N-A '63	N-A '79	TYPE
7.24 †	ἠδυνάσθη	ἠδυνήθη	L
.27	τέκνα ·	τέκνα,	P
.28 †	ναί,		P,Sb
.32	μογιλάλον,	μογιλάλον	P
.34	ἐστέναξεν,	ἐστέναξεν	P
	ἐφφαθά	εφφαθα	O
	(w. breathing, accent)	(w/o. breathing, accent)	
.35 †		[εὐθέως]	A
†	εὐθὺς		Sb
	αὐτοῦ,	αὐτοῦ	P
.37 †		[τοὺς]	A
8.3 †	εἰσίν	ἥκασιν	S
.8	κλασμάτων,	κλασμάτων	P
.14	ἄρτους,	ἄρτους	P
.18	βλέπετε,	βλέπετε	P
.20	λέγουσιν ·	λέγουσιν	P
		[αὐτῷ] ·	+ A,P
.22	τυφλόν,	τυφλὸν	a,P
.23	κώμης,	κώμης	P
	αὐτῷ,	αὐτῷ	P
.24	ἀνθρώπους,	ἀνθρώπους	P
.25	ἀπεκατέστη,	ἀπεκατέστη	P
.28	ὅτι	[ὅτι]	P'
.31	παθεῖν,	παθεῖν	P
.34 †	ἐλθεῖν	ἀκολουθεῖν	S
	αὐτοῦ,	αὐτοῦ	P
.35	σῶσαι,	σῶσαι	P
	εὐαγγελίου,	εὐαγγελίου	P
9.1	καὶ	Καὶ	O
.2		τὸν	A
	Ἰωάννην,	Ἰωάννην	P
.4	Μωϋσεῖ	Μωϋσεῖ	P
.6	ἀποκριθῇ ·	ἀποκριθῇ,	P
.7	ὁ υἱός	ὁ υἱός	
	(bold type)	(not italicized)	
	ὁ ἀγαπητός,...αὐτοῦ	ὁ ἀγαπητός,...αὐτοῦ	
	(bold type)	(not italicized)	
.8	{εἰ	ἀλλὰ	} S
	{μὴ		
.11	Ἠλίαν...πρῶτον	Ἠλίαν...πρῶτον	
	(not bold type)	(italicized)	
.12	Ἠλίας and	Ἠλίας and	
	ἀποκαθιστάνει	ἀποκαθιστάνει	
	(bold type)	(not italicized)	
	ἀνθρώπου,	ἀνθρώπου	P
.15	ἐξεθαμβήθησαν,	ἐξεθαμβήθησαν	P
.18	καταλάβῃ,	καταλάβῃ	P
.20	αὐτόν. (2ᵐᵒ = UBS^rs)	αὐτὸν. (read as UBS^rs)	a,E
.28	καὶ	Καὶ	O
.31	αὐτοῦ,	αὐτοῦ	P
.36	αὐτῶν,	αὐτῶν	P
.38	δαιμόνια,	δαιμόνια	P
	ὃς		Sb
	οὐκ		Sb
†{	ἀκολουθεῖ		Sb
	ἡμῖν,		P,Sb
.39	αὐτόν ·	αὐτόν.	P
.41	ὀνόματι,	ὀνόματι	P
.42	πιστευόντων,	πιστευόντων	- P
†{		[εἰς	+ A,P
		ἐμέ],	
.43 †	σκανδαλίσῃ	σκανδαλίζῃ	L
	ζωήν,	ζωὴν	a,P
.45	χωλόν,	χωλὸν	a,P
.47	Θεοῦ,	Θεοῦ	

Mk

TEXT	N-A '63	N-A '79	TYPE	TEXT	N-A '63	N-A '79	TYPE
10. 1	καὶ	[καὶ]	p¹	12. 4	ἐκεφαλαίωσαν	ἐκεφαλίωσαν	S
. 4	βιβλίον... ἀπολῦσαι	βιβλίον... ἀπολῦσαι		. 6	εἶχεν,	εἶχεν	P
	(bold type)	(not italicized)			αὐτόν,	αὐτὸν	a,P
. 7	μητέρα,	μητέρα	– P	. 9 †		[οὖν]	A
		[καὶ	A		γεωργούς,	γεωργοὺς	a,P
		προσκολληθήσεται	A	.11	αὕτη	αὕτη	P
		πρὸς	A	.12	ὄχλον ·	ὄχλον,	P
†{		τὴν	A	.20	γυναῖκα,	γυναῖκα	P
		γυναῖκα	A	.21	αὐτήν,	αὐτὴν	a,P
		αὐτοῦ],	+ A,P	.23	ἀναστάσει,	ἀναστάσει	P
		(parenthesis italicized)			ὅταν ἀναστῶσιν,	[ὅταν ἀναστῶσιν]	P,p¹
. 9	συνέζευξεν,	συνέζευξεν	P	.25	ἀναστῶσιν,	ἀναστῶσιν	P
.10	καὶ	Καὶ	O	.26	ἐγείρονται,	ἐγείρονται	P
.11	ἄλλην,	ἄλλην	P	†		[ὁ]	A
.12	ἄλλον,	ἄλλον	P	†		[ὁ]	A
.14	αὐτά ·	αὐτά,	P	.27	ζώντων.	ζώντων ·	P
.19	μὴ ἀποστερήσῃς	μὴ ἀποστερήσῃς		.28	γραμματέων,	γραμματέων	P
	(not bold type)	(italicized)		†	εἰδὼς	ἰδὼν	S
.22	λυπούμενος,	λυπούμενος ·	P	.30	καὶ...διανοίας σου	καὶ...διανοίας σου	
.25	τῆς	[τῆς]	p¹		(not bold type)	(italicized)	
	τῆς	[τῆς]	p¹	.33	καὶ (before συνέσεως)	καὶ (before συνέσεως)	
.27	πάντα	πάντα			(not bold type)	(italicized)	
	(bold type)	(not italicized)			ἰσχύος,	ἰσχύος	P
	δυνατὰ...Θεῷ	δυνατὰ...Θεῷ			τῶν...θυσιῶν	τῶν...θυσιῶν	
	(bold type)	(not italicized)			(bold type)	(not italicized)	
.31	οἱ	[οἱ]	p¹	.34	Ἰησοῦς,	Ἰησοῦς	P
.32	συμβαίνειν,	συμβαίνειν	P		αὐτὸν	[αὐτὸν]	p¹
.35 †	[δύο]		Sb		ἀπεκρίθη,	ἀπεκρίθη	P
.36	με	[με]	p¹	.36	μου	μου,	P
.38	πίνω,	πίνω	P	.37	ὁ	[ὁ]	p¹
.39	πίεσθε	πίεσθε	– P	.39	δείπνοις ·	δείπνοις,	P
	βαπτισθήσεσθε ·	βαπτισθήσεσθε,	x P	.40	κατέσθοντες	κατεσθίοντες	a,O
.43	ὑμῖν,	ὑμῖν,	x P		προσευχόμενοι,	προσευχόμενοι ·	O
	ὑμῖν,	ὑμῖν	– P	.41	γαζοφυλακείον	γαζοφυλάκιον	O
.44	πρῶτος,	πρῶτος	P		γαζοφυλακεῖον	γαζοφυλάκιον	P,a,O
.52	ἀνέβλεψεν,	ἀνέβλεψεν	P	.42	γαζοφυλακεῖον	γαζοφυλάκιον	a,O
11. 4	ἀμφόδου	ἀμφόδου	P	.44	ἔβαλεν,	ἔβαλεν	P
. 6	Ἰησοῦς ·	Ἰησοῦς,	P	.44	ὧδε	ὧδε	
. 7	Ἰησοῦν,	Ἰησοῦν	P	13. 2 †		ἱεροῦ,	A
. 8	στιβάδας,	στιβάδας	P	. 3	ἱεροῦ,	ἱεροῦ	
. 9	ὡσαννά	ὡσαννά	O	. 4	ἔσται,	ἔσται	
.10	ὡσαννὰ	ὡσαννὰ	O	. 5	πλανήσῃ.	πλανήσῃ ·	P
	ἐν...ὑψίστοις	ἐν...ὑψίστοις		. 7	δεῖ γενέσθαι,	δεῖ γενέσθαι	P
	(not bold type)	(italicized)			(bold type)	(not italicized)	
.11	ἱερόν ·	ἱερὸν	a,P	. 8	ἐγερθήσεται	ἐγερθήσεται	
†	ὀψὲ	ὀψίας	S		(bold type)	(not italicized)	
.13	ἦλθεν	ἦλθεν.	P		ἔθνος...βασιλείαν.	ἔθνος...βασιλείαν,	P
.16	ἱεροῦ.	ἱεροῦ	P		(bold type)	(not italicized)	
.18	καὶ	Καὶ	O	. 9	ἐμοῦ,	ἐμοῦ	P
	γραμματεῖς	γραμματεῖς	P	.11	ὥρᾳ,	ὥρᾳ	P
.25	καὶ	Καὶ	O	.12	ἐπαναστήσονται...	ἐπαναστήσονται...	
.27	Ἰεροσόλυμα	Ἱεροσόλυμα	O,E		γονεῖς	γονεῖς	
	(erroneous breathing)				(bold type)	(not italicized)	
	πρεσβύτεροι,	πρεσβύτεροι	P	.13	μου,	μου.	x P
.29	μοι,	μοι	P		τέλος,	τέλος	– P
.31	οὖν	[οὖν]	p¹	.15 †		[δὲ]	A
12. 1	λαλεῖν.	λαλεῖν ·	P	†	τι ἄραι	ἄραί τι	a,W
	ἀμπελῶνα and	ἀμπελῶνα and		.19	θλῖψις,...κτίσεως	θλῖψις...κτίσεως	P
	ἐφύτευσεν,	ἐφύτευσεν	P		(bold type)	(not italicized)	
	(bold type)	(not italicized)			ἕως...νῦν	ἕως...νῦν	
	καὶ...πύργον,	καὶ...πύργον	P		(bold type)	(not italicized)	
	(bold type)	(not italicized)		.21	καὶ	Καὶ	O
	γεωργοῖς,	γεωργοῖς	P	.22 †	δὲ	γὰρ	S
. 2	δοῦλον,	δοῦλον	P		ψευδοπροφῆται	ψευδοπροφῆται	
					(bold type)	(not italicized)	

Mk

TEXT	N-A '63	N-A '79	TYPE
13.22 †	ποιήσουσιν (bold type)	δώσουσιν (not italicized)	s
	σημεῖα...τέρατα (bold type)	σημεῖα...τέρατα (not italicized)	
.25	σαλευθήσονται (σαλευθ not in bold type)	σαλευθήσονται (not italicized; so, Lk; Mt is italicized; inconsistency?)	
.26	καὶ δόξης (not bold type)	καὶ δόξης (italicized)	
.27	ἐπισυνάξει (bold type)	ἐπισυνάξει (not italicized)	
	ἐκ...ἄκρου (bold type)	ἐκ...ἄκρου (not italicized)	
	ἕως...οὐρανοῦ (bold type)	ἕως...οὐρανοῦ (not italicized)	
.30	ἀμὴν	Ἀμὴν	O
.31 †		μὴ	A
.34	ὡς	Ὡς	O
	ἐξουσίαν,	ἐξουσίαν	P
	αὐτοῦ,	αὐτοῦ	P
.35	πρωΐ·	πρωΐ,	P
.37	λέγω, (1st)	λέγω (1st)	P
14.1	ἀποκτείνωσιν.	ἀποκτείνωσιν·	P
.3	πολυτελοῦς·	πολυτελοῦς,	P
.7	ἑαυτῶν,	ἑαυτῶν	P
.10	Ἰσκαριώθ,	Ἰσκαριὼθ	a,P
	δώδεκα,	δώδεκα	P
.13	αὐτῷ,	αὐτῷ	P
.14	μου,	μου	P
.16	αὐτοῖς,	αὐτοῖς	P
.18	με,	με	P
	ὁ ἐσθίων...ἐμοῦ (bold type)	ὁ ἐσθίων...ἐμοῦ (not italicized)	
.20 †	[ἐν]		Sb
.21	αὐτοῦ·	αὐτοῦ,	P
.22	λάβετε·	λάβετε,	P
.24	τὸ αἷμά and τῆς διαθήκης (bold type)	τὸ αἷμά and τῆς διαθήκης (not italicized)	
.27	Καὶ	καὶ	O
.31	[δὲ]	δὲ	p¹
.32	Γεθσημανί,	Γεθσημανὶ	a,P
.33	τὸν	[τὸν]	p¹
	τὸν	[τὸν]	p¹
	αὐτοῦ,	αὐτοῦ	P
	ἀδημονεῖν,	ἀδημονεῖν	P
.35	γῆς,	γῆς	P
.36	ἀββὰ (w. breathing, accent)	αββα (w/o. breathing, accent; both are marked in Rm 8[15] Ga 4[6])	
.43 †	[ὁ]		Sb
	δώδεκα,	δώδεκα	P
.44	ἐστιν·	ἐστιν,	P
.46	ἐπέβαλαν [Bl-D, § 81 (3)]	ἐπέβαλον	L
.47	τις	[τις]	p¹
.48	καὶ	Καὶ	O
.49	διδάσκων,	διδάσκων	P
.50	καὶ	Καὶ	O
.51	Καὶ	καὶ	O
.54	ἀρχιερέως,	ἀρχιερέως	P
.62	ἐκ...δυνάμεως (bold type)	ἐκ...δυνάμεως (not italicized)	

TEXT	N-A '63	N-A '79	TYPE
14.63	διαρήξας	διαρρήξας	O
.66	ἀρχιερέως,	ἀρχιερέως	P
.68	προαύλιον·	προαύλιον	- P
		[καὶ	A
		ἀλέκτωρ	
		ἐφώνησεν].	+ A,P
.70	εἰ.	εἰ,	P
.72 †	δὶς φωνῆσαι	φωνῆσαι δὶς	W
15.1 †	ἑτοιμάσαντες	ποιήσαντες	S
.2	καὶ	Καὶ	O
.4	[λέγων]	λέγων	p¹
.7	δεδεμένος,	δεδεμένος	P
.12 †	[θέλετε]		A
	[ὃν] λέγετε	[ὃν λέγετε]	p¹
.15	ὁ	Ὁ	O
.19	αὐτῷ,	αὐτῷ	P
.22	καὶ	Καὶ	O
†	μεθερμηνευόμενος	μεθερμηνευόμενον	L
	κρανίου	Κρανίου	O
	τόπος	Τόπος	O
.24	καὶ	Καὶ	O
	αὐτόν,	αὐτὸν	a,P
	αὐτοῦ (not bold type)	αὐτοῦ (italicized)	
.26	Ο ΒΑΣΙΛΕΥΣ ΤΩΝ ΙΟΥΔΑΙΩΝ	ὁ βασιλεὺς τῶν Ἰουδαίων	O
.29	κινοῦντες...κεφαλὰς (bold type)	κινοῦντες...κεφαλὰς (not italicized)	
	[ἐν]	ἐν	p¹
.34	ἐλωΐ ἐλωΐ	ελωι ελωι	O
†	λαμὰ	λεμα	S
	σαβαχθάνι (w. breathings, accents)	σαβαχθανι (w/o. breathings, accents)	O
.36 †		[καὶ]	A
	ὄξους and ἐπότιζεν (bold type)	ὄξους and ἐπότιζεν (not italicized)	
	αὐτόν,	αὐτὸν	a,P
.39	ἐξέπνευσεν,	ἐξέπνευσεν	P
.42	παρασκευή,	παρασκευὴ	a,P
.43	ὁ	[ὁ]	p¹
	Ἀριμαθαίας,	Ἀριμαθαίας	P
.44	τέθνηκεν,	τέθνηκεν	P
.46 †	κατέθηκεν	ἔθηκεν	S
†	μνήματι	μνημείῳ	S
†	πέτρας,	πέτρας	P
16.1 †	[ἢ]		Sb
.2	[τῇ]	τῇ	p¹
†	μνῆμα,	μνημεῖον	P,S
.4 †	ἀνακεκύλισται	ἀποκεκύλισται	S
.5	καὶ	Καὶ	O
.8	καὶ	Καὶ	O

.after 8: The Short Ending : identical in both texts, except that N-A '79 have ἀμήν. N-A '63 placed it after v. 20. If counted, the 33 or 34 words are all additions, placed within double square brackets.

⟦ Πάντα	all [2]	p²,A
δὲ	And [1]	A
τὰ	that [3]	A
παρηγγελμένα	had been commanded,[4]	A
τοῖς	to those [7]	A
περὶ	around [8]	A
τὸν	—	A

Mk / Lk

TEXT		N-A '63	N-A '79		TYPE
} 1			Πέτρον	Peter.[9]	A
▸	once in Ac		συντόμως	briefly[6]	A
▸			ἐξήγγειλαν.	they made known[5]	A
} 2			Μετὰ	after[(2)]	A
			δὲ	And [(1)]	A
			ταῦτα	these things,[(3)]	A
			καὶ	even [(4)]	A
			αὐτὸς	himself [(6)]	A
			ὁ	–	A
			Ἰησοῦς	Jesus [(5)]	A
			ἀπὸ	from [(10)]	A
▸			ἀνατολῆς	the East [(11)]	A
			καὶ	even [(12)]	A
▸			ἄχρι	as far as [(13)]	A
▸			δύσεως	the West,[(14)]	A
▸			ἐξαπέστειλεν	sent forth[(7)]	A
			δι'	through [(8)]	A
			αὐτῶν	them, [(9)]	A
} 3			τὸ	the [(15)]	A
▸			ἱερὸν	sacred [(16)]	A
			καὶ	and [(17)]	A
▸	not in N.T.		ἄφθαρτον	incorruptible[(18)]	A
▸			κήρυγμα	proclamation[(19)]	A
} 4			τῆς	of [(20)]	A
			αἰωνίου	eternal [(21)]	A
▸			σωτηρίας.	salvation.[(22)]	A
†			ἀμήν.]]	Amen. [(23)]	A, p[2]

Note: Words marked with a pointer (▸) are not found in Mk; phrases 1 to 4 are likewise nowhere in Mk; if counted, there are 3 punctuation points in addition.

16. 9-20: *Enclosed as well in double square brackets ([[...]]).* p[2]

TEXT	N-A '63	N-A '79	TYPE
.14	ἐφανερώθη,	ἐφανερώθη	P
.18 †		[καὶ	A
		ἐν	A
		ταῖς	A
		χερσὶν]	A
.19	[Ἰησοῦς]	Ἰησοῦς	p[1]
	ἀνελήμφθη...οὐρανὸν (bold type)	ἀνελήμφθη...οὐρανὸν (not italicized)	
	ἐκάθισεν... θεοῦ (bold type)	ἐκάθισεν...θεοῦ (not italicized)	

Lk

TEXT	N-A '63	N-A '79		TYPE
1. 5	Ἀαρών,	Ἀαρὼν		a,P
. 7	στεῖρα	στεῖρα		a
.12	ἰδών,	ἰδὼν		a,P
.13	μὴ φοβοῦ (bold type)	μὴ φοβοῦ (not italicized)		
	-ότι εἰσηκούσθη and σου (bold type)	-ότι εἰσηκούσθη and σου (not italicized)		
	σοι,	σοι	–	P
	Ἰωάννην·	Ἰωάννην.	×	P
.14	ἀγαλλίασις,	ἀγαλλίασις		P
.15 †		[τοῦ]		A
	καὶ (1ST) (not bold type)	καὶ (1ST) (italicized)		
.16	αὐτῶν·	αὐτῶν.		P
.17	Ἠλίου ... τέκνα (bold type)	Ἠλίου ... τέκνα (not italicized)		

TEXT	N-A '63	N-A '79	TYPE
1.18	κατὰ...γνώσομαι (bold type)	κατὰ...γνώσομαι (not italicized)	
.19	θεοῦ,	Θεοῦ	P
.21	καὶ	Καὶ	O
	Ζαχαρίαν,	Ζαχαρίαν	P
.22	αὐτοῖς,	αὐτοῖς	P
.24	αὐτοῦ,	αὐτοῦ	P
	πέντε,	πέντε	P
.26	Ναζαρέθ,	Ναζαρὲθ	a,P
.27	Ἰωσήφ,	Ἰωσὴφ	a,P
	Δαυίδ,	Δαυὶδ	a,P
.29	διεταράχθη,	διεταράχθη	P
.30	Μαριάμ·	Μαριάμ,	P
.31	υἱόν,	υἱὸν	a,P
.32	κληθήσεται,	κληθήσεται	P
	τὸν... Δαυὶδ (bold type)	τὸν... Δαυὶδ (not italicized)	
.33	καὶ βασιλεύσει (bold type)	καὶ βασιλεύσει (not italicized)	
	εἰς... αἰῶνας, (bold type)	εἰς... αἰῶνας (not italicized)	P
.35	σέ,	σὲ	a,P
	ἅγιον κληθήσεται (bold type)	ἅγιον κληθήσεται (not italicized)	
.36	αὐτῆς,	αὐτῆς	P
.37	οὐκ ... ῥῆμα (bold type)	οὐκ...ῥῆμα (not italicized)	
.42	γυναιξίν,	γυναιξὶν	a,P
.46	ἡ... κύριον (bold type)	ἡ...κύριον (not italicized)	
.47	ἠγαλλίασεν (bold type)	ἠγαλλίασεν (not italicized)	
	ἐπὶ ... μου· (bold type)	ἐπὶ ... μου, (not italicized)	P
.48	ἐπέβλεψεν... δούλης (bold type)	ἐπέβλεψεν...δούλης (not italicized)	
	[illegible] (bold type)	μακαριοῦσίν με (not italicized)	
	γενεαί·	γενεαι,	P
.49	ἅγιον... αὐτοῦ (bold type)	ἅγιον...αὐτοῦ (not italicized)	
.50	τὸ... αὐτόν (bold type)	τὸ...αὐτόν (not italicized)	
.51	ἐν βραχίονι and διεσκόρπισεν ὑπερηφάνους (bold type)	ἐν βραχίονι and διεσκόρπισεν ὑπερηφάνους (not italicized)	
.52	καθεῖλεν δυνάστας (bold type)	καθεῖλεν δυνάστας (not italicized)	
	ὕψωσεν ταπεινούς (bold type)	ὕψωσεν ταπεινούς (not italicized)	
.53	πεινῶντας...ἀγαθῶν (bold type)	πεινῶντας... ἀγαθῶν (not italicized)	
	πλουτοῦντας...κενούς (bold type)	πλουτοῦντας...κενούς (not italicized)	
.54	ἀντελάβετο...ἐλέους (bold type)	ἀντελάβετο... ἐλέους (not italicized)	
.55	καθὼς and πρὸς...ἡμῶν (bold type)	καθὼς and πρὸς...ἡμῶν (not italicized)	
	τῷ Ἀ. and σπέρματι (bold type)	τῷ Ἀβραὰμ and σπέρματι (not italicized)	
.57	αὐτήν,	αὐτὴν	a,P
.58	αὐτῆς,	αὐτῆς	P

Lk

TEXT	N-A '63	N-A '79	TYPE	TEXT	N-A '63	N-A '79	TYPE
1.59	παιδίον,	παιδίον	P	3.20 †		[καὶ]	A
.66	αὐτῶν,	αὐτῶν	P	.22	ὁ υἱός and ὁ ἀγαπητός	ὁ υἱός and ὁ ἀγαπητός	
.68	Εὐλογητὸς… Ἰσραήλ	Εὐλογητὸς… Ἰσραήλ			and ἐν and εὐδόκησα	and ἐν and εὐδόκησα	
	(bold type)	(not italicized)			(bold type)	(not italicized)	
	λύτρωσιν… αὐτοῦ	λύτρωσιν… αὐτοῦ		.23	Ἰωσήφ,	Ἰωσήφ	a,P
	(bold type)	(not italicized)		.24	Ματθὰτ	Μαθθὰτ	O a
.69	ἤγειρεν κέρας and	ἤγειρεν κέρας and		.32	Σάλα	Σαλὰ	O a
	Δαυὶδ	Δαυὶδ		.35	Σάλα	Σαλὰ	a
	(bold type)	(not italicized)		.37	Μαθουσάλα	Μαθουσαλὰ	a
.71	ἐξ ἐχθρῶν and καὶ…	ἐξ ἐχθρῶν and καὶ…		4. 1	Ἰορδάνου,	Ἰορδάνου	P
	χειρὸς and τῶν	χειρὸς and τῶν		. 2	ἐκείναις,	ἐκείναις	P
	μισούντων	μισούντων		. 5	χρόνου,	χρόνου	P
	(bold type)	(not italicized)		. 8 †	προσκυνήσεις κύριον	κύριον τὸν θεόν σου	}
.72	ἔλεος… ἡμῶν and	ἔλεος… ἡμῶν and			τὸν θεόν σου	προσκυνήσεις	w
	μνησθῆναι διαθήκης	μνησθῆναι διαθήκης			μόνῳ	μόνῳ	
	and αὐτοῦ	and αὐτοῦ			(not bold type)	(italicized)	
	(bold type)	(not italicized)		. 9	ἱεροῦ,	ἱεροῦ	P
.73	ὤμοσεν… Ἀβραὰμ	ὤμοσεν… Ἀβραὰμ		.10	σε,	σε	P
	(bold type)	(not italicized)		.14	Γαλιλαίαν ·	Γαλιλαίαν.	P
.76	ἐνώπιον… αὐτοῦ	ἐνώπιον… αὐτοῦ		.15	αὐτῶν,	αὐτῶν	P
	(bold type)	(not italicized)		.16	συναγωγήν,	συναγωγὴν	a,P
.79	ἐπιφᾶναι…καθημένοις	ἐπιφᾶναι…καθημένοις		.17	Ἡσαΐου,	Ἡσαΐου	P
	and ὁδὸν εἰρήνης	and ὁδὸν εἰρήνης		†	ἀνοίξας	ἀναπτύξας	S
	(bold type)	(not italicized)			[τὸν]	τὸν	P¹
2.10	φοβεῖσθε ·	φοβεῖσθε,	x P	.18	ἐμέ,	ἐμὲ	a,P
	μεγάλην,	μεγάλην	– P	.22	καὶ	Καὶ	O
.11	σωτήρ,	σωτὴρ	a,P		αὐτοῦ,	αὐτοῦ	P
	κύριος,	κύριος	P	.23	Καφαρναούμ,	Καφαρναοὺμ	a,P
.12 †		τὸ	A	.26	εἰς… χήραν	εἰς… χήραν	
.16	σπεύσαντες,	σπεύσαντες	P		(bold type)	(not italicized)	
.19 †	Μαρία	Μαριὰμ	S	.28	ταῦτα,	ταῦτα	P
.21	αὐτὸν	αὐτὸν	a,P	.29	πόλεως,	πόλεως	P
.22	ἐπλήσθησαν…	ἐπλήσθησαν,…			αὐτῶν,	αὐτῶν	P
	καθαρισμοῦ	καθαρισμοῦ		.33	καὶ	Καὶ	O
	(bold type)	(not italicized)			ἀκαθάρτου,	ἀκαθάρτου	P
.25	Συμεών,	Συμεὼν	a,P	.34	τί… σοί	τί… σοί	
	εὐλαβής,	εὐλαβὴς	a,P		(bold type)	(not italicized)	
.26	ἢ	[ἢ]	P¹	.35	αὐτὸν	αὐτὸν	E
.27	αὐτοῦ,	αὐτοῦ	P		(upside down α)		
.30	εἶδον and τὸ… σου	εἶδον and τὸ… σου		.36	πάντας,	πάντας	P
	(bold type)	(not italicized)			οὗτος,	οὗτος	P
.31f	κατὰ… ἐθνῶν	κατὰ… ἐθνῶν		.38	μεγάλῳ,	μεγάλῳ	P
	(bold type)	(not italicized)		.39	πυρετῷ,	πυρετῷ	P
.32	δόξαν and Ἰσραήλ	δόξαν and Ἰσραήλ		.41	πολλῶν,	πολλῶν	P
	(bold type)	(not italicized)			κραυγάζοντα	κρ[αυγ]άζοντα	P¹
.35	δὲ	[δὲ]	P¹	.42	αὐτόν,	αὐτὸν	a,P
	ῥομφαία –,	ῥομφαία –	P		αὐτοῦ,	αὐτοῦ	P
.36	αὐτῆς,	αὐτῆς	P	.44	καὶ	Καὶ	O
.42	ἑορτῆς,	ἑορτῆς	P	5. 1	θεοῦ,	θεοῦ	P
.48 †	ζητοῦμέν	ἐζητοῦμέν	L		Γεννησαρέτ,	Γεννησαρὲτ	a,P
.51	Ναζαρέθ,	Ναζαρὲθ	a,P	. 2 †	πλοιάρια	πλοῖα	S
.52	προέκοπτεν and καὶ	προέκοπτεν and καὶ			ἁλεεῖς	ἁλιεῖς	O
	χάριτι..ἀνθρώποις	χάριτι…ἀνθρώποις		. 4	ὡς	Ὡς	O
	(bold type)	(not italicized)			βάθος,	βάθος	P
	ἐν τῇ	[ἐν τῇ]	P¹	. 6	πολύ ·	πολύ,	P
3. 2	Καϊαφᾶ	Καϊάφα	a	. 7	ἦλθαν,	ἦλθον	L,P
. 3	τὴν	[τὴν]	P¹		[Bl-D, § 81 (3)]		
. 5 †	εὐθείας	εὐθείαν	L	. 9 †	ἢ	ὧν	L
. 8	μετανοίας ·	μετανοίας,	P	.11	γῆν,	γῆν	P
.14	συκοφαντήσητε,	συκοφαντήσητε	P	.14	δεῖξον and τῷ ἱερεῖ,	δεῖξον and τῷ ἱερεῖ	P
.18	λαόν ·	λαόν.	P		(bold type)	(not italicized)	
.19	ὁ	Ὁ	O	.18	παραλελυμένος,	παραλελυμένος	P
.20	πᾶσιν,	πᾶσιν	P				

Lk

TEXT	N-A '63	N-A '79	TYPE	TEXT	N-A '63	N-A '79	TYPE
5.22	αὐτῶν,	αὐτῶν	P	7.16	πάντας,	πάντας	P
.24	ἁμαρτίας, –	ἁμαρτίας –	P		ἡμῖν,	ἡμῖν	P
.26	ἅπαντας,	ἅπαντας	P	.19	ἐρχόμενος,	ἐρχόμενος	P
	Θεόν,	Θεὸν	a,P	.20	ἐρχόμενος,	ἐρχόμενος	P
.27	ἐξῆλθεν,	ἐξῆλθεν	P	.21	πονηρῶν,	πονηρῶν	P
.29	αὐτοῦ ·	αὐτοῦ,	P	.22	κωφοὶ ἀκούουσιν	κωφοὶ ἀκούουσιν	
.33	ποιοῦνται,	ποιοῦνται	P		(not bold type)	(italicized)	
.34	νυμφῶνος,	νυμφῶνος	P		νεκροὶ ἐγείρονται	νεκροὶ ἐγείρονται	
	ἐστιν,	ἐστιν	P		(not bold type)	(italicized)	
.37	ἀσκούς,	ἀσκοὺς	a,P		πτωχοὶ εὐαγγελίζονται	πτωχοὶ εὐαγγελίζονται	
	ἀπολοῦνται.	ἀπολοῦνται ·	P		(bold type)	(not italicized)	
.39	καὶ	[καὶ]	p¹	.27	ου	οὗ	E
6.3	Δαυίδ,	Δαυὶδ	a,P		(w/o.breathing, accent)		
†	ὁπότε	ὅτε	S		σου (1ˢᵀ)	σου (1ˢᵀ)	
	ὄντες ;	[ὄντες] ,	P¹,p¹		(bold type)	italicized	
.4	ὡς	[ὡς]	p¹		σου (2ᴺᴰ)	σου (2ᴺᴰ)	
	τοὺς...προθέσεως	τοὺς...προθέσεως			(not bold type)	(italicized)	
	(bold type)	(not italicized)		.29	καὶ	Καὶ	O
.6	διδάσκειν ·	διδάσκειν.	P		Θεόν,	Θεὸν	a,P
	ξηρά ·	ξηρά.	P	.30	ἑαυτούς,	ἑαυτοὺς	a,P
.11	ἀνοίας,	ἀνοίας	P	.31	ταύτης,	ταύτης	P
.13	ὠνόμασεν,	ὠνόμασεν ·	P	.32	ὠρχήσασθε ·	ὠρχήσασθε,	P
.14	Σίμωνα,	Σίμωνα	P	.36	αὐτοῦ ·	αὐτοῦ,	P
	Ἰωάννην,	Ἰωάννην	P	.38	κλαίουσα,	κλαίουσα	P
	Βαρθολομαῖον,	Βαρθολομαῖον	P		αὐτοῦ,	αὐτοῦ	P
.15	Θωμᾶν,	Θωμᾶν	P		ἐξέμασσεν,	ἐξέμασσεν	P
	[καὶ]	καὶ	p¹	.39 †	[ὁ]		Sb
	ζηλωτήν,	ζηλωτὴν	a,P	.41	δανειστῇ	δανιστῇ	O
.16	Ἰακώβου,	Ἰακώβου	–	.45 †	διέλειπεν (impf.!)	διέλιπεν (aor.²)	L
	προδότης,	προδότης.	x P	.49	ἐστιν,	ἐστιν	P
.17	καὶ	Καὶ	O	.50	πορεύου...εἰρήνην	πορεύου...εἰρήνην	
.18	αὐτῶν,	αὐτῶν ·	P		(bold type)	(not italicized)	
	ἐθεραπεύοντο ·	ἐθεραπεύοντο,	P	8.1	Θεοῦ,	Θεοῦ	P
.20	οἱ πτωχοί	οἱ πτωχοί		.10	βλέποντες...συνιῶσιν	βλέποντες συνιῶσιν	
	(bold type)	(not italicized)			(bold type)	(not italicized)	
.22	ἄνθρωποι,	ἄνθρωποι	– P	.11	ἐστιν	Ἔστιν	O
	ἀνθρωπόν.	ἀνθρώπων	x P		πειρασμῷ ·	πειρασθαλίί ·	P
.23	σκιρτήσατε ·	σκιρτήσατε,	P	.13	λόγον ·	λόγον,	P
.26 †	καλῶς ὑμᾶς	ὑμᾶς καλῶς	W	.17	γενήσεται,	γενήσεται	P
.31	καὶ	Καὶ	O	.18	βλέπετε	Βλέπετε	O
	ἄνθρωποι,	ἄνθρωποι	P	.19	αὐτοῦ,	αὐτοῦ	P
.33	γὰρ	[γὰρ]	p¹	.22	αὐτοῦ,	αὐτοῦ	–
.34	δανείσητε	δανίσητε	O		λίμνης ·	λίμνης,	x P
	δανείζουσιν	δανίζουσιν	O	.23	λίμνην,	λίμνην	P
.35	δανείζετε	δανίζετε	O	.25	ἐπαύσαντο,	ἐπαύσαντο	P
.36	οἰκτίρμονες,	οἰκτίρμονες	P		φοβηθέντες δε	φοβηθέντες δὲ	E
		[καὶ]	A		(w/o.accents ?)		
.37	καὶ	Καὶ	O		ἐστιν,	ἐστιν	P
.44	σῦκα,	σῦκα	P	.27	δαιμόνια,	δαιμόνια	P
.47	ὅμοιος.	ὅμοιος ·	P		ἱμάτιον,	ἱμάτιον	P
.48	οἰκίαν ·	οἰκίαν	P	.28	τί...σοί	τί...σοί	
.48f	προσέρρηξεν (bis)	προσέρηξεν	O		(bold type)	(not italicized)	
.49	συνέπεσεν,	συνέπεσεν	P	.29 †	παρήγγελλεν	παρήγγειλεν	L
7.3	Ἰουδαίων,	Ἰουδαίων	P		αὐτὸν ·	αὐτὸν	a,P
.4	σπουδαίως,	σπουδαίως	P		φυλασσόμενος,	φυλασσόμενος	P
.6	οἰκίας,	οἰκίας	– P		διαρήσσων	διαρρήσσων	O
	σκύλλου ·	σκύλλου,	x P	†	ἀπό	ὑπό	S
.7	τασσόμενος,	τασσόμενος	P	.34	ἰδόντες	Ἰδόντες	O
.9	αὐτόν,	αὐτὸν	a,P	.35	γεγονός,	γεγονὸς	a,P
.10	καὶ	Καὶ	O		Ἰησοῦν,	Ἰησοῦν	P
.11	Ναΐν,	Ναὶν	a,P	.39	σου,	σου	P
.12	αὐτοῦ,	αὐτοῦ	P	.41	Ἰάϊρος,	Ἰάιρος	– P
†	αὕτη	αὐτῇ	S		ὑπῆρχεν ·	ὑπῆρχεν,	x P
.15	καὶ ἔδωκεν...αὐτοῦ	καὶ ἔδωκεν...αὐτοῦ		†		[τοῦ]	A
	(bold type)	(not italicized)		.42 †	αὕτη	αὐτῇ	S

Lk

TEXT	N-A '63	N-A '79	TYPE	TEXT	N-A '63	N-A '79	TYPE
8.43	καὶ	Καὶ	O	10.4	ὑποδήματα·	ὑποδήματα,	P
†	{ [ἰατροῖς	A		.7	μένετε,	μένετε	P
	προσαναλώσασα	A			ἔσθοντες	ἐσθίοντες	O
	ὅλον	A		.8	ὑμῖν,	ὑμῖν	P
	τὸν	A		.9	ἀσθενεῖς,	ἀσθενεῖς	P
	βίον]	A		.11	γινώσκετε	γινώσκετε	P
.44	αὐτοῦ,	αὐτοῦ	P	.15	ἕως οὐρανοῦ...κατα-	ἕως οὐρανοῦ...κατα-	
.46	τις·	τις,	P		βήση	βήση	
.47	λαοῦ,	λαοῦ	P		(bold type)	(not italicized)	
.48	πορεύου...εἰρήνην	πορεύου...εἰρήνην		.19	πατεῖν...ὄφεων	πατεῖν...ὄφεων	
	(bold type)	(not italicized)			(bold type)	(not italicized)	
.50	φοβοῦ·	φοβοῦ,	P	†	ἀδικήσει	ἀδικήσῃ	L
.52	κλαίετε·	κλαίετε,	P	.21 †		[ἐν]	A
†	[οὐκ	οὐ	L		συνετῶν,	συνετῶν	P
		γὰρ	A	.27	τῆς	[τῆς]	P¹
.53	αὐτοῦ,	αὐτοῦ	P		καὶ...διανοίᾳ...καὶ	καὶ...διανοίᾳ...καὶ	
.55	αὐτῆς,	αὐτῆς	P		(not bold type)	(italicized)	
	παραχρῆμα,	παραχρῆμα	P	.28	τοῦτο...ζήσῃ	τοῦτο...ζήσῃ	
9.1	θεραπεύειν·	θεραπεύειν	P		(bold type)	(not italicized)	
.2	ἰᾶσθαι,	ἰᾶσθαι	-	.30	ὑπολαβὼν	Ὑπολαβὼν	O
†		[τοὺς	A		Ἱεριχώ	Ἱεριχὼ	a,P
		ἀσθενεῖς],	+ A,P	.31	ἐκείνη,	ἐκείνη	- P
.3	ἀνὰ	[ἀνὰ]	P¹		ἀντιπαρῆλθεν.	ἀντιπαρῆλθεν·	x P
.7	πάντα,	πάντα	P	.32 †		[γενόμενος]	A
.9 †	[ὁ]		Sb	.35 †	δύο δηνάρια ἔδωκεν	ἔδωκεν δύο δηνάρια	W
.13 †	φαγεῖν ὑμεῖς	ὑμεῖς φαγεῖν	W	.38	αὐτὸν	αὐτόν.	- a,P
.14	ὡσεὶ	[ὡσεὶ]	P¹		{ εἰς		Sb
.16	ἰχθύας,	ἰχθύας,	P	†	{ τὴν		Sb
	κατέκλασεν,	κατέκλασεν	P		{ οἰκίαν.		+ P,Sb
.17	πάντες·	πάντες,	P	.39	ἢ	[ἢ]	P¹
.18 †	οἱ ὄχλοι λέγουσιν	λέγουσιν οἱ ὄχλοι	W	.40 †	κατέλειπεν (impf.)	κατέλιπεν (aor.²)	L
.21	τοῦτο,	τοῦτο.	P		εἶπον	εἰπὲ	L
.23	ἡμέραν,	ἡμέραν	P	.42	{ ὀλίγων	ἑνὸς	S
.24	ἐὰν	ἂν	S	†	{ χρεία	χρεία·	+ Sb
	σῶσαι,	σῶσαι	P		{ ἢ		Sb
	ἐμοῦ,	ἐμοῦ	P		{ ἑνός·		- P,Sb
.28	ὀκτώ,	ὀκτὼ	a,P		ἐξελέξατο,	ἐξελέξατο	- P
		[καὶ]	A	11.2	προσεύχησθε,	προσεύχησθε	P
.32	εἶδαν [BI-D,§81(3)]	εἶδον	L		ἐλθάτω	ἐλθέτω	L
	αὐτῷ (P error?)	αὐτῷ.	P			[BI-D, §81(3)]	
.35	ὁ υἱός and ὁ ἐκλελεγ-	ὁ υἱός and ὁ ἐκλελεγ-		.5	φίλον,	φίλον	P
	μενος...ἀκούετε,	μενος...ἀκούετε.	P	.7	κέκλεισται,	κέκλεισται	P
	(bold type)	(not italicized)		.9	ὑμῖν·	ὑμῖν,	x P
.39	αὐτόν,	αὐτὸν	a,P		ζητεῖτε,	ζητεῖτε	- P
	ἀφροῦ,	ἀφροῦ	P		εὑρήσετε·	εὑρήσετε,	x P
†	μόλις	μόγις	S		κρούετε,	κρούετε	P
.42	ἀκαθάρτῳ,	ἀκαθάρτῳ	P		ὑμῖν.	ὑμῖν·	x P
.45	τοῦτο,	τοῦτο	P	.10	λαμβάνει,	λαμβάνει	P
.47	ἑαυτῷ,	ἑαυτῷ	P		εὑρίσκει,	εὑρίσκει	P
.48	ὑπάρχων,	ὑπάρχων	P		ἀνοιγήσεται	ἀνοιγ[ήσ]εται	P¹
.49 †	ὁ		Sb	.11 †	μὴ	καὶ	S
	δαιμόνια,	δαιμόνια	P	.13	ὁ	[ὁ]	P¹
.50 †		ὁ	A	.14	δαιμόνιον,	δαιμόνιον	- P
.51	Ἱερουσαλήμ,	Ἱερουσαλήμ.	P		καὶ αὐτὸ ἦν	[καὶ αὐτὸ ἦν]	P¹
.52	Σαμαριτῶν,	Σαμαριτῶν	P		κωφός·	κωφὸς	a,P
†	ὥστε	ὡς	S		ὄχλοι·	ὄχλοι.	x P
.54	αὐτούς	αὐτούς	A	.15	εἶπαν [BI-D,§81(1)]	εἶπον	L
	(not bold type)	(italicized)		†	Βεεζεβοὺλ	Βεελζεβοὺλ	O
.59 †		[κύριε,]	A	.17	ἐρημοῦται,	ἐρημοῦται	P
†	πρῶτον ἀπελθόντι	ἀπελθόντι πρῶτον	W	.18 †	Βεεζεβοὺλ	Βεελζεβοὺλ	O
10.1	[δύο],	[δύο]	P	.19 †	Βεεζεβοὺλ	Βεελζεβοὺλ	O
†		[δύο]	A				

Lk

TEXT	N-A '63	N-A '79	TYPE
11.22	αἴρει,	αἴρει	P
	ἐπεποίθει,	ἐπεποίθει	P
.24	ἀνάπαυσιν,	ἀνάπαυσιν	- P
	εὑρίσκον	εὑρίσκον ·	+ P
†		[τότε]	A
.26	ἑπτά,	ἑπτὰ	a,P
.30 †	[ὁ]		Sb
	Νινευίταις	Νινευίταις	O
.31	αὐτούς ·	αὐτούς,	P
.33	οὐδὲ...μόδιον,	[οὐδὲ...μόδιον]	P,p¹
†	φέγγος	φῶς	S
.34	ὁ	Ὁ	O
.42	λάχανον,	λάχανον	P
.43	οὐαὶ	Οὐαὶ	O
.44	οὐαὶ	Οὐαὶ	O
	οἱ	[οἱ]	p¹
.47	οὐαὶ	Οὐαὶ	O
.52	οὐαὶ	Οὐαὶ	O
12.2	οὐδὲν	Οὐδὲν	O
	ἀποκαλυφθήσεται,	ἀποκαλυφθήσεται	P
.3	ταμιείοις	ταμείοις (contracted)	O
.4	ἀποκτεννόντων	ἀποκτεινόντων	S
.8	λέγω	Λέγω	O
.10	καὶ	Καὶ	O
.11	ὅταν	Ὅταν	O
.18	ποιήσω ·	ποιήσω,	x P
	οἰκοδομήσω,	οἰκοδομήσω	- P
	μου,	μου	- P
.21 †	αὐτῷ	ἑαυτῷ (uncontracted)	O
.22	[ὑμῶν]		Sb
.24	κόρακας,	κόρακας	P
†	οὔτε	οὐ	S
†	οὔτε	οὐδὲ	S
	ταμιεῖον	ταμεῖον (contracted)	O
.27	κρίνα,	κρίνα	- P
		αὐξάνει ·	† A,P

A rearrangement of phrases and substitution of words follow here:

	οὔτε¹ (w. νήθει)²	οὐδὲ³ (w. νήθει ·)⁴	S
†	οὔτε³	οὐ¹	S
	ὑφαίνει · ⁴	κοπιᾷ²	S
.28	ἀμφιάζει	ἀμφιέζει (HGk)	S
.29	πίητε,	πίητε	P
30	ἐπιζητοῦσιν ·	ἐπιζητοῦσιν,	P
	τούτων,	τούτων.	P
.32	ποίμνιον ·	ποίμνιον,	P
.35	ὑμῶν...περιεζωσμέναι	ὑμῶν...περιεζωσμέναι	
	(not bold type)	(italicized)	
.36	ἑαυτῶν,	ἑαυτῶν	P
.39	γινώσκετε,	γινώσκετε	P
.46	αὐτόν,	αὐτὸν	a,P
.47	ἐκεῖνος	Ἐκεῖνος	O
.48	πληγῶν,	πληγῶν	P
.52	τρισὶν	τρισίν,	a,P
.53	διαμερισθήσονται,	διαμερισθήσονται	P
	υἱὸς ἐπὶ πατρί	υἱὸς and πατρί only	
	(bold type)	(italicized)	
†		τὴν (1ˢᵗ)	A
		τὴν (2ⁿᵈ)	E
		(unitalicized "τ")	
.54 †		[τὴν]	A

TEXT	N-A '63	N-A '79	TYPE
12.56	οὐ	οὐκ	L
†		οἴδατε (2ⁿᵈ)	A
	δοκιμάζετε	δοκιμάζειν	L
.59	ἐκεῖθεν	ἐκεῖθεν,	P
13.3	μετανοῆτε,	μετανοῆτε	P
.5 †	μετανοήσητε,	μετανοῆτε	P,L
.6	παραβολήν.	παραβολήν ·	P
.7 †		[οὖν]	A
	αὐτήν ·	αὐτήν,	P
.11	δεκαοκτώ,	δεκαοκτὼ	a,P
.13	ἀνωρθώθη,	ἀνωρθώθη	P
.18	Θεοῦ,	Θεοῦ	P
.21 †	ἔκρυψεν	[ἐν]έκρυψεν	S,p¹
	τρία,	τρία	P
.25	θύραν,	θύραν	P
.26	ἐπίομεν,	ἐπίομεν	P
.27 †		[ὑμᾶς]	A
.29	ἀπὸ...δυσμῶν	ἀπὸ...δυσμῶν	
	(bold type)	(not italicized)	
	νότου,	νότου	P
.30	πρῶτοι,	πρῶτοι	P
.32	αὔριον,	αὔριον	P
.35	ἀφίεται...ὑμῶν	ἀφίεται...ὑμῶν	
	(bold type)	(not italicized)	
	ἥξει ὅτε	[ἥξει ὅτε]	p¹
14.1	τῶν	[τῶν]	p¹
	ἄρτον,	ἄρτον	P
.2	καὶ	Καὶ	O
.13	ἀναπήρους classical	ἀναπείρους unexplained	S
.14	σοι,	σοι,	P
.16	ὁ	Ὁ	O
	πολλούς,	πολλοὺς	a,P
.18	ἠγόρασα,	ἠγόρασα	P
.19	πέντε,	πέντε	P
.20	ἔγημα,	ἔγημα	P
.21	πόλεως,	πόλεως	P
	ἀναπήρους classical	ἀναπείρους unexplained	S
.26 †	αὐτοῦ	ἑαυτοῦ	P
	ἀδελφάς,	ἀδελφὰς	a,P
	τε (= UBS '75)	τὲ (accent erroneous)	E, a
.29	μή	μήποτε	S
	ποτε		
.35	ἐστιν ·	ἐστιν,	P
15.3	εἶπεν	Εἶπεν	O
.5	χαίρων,	χαίρων	P
.6	γείτονας,	γείτονας	P
.8	δέκα,	δέκα	P
.13	μακράν,	μακρὰν	a,P
.15	χοίρους ·	χοίρους,	P
.16	γεμίσαι	χορτασθῆναι	
	τὴν		Sb
†	κοιλίαν		Sb
	αὐτοῦ		Sb
.20	ἔτι	Ἔτι	O
	ἐσπλαγχνίσθη,	ἐσπλαγχνίσθη	P
.25	ἦν	Ἦν	O
.28	εἰσελθεῖν ·	εἰσελθεῖν,	P
.29	πατρί	πατρὶ	- a,P
		αὐτοῦ ·	+ A,P
16.2	σου ·	σου,	P
.4 †	ἑαυτῶν	αὐτῶν	S
.10	ὁ	Ὁ	O

Lk

TEXT	N-A '63	N-A '79	TYPE
16.12	ἡμέτερον	ὑμέτερον	S
†	δώσει ὑμῖν	ὑμῖν δώσει	W
.14	ὑπάρχοντες,	ὑπάρχοντες	P
.27	μου ·	μου,	P
.28	ἀδελφούς ·	ἀδελφούς,	P
.30	αὐτούς,	αὐτοὺς	a,P
.31	οὐδὲ	οὐδ᾽	O
17. 1 †{	δὲ	πλὴν	A
			Sb
.2	θάλασσαν,	θάλασσαν	P
.3	ἐὰν	Ἐὰν	O
	σου,	σου	P
	μετανοήσῃ,	μετανοήσῃ	P
.6	ταύτῃ	[ταύτῃ]	p¹
.8	δειπνήσω,	δειπνήσω	P
.11	Ἰερουσαλήμ,	Ἰερουσαλὴμ	a,P
.12	καὶ	Καὶ	O
†		[αὐτῷ]	A
	πόρρωθεν,	πόρρωθεν	P
.14	ἐπιδείξατε and	ἐπιδείξατε and	
	τοῖς ἱερεῦσιν	τοῖς ἱερεῦσιν	
	(bold type)	(not italicized)	
.17 †	οὐχ	οὐχὶ	S
	[δὲ]	δὲ	p¹
.20	θεοῦ,	θεοῦ	P
.21	ἐκεῖ ·	ἐκεῖ,	P
.23 †		[ἤ ·]	A,P
.24	ἐν...αὐτοῦ	[ἐν...αὐτοῦ]	p¹
.27	εἰσῆλθεν...κιβωτόν	εἰσῆλθεν...κιβωτὸν	a,P
	(bold type)	(not italicized)	
.29	ἔβρεξεν...οὐρανοῦ	ἔβρεξεν...οὐρανοῦ	
	(bold type)	(not italicized)	
.31	ἐπιστρεψάτω...ὀπίσω	ἐπιστρεψάτω...ὀπίσω	
	(bold type)	(not italicized)	
.32	περιποιήσασθαι,	περιποιήσασθαι	P
.33 {καὶ			Sb
†		δ᾽	A
†	ἀπολέσει,	ἀπολέσῃ	P,L
.35	παραλημφθήσεται	παραλημφθήσεται,	P
18. 3	ἐκείνῃ,	ἐκείνῃ	P
.4	χρόνον ·	χρόνον.	P
†	ταῦτα δὲ	δὲ ταῦτα	W
.9	ταύτην.	ταύτην ·	P
.11 †	ταῦτα πρὸς ἑαυτὸν	πρὸς ἑαυτὸν ταῦτα	W
.12 †	ἀποδεκατεύω	ἀποδεκατῶ	S
.16	αὐτά ·	αὐτά,	P
.19	[ὁ]	ὁ	p¹
.23	ἐγενήθη,	ἐγενήθη ·	P
.24	ἰδὼν	Ἰδὼν	O
†{		[περίλυπον	A
		γενόμενον]	A
.29	εἵνεκεν	ἕνεκεν	O
.30 †	λάβῃ	[ἀπο]λάβῃ	S,p¹
.32	ἐμπτυσθήσεται,	ἐμπτυσθήσεται	P
.34	συνῆκαν,	συνῆκαν	P
	αὐτῶν,	αὐτῶν	P
.39	σιγήσῃ ·	σιγήσῃ,	P
.43	ἀνέβλεψεν,	ἀνέβλεψεν	P
19. 2	ἀρχιτελώνης,	ἀρχιτελώνης	P
.3	ἔστιν,	ἔστιν	P
.4	συκομορέαν,	συκομορέαν	P
	αὐτόν,	αὐτὸν	a,P
.5	κατάβηθι ·	κατάβηθι,	P

TEXT	N-A '63	N-A '79	TYPE
19. 6	κατέβη,	κατέβη	P
.8 †	ἡμίση	ἡμίσιά	L
	ἐσυκοφάντησα,	ἐσυκοφάντησα	P
.9	[ἐστιν]	ἐστιν	p¹
.10	ζητῆσαι and τὸ	ζητῆσαι and τὸ	
	ἀπολωλός	ἀπολωλὸς	
	(bold type)	(not italicized)	
.11	παραβολήν,	παραβολὴν	a,P
	ἀναφαίνεσθαι ·	ἀναφαίνεσθαι.	P
.13	μνᾶς,	μνᾶς	P
.14	αὐτόν,	αὐτὸν	a,P
.15 {τίς			Sb
†{	διεπραγματεύσατο	διεπραγματεύσαντο	L
.17	εὖ γε	εὖγε	S
.20	σου,	σου	P
.21	ἔθηκας,	ἔθηκας	P
.22	ἔθηκα,	ἔθηκα	P
.24	ἔχοντι.	ἔχοντι —	P
.25	μνᾶς.	μνᾶς —	P
.29	Βηθανίαν,	Βηθανία[ν]	p¹
	ἐλαιῶν	Ἐλαιῶν	a,O
.36 †	ἑαυτῶν	αὐτῶν	S
.41	ἤγγισεν,	ἤγγισεν	P
	αὐτήν,	αὐτὴν	a,P
.44	ἐδαφιοῦσίν and τὰ...σου	ἐδαφιοῦσίν and τὰ...σου	
	(bold type)	(not italicized)	
.45	πωλοῦντας,	πωλοῦντας	P
.46	προσευχῆς ·	προσευχῆς,	P
.47	ἱερῷ ·	ἱερῷ.	P
.48	ποιήσωσιν ·	ποιήσωσιν,	P
20. 1	πρεσβυτέροις,	πρεσβυτέροις	P
.6	ἡμᾶς,	ἡμᾶς,	P
.9	ταύτην.	ταύτην ·	x P
	ἄνθρωπος	ἄνθρωπός	a
†{		[τις]	A
	ἐφύτευσεν ἀμπελῶνα,	ἐφύτευσεν ἀμπελῶνα	- P
	(bold type)	(not italicized)	
	ἐξέδοτο	ἐξέδετο	E? O
		(UBS⁷⁵ has ἐξέδοτο)	
	γεωργοῖς,	γεωργοῖς	- P
.10	δοῦλον,	δοῦλον	P
.16	τούτους,	τούτους	P
.19	λαόν ·	λαόν,	P
.25	λαοῦ,	λαοῦ	P
.27	ἀντιλέγοντες	[ἀντιλέγοντες	p¹
.28	καὶ οὗτος	καὶ οὗτος	
	(bold type)	(not italicized)	
.36	εἰσιν, (1ˢᵗ)	εἰσιν (1ˢᵗ)	P
.37	κύριον	κύριον	
	(not bold type)	(italicized)	
	Ἰακώβ ·	Ἰακώβ.	P
.38	ζώντων ·	ζώντων,	P
.39	ἀποκριθέντες	Ἀποκριθέντες	O
.42	μου (2ⁿᵈ)	μου, (2ⁿᵈ)	P
.44 †	αὐτὸν κύριον	κύριον αὐτὸν	W
.45	μαθηταῖς ·	μαθηταῖς,	- P
†		[αὐτοῦ] ·	+ A,P
21. 1	γαζοφυλακεῖον	γαζοφυλάκιον	a,O
.5	ἱεροῦ,	ἱεροῦ	P
	κεκόσμηται,	κεκόσμηται	P
.6	θεωρεῖτε,	θεωρεῖτε	P
.7	ἐπηρώτησαν	Ἐπηρώτησαν	O
.8	ἤγγικεν ·	ἤγγικεν.	P

Lk

TEXT	N-A '63	N-A '79	TYPE	TEXT	N-A '63	N-A '79	TYPE
21.9	δεῖ and γενέσθαι (bold type)	δεῖ and γενέσθαι (not italicized)		23.9	ἱκανοῖς·	ἱκανοῖς,	P
				.11 †		[καὶ]	A
.10	ἐγερθήσεται βασιλ- είαν (bold type)	ἐγερθήσεται βασιλ- είαν (not italicized)			ἐμπαίξας,	ἐμπαίξας	P
				.12	αὐτούς·	αὐτούς.	S, P
.11 †	λοιμοὶ καὶ λιμοὶ	λιμοὶ καὶ λοιμοὶ	W	.15	Ἡρώδης·	Ἡρώδης,	P
.12	πρὸ	Πρὸ	O		ἡμᾶς·	ἡμᾶς,	P
.15	σοφίαν,	σοφίαν	O	.18	ἀνέκραγον	Ἀνέκραγον	O
.18	ἀπόληται·	ἀπόληται.	P	.20	αὐτοῖς,	αὐτοῖς	P
.19 †	κτήσεσθε	κτήσασθε	L	.24	καὶ	Καὶ	O
.21	ὅρη, ἐκχωρείτωσαν,	ὅρη ἐκχωρείτωσαν	L P	.25	φυλακήν,	φυλακὴν	a, P
				.28 †		[ὁ]	A
.22	ἡμέραι ἐκδικήσεως (bold type)	ἡμέραι ἐκδικήσεως (not italicized)		.29	στεῖραι, ἐγέννησαν,	στεῖραι ἐγέννησαν	P P
.24	Ἰερουσαλὴμ...ἐθνῶν (bold type)	Ἰερουσαλὴμ...ἐθνῶν (not italicized)		.31 †		τῷ	A
.25	ἐθνῶν and ἤχους θαλάσσης and σάλου (bold type)	ἐθνῶν and ἤχους θαλάσσης and σάλου (not italicized)		.34	αὐτοῖς· δὲ (2ᵐᵒ) and αὐτοῦ (not bold type)	αὐτοῖς, δὲ (2ᵐᵒ) and αὐτοῦ (italicized)	P
.26	οἰκουμένη· σαλευθήσονται (σαλευθ not in bold type)	οἰκουμένη, σαλευθήσονται (not italicized :as Mk 13²⁵; Mt 24²⁹ italicized !)	P	.35	καὶ θεωρῶν and ἐξεμυκτήριζον (bold type)	Καὶ θεωρῶν and ἐξεμυκτήριζον (not italicized)	O
.34	βιωτικαῖς,	βιωτικαῖς	P	.36	ὄξος (bold type)	ὄξος (not italicized)	
.35	παγὶς and ἐπὶ and τοὺς...ἐπὶ and τῆς γῆς (bold type)	παγὶς and ἐπὶ and τοὺς... ἐπὶ and τῆς γῆς (not italicized)		.38	Ο ΒΑΣΙΛΕΥΣ... ΟΥΤΟΣ	ὁ βασιλεὺς... οὗτος	O
				.39	αὐτόν·	αὐτὸν	a, P
.36	γίνεσθαι,	γίνεσθαι	P	†		λέγων·	A, P
.37	ἐλαιῶν.	Ἐλαιῶν·	a, O, P	.45	ἐκλιπόντος·	ἐκλιπόντος,	P
22.2	αὐτόν·	αὐτόν,	P	.47	ἰδὼν	Ἰδὼν	O
.5	ἐχάρησαν,	ἐχάρησαν	P	.49	εἰστήκεισαν (bold type)	Εἰστήκεισαν (not italicized)	O
.7 †		[ἐν]	A		οἱ γνωστοὶ and ἀπὸ μακρόθεν (bold type)	οἱ γνωστοὶ and ἀπὸ μακρόθεν (not italicized)	P
.8	πάσχα,	πάσχα	P				
.10	εἰσπορεύεται·	εἰσπορεύεται,	P		Γαλιλαίας,	Γαλιλαίας	P
.13	αὐτοῖς·	αὐτοῖς	P	.50	ὑπάρχων,	ὑπάρχων	P
.14	ἀνέπεσεν,	ἀνέπεσεν	P	†		[καὶ]	A
16 †	οὐκέτι		Sb		βίπαιος,	βίπαιος,	P
.18 †		[ὅτι]	A	.51	αὐτῶν,	αὐτῶν	P
.19†	⟦ τὸ...ἐκχυννόμενον ⟧	τὸ...ἐκχυννόμενον	P²	.52	Ἰησοῦ,	Ἰησοῦ	P
.20	διαθήκη... αἵματί (bold type)	διαθήκη...αἵματι (not italicized)		.53	σινδόνι, λαξευτῷ,	σινδόνι λαξευτῷ	P P
	μου,	μου	P	.54	παρασκευῆς,	παρασκευῆς	P
.21	πλὴν	Πλὴν	O	.56	Καὶ	καὶ	O
.25	αὐτῶν,	αὐτῶν	P		ἐντολήν,	ἐντολήν.	P
.26	νεώτερος,	νεώτερος	P	24.1	τῇ	Τῇ	O
.28	ὑμεῖς	Ὑμεῖς	O	.4	ἀστραπτούσῃ	ἀστραπτούσῃ.	P P
.34 †	μὴ		Sb	.5	γῆν	γῆν	P P
.39	ἐλαιῶν·	ἐλαιῶν,	P		νεκρῶν ;	νεκρῶν· (UBS⁷⁵ has ;)	P?
.41	βολήν,	βολὴν	a, P				
.45	προσευχῆς,	προσευχῆς	P	.6	⟦ οὐκ... ἠγέρθη ⟧	οὐκ...ἠγέρθη	P²
.47	αὐτούς,	αὐτοὺς	a, P		Γαλιλαίᾳ,	Γαλιλαίᾳ	P
.53	ἐμέ·	ἐμέ.		.8	αὐτοῦ,	αὐτοῦ.	P
.61 †	λόγου κυρίου,	ῥήματος κυρίου	S P	.9	καὶ	Καὶ	O
.66	αὐτῶν,	αὐτῶν	P	.10	Ἰακώβου	Ἰακώβου	—
.69	ὁ υἱός... δεξιῶν and τοῦ θεοῦ (bold type)	ὁ υἱός...δεξιῶν and τοῦ θεοῦ (not italicized)			αὐταῖς· ταῦτα.	αὐταῖς. ταῦτα,	+ P x P
23.2	ἤρξαντο διδόναι,	Ἤρξαντο διδόναι	O	.12		Ὁ δὲ Πέτρος	A A A
.5	λαόν,	λαὸν	a, P			ἀναστὰς	A
.7	ἐστίν,	ἐστίν	a, P			ἔδραμεν	A
.8	ὁ	Ὁ	O			ἐπὶ	A
	λίαν·	λίαν,	x			τὸ	A
	αὐτοῦ,	αὐτοῦ	—				

Lk / Jn

TEXT	N-A '63	N-A '79	TYPE
24.12		μνημεῖον	A
		καὶ	A
		παρακύψας	A
		βλέπει	A
		τὰ	A
		ὀθόνια	A
†		μόνα,	A,P
		καὶ	A
		ἀπῆλθεν	A
		πρὸς	A
		ἑαυτὸν	A
		θαυμάζων	A
		τὸ	A
		γεγονός.	A,P
.14	συζητεῖν,	συζητεῖν	P
.15	αὐτοῖς·	αὐτοῖς,	P
.22	ὀτ	τὸ	E
.24	μνημεῖον,	μνημεῖον	P
.27	διηρμήνευσεν	διερμήνευσεν	L
.30	αὐτοῖς·	αὐτοῖς,	P
.31	ὀφθαλμοί,	ὀφθαλμοὶ	a,P
.32	ἐν ἡμῖν,	[ἐν ἡμῖν]	P,p'
.33	Ἱερουσαλήμ,	Ἱερουσαλὴμ	a,P
.36	αὐτῶν.	αὐτῶν	-
			P
		καὶ	A
		λέγει	A
†		αὐτοῖς·	+/ A,P
		εἰρήνη	A
		ὑμῖν.	+ A,P
.38	ἐστέ,	ἐστὲ	a,P
.39	μου,	μου	P
.40		καὶ	A
		τοῦτο	A
		εἰπὼν	A
		ἔδειξεν	A
†		αὐτοῖς	A
		τὰς	A
		χεῖρας	A
		καὶ	A
		τοὺς	A
		πόδας.	A,P
.41	θαυμαζόντων,	θαυμαζόντων	P
.47	ἔθνη,—	ἔθνη.	P
	Ἱερουσαλήμ.	Ἱερουσαλὴμ	a,P
.49	ἰδοὺ	[ἰδοὺ]	p'
	ἐξαποστέλλω	ἀποστέλλω	S
.50 †		[ἔξω]	A
.51	αὐτῶν.	αὐτῶν	-
		καὶ	A
		ἀνεφέρετο	A
		εἰς	A
		τὸν	A
		οὐρανόν.	+ A,P
.52 †		προσκυνήσαντες	A
		αὐτὸν	A
	μεγάλης,	μεγάλης	P

Jn

TEXT	N-A '63	N-A '79	TYPE
1.3 †	{ἐν	ἐν.	a,P
	{γέγονεν.	γέγονεν	P
.7	μαρτυρίαν,	μαρτυρίαν	P

TEXT	N-A '63	N-A '79	TYPE
1.16	ἐλάβομεν,	ἐλάβομεν	P
.18	πατρός,	πατρὸς	a,P
.19	πρὸς αὐτὸν	[πρὸς αὐτὸν]	p'
.21 †	Ἡλίας εἶ σύ	σὺ Ἡλίας εἶ	a,W
.26 †	στήκει	ἕστηκεν	S
.27	ἐγὼ	[ἐγὼ]	p'
.28	Ταῦτα	ταῦτα	O
.29	αὐτόν,	αὐτὸν	a,P
.31	Ἰσραήλ,	Ἰσραὴλ	a,P
.32	οὐρανοῦ,	οὐρανοῦ	P
.33	ὕδατι,	ὕδατι	P
.34	ἑώρακα,	ἑώρακα	P
.35	δύο,	δύο	P
.38	ῥαββί (read -ὶ)	ῥαββί,	a,P,E
	(ὅ... διδάσκαλε)	ὅ... διδάσκαλε	(p')
.39	μένει,	μένει	P
.41	Μεσσίαν	Μεσσίαν,	P
	(ὅ... χριστός)	ὅ...χριστός	(p')
.42	Κηφᾶς	Κηφᾶς,	P
	(ὅ...Πέτρος)	ὅ... Πέτρος	(p')
.43	Γαλιλαίαν,	Γαλιλαίαν	P
.45	Ναζαρέθ	Ναζαρὲτ	O
.46	Ναζαρὲθ	Ναζαρὲτ	O
	ὁ	[ὁ]	p'
.47 †		ὁ	A P
	Ἰσραηλίτης,	Ἰσραηλίτης	E
.49	Ἰσραὴλ	Ἰσραὴλ	E
		(no breathing)	
.51	τὸν οὐρανὸν and	τὸν οὐρανὸν and	
	καὶ...καταβαίνοντας	καὶ...καταβαίνοντας	
	(not bold type)	(italicized)	
2.4	καὶ	[καὶ]	p'
	τί...σοί	τί...σοί	
	(bold type)	(not italicized)	
.5	ὅ... ὑμῖν, ποιήσατε	ὅ... ὑμῖν ποιήσατε	P
	(bold type)	(not italicized)	
.8	ἀρχιτρικλίνῳ.	ἀρχιτρικλίνῳ·	P
.9	γεγενημένον,	γεγενημένον	P
.10	τίθησιν,	τίθησιν	P
.12 †	αὐτοῦ,	[αὐτοῦ]	A
.14	καὶ	Καὶ	O
.15	ἱεροῦ,	ἱεροῦ	P
†	{τὰ	τὸ	L
	κέρματα	κέρμα	L
.18	ἀπεκρίθησαν	Ἀπεκρίθησαν	O
	ἡμῖν,	ἡμῖν	P
.19	τοῦτον,	τοῦτον	P
.23	αὐτοῦ,	αὐτοῦ	P
.24	αὐτὸν	αὐτὸν	S
.25	πάντας,	πάντας	P
3.4	ὁ	[ὁ]	p'
.8	πνεῖ,	πνεῖ	P
.18 †		δὲ	A
.19	κρίσις,	κρίσις	P
.22	γῆν,	γῆν	O
.23	ἦν	Ἦν	O
	Σαλίμ	Σαλείμ	A
.24 †		ὁ	O
.27 †	{οὐδὲν	οὐδὲ	A
	{	ἐν	S
.28	εἶπον·	εἶπον	P

Jn

TEXT	N-A '63	N-A '79	TYPE	TEXT	N-A '63	N-A '79	TYPE
3.28 †	[ὅτι]		A	5.9	κράβατον	κράβαττον	O
.29	νυμφίου,	νυμφίου	P	.10	κράβατον.	κράβαττόν	-a,O,P
	aὐτοῦ,	aὐτοῦ	P	†		σου.	+ A,P
	φωνὴν	φωνὴν	E	.11 †	ὅς	ὁ	S
	(misplacement of accent)				ὑγιή,	ὑγιὴ	P
.31	ἐπάνω...ἐστίν	[ἐπάνω...ἐστίν]	p¹		κράβατόν	κράβαττόν	P
.32	ἤκουσεν,	ἤκουσεν	P	.13	ἔστιν·	ἔστιν,	P
.34	λαλεῖ·	λαλεῖ,	P	.14	γέγονας·	γέγονας,	P
.35	υἱόν,	υἱὸν	a,P	.15 †	εἶπεν	ἀνήγγειλεν	S
4.1 †	κύριος	Ἰησοῦς	S	.17	ὁ	Ὁ	A
	Ἰωάννης,	Ἰωάννης	P	†		[Ἰησοῦς]	A
.2	καίτοι γε }	καίτοιγε	S		ἐργάζεται,	ἐργάζεται	P
	aὐτοῦ,	aὐτοῦ	P	.18	Θεόν,	Θεὸν	a,P
.5	Σύχαρ,	Συχὰρ	P,a	.19	οὐδέν,	οὐδὲν	a,P
.7	πεῖν·	πεῖν·	P	†	ἄν	ἐὰν	S
.8	πόλιν,	πόλιν	P	.21	ζωοποιεῖ	ζωοποιεῖ,	O
.9	[οὐ...Σαμαρίταις]	οὐ...Σαμαρίταις	p¹		ζωοποιεῖ.	ζωοποιεῖ.	O
.10	Θεοῦ,	Θεοῦ	P	.24	αἰώνιον,	αἰώνιον	- P
.11	aὐτῷ·	aὐτῷ	- P	†	ἔρχεται	ἔρχεται,	+ P
† {		[ἤ	A	.29 †		δὲ	A
		γυνή]	+ A,P	.37	πατήρ,	πατὴρ	a,P
.12	φρέαρ,	φρέαρ	P	.39	ἐρευνᾶτε (classical)	ἐραυνᾶτε (late form)	S
.17	εἶπεν·	εἶπεν	- P	.44	πιστεῦσαι	πιστεῦσαι	P
†		aὐτῷ·	+ A,P	.45	μὴ	Μὴ	O
	εἶπες	εἶπας [Bl-D,§81(1)]	L	6.2 †	ἑώρων	ἐθεώρουν	S
.18	ἔσχες,	ἔσχες	P	.3	Ἰησοῦς,	Ἰησοῦς	P
.22	οἴδατε,	οἴδατε	P	.5	ἐπάρας	Ἐπάρας	O
	ἐστίν·	ἐστίν.	P		aὐτόν,	aὐτὸν	a,P
.23	aὐτόν·	aὐτόν.	P	.7	ὁ	[ὁ]	p¹
.24 †	ἔρχεται,	aὐτὸν	A		aὐτοῖς,	aὐτοῖς	P
.25	ἔρχεται,	ἔρχεται	P		τι	[τι]	p¹
.27	aὐτοῦ,	aὐτοῦ	P	.11	ἀνακειμένοις,	ἀνακειμένοις	P
.28	πόλιν,	πόλιν	P	.13	οὖν,	οὖν	P
.29 †	ἅ	ὅσα	S	.16	ἐγένετο,	ἐγένετο	P
	ἐποίησα·	ἐποίησα,	P		Θάλασσαν,	Θάλασσαν	P
.11	▨▨▨	▨▨▨		.18	διηγείρετο	διεγείρετο	L
.35	χώρας,	χώρας	P	.20	▨▨▨	▨▨▨	
.38	κεκοπιάκασιν,	κεκοπιάκασιν	P	.22	ἐν,	ἐν	a,P
.42	πιστεύομεν	πιστεύομεν,	x P	.23	πλοιάρια	πλοι[άρι]α	p¹
	ἀκηκόαμεν,	ἀκηκόαμεν	- P	.26	ἀπεκρίθη	Ἀπεκρίθη	O
.43	Γαλιλαίαν,	Γαλιλαίαν·	P	.27	ἀπολλυμένην,	ἀπολλυμένην	P
.45	Γαλιλαῖοι,	Γαλιλαῖοι	- P	.29 †		[ὁ]	A
	ἑορτῇ·	ἑορτῇ,	x P	.30	εἶπον	Εἶπον	O
.46	καὶ	Καὶ	O	.32	Εἶπεν	εἶπεν	O
	Καφαρναούμ·	Καφαρναούμ.	P	.37	πρός	πρὸς	a
.47	Γαλιλαίαν,	Γαλιλαίαν	- P	†	με	ἐμὲ	L
	υἱόν·	υἱόν·	x P	.39	ἐν	[ἐν]	p¹
.50	ζῇ	ζῇ (lack of iota subscript)	E	.40	ἐν	[ἐν]	p¹
	Ἰησοῦς,	Ἰησοῦς	P	.44	Οὐδεὶς	οὐδεὶς	O
.51 †		aὐτοῦ	A	.45	καὶ ἔσονται	καὶ ἔσονται	
.53 †		[ἐν]	A		(bold type)	(not italicized)	
	ζῇ·	ζῇ,	P	.46	τις,	τις	P
5.1	Ἰουδαίων,	Ἰουδαίων	P	.51	ἄρτου,	ἄρτου	- P
.2	ἔστιν	Ἔστιν	O		αἰῶνα·	αἰῶνα,	x P
	κολυμβήθρα,	κολυμβήθρα	O	.52 †		[aὐτοῦ]	A
	Βηθζαθά,	Βηθζαθὰ	a,P	.61	aὐτοῦ,	aὐτοῦ	P
.5	καὶ	[καὶ]	p¹	.63	ζωοποιοῦν	ζωοποιοῦν	O
.6	κατακείμενον,	κατακείμενον	P	.66 †		[ἐκ]	A
.7	ἔχω,	ἔχω	P	.68	ἔχεις·	ἔχεις,	P
.8	κράβατόν	κράβαττόν	O	7.2	ἦν	Ἦν	O
.9	ἄνθρωπος,	ἄνθρωπος	P	.3 †	τὰ ἔργα σου ἅ	σοῦ τὰ ἔργα ἅ	a,W
				.9 †	aὐτοῖς	aὐτὸς	L
				.10	ἀνέβη,	ἀνέβη	P

Jn

TEXT	N-A '63	N-A '79	TYPE	TEXT	N-A '63	N-A '79	TYPE
7.10	ὡς	[ὡς]	p¹	8.10	Γύναι	γύναι	O
.12	ἐστιν ·	ἐστιν,	P	.11	εἶπεν	εἶπεν ·	P
.16 †		[ὁ]	A		Οὐδείς	οὐδείς	O
.17	διδαχῆς,	διδαχῆς	P		Ἰησοῦς	Ἰησοῦς ·	P
.18	αὐτόν,	αὐτόν	a,P		Οὐδὲ	οὐδὲ	P
.19	οὐ	Οὐ	O	†		[καὶ]	A
†	ἔδωκεν	δέδωκεν	L	.12 †	μοι	ἐμοὶ	L
.22	περιτομήν, –	περιτομήν –	P	.16	με.	με	– P
	πατέρων,	πατέρων	P	†		πατήρ.	+ A,P
.23	[ὁ]		Sb	.18	ἐμαυτοῦ,	ἐμαυτοῦ	P
.24 †	κρίνατε	κρίνετε	L	.20	γαζοφυλακείῳ	γαζοφυλακίῳ	O
.26	λαλεῖ,	λαλεῖ	P	.26	κρίνειν ·	κρίνειν,	x P
.27	ἔρχηται,	ἔρχηται	P		αὐτοῦ,	αὐτοῦ	– P
.31	αὐτόν,	αὐτὸν	a,P	.28 †		[αὐτοῖς]	A
	ἔλθῃ,	ἔλθῃ	P		πατήρ,	πατήρ	a,P
.34	εὑρήσετε,	εὑρήσετέ	– P, a	.31	ἐστε,	ἐστε	P
†		[με],	+ A,P	.33	ἐσμεν,	ἐσμεν	P
.35	πορεύεσθαι,	πορεύεσθαι	P	.35	αἰῶνα ·	αἰῶνα,	P
.36	εὑρήσετε,	εὑρήσετέ	– P, a	.39 †	ποιεῖτε	ἐποιεῖτε	L
		[με],	+ A,P	.40	ἀποκτεῖναι,	ἀποκτεῖναι	P
.37	διψᾷ,	διψᾷ	P		λελάληκα,	λελάληκα	P
.39 †	οὐ	ὃ	L	.41 †		[οὖν]	A
.40	ἔλεγον	ἔλεγον ·	+ P		οὐκ	οὐ	L
†	[ὅτι] ·		– P,Sb	†	ἐγεννήθημεν	γεγεννήμεθα.	L
.41	χριστός ·	χριστός,	P	.42	ἦν,	ἦν	– P
.42	τοῦ...Δαυίδ,	τοῦ...Δαυὶδ	a,P		ἐμέ ·	ἐμέ,	x P
	(bold type)	(not italicized)		.44	ἀρχῆς,	ἀρχῆς	P
	ἀπὸ Βηθλέεμ	ἀπὸ Βηθλέεμ		.52	εἶπαν [BI-D, §81(1)]	εἶπον	L
	(bold type)	(not italicized)		†		[οὖν]	A
	Δαυίδ, (bold type)	Δαυὶδ (not italicized)	a,P	.53	ἀπέθανον ·	ἀπέθανον.	P
	ἔρχεται	ἔρχεται		.57	εἶπαν [BI-D, §81(1)]	εἶπον	L
	(bold type)	(not italicized)		9. 5	πτύσματος,	πτύσματος	P
.46	ἄνθρωπος,	ἄνθρωπος.	x P	.6 †	ἐπέθηκεν	ἐπέχρισεν	S
	∫ ὡς		Sb	.	ὀφθαλμούς,	ὀφθαλμοὺς	a,P
	│ οὗτος		Sb	.7	ἐνίψατο,	ἐνίψατο	P
†	⟨ λαλεῖ		Sb	.8	πρότερον,	πρότερον	P
	│ ὁ		Sb		ἦν,	ἦν	P
	∫ ἄνθρωπος.		– P,Sb	.9	ἐστιν ·	ἐστιν,	P
.50 †	·	[τὸ]	Λ	.13	Φαρισαίους,	Φαρισαίους	P
.52	ἐρεύνησον (classical)	ἐραύνησον (late form)	S	.15	ὀφθαλμούς,	ὀφθαλμοὺς	a,P
					ἐνιψάμην,	ἐνιψάμην	O
	⟦ 7.53 to 8.11: in N-A '63, in the apparatus; in N-A '79, in the text; both in double square brackets. Differences follow. ⟧		p²	.18	οὐκ	Οὐκ	O
					ἀνέβλεψεν,	ἀνέβλεψεν	P
				.20	εἶπαν.	εἶπαν ·	P
				.24	τυφλός,	τυφλὸς	a,P
8. 1	Ὄρος	ὄρος	O	.25	οἶδα, (2ᵐᵒ)	οἶδα (2ᵐᵒ)	L
	Ἐλαιῶν	ἐλαιῶν	O	.26	εἶπαν [BI-D, §81(1)]	εἶπον	L
.2	ἱερόν [,	ἱερὸν	a,P	.28	εἶπαν [BI-D, §81(1)]	εἶπον	L
	αὐτούς].	αὐτούς.	p¹	.31 †	ὁ Θεὸς ἁμαρτωλῶν	ἁμαρτωλῶν ὁ Θεὸς	W
.3	κατειλημμένην,	κατειλημμένην	P		ποιῇ,	ποιῇ	P
.4	αὐτῷ	αὐτῷ ·	P	.34	ὅλος,	ὅλος	P
	Διδάσκαλε	διδάσκαλε	O	.35	ἔξω,	ἔξω	P
.5	[ἡμῖν]	ἡμῖν	p¹	.39	καὶ	Καὶ	O
	Μωϋσῆς	Μωϋσῆς	O	.40	Ἤκουσαν	ἤκουσαν	O
	λιθάζειν ·	λιθάζειν.	P		ὄντες,	ὄντες	P
.6	[τοῦτο...αὐτοῦ.]	τοῦτο...αὐτοῦ.	p¹		εἶπαν [BI-D, §81(1)]	εἶπον	L
.7	[αὐτόν]	αὐτόν	p¹	.41	βλέπομεν ·	βλέπομεν,	P
	[αὐτοῖς]	αὐτοῖς ·	p¹,P	10. 1	ἀλλαχόθεν,	ἀλλαχόθεν	P
	ὁ	ὁ	O	.3	ἀνοίγει,	ἀνοίγει	P
.9	πρεσβυτέρων,	πρεσβυτέρων	P		ἀκούει,	ἀκούει	P
	μόνος,	μόνος	P	.4	πορεύεται,	πορεύεται	P
.10	αὐτῇ	αὐτῇ ·	P	.6	Ἰησοῦς ·	Ἰησοῦς,	P

Jn

TEXT	N-A '63	N-A '79	TYPE	TEXT	N-A '63	N-A '79	TYPE
10.8	πρὸ ἐμοῦ	[πρὸ ἐμοῦ]	p¹	11.54	Ἐφραΐμ	Ἐφραὶμ	O
.9	λησταί·	λησταί,	P	.55	πάσχα,	πάσχα	P
.9	εἰσέλθῃ,	εἰσέλθῃ	P	12.2	αὐτῷ·	αὐτῷ.	P
	σωθήσεται,	σωθήσεται	P	.3	ἢ	Ἡ	O,A
.12	φεύγει,—	φεύγει—	P	.4	ὁ	[ἐκ]	A
	σκορπίζει·—	σκορπίζει—	O	.9	ὁ	[ὁ]	p¹
.14	ἐγώ	Ἐγώ	O		ἐστιν,	ἐστιν	P
	καλός,	καλὸς	a,P	.12 †	ὁ	ὁ	A,P
.16	ἀγαγεῖν,	ἀγαγεῖν	P		Ἱεροσόλυμα,	Ἱεροσόλυμα	P
†	γενήσεται	γενήσονται	L	.13	αὐτῷ,	αὐτῷ	– P
.17	διὰ	Διὰ	O		ὡσαννά,	ὡσαννά·	x O,P
.18 †	ἦρεν	αἴρει	L		καὶ	[καὶ]	p¹
.22	Ἱεροσολύμοις·	Ἱεροσολύμοις,	P		βασιλεὺς and Ἰσραήλ	βασιλεὺς and Ἰσραήλ	
	ἦν·	ἦν,	P		(not bold type)	(italicized)	
.24	εἶπον	εἶπε	L	.16	Ἰησοῦς,	Ἰησοῦς	P
.25	ὑμῖν,	ὑμῖν	P	.18	καὶ	[καὶ]	p¹
	μου,	μου	P	.21	Γαλιλαίας,	Γαλιλαίας	P
.27	αὐτά,	αὐτὰ	a,P	.22	Ἀνδρέα·	Ἀνδρέα,	P
.28	αἰώνιον,	αἰώνιον	P	.26	ἐγώ,	ἐγὼ	a,P
	αἰῶνα,	αἰῶνα	P		διακονῇ,	διακονῇ	P
.32 †	ἔδειξα ὑμῖν καλὰ	καλὰ ἔδειξα ὑμῖν	W	.27	νῦν	Νῦν	O
.34	ὁ	[ὁ]	p¹		ἢ...τετάρακται and	ἢ...τετάρακται and	
.39	οὖν	[οὖν]	p¹		σῶσόν με (not bold)	σῶσόν με (italicized)	
	πιάσαι·	πιάσαι,	P		ταύτης.	ταύτης;	p¹
.40	βαπτίζων,	βαπτίζων	P	.29	γεγονέναι·	γεγονέναι,	P
†	ἔμενεν	ἔμεινεν	L	.31	τούτου·	τούτου,	P
11.6	ἡμέρας·	ἡμέρας,	P	.34	ἀπεκρίθη	Ἀπεκρίθη	O
.11	ταῦτα	Ταῦτα	O		εἰς...αἰῶνα	εἰς...αἰῶνα	
.12	κεκοίμηται,	κεκοίμηται	O,P		(bold type)	(not italicized)	
.13	αὐτοῦ·	αὐτοῦ,	P	.36	Ταῦτα	ταῦτα	O
.15	ὑμᾶς,	ὑμᾶς	P	.40	τετύφλωκεν and καὶ	τετύφλωκεν and καὶ	
.18 †		ἡ	A		ἐπώρωσεν αὐτῶν	ἐπώρωσεν αὐτῶν	
.19	Μαριάμ,	Μαριὰμ	a,P		(bold type)	(not italicized)	
.20	ἔρχεται,	ἔρχεται	P	.42	ὡμολόγουν,	ὡμολόγουν	P
.21 †		τόν	A	.48	ἐλάλησα,	ἐλάλησα	P
	ὧδε,	ὧδε	– P	13.1	κόσμῳ,	κόσμῳ	P
	μου.	μου	x P	.2 †	Ἰσκαριώτης	Ἰσκαριώτου	?
.22 †		[ἀλλὰ]	A	.3	χεῖρας,	χεῖρας	P
.26	αἰῶνα·	αἰῶνα.	P	.4	ἱμάτια,	ἱμάτια	P
.27	κύριε·	κύριε,	P	.5	νιπτῆρα,	νιπτῆρα	P
.28	καὶ	Καὶ	O	.10	ὁ (1Ϛ)	ὁ (1Ϛ)	A
	λάθρα	λάθρα	O		[εἰ...πόδας]	εἰ...πόδας	p¹
.29	ἤκουσεν,	ἤκουσεν	– P	.12	καὶ	[καὶ]	p¹
†	ἐγείρεται	ἠγέρθη	L	.13	διδάσκαλος	διδάσκαλος,	P
	αὐτόν·	αὐτόν.	x P		καὶ	καί	a,P
.31	αὐτῇ,	αὐτῇ	P	.16	αὐτοῦ,	αὐτοῦ	P
.32	ἡ	Ἡ	O	.18	ἐπῆρεν and αὐτοῦ	ἐπῆρεν and αὐτοῦ	
	Ἰησοῦς,	Ἰησοῦς	P		(bold type)	(not italicized)	
	πόδας,	πόδας	P	.19 †	πιστεύητε	πιστεύσητε	L
	ὧδε,	ὧδε	P	.21	ταῦτα	Ταῦτα	O
.33	ἑαυτόν,	ἑαυτὸν	a,P	†		[ὁ]	A
.38	σπήλαιον,	σπήλαιον	P	.23	Ἰησοῦς·	Ἰησοῦς.	P
.39	ὄζει,	ὄζει.	P	.24	καὶ		Sb
.42	ἀκούεις·	ἀκούεις,	P	†	λέγει		Sb
.44	κειρίαις,	κειρίαις	P		αὐτῷ·		P,Sb
.45	Ἰουδαίων,	Ἰουδαίων	P		εἰπὲ	πυθέσθαι	S
†	ὃ	ἃ	L	†		ἂν	A
	ἐποίησεν,	ἐποίησεν	P		ἐστιν	εἴη	L
.47	συνήγαγον	Συνήγαγον	O	.25 †	οὖν	οὖν	A
	συνέδριον,	συνέδριον	O,P	.26 †		[ὁ]	Sb
	ποιοῦμεν,	ποιοῦμεν	P		ὁ	[ὁ]	+ p¹
.49	Καϊαφᾶς,	Καϊάφας,	a		[τὸ]	τὸ	– p¹
.52	μόνον,	μόνον	P				

Jn

TEXT	N-A '63	N-A '79	TYPE	TEXT	N-A '63	N-A '79	TYPE
13.26	λαμβάνει καὶ	[λαμβάνει καὶ]	p¹	16.13 †	τὴν	τῇ	L
.27 †	ὁ (2ᵐᵒ)		A		ἀλήθειαν	ἀληθείᾳ	L
.29 †		[ὁ]	A		πᾶσαν	πάσῃ	L
.30	εὐθύς·	εὐθύς.	P	†	ἀκούει	ἀκούσει	L
.31	ἀνθρώπου,	ἀνθρώπου	P		λαλήσει,	λαλήσει	P
.32	εἰ... αὐτῷ	[εἰ... αὐτῷ]	p¹	.18 †	τοῦτο τί ἐστιν	τί ἐστιν τοῦτο	W¹
.36 †		[αὐτῷ]	A		ὃ λέγει	[ὃ λέγει]	p¹
.37	[ὁ]	ὁ	p¹	.19	ἔγνω	Ἔγνω	O
14.1	Θεόν,	Θεὸν	a,P	†		[ὁ]	A
.2	ὑμῖν· (1ᵛ)	ὑμῖν	P	.23	καὶ	Καὶ	O
	ὑμῖν·	ὑμῖν;	p¹	†	δώσει...μου	ἐν...δώσει ὑμῖν	W
.4	Καὶ	καὶ	O	.24	αἰτεῖτε,	αἰτεῖτε	P
	ἐγὼ	[ἐγὼ]	p¹	.27	τοῦ	[τοῦ]	p¹
.5	λέγει	Λέγει	O	.28 †	ἐκ	παρὰ	S
†	οἴδαμεν	δυνάμεθα	S }	.29	λαλεῖς,	λαλεῖς	P
		εἰδέναι		.33	ἔχετε space for punctuat.?	ἔχετε·	P
.6 †		[ὁ]	A	17.1	Ἰησοῦς,	Ἰησοῦς	P
.7 †	ἐγνώκειτέ	ἐγνώκατέ	L	.3	ζωή,	ζωὴ	a,P
	ἂν		Sb	.4	γῆς,	γῆς	P
	ᾔδειτε	γνώσεσθε	S	.6	ἔδωκας,	ἔδωκας	P
		καὶ	A	.8	ἔλαβον,	ἔλαβον	P
	ἑωράκατε.	ἑωράκατε	- P	.9	ἐγὼ	Ἐγὼ	O
†		αὐτόν.	+ A,P		ἐρωτῶ· (1ᵛ)	ἐρωτῶ, x	P
.9 †	τοσοῦτον	τοσούτῳ	L		ἐρωτῶ,	ἐρωτῶ -	P
	χρόνον	χρόνῳ	L	.12	αὐτῶν,	αὐτῶν	P
.10	λαλῶ·	λαλῶ,	P	.13	ἔρχομαι,	ἔρχομαι	P
.12	ἀμὴν (1ᵛ)	Ἀμὴν	O	.14	σου,	σου	P
	ποιήσει, (1ᵛ)	ποιήσει	P	.19	ἐγὼ	ἐγὼ	p¹
.13	μου,	μου	P	.21 †	πατήρ	πάτερ	L
.14	μου,	μου	P	.24 †	Πατήρ	Πάτερ	L
.15	τηρήσετε.	τηρήσετε·	P	.25 †	πατήρ	πάτερ	L
.16 †	ἢ μεθ'...αἰῶνα	μεθ'...αἰῶνα ἢ	W	18.1	Κεδρών,	Κεδρὼν	a,P
.21	Ὁ	ὁ	O	.2	ᾔδει	Ἤιδει (!)	O
	αὐτάς,	αὐτὰς	a,P	.3	[ἐκ]	ἐκ	p¹
.22	λέγει	Λέγει	O	.6	ἀπῆλθαν	ἀπῆλθον	L
	καὶ	[καὶ]	p¹			[Bl-D, §81(3)]	
.23	με,	με	O	.8	εἰμι·	εἰμι.	P
	αὐτόν, (1ᵛ)	αὐτὸν	a,P	.9	εἶπεν	εἶπεν	P
.26	ἅγιον	ἅγιον,	P		μοι,	μοι	P
	ἐγώ	[ἐγώ]	p¹	.11	πατήρ,	πατὴρ	a,P
.28 †		με	P	.12	αὐτόν,	αὐτὸν	a,P
.31	Ἐγείρεσθε	ἐγείρεσθε	O	.13	Καϊάφα	Καϊάφα	a
15.1	ἀληθινή,	ἀληθινὴ	a,P	.14	Καϊάφας	Καϊάφας	a
.2	καρπόν,	καρπὸν	a,P	.15	ἀρχιερεῖ,	ἀρχιερεῖ	a
	Φέρον,	Φέρον	P	.16	θυρωρῷ,	θυρωρῷ	P
.5	αὐτῷ	αὐτῷ	P	.20	κόσμῳ,	κόσμῳ	P
.6	ἐξηράνθη,	ἐξηράνθη	P	.24	Καϊάφαν	Καϊάφαν	a
	βάλλουσιν,	βάλλουσιν	P	.28	Καϊάφα	Καϊάφα	a
.8 †	γενήσεσθε	γένησθε	L	.29 †		[κατὰ]	A
.9	καθὼς	Καθὼς	O	.31	ὑμεῖς,	ὑμεῖς	P
.10 †	τοῦ...ἐντολὰς	τὰς ἐντολὰς...μου	W	.34 †	ἀφ'	ἀπὸ	L
.12	αὕτη	Αὕτη	O		ἑαυτοῦ	σεαυτοῦ	S
.14	ἐστε,	ἐστε	P		λέγεις,	λέγεις	P
†	ὃ	ἃ	L	.36 †	ἂν οἱ...ἠγωνίζοντο,	οἱ ἐμοὶ...[ἂν]	W,P,p¹
.16	ὑμᾶς, (1ᵛ)	ὑμᾶς	P	.37 †	[ὁ]	ὁ	p¹
16.4	αὐτῶν, (2ᵐᵒ)	αὐτῶν	P	.38	Ἰουδαίους,	Ἰουδαίους	P
.5	νῦν	Νῦν	O	.40	τοῦτον,	τοῦτον	P
.6	ὑμῖν,	ὑμῖν	P	19.2	κεφαλῇ,	κεφαλῇ	P
.7	οὐ	οὐκ	L		αὐτόν,	αὐτὸν	a,P
†	μὴ		Sb	.6	ὅτε	Ὅτε	O
	ἔλθῃ	ἐλεύσεται	L		ὑπηρέται,	ὑπηρέται	P
.13	εἰς	ἐν	S	.7	ἔχομεν,	ἔχομεν	P

Jn / Ac

TEXT	N-A '63	N-A '79	TYPE
19.11 †		[αὐτῷ]	A
.13	Ὁ	ὁ	O
	Ἰησοῦν,	Ἰησοῦν	P
.14	ἕκτη ·	ἕκτη.	P
.16	τότε	Τότε	O
	Ἰησοῦν ·	Ἰησοῦν,	P
.17	κρανίου	Κρανίου	O
	τόπον	Τόπον	O
	Γολγοθά	Γολγοθα (w/o. accent)	O
.19	ΙΗΣΟΥΣ... ΙΟΥΔΑΙΩΝ	Ἰησοῦς... Ἰουδαίων	O
.23	τέσσερα	τέσσαρα	O
	ἄραφος	ἄραφος	O
.24	πληρωθῇ ·	πληρωθῇ	- P
† {		[ἡ	
		λέγουσα] ·	+ A,P
.25	εἱστήκεισαν	Εἱστήκεισαν	O
.28	διψῶ (bold type)	διψῶ (not italicized)	
.29	ὄξους (bold type)	ὄξους (not italicized)	
.32	στρατιῶται,	στρατιῶται	P
.35	πιστεύητε	πιστεύ[σ]ητε	+ L,p¹
.38 †		[ὁ]	A
	[τοῦ]	τοῦ	- p¹
.41	καινόν,	καινὸν	a,P
20.1	μνημεῖον,	μνημεῖον	P
.2	Ἰησοῦς,	Ἰησοῦς	P
	μνημείου,	μνημείου	P
.3	μαθητής,	μαθητής	a,P
.6	αὐτῷ	αὐτῷ	P
	μνημεῖον ·	μνημεῖον,	x P
.8	μνημεῖον,	μνημεῖον	P
.9	γραφήν,	γραφὴν	a,P
.10	αὐτοὺς	αὐτοὺς	S
.11	μνημεῖον,	μνημεῖον	P
.14	ὀπίσω,	ὀπίσω	P
	ἑστῶτα,	ἑστῶτα	P
.15	ἐστιν,	ἐστιν	P
.19	???	???	P
	μέσον,	μέσον	P
.20 †	καὶ		Sb
.22	ἅγιον.	ἅγιον ·	P
.23	ἁμαρτίας,	ἁμαρτίας	- P
	αὐτοῖς ·	αὐτοῖς,	x P
	κρατῆτε,	κρατῆτε	- P
.25	τόπον	τύπον	S
.26	αὐτοῦ,	αὐτοῦ	P
	κεκλεισμένων,	κεκλεισμένων	P
.27	μου, (1ᵉ)	μου	P
.29	με,	με	P
.30	μαθητῶν,	μαθητῶν	- P
†		[αὐτοῦ],	+ A,P
.31 †	πιστεύητε	πιστεύ[σ]ητε	L,p¹
21.1 †		ὁ	A
.4 †	γινομένης	γενομένης	L
	αἰγιαλόν ·	αἰγιαλόν,	P
.5 †		[ὁ]	A
.7	Πέτρος,	Πέτρος	- P
	ἐστιν,	ἐστιν	- P
	θάλασσαν ·	θάλασσαν,	x P
.9	γῆν,	γῆν	P
.11 †		οὖν	A
.12 †		δὲ	A
.15	ἠρίστησαν,	ἠρίστησαν	P

TEXT	N-A '63	N-A '79	TYPE
21.16 †	προβάτιά	πρόβατά ·	S
.17 †	εἶπεν	λέγει	S
†		[ὁ] (2ᵐ)	A
	Ἰησοῦς	[Ἰησοῦς]	p¹
†	προβάτιά	πρόβατά	S
.18 †	δώσει σε	σε ζώσει	W
.20	ἐπιστραφεὶς	Ἐπιστραφεὶς	O
.23	ἀποθνῄσκει,	ἀποθνῄσκει	P
	ἔρχομαι,	ἔρχομαι [,	P
	τί...σέ	[τί...σέ]	p¹
.25 †	χωρήσειν	χωρῆσαι	L

Ac

TEXT	N-A '63	N-A '79	TYPE
1.2	ἀνελήμφθη	ἀνελήμφθη.	P
.4	χωρίζεσθαι,	χωρίζεσθαι	- P
	μου ·	μου,	x P
.7 †		δὲ	A
.8	ὑμᾶς,	ὑμᾶς	P
	ἐν (2ᵐ)	[ἐν]	p¹
.9	καὶ	Καὶ	O
	ἐπήρθη,	ἐπήρθη	P
.11 †	βλέποντες	[ἐμ]βλέποντες	S,p¹
.12	ἐλαιῶνος	Ἐλαιῶνος	O
.14	[τοῦ]	τοῦ	p¹
†		σὺν	Sb
.18	ἀδικίας,	ἀδικίας	P
	μέσος,	μέσος	P
.20	αὐτοῦ	αὐτοῦ	
	(-οῦ not bold type)	(italicized completely)	
	λαβέτω	λαβέτω	
	(-έτω not bold type)	(italicized completely)	
.23	Βαρσαββᾶν,	Βαρσαββᾶν	P
.25	ἀποστολῆς,	ἀποστολῆς	P
.26	αὐτοῖς,	αὐτοῖς	P
	Μαθθίαν,	Μαθθίαν	P
? ?	???	???	P
.2	καθήμενοι,	καθήμενοι	P
.3	πυρός,	πυρός	a,P
	ἁγίου,	ἁγίου	P
.5	οὐρανόν ·	οὐρανόν.	P
.7	οὐχὶ	οὐχ	S
†	πάντες	ἅπαντες	S
.8	ἐγεννήθημεν,	ἐγεννήθημεν;	P
.9	Ἐλαμῖται,	Ἐλαμῖται	P
.11	Θεοῦ;	Θεοῦ	p¹
.12 †	διηποροῦντο	διηπόρουν	L
.14	Ἄνδρες	ἄνδρες	O
	ἔστω,	ἔστω	P
.17	ὑμῶν,	ὑμῶν	P
	ὄψονται,	ὄψονται	P
.21	ἐάν	ἂν	S
.22	σημείοις,	σημείοις	P
	ὑμῶν,	ὑμῶν	P
.25	ἐστιν,	ἐστιν	P
.26 †	μου...καρδία	ἡ...μου	W
.29	Δαυίδ,	Δαυὶδ	a,P
.30	ὤμοσεν αὐτῷ	ὤμοσεν αὐτῷ	
	(bold type)	(not italicized)	
	ἐκ...αὐτοῦ (2ᵐ)	ἐκ...αὐτοῦ	
	(bold type)	(not italicized)	
.31	Χριστοῦ,	Χριστοῦ	P

Ac

TEXT	N-A '63	N-A '79	TYPE
2.31	οὔτε... οὔτε	οὔτε... οὔτε	
	(bold type)	(not italicized)	
	εἶδεν διαφθοράν	εἶδεν διαφθοράν	
	(bold type)	(not italicized)	
.33	ὑψωθεὶς	ὑψωθείς,	a,P
	πατρὸς	πατρός,	a,P
	καὶ (1ˢᵀ)	[καὶ]	P¹
.34 †		[ὁ]	A
.37	καρδίαν,	καρδίαν	P
.38 †		[φησίν,]	+ A,P
	ὑμῶν, (2ᴺᴰ)	ὑμῶν	- P
.39	τοῖς... κύριος	τοῖς... κύριος	
	(bold type)	(not italicized)	
.40	διεμαρτύρατο,	διεμαρτύρατο	P
.41	ἐβαπτίσθησαν,	ἐβαπτίσθησαν	- P
	τρισχίλιαι ·	τρισχίλιαι.	x P
.42	ἦσαν	῏Ησαν	O
.43	Ἐγίνετο	ἐγίνετο	O
	φόβος ·	Φόβος,	P
	πολλὰ	πολλά	a
†	δὲ	τε	S
.44 †	πιστεύσαντες	πιστεύοντες	L
† {		ἦσαν	A
		καὶ	A
	κοινά,	κοινὰ	a,P
.45	πᾶσιν,	πᾶσιν	- P
	εἶχεν,	εἶχεν	x P
.46	καρδίας,	καρδίας	P
3. 2	ὡραίαν	Ὡραίαν	O
. 3	ἱερὸν	ἱερόν,	a,P
. 6	μοι ·	μοι,	x P
	ἔχω,	ἔχω	- P
† {		[ἔγειρε	A
		καὶ]	A
. 8	ἔστη,	ἔστη	P
	περιεπάτει,	περιεπάτει	P
.10	αὐτόν,	αὐτὸν	a,P
†	οὗτος	αὐτὸς	S
	ἱεροῦ,	ἱεροῦ	P
.12	τούτῳ,	τούτῳ	P
.13 † {		[ὁ	A
		θεὸς]	A
† {		[ὁ	A
		θεὸς]	A
	ἐδόξασεν... αὐτοῦ	ἐδόξασεν... αὐτοῦ	
	(bold type)	(not italicized)	
	Ἰησοῦν,	Ἰησοῦν	P
.14	ἠρνήσασθε,	ἠρνήσασθε	P
.15	ἀπεκτείνατε,	ἀπεκτείνατε	P
.16	τοῦτον,	τοῦτον	P
.17	καὶ	Καὶ	O
	ἐπράξατε,	ἐπράξατε	P
.18	θεὸς	θεός,	a,P
	προφητῶν,	προφητῶν	P
.19 †	πρὸς	εἰς	S.
.22 †		ὑμῶν (1ˢᵀ)	A
.25 †	ὁ... διέθετο	διέθετο... θεὸς	W
	ὑμῶν,	ὑμῶν	P
	ἐνευλογηθήσονται	[ἐν]ευλογηθήσονται	P¹
4. 1	λαόν,	λαὸν	a,P
. 4	ἐπίστευσαν,	ἐπίστευσαν	P
†		[ὁ]	A
	ὡς	[ὡς]	P¹

TEXT	N-A '63	N-A '79	TYPE
4. 6	Καϊαφᾶς	Καϊάφας	a
. 8	τότε	Τότε	O
. 9	ἀσθενοῦς,	ἀσθενοῦς	P
†	σέσωσται	σέσωται	L
.10	Ἰσραήλ,	Ἰσραὴλ	a,P
	Ναζωραίου,	Ναζωραίου	P
.11	ὁ λίθος... ἐξουθενηθεὶς	ὁ λίθος,... ἐξουθενηθεὶς	+ P
	(bold type)	(not italicized)	
	τῶν... γωνίας	τῶν... γωνίας	
	(bold type)	(not italicized)	
	σωτηρία ·	σωτηρία,	x P
.13	Ἰωάννου,	Ἰωάννου	P
	ἐθαύμαζον,	ἐθαύμαζον	P
.14	τεθεραπευμένον,	τεθεραπευμένον	P
.15	ἀπελθεῖν,	ἀπελθεῖν	P
.16	αὐτῶν,	αὐτῶν	P
	φανερόν,	φανερὸν	a,P
.17	λαόν, (as UBS'⁷⁵)	λαόν	E,P
.18	καὶ	Καὶ	O
†		τὸ	A
.19	θεοῦ,	θεοῦ	P
.24	σὺ ὁ (not bold type)	σὺ ὁ (italicized)	
.27	συνήχθησαν	συνήχθησαν	
	(bold type)	(not italicized)	
	Ἰησοῦν,	Ἰησοῦν	P
	ὃν ἔχρισας	ὃν ἔχρισας	
	(bold type)	(not italicized)	
	ἔθνεσιν... λαοῖς	ἔθνεσιν... λαοῖς	
	(bold type)	(not italicized)	
.28	βουλὴ	βουλή	a
†		[σου]	A
.29	αὐτῶν,	αὐτῶν	P
.30	χεῖρα	χεῖρά	P
		[σου]	a A
.31	πνεύματος,	πνεύματος	P
.32	εἶναι,	εἶναι	P
†	πάντα	ἅπαντα	S
.33 †	τοῦ... ἀναστάσεως	τῆς ἀναστάσεως... Ἰησοῦ	W
.35	ἀποστόλων	ἀποστόλων,	P
	διεδίδοτο	διεδίδετο (as UBS'⁷⁵)	A
.37	ἀγροῦ,	ἀγροῦ	P
5. 1	κτῆμα,	κτῆμα	P
. 5	ἐξέψυξεν ·	ἐξέψυξεν,	P
.10	νεκράν,	νεκρὰν	a,P
	αὐτῆς.	αὐτῆς,	P
.11	Καὶ	καὶ	O
.12	λαῷ ·	λαῷ.	P
†	πάντες	ἅπαντες	S
	Σολομῶντος ·	Σολομῶντος,	P
.13	λαός.	λαός.	P
.14	γυναικῶν ·	γυναικῶν,	P
.15	κραβάτων	κραβάττων	O
.16	Ἰερουσαλήμ,	Ἰερουσαλὴμ	a,P
.19 †	ἤνοιξε	ἀνοίξας	L
.21	Ἰσραήλ,	Ἰσραὴλ	a,P
.25	ἄνδρες,	ἄνδρες	P
	φυλακῇ,	φυλακῇ	P
.26	αὐτούς,	αὐτοὺς	P
	λαόν,	λαὸν	a,P
	λιθασθῶσιν ·	λιθασθῶσιν.	P
.27	ἀγαγόντες	Ἀγαγόντες	O A
.28 †		[οὐ]	A

Ac

TEXT	N-A '63	N-A '79	TYPE
5.28	ὑμῶν,	ὑμῶν	P
.30	Ἰησοῦν,	Ἰησοῦν	P
	κρεμάσαντες...ξύλου (bold type)	κρεμάσαντες...ξύλου (not italicized)	
.31	τοῦ	[τοῦ]	p¹
.32	τούτων,	τούτων	P
.33	οἱ	Οἱ	O
.34	Ἀναστὰς	ἀναστὰς	O
	ποιῆσαι,	ποιῆσαι	O
.36	Θευδᾶς,	Θευδᾶς	P
.37	ἀπώλετο,	ἀπώλετο	P
.38	καταλυθήσεται ·	καταλυθήσεται,	P
.39	αὐτῷ,	αὐτῷ	P
.41	ἀτιμασθῆναι ·	ἀτιμασθῆναι,	P
6.3	ἑπτὰ	ἑπτά,	a,P
	ταύτης ·	ταύτης,	P
.5	πλήθους,	πλήθους	P
†	πλήῃ	πλήρης (indecl. w. gen)	L
.7	ηὔξανεν,	ηὔξανεν	P
.11	Θεόν ·	Θεόν.	P
.12	γραμματεῖς,	γραμματεῖς	P
7.2	Ὁ...δόξης (bold type)	Ὁ...δόξης (not italicized)	
	Χαρράν,	Χαρρὰν	a,P
.3	καὶ...αὐτόν (bold type)	καὶ...αὐτόν (not italicized)	
†		[ἐκ]	A
.5	οὐκ ἔδωκεν (bold type)	οὐκ ἔδωκεν (not italicized)	
	οὐδὲ...ποδός, (bold type)	οὐδὲ...ποδὸς (not italicized)	a,P
.6	Θεός,	Θεὸς	a,P
	ἀλλοτρία,	ἀλλοτρία	P
.7	καὶ...ἐν τῷ ¦ τούτῳ (bold type)	καὶ...ἐν τῷ + τούτῳ (not italicized)	
.8	διαθήκην περιτομῆς (bold type)	διαθήκην περιτομῆς (not italicized)	
	περιέτεμεν...ὀγδόη (bold type)	περιέτεμεν...ὀγδόη (not italicized)	
.9	ζηλώσαντες...Αἴγυπτον (bold type)	ζηλώσαντες...Αἴγυπτον. • (not italicized)	x P
	ἦν...αὐτοῦ, (bold type)	ἦν...αὐτοῦ (not italicized)	- P
.10	αὐτοῦ,	αὐτοῦ	P
	ἔδωκεν...χάριν (bold type)	ἔδωκεν...χάριν (not italicized)	
	ἐναντίον...Αἴγυπτον, (bold type)	ἐναντίον...Αἴγυπτον (not italicized)	P
	καὶ κ.α.ἡ.ἐ.Α. καὶ (bold type)	καὶ κ.α.ἡ.ἐ.Α. καὶ (not italicized)	
†		[ἐφ']	A
	ὅλον...αὐτοῦ (bold type)	ὅλον...αὐτοῦ (not italicized)	
.11	ἦλθεν...Αἴγυπτον and Χανάαν (bold type)	ἦλθεν...Αἴγυπτον and Χανάαν (not italicized)	
.12	ἀκούσας...Αἴγυπτον (bold type)	ἀκούσας...Αἴγυπτον (not italicized)	
	πρῶτον ·	πρῶτον.	P
.13 †	ἐγνωρίσθη (bold type)	ἀνεγνωρίσθη (not italicized)	S
	Ἰωσὴφ...αὐτοῦ, (bold type)	Ἰωσὴφ...αὐτοῦ (not italicized)	P

TEXT	N-A '63	N-A '79	TYPE
7.13 †		[τοῦ]	A
.14	ἐν...πέντε (bold type)	ἐν...πέντε (not italicized)	
.15	κατέβη and εἰς Αἴγυπτον, (bold type)	κατέβη and εἰς Αἴγυπτον (not italicized)	P
	καὶ ἐ. α. καὶ (bold type)	καὶ ἐ. α. καὶ (not italicized)	
.16	καὶ...Συχὲμ (bold type)	καὶ...Συχὲμ (not italicized)	
	ἐν...Ἀβραὰμ (bold type)	ἐν...Ἀβραὰμ (not italicized)	
	παρὰ...Συχέμ (bold type)	παρὰ...Συχέμ (not italicized)	
.17	ηὔξησεν and καὶ ἐπληθύνθη (bold type)	ηὔξησεν and καὶ ἐπληθύνθη (not italicized)	
	Αἰγύπτω,	Αἰγύπτω	P
.18	ἐπ' Αἴγυπτον,	[ἐπ' Αἴγυπτον]	P, p¹
.19	κατασοφισάμενος... γένος and ἐκάκωσεν (bold type)	κατασοφισάμενος... γένος and ἐκάκωσεν (not italicized)	
†		[ἡμῶν]	A
	ζωογονεῖσθαι (bold type)	ζωογονεῖσθαι (not italicized)	
.20	Μωϋσῆς,	Μωϋσῆς	- P
	ἀστεῖος and μῆνας τρεῖς (bold type)	ἀστεῖος and μῆνας τρεῖς (not italicized)	
	πατρός ·	πατρός,	x P
.21	ἀνείλατο and ἡ... Φαραὼ and ἑαυτῆ... υἱόν (bold type)	ἀνείλατο and ἡ... Φαραὼ and ἑαυτῆ... υἱόν (not italicized)	
.22 †		[ἐν]	A
.23	τεσσερακονταετὴς τοὺς...Ἰσραὴλ (bold type)	τεσσερακονταετὴς τοὺς...Ἰσραὴλ (not italicized)	a
.24	ἠμύνατο,	ἠμύνατο	P
	πατάξας...Αἰγύπτιον (bold type)	πατάξας...Αἰγύπτιον (not italicized)	
.25 †		[αὐτοῦ]	
.26	μαχομένοις,	μαχομένοις	P
.27	ὁ and ἀδικῶν...πλησίον (bold type)	ὁ and ἀδικῶν...πλησίον (not italicized)	
.29	ἔφυγεν...τούτῳ, (bold type)	ἔφυγεν...τούτῳ (not italicized)	P
	καὶ...Μαδιάμ (bold type)	καὶ...Μαδιάμ (not italicized)	
.30	ὤφθη...ὄρους (bold type)	ὤφθη...ὄρους (not italicized)	
	Σινὰ	Σινὰ	a
	ἄγγελος...βάτου (bold type)	ἄγγελος...βάτου (not italicized)	
.31	ὅραμα,	ὅραμα.	P
.33	εἶπεν...κύριος (bold type)	εἶπεν...κύριος (not italicized)	
	σου ·	σου,	P
.34	Αἰγύπτω,	Αἰγύπτω	P
†	αὐτοῦ	αὐτῶν	L
.35	Μωϋσῆν,	Μωϋσῆν	P
	καὶ (2ᵐᵒ)	[καὶ]	p¹
.36	τέρατα...Αἰγύπτω (bold type)	τέρατα...Αἰγύπτω (not italicized)	

Ac

TEXT	N-A '63	N-A '79	TYPE	TEXT	N-A '63	N-A '79	TYPE
7.36	ἐν τῇ...τεσσεράκοντα (bold type)	ἐν τῇ... τεσσεράκοντα (not italicized)		8.22	κυρίου σου·	κυρίου, σου,	+ P x P
.38	Σινὰ	Σινᾶ	a	.23	χολὴν πικρίας and σύνδεσμον ἀδικίας (bold type)	χολὴν πικρίας and σύνδεσμον ἀδικίας (not italicized)	
†	ὑμῖν	ἡμῖν	S				
.39	ἐστράφησαν and εἰς Αἴγυπτον, (bold type)	ἐστράφησαν and εἰς Αἴγυπτον (not italicized)	P	.24	κύριον,	κύριον	P
				.26	Γάζαν·	Γάζαν,	P
.40	εἰπόντες...'Ααρών (bold type)	εἰπόντες...'Ααρών (not italicized)		.27	[ὃς]	ὃς	P¹
				.28 †	δὲ	τε	S
.41	ἐμοσχοποίησαν and ἀνήγαγον θυσίαν (bold type)	ἐμοσχοποίησαν and ἀνήγαγον θυσίαν (not italicized)		.30	προφήτην,	προφήτην	P
				.32	ἤχθη,	ἤχθη	P
	εἰδώλῳ,	εἰδώλῳ	P	†	κείροντος	κείραντος	L
.42	τῇ... οὐρανοῦ, (bold type)	τῇ... οὐρανοῦ (not italicized)	P	.33 †		[αὐτοῦ]	A
				.36	ὕδωρ·	ὕδωρ,	P
	Ἰσραήλ,	Ἰσραήλ ;	P¹	.38	ἄρμα,	ἄρμα	P
.43 †		[ὑμῶν]	A	.39	Φίλιππον,	Φίλιππον	P
†	Ῥομφά	Ῥαιφάν	O	.40	Ἄζωτον,	Ἄζωτον·	P
	αὐτοῖς ;	αὐτοῖς,	P¹	9. 3	οὐρανοῦ,	οὐρανοῦ	P
.44	σκηνή...μαρτυρίου (bold type)	σκηνή...μαρτυρίου (not italicized)		. 6	πόλιν,	πόλιν	P
				. 7	φωνῆς,	φωνῆς	P
	ἐρήμῳ,	ἐρήμῳ	P	. 9	βλέπων,	βλέπων	P
	ὃ...ποιῆσαι and κατὰ...ἑωράκει (bold type)	ὃ...ποιῆσαι and κατὰ...ἑωράκει (not italicized)		.11	εὐθεῖαν προσεύχεται,	Εὐθεῖαν προσεύχεται	O P
				.12 †		[τὰς]	A
.45	ἐν...κατασχέσει (bold type)	ἐν...κατασχέσει (not italicized)			χεῖρας,	χεῖρας	P
				.13	τούτου,	τούτου	P
	ἡμῶν,	ἡμῶν	– P	.15 †	[τῶν]		Sb
	Δαυίδ·	Δαυίδ,	x P	.17	οἰκίαν,	οἰκίαν	P
.46	εὑρεῖν... Ἰακώβ (bold type)	εὑρεῖν... Ἰακώβ (not italicized)		.18	τε,	τε	P
					ἐβαπτίσθη,	ἐβαπτίσθη	P
.47	Σολομῶν and οἰκοδόμησεν...οἶκον (bold type)	Σολομῶν and οἰκοδόμησεν...οἶκον (not italicized)		.19	τινάς,	τινὰς	a,P
				.20	Ἰησοῦν,	Ἰησοῦν	P
				.21	ἐληλύθει,	ἐληλύθει	P
.48	κατοικεῖ·	κατοικεῖ,	P	.22 †		[τοὺς]	A
.49	λέγει κύριος (not bold type)	λέγει κύριος (italicized)			Δαμασκῷ,	Δαμασκῷ	P
				.26	μαθηταῖς·	μαθηταῖς,	P
.51	Σκληροτράχηλοι and ἀπερίτμητοι καρδίαις and τοῖς ὠσίν and τῷ...ἀντιπίπτετε, (bold type)	Σκληροτράχηλοι and ἀπερίτμητοι καρδίαις and τοῖς ὠσίν and τῷ...ἀντιπίπτετε (not italicized)	P		αὐτόν,	αὐτὸν	a,P
				.27	ἀποστόλους,	ἀποστόλους	P
					αὐτῷ,	αὐτῷ	P
				†		τοῦ	A
.53	ἀγγέλων,	ἀγγέλων	P	.29	Ἑλληνιστάς·	Ἑλληνιστάς,	P
.55	θεοῦ, (2ᵐᵒ)	θεοῦ	P	.31	κυρίου,	κυρίου	P
.57	αὐτῶν,	αὐτῶν	P	.33	κραβάτου	κραβάττου	O
	αὐτόν,	αὐτὸν	a,P	.37 †		[αὐτὴν]	A
.58	Σαύλου.	Σαύλου,	P	.39	ὑπερῷον,	ὑπερῷον	P
.59	Στέφανον,	Στέφανον	P		ἱμάτια,	ἱμάτια	P
8. 1	Ἱεροσολύμοις· [δὲ]	Ἱεροσολύμοις, δὲ	P P¹	.40	προσηύξατο,	προσηύξατο	P
				.42	Ἰόππης,	Ἰόππης	P
. 5	τὴν	[τὴν]	P¹	10. 3	φανερῶς,	φανερῶς	P
. 7	ἐξήρχοντο·	ἐξήρχοντο,	P		ἡμέρας,	ἡμέρας	P
.13	ἐπίστευσεν,	ἐπίστευσεν	P	. 7	αὐτῷ,	αὐτῷ	P
.17	αὐτούς,	αὐτοὺς	a,P	. 9	ἐπαύριον	ἐπαύριον,	P
.18	ἰδὼν	Ἰδὼν	O		ἐγγιζόντων	ἐγγιζόντων,	P
.20	ἀπώλειαν,	ἀπώλειαν	– P	.10	γεύσασθαι·	γεύσασθαι.	x P
	κτᾶσθαι.	κτᾶσθαι·	x P		ἔκστασις,	ἔκστασις	– P
.21	τούτῳ	τούτῳ,	P	.11	μεγάλην,	μεγάλην	P
	ἡ and καρδία and οὐκ... εὐθεῖα (bold type)	ἡ and καρδία and οὐκ... εὐθεῖα (not italicized)		.15	ἐκαθάρισεν	ἐκαθάρισεν,	P
				.16	τρίς,	τρὶς	a,P
				.19 †		[αὐτῷ]	A
				†	δύο	τρεῖς	S
					σε·	σε,	P
.22	ταύτης,	ταύτης	– P	.20	κατάβηθι,	κατάβηθι	P

Ac

TEXT	N-A '63	N-A '79	TYPE
10.20	διακρινόμενος,	διακρινόμενος	P
.23	αὐτοῖς,	αὐτοῖς	P
.24	Καισάρειαν·	Καισάρειαν.	P
	αὐτούς,	αὐτούς	a,P
.27	εἰσῆλθεν,	εἰσῆλθεν	P
.29	οὖν,	οὖν	P
.30	λαμπρᾷ,	λαμπρᾷ	P
.32	Πέτρος·	Πέτρος,	P
.34	οὐκ...Θεός (bold type)	οὐκ...Θεός (not italicized)	
.35	ἐστιν·	ἐστιν.	P
.36	τὸν λόγον (bold type)	τὸν λόγον (not italicized)	
	ὄν	[ὄν]	p'
	ἀπέστειλεν and Ἰσραὴλ...εἰρήνην (bold type)	ἀπέστειλεν and Ἰσραὴλ...εἰρήνην (not italicized)	
	Χριστοῦ·	Χριστοῦ,	P
	κύριος,	κύριος,	P
.38	ἔχρισεν and ὁ...πνεύματι (bold type)	ἔχρισεν and ὁ...πνεύματι (not italicized)	
	αὐτοῦ·	αὐτοῦ.	P
.39 †		[ἐν]	A
	Ἰερουσαλήμ·	Ἰερουσαλήμ.	P
	κρεμάσαντες...ξύλου. (bold type)	κρεμάσαντες...ξύλου, (not italicized)	P
.40	ἐν	[ἐν]	p'
.43	μαρτυροῦσιν,	μαρτυροῦσιν	P
11.4	ἀρξάμενος	Ἀρξάμενος	O
.6	προσευχόμενος,	προσευχόμενος	– P
	ἐμοῦ·	ἐμοῦ.	x P
.6	κατενόουν,	κατενόουν	P
.9 †	ἐκ...φωνὴ	φωνὴ...δευτέρου	W
	ἐκαθάρισεν	ἐκαθάρισεν,	P
.12	οὗτοι,	οὗτοι	P
.13	τὸν	[τὸν]	p'
...	...	...	Γ
.17	ἡμῖν,	ἡμῖν	P
.18	ἀκούσαντες	Ἀκούσαντες	O
	ἡσύχασαν,	ἡσύχασαν	P
.19	Ἀντιοχείας,	Ἀντιοχείας	P
.20 †	Ἕλληνας,	Ἑλληνιστὰς	S,P
.22	αὐτῶν,	αὐτῶν	– P
†		[διελθεῖν]	A
	Ἀντιοχείας·	Ἀντιοχείας.	x P
.23	τὴν	[τὴν]	p'
	Θεοῦ,	Θεοῦ,	+ P
	ἐχάρη	ἐχάρη	P
.27	Ἀντιόχειαν·	Ἀντιόχειαν.	P
.28 †	ἐσήμαινεν	ἐσήμανεν	L
	οἰκουμένην·	οἰκουμένην,	P
.29	μαθητῶν	μαθητῶν,	P
12.3	ἰδὼν	Ἰδὼν	O
	Ἰουδαίοις	Ἰουδαίοις,	+ P
	ἦσαν	—ἦσαν	+ P
†		[αἱ]	A
	ἀζύμων,	ἀζύμων—	x P
.4	φυλακήν,	φυλακὴν	a,P
.6	δυσίν,	δυσὶν	a,P
.7	ἐπέστη,	ἐπέστη	P
.9	ἠκολούθει,	ἠκολούθει	– P
	ἀγγέλου,	ἀγγέλου·	x P
.10	αὐτοῖς,	αὐτοῖς	P

TEXT	N-A '63	N-A '79	TYPE
12.11	καὶ	Καὶ	O
	ὁ (2do)	[ὁ]	p'
.17	αὐτοῖς (2do)	[αὐτοῖς]	p'
	φυλακῆς,	φυλακῆς	P
.18	στρατιώταις,	στρατιώταις	P
.20	αὐτόν,	αὐτὸν	a,P
	Βλάστον	Βλάστον,	+
	βασιλέως	βασιλέως,	+ P
	εἰρήνην,	εἰρήνην	– P
.21 †		[καὶ]	A
	αὐτούς·	αὐτούς,	P
.24 †	κυρίου	Θεοῦ	S
.25 †	ἐξ	εἰς	S
	Ἰερουσαλήμ,	Ἰερουσαλὴμ	a,P
13.1	Νίγερ,	Νίγερ	P
.2	αὐτούς·	αὐτούς.	P
.4	Κύπρον,	Κύπρον	P
.5	Ἰουδαίων·	Ἰουδαίων.	P
.6	Ἰουδαῖον,	Ἰουδαῖον	P
†	Βαριησοῦς,	Βαριησοῦ	L,P
.7	Θεοῦ·	Θεοῦ.	P
.10	τὰς ὁδοὺς and τοῦ...εὐθείας (bold type)	τὰς ὁδοὺς and [τοῦ]...εὐθείας (not italicized)	p'
.11	σέ,	σὲ	a,P
	παραχρῆμα	παραχρῆμά	a
†	δὲ	τε	S
	σκότος,	σκότος	P
.12	ἐπίστευσεν,	ἐπίστευσεν	P
.13	Παμφυλίας·	Παμφυλίας,	P
.14 †	ἐλθόντες	[εἰσ]ελθόντες	p', S
.16	ἀναστὰς	Ἀναστὰς	O
.17	ἡμῶν,	ἡμῶν	P
	Αἰγύπτου,	Αἰγύπτου	P
	μετά...αὐτῆς (bold type)	μετά...αὐτῆς (not italicized)	
.18	τεσσερακοντα(έ)τη ἐτροποφόρησεν...ἐρήμῳ, (bold type)	τεσσερακονταετῆ ἐτροποφόρησεν...ἐρήμῳ (not italicized)	a P
.19	καὶ...κατεκληρονόμησεν (bold type)	καὶ...κατεκληρονόμησεν (not italicized)	
.20 †		[τοῦ]	A
.21	βασιλέα,	βασιλέα	– P
	τεσσεράκοντα	τεσσεράκοντα,	x P
.22	βασιλέα,	βασιλέα	P
	εὗρον Δαυὶδ and ἄνδρα...μου and ποιήσει...μου (bold type)	εὗρον Δαυὶδ and ἄνδρα...μου and ποιήσει...μου (not italicized)	
.25	εἶναι,	εἶναι;	p'
.26	ὁ λόγος and ἐξαπεστάλη (bold type)	ὁ λόγος and ἐξαπεστάλη (not italicized)	
.28	αὐτόν.	αὐτόν.	P
.30	νεκρῶν·	νεκρῶν,	P
.32	καὶ	Καὶ	O
.33 †		[αὐτῶν]	A
	Ἰησοῦν,	Ἰησοῦν	P
.36	Δαυὶδ and ἐκοιμήθη and πρός...αὐτοῦ (bold type)	Δαυὶδ and ἐκοιμήθη and πρός...αὐτοῦ (not italicized)	
.38	καὶ	[καὶ]	p'
.44 †	Θεοῦ	κυρίου	S
.45	ζήλου,	ζήλου	P

Ac

TEXT	N-A '63	N-A '79	TYPE
13.48	ἀκούοντα	Ἀκούοντα	O
	κυρίου,	κυρίου	P
.50	πόλεως,	πόλεως	P
	Βαρναβᾶν,	Βαρναβᾶν	P
14.2	ἐπὶ (2ᵐ)	[ἐπὶ]	p¹
.6	περίχωρον·	περίχωρον,	P
.9 †	ἤκουεν	ἤκουσεν	L
.10	-στηθι...σου (bold type)	ἀνάστηθι...σου (not italicized)	
.13	πόλεως,	πόλεως	P
	ἐνέγκας,	ἐνέγκας	P
.14	ἀκούσαντες	Ἀκούσαντες	O
	Παῦλος,	Παῦλος	P
†	ἑαυτῶν	αὐτῶν	S
	ὄχλον,	ὄχλον	P
.15	ἄνθρωποι,	ἄνθρωποι	P
.17	αὐτὸν	αὐτὸν	S
.19	Ἰουδαῖοι,	Ἰουδαῖοι	P
	πόλεως,	πόλεως	P
.21 †	εὐαγγελιζόμενοί	εὐαγγελισάμενοί	L
	[εἰς]	εἰς (3ᵐ)	p¹
	Ἀντιόχειαν,	Ἀντιόχειαν	P
.22	πίστει,	πίστει	P
.24	καὶ	Καὶ	O
	Παμφυλίαν,	Παμφυλίαν	P
.25	εἰς	ἐν	S
†	τὴν		Sb
	Πέργην	Πέργη	L
.26	Ἀττάλειαν,	Ἀττάλειαν	P
.27	Παραγενόμενοι	παραγενόμενοι	O
	ἐκκλησίαν,	ἐκκλησίαν	P
	αὐτῶν,	αὐτῶν	P
15.1	ὅτι	ὅτι,	P
.3	ἐθνῶν,	ἐθνῶν	P
.4 †	Ἱεροσόλυμα	Ἱερουσαλὴμ	S
.5	πεπιστευκότες,	πεπιστευκότες	P
.8	ἡμῖν,	ἡμῖν	P
.9	αὐτῶν,	αὐτῶν	P
.10	Θεόν,	Θεὸν	a,P
	μαθητῶν,	μαθητῶν	P
.12	πλῆθος,	πλῆθος	P
.15	προφητῶν,	προφητῶν	P
.16	πεπτωκυῖαν,	πεπτωκυῖαν	P
†	κατεστραμμένα	κατεσκαμμένα	S
.17	κύριον,	κύριον	P
.20 †		τοῦ	A
.24 †		[ἐξελθόντες]	A
	ὑμῶν,	ὑμῶν	P
.25	ὁμοθυμαδόν,	ὁμοθυμαδὸν	a,P
†	ἐκλεξαμένους	ἐκλεξαμένοις	L
.27	Σιλᾶν,	Σιλᾶν	P
.29	πορνείας·	πορνείας,	P
.32	Σιλᾶς,	Σιλᾶς	-
	ὄντες,	ὄντες	- P
	ἐπεστήριξαν·	ἐπεστήριξαν,	x P
.35	Ἀντιοχείᾳ,	Ἀντιοχείᾳ	P
.36	κυρίου,	κυρίου	P
.38	ἔργον,	ἔργον	P
.39	παροξυσμός,	παροξυσμὸς	a,P
	Κύπρον.	Κύπρον,	P
.40	ἐξῆλθεν,	ἐξῆλθεν	- P
	ἀδελφῶν·	ἀδελφῶν.	x P
.41 †		[τὴν]	A
16.1	καὶ (1ˢᵗ)	[καὶ]	p¹

TEXT	N-A '63	N-A '79	TYPE
16.1	πιστῆς	πιστῆς,	P
.6	χώραν,	χώραν	P
.9	καὶ	Καὶ	O
†		[τῆς]	A
.10	Μακεδονίαν,	Μακεδονίαν	P
.11	πόλιν,	πόλιν	P
.12	πρώτη τῆς μερίδος	πρώτη[ς] μερίδος τῆς (UBS⁷⁵:μερίδος τῆς)	L / W,a,E
.14	Θυατίρων,	Θυατείρων	O,P
		τοῦ	A
.16	προσευχήν,	προσευχὴν	a,P
.19	ἄρχοντας,	ἄρχοντας	P
.22	αὐτῶν,	αὐτῶν	P
.23	πολλὰς	πολλάς	a
†	δὲ	τε	S
	φυλακήν,	φυλακὴν	a,P
	αὐτούς·	αὐτούς.	P
.26	μέγας,	μέγας	P
	πᾶσαι,	πᾶσαι	P
.27	τὴν	[τὴν]	p¹
	ἀναιρεῖν,	ἀναιρεῖν	P
.28 †	Παῦλος...φωνῇ	μεγάλῃ φ. [ὁ] Παῦλος	W,A
.29	εἰσεπήδησεν,	εἰσεπήδησεν	P
†		[τῷ]	A
	Σιλᾷ,	Σιλᾷ	P
.31	Ἰησοῦν,	Ἰησοῦν	P
.32 †	Θεοῦ	κυρίου	S
.33 †	ἅπαντες	πάντες	S
.34	τράπεζαν,	τράπεζαν	P
.36	τούτους	[τούτους]	p¹
	Παῦλον,	Παῦλον	-
	ἀπολυθῆτε.	ἀπολυθῆτε·	x P
	πορεύεσθε...εἰρήνη (bold type)	πορεύεσθε...εἰρήνη (not italicized)	
.37	φυλακήν·	φυλακήν,	
	λάθρα	λάθρᾳ	O
.39	αὐτούς,	αὐτοὺς	a,P
.40	Λυδίαν,	Λυδίαν	P
17.1	Θεσσαλονίκην,	Θεσσαλονίκην	P
.2	αὐτούς,	αὐτοὺς	a,P
.3	νεκρῶν,	νεκρῶν	P
	χριστός,	χριστὸς	a,P
	ὁ	[ὁ]	p¹
	Ἰησοῦς,	Ἰησοῦς	P
.5	πόλιν,	πόλιν	P
.6	πολιτάρχας,	πολιτάρχας	P
.7	πράσσουσιν,	πράσσουσιν	P
.10	ἀπῇεσαν·	ἀπῇεσαν.	P
.11	προθυμίας,	προθυμίας	P
†		[τὸ]	Sb
.12	ἐπίστευσαν,	ἐπίστευσαν	P
.14	θάλασσαν·	θάλασσαν,	P
.16	Παύλου,	Παύλου	P
.18	Στωικῶν [BI-D,§35(1); M-H,p.73]	Στοϊκῶν	O
	εἶναι·	εἶναι,	P
.19	ἐπιλαβόμενοι	ἐπιλαβόμενοί	a
†	δὲ	τε	S
	ἤγαγον,	ἤγαγον	P
.22 †		[ὁ]	A
.23	ΑΓΝΩΣΤΩ ΘΕΩ	Ἀγνώστῳ Θεῷ	O
.24	ὁ Θ....ποιήσας (bold type)	ὁ Θ....ποιήσας (not italicized)	

Ac

TEXT	N-A '63	N-A '79	TYPE
17.24	καὶ and τὰ...αὐτῷ	καὶ and τὰ...αὐτῷ	
	and οὐρανοῦ...γῆς	and οὐρανοῦ...γῆς	
	(bold type)	(not italicized)	
	κατοικεῖ	κατοικεῖ	P
.25	διδοὺς and πνοὴν	διδοὺς and πνοὴν	
	(bold type)	(not italicized)	
.26	αὐτῶν,	αὐτῶν	P
.29	νομίζειν,	νομίζειν	P
.30	Θεὸς	Θεός,	a,P
†	ἀπαγγέλλει	παραγγέλλει	S
.31	κρίνειν...δικαιοσύνη	κρίνειν...δικαιοσύνη	
	(bold type)	(not italicized)	
.32	ἀκούσαντες	Ἀκούσαντες	O
	νεκρῶν,	νεκρῶν	P
.34	Δαμαρὶς	Δάμαρις	a
18. 2	γένει,	γένει	P
	Ἰταλίας,	Ἰταλίας	P
	αὐτοῖς,	αὐτοῖς	P
.3	ἠργάζοντο	ἠργάζετο	L
.4	σάββατον,	σάββατον	P
.5	Παῦλος,	Παῦλος	P
.7 †	ἦλθεν	εἰσῆλθεν	S
.9	μὴ φοβοῦ	μὴ φοβοῦ	
	(bold type)	(not italicized)	
.10	διότι...σοῦ	διότι...σοῦ	
	(bold type)	(not italicized)	
.12	βῆμα,	βῆμα	P
.14	ὑμῶν·	ὑμῶν,	P
.18	ἱκανάς,	ἱκανὰς	a,P
	κεφαλήν·	κεφαλήν,	P
.19	Ἔφεσον,	Ἔφεσον	P
.22	ἐκκλησίαν,	ἐκκλησίαν	- P
	Ἀντιόχειαν,	Ἀντιόχειαν.	x P
.23	καὶ	Καὶ	O
	ἐξῆλθεν,	ἐξῆλθεν	P
†	στηρίζων	ἐπιστηρίζων	S
.25	κιρίου,	κιρίου	P
.26	τοῦ	[τοῦ	P'
	Θεοῦ	Θεοῦ]	P'
.27	αὐτόν·	αὐτόν,	P
19. 1 †	ἐλθεῖν	[κατ]ελθεῖν	P',S
	μαθητάς,	μαθητὰς	a,P
.4	μετανοίας,	μετανοίας	P
.5	Ἰησοῦ·	Ἰησοῦ,	P
.6 †		[τὰς]	A
.8 †		[τὰ]	A
.9	μαθητάς,	μαθητὰς	a,P
.14	ἐπίσταμαι·	ἐπίσταμαι,	P
.16	αὐτούς,	αὐτοὺς	a,P
	αὐτῶν,	αὐτῶν	P
.17	Ἔφεσον,	Ἔφεσον	- P
	αὐτούς,	αὐτοὺς	a,P
	Ἰησοῦ	Ἰησοῦ.	x P
.18	πολλοί	Πολλοί	O
.19	πάντων·	πάντων,	P
.21	Ἱεροσόλυμα,	Ἱεροσόλυμα	A
.22 †		τὴν	A
.25	ἐστιν,	ἔστιν	P
.26	ὄχλον,	ὄχλον	P
.27	ἐλθεῖν,	ἐλθεῖν	P
	αὐτῆς,	αὐτῆς	P
.28	ἀκούσαντες	Ἀκούσαντες	O

TEXT	N-A '63	N-A '79	TYPE
19.29	Θέατρον,	Θέατρον	P
.32	συγκεχυμένη,	συγκεχυμένη	P
.34	πάντων,	πάντων	P
†	κράζοντες	κραζόντων	L
.35	καταστείλας	Καταστείλας	O
.40	ὑπάρχοντος,	ὑπάρχοντος	P
	οὗ	[οὗ]	P'
20. 2	Ἑλλάδα,	Ἑλλάδα	- P
	τρεῖς,	τρεῖς	x P
.4	Σέκουνδος	Σεκούνδος	a P
.5	Τρωάδι·	Τρωάδι,	P
.6	Φιλίππων,	Φιλίππων	P
.7	ἄρτον	ἄρτον,	+ P
	αὐτοῖς,	αὐτοῖς	P
.9	βαθεῖ,	βαθεῖ	P
.10	θορυβεῖσθε·	θορυβεῖσθε,	P
.11	γευσάμενος,	γευσάμενος	P
.12	ζῶντα,	ζῶντα	P
.13	Ἄσσον,	Ἄσσον	P
	ἦν,	ἦν	P
.14	Μιτυλήνην·	Μιτυλήνην,	P
.16	γάρ, (2mo)	γάρ	a,P
	αὐτῷ, (2mo)	αὐτῷ	P
.18	αὐτόν,	αὐτὸν	a,P
.22	καὶ	Καὶ	O
	Ἱερουσαλήμ,	Ἱερουσαλὴμ	a,P
	συναντήσοντα	συναντήσοντά	a
	ἐμοὶ	μοι	L
.24 †	τελειώσω	τελειῶσαι	L
.25	καὶ	Καὶ	O
.28	ἐπισκόπους,	ἐπισκόπους	P
	τὴν and τοῦ Θεοῦ	τὴν and τοῦ Θεοῦ	
	and περιεποιήσατο	and περιεποιήσατο	
	(bold type)	(not italicized)	
.30 †	ἑαυτῶν	αὐτῶν	S
.31	γρηγορεῖτε,	γρηγορεῖτε	P
.32	καὶ	Καὶ	O
†	κυρίῳ	θεω	S
	αὐτοῦ	αὐτοῦ,	P
	κληρονομίαν and	κληρονομίαν and	
	τοῖς...πᾶσιν	τοῖς...πᾶσιν	
	(bold type)	(not italicized)	
.35	ὑμῖν,	ὑμῖν	P
	Ἰησοῦ,	Ἰησοῦ	P
.36	καὶ	Καὶ	O
	εἰπών,	εἰπὼν	a,P
.37	πάντων,	πάντων	P
21. 1	Πάταρα·	Πάταρα,	P
.2	Φοινίκην,	Φοινίκην	P
.3	Συρίαν,	Συρίαν	P
.4	ἐπιὰ	ἐπτά,	P
.5 †	ἐξαρτίσαι ἡμᾶς	ἡμᾶς ἐξαρτίσαι	W
.6	ἀλλήλους,	ἀλλήλους	P
	ἐνέβημεν	ἀνέβημεν	S
.7	Πτολεμαΐδα,	Πτολεμαΐδα	P
.8	Καισάρειαν,	Καισάρειαν	- P
	εὐαγγελιστοῦ	εὐαγγελιστοῦ,	+ P
.11	αὕτη,	αὕτη	P
.18	τῇ	Τῇ	O
.19	ἕκαστον	ἕκαστον,	O
.20	οἱ	Οἱ	O
	Θεόν,	Θεὸν	a,P

Ac

TEXT	N-A '63	N-A '79	TYPE	TEXT	N-A '63	N-A '79	TYPE
21.20	εἶπάν [Bl-D, §81 (1)]	εἶπόν	L	23.23	διακοσίους (1ᵉ)	διακοσίους,	+ P
	πεπιστευκότων,	πεπιστευκότων	P		διακοσίους,	διακοσίους	– P
.21	Ἰουδαίους,	Ἰουδαίους	P	.24	παραστῆσαι,	παραστῆσαι	P
.23	ἑαυτῶν·	ἑαυτῶν.	P	.27	ἐξειλάμην,	ἐξειλάμην	– P
.24	αὐτοῖς, (1ᵉ)	αὐτοῖς	P		ἔστιν·	ἔστιν.	× P
	ἔστιν,	ἔστιν	P	.28	αὐτῶν·	αὐτῶν	P
.26	τότε	Τότε	O	.30	ἔσεσθαι,	ἔσεσθαι	P
	ἁγνισθεὶς	ἁγνισθείς,	+ a,P		σέ,	σὲ	a,P
	ἱερόν,	ἱερὸν	– a,P	†		[τὰ]	A
	τῶν...ἁγνισμοῦ,	τῶν...ἁγνισμοῦ	P	.31	Ἀντιπατρίδα ·	Ἀντιπατρίδα,	P
	(bold type)	(not italicized)		.32	αὐτῷ,	αὐτῷ	P
.27	ὄχλον,	ὄχλον	P	.33	ἡγεμόνι,	ἡγεμόνι	P
	ἐπέβαλαν	ἐπέβαλον	L	24.2	[αὐτοῦ]	αὐτοῦ	P¹
	χεῖρας,	χεῖρας	P	.6	βεβηλῶσαι,	βεβηλῶσαι	P
.30	ἱεροῦ,	ἱεροῦ	P	.10	Παῦλος,	Παῦλος	P
.31	Ἰερουσαλήμ ·	Ἰερουσαλήμ.	P	.12	ὄχλου,	ὄχλου	P
.32	αὐτούς·	αὐτούς,	P	.14	σοι,	σοι	– P
.34	ὄχλῳ·	ὄχλῳ,	× P		αἵρεσιν	αἵρεσιν,	+ P
	θόρυβον,	θόρυβον	– P		Θεῷ,	Θεῷ	P
.35	ὄχλου·	ὄχλου,	P	.15	Θεόν,	Θεὸν	a,P
.39	Ταρσεύς,	Ταρσεὺς	a,P	.18	ἱεροῦ,	ἱερῷ	P
	Κιλικίας	Κιλικίας,	P	.22	ὁδοῦ,	ὁδοῦ	P
.40	λαῷ.	λαῷ.		.24	Παῦλον,	Παῦλον	P
22.2	— ἀκούσαντες	ἀκούσαντες	– P	.25	μέλλοντος	μέλλοντος,	+ P
	αὐτοῖς	αὐτοῖς,	+ P		σε·	σε,	× P
	φησίν·—	φησίν·	– P	.27	Φῆστον,	Φῆστον,	P
.4	θανάτου,	θανάτου	P	25.1 †	ἐπαρχείῳ adj.	ἐπαρχείᾳ noun!	S
.5	πρεσβυτέριον ·	πρεσβυτέριον,	P	.2	Παύλου,	Παύλου	P
.8	πρός	πρός	a	.3	αὐτοῦ,	αὐτοῦ	P
	ἐμέ	με	L	.5	συγκαταβάντες,	συγκαταβάντες	P
.9	ἐθεάσαντο,	ἐθεάσαντο	P		ἄτοπον,	ἄτοπον	P
.10	Δαμασκόν,	Δαμασκὸν	a,P	.7	Ἰουδαῖοι,	Ἰουδαῖοι	P
.13	πρὸς	πρός	a		καταφέροντες,	καταφέροντες	P
	ἐμὲ	με	L	.9	ὁ	Ὁ	O
.16	σου,	σου	P		καταθέσθαι,	καταθέσθαι	P
.17	ἐκστάσει,	ἐκστάσει	P	.10 †	ἑστὼς ἐ.τ.β.Καίσαρός	ἐ.τ.β.Καίσαρος ἑστώς	a²,W
.19	σέ·	σέ,	P	†	ἠδίκηκα,	ἠδίκησα	P,L
.22	λόγου,	λόγου	– P	.15	Ἰουδαίων,	Ἰουδαίων	P
	τοιοῦτον ·	τοιοῦτον,	× P		καταδίκην ·	καταδίκην.	× P
.24	αὐτόν, (2ⁿᵉ)	αὐτὸν	a,P	.17 †		[αὐτῶν]	A
.29	ἀνετάζειν ·	ἀνετάζειν,	P	.19	τεθνηκότος,	τεθνηκότος	P
.30	αὐτόν,	αὐτὸν	a,P	.23	πόλεως,	πόλεως	P
23.1	ἀτενίσας	Ἀτενίσας	O	.24	ἐνθάδε,	ἐνθάδε	P
.3	νόμον,	νόμον	P	.26	ἔχω·	ἔχω,	P
.6	γνοὺς	Γνοὺς	O	26.1 †	ὑπέρ	περὶ	S
	Φαρισαίων · (2ⁿᵉ)	Φαρισαίων,	P	.2	ἀπολογεῖσθαι,	ἀπολογεῖσθαι	P
†		[ἐγὼ]	A	.3	ζητημάτων ·	ζητημάτων,	P
.7 †	λαλοῦντος	εἰπόντος	S	.4 †		[τὴν]	A
	Σαδδουκαίων,	Σαδδουκαίων	P	†		[οἱ]	A
.8 †		μὲν	A		Ἰουδαῖοι,	Ἰουδαῖοι	P
.9	ἄγγελος—.	ἄγγελος ;	P¹	.7	καταντῆσαι ·	καταντῆσαι,	P
.10	αὐτῶν, (1ᵉ)	αὐτῶν	P	.9	ἐγὼ	Ἐγὼ	O
.12	ἑαυτούς,	ἑαυτοὺς	a,P		πρᾶξαι ·	πρᾶξαι,	P
	πεῖν (contracted)	πιεῖν	O	.10	λαβών,	λαβὼν	a,P
.13	ποιησάμενοι ·	ποιησάμενοι,	P		ψῆφον,	ψῆφον.	P
.17 †	ἄπαγε	ἀπάγαγε	L	.11	βλασφημεῖν,	βλασφημεῖν	P
.18	σέ,	σὲ	a,P	.12	ἀρχιερέων,	ἀρχιερέων	P
.19	ἐπυνθάνετο ·	ἐπυνθάνετο,	P	.13	πορευόμενος ·	πορευόμενους.	P
.21	πεῖν (contracted)	πιεῖν	O	.16	στῆθι...σου	στῆθι...σου	
.22	νεανίσκον,	νεανίσκον	P		(bold type)	(not italicized)	
	πρὸς	πρός	a		με	[με]	P¹
	ἐμέ	με	L	.17	ἐξαιρούμενός σε	ἐξαιρούμενός σε	
.23 †	τινας δύο	δύο [τινὰς]	W,P¹,a		(bold type)	(not italicized)	

Ac / Rm

TEXT	N-A '63	N-A '79	TYPE	TEXT	N-A '63	N-A '79	TYPE
26.17	ἐκ (2ᵐᵒ)... ἐθνῶν, (bold type)	ἐκ (2ᵐᵒ)... ἐθνῶν (not italicized)	P	28.27	τούτου, ἤκουσαν,	τούτου ἤκουσαν	P P
	εἰς...σε, (bold type)	εἰς...σε (not italicized)	P	.28	τοῖς ἔθνεσιν and τὸ...θεοῦ (bold type)	τοῖς ἔθνεσιν and τὸ...θεοῦ (not italicized)	
.18	ἀνοῖξαι ὀφθαλμοὺς (bold type)	ἀνοῖξαι ὀφθαλμοὺς (not italicized)		.30	μισθώματι,	μισθώματι	P
	ἀπὸ...φῶς (bold type)	ἀπὸ...φῶς (not italicized)		**Rm**			
.19	ὀπτασία,	ὀπτασία	P				
.21 †		[ὄντα]	A	1. 7	ἁγίοις ·	ἁγίοις,	P
.22	μεγάλῳ,	μεγάλῳ	P	.8	ὑμῶν, (1ᵉʳ)	ὑμῶν	P
.26	βασιλεύς,	βασιλεὺς	a,P	.10	μου,	μου	P
	λαλῶ ·	λαλῶ,	P	.14	εἰμί ·	εἰμί,	P
	αὐτὸν	αὐτόν	a	.16	οὐ	Οὐ	O
†		[τι]	A		εὐαγγέλιον ·	εὐαγγέλιον,	P
.29	εἰμι,	εἰμί,	P	.21	ἀλλὰ	ἀλλ'	O
.31	ἄξιον	ἄξιον	a		αὐτῶν,	αὐτῶν	P
†		[τι]	A	.22	ἐμωράνθησαν,	ἐμωράνθησαν	P
27. 2	ἀνήχθημεν,	ἀνήχθημεν	– P	.23	ἤλλαξαν...δόξαν and ἐν ὁμοιώματι (bold type)	ἤλλαξαν...δόξαν and ἐν ὁμοιώματι (not italicized)	
	Θεσσαλονικέως	Θεσσαλονικέως.	x P		ἑρπετῶν ·	ἑρπετῶν.	P
.5	κατήλθαμεν [Bl-D, §81(3)]	κατήλθομεν	L	.24	διὸ	Διὸ	O
.7	ἀνέμου,	ἀνέμου	P		αὐτοῖς ·	αὐτοῖς,	P
.8	λιμένας,	λιμένας,	P	.25	Οἵτινες	οἵτινες	O
†	ἦν πόλις	πόλις ἦν	W		ψεύδει,	ψεύδει	– P
.9	παρεληλυθέναι,	παρεληλυθέναι	P		αἰῶνας ·	αἰῶνας,	x P
	παραχειμάσαι,	παραχειμάσαι	P	.26	διὰ	Διὰ	O
.16 †	Κλαῦδα	Καῦδα	O		ἀτιμίας ·	ἀτιμίας,	P
.17	ἐχρῶντο,	ἐχρῶντο	P	.29	ψιθυριστάς,	ψιθυριστὰς	a,P
	πλοῖον ·	πλοῖον,	x	.30	καταλάλους,	καταλάλους	P
.18	ἐποιοῦντο,	ἐποιοῦντο	P		θεοστυγεῖς,	θεοστυγεῖς	P
.23	θεοῦ,	θεοῦ,	+		ὑβριστάς,	ὑβριστὰς	a,P
	εἰμι,	εἰμι	–		ὑπερηφάνους,	ὑπερηφάνους	P
†		[ἐγὼ]	A	.31	ἀσυνέτους,	ἀσυνέτους	P
.24	Παῦλε ·	Παῦλε,	P		ἀσυνθέτους,	ἀσυνθέτους	P
.33	διατελεῖτε,	διατελεῖτε	P	.32	ἐπιγνόντες,	ἐπιγνόντες	P
.34	ὑπάρχει ·	ὑπάρχει,	P		ποιοῦσιν,	ποιοῦσιν	P
.35	ἀρξάμενος	ἀρξάμενος	-,O	2. 1	κατακρίνεις,	κατακρίνεις,	P
.40	πηδαλίων,	πηδαλίων	P	.5	θεοῦ,	Θεοῦ	P
.41	ναῦν,	ναῦν	– P	.7	αἰώνιον ·	αἰώνιον,	P
	βίας.	βίας,	– P	.8	ἀδικία,	ἀδικία	P
† {	[τῶν κυμάτων].		+ A,P	.10	Ἕλληνι ·	Ἕλληνι,	P
.42	διαφύγῃ ·	διαφύγῃ.	P	.12	ἀπολοῦνται ·	ἀπολοῦνται,	P
.43	ἐξιέναι,	ἐξιέναι	P	.16 † {	ἢ		Sb
28. 2	ἡμῖν ·	ἡμῖν,	P			ὅτε	A
.3	συστρέψαντος	Συστρέψαντος	O	.23	ἀτιμάζεις ;	ἀτιμάζεις · (UBS⁷⁵ ;)	Pⁱ
.4	οὗτος,	οὗτος	P	.25	περιτομὴ	Περιτομὴ	O
.5	κακόν,	κακόν,	P	.28	ἐστιν,	ἐστιν	P
.6	γινόμενον,	γινόμενον	P		περιτομή.	περιτομή,	x P
.7 †	ἡμέρας τρεῖς	τρεῖς ἡμέρας	W	3. 1	Ἰουδαίου,	Ἰουδαίου	P
.8	προσευξάμενος,	προσευξάμενος	P	.4	πᾶς and ἄνθρωπος ψεύστης (bold type)	πᾶς and ἄνθρωπος ψεύστης (not italicized)	
.13 †	περιελθόντες	περιελόντες	S	†	καθάπερ	καθὼς	S
.15	τα (read τὰ)	τὰ	a,E	.8	κακὰ	κακά,	a,P
.17	πατρῴοις,	πατρῴοις	P	.11	Θεόν ·	Θεόν.	P
.18	ἐμοί.	ἐμοί,	P	.12	ἐξέκλιναν ·	ἐξέκλιναν	P
.19	Καίσαρα,	Καίσαρα	P		οὐκ	[οὐκ	Pⁱ
.20	προσλαλῆσαι ·	προσλαλῆσαι,	P		ἔστιν	ἔστιν]	Pⁱ
	εἵνεκεν	ἕνεκεν	O	.14	γέμει ·	γέμει,	P
.21	Ἰουδαίας,	Ἰουδαίας	P				
.22	φρονεῖς ·	φρονεῖς,	P				
.23	πλείονες,	πλείονες	P				
.25	ἀπελύοντο,	ἀπελύοντο	P				
.26	συνῆτε,	συνῆτε	P				

Rm

TEXT	N-A '63	N-A '79	TYPE
3.20	οὐ...πᾶσα	οὐ...πᾶσα	
	and ἐνώπιον αὐτοῦ·	and ἐνώπιον αὐτοῦ,	P
	(bold type)	(not italicized)	
.21	πεφανέρωται,	πεφανέρωται	P
.22	['Ιησοῦ]	'Ιησοῦ	p¹
	Χριστοῦ,	Χριστοῦ	– P
	πιστεύοντας·	πιστεύοντας.	x P
	διαστολή·	διαστολή,	x P
.23	Θεοῦ,	Θεοῦ	P
.25 †		[τῆς]	A
	αἵματι,	αἵματι	P
.31	γένοιτο,	γένοιτο·	P
4.2	καύχημα·	καύχημα,	P
.3	Θεῷ,	Θεῷ	P
.4	ὀφείλημα·	ὀφείλημα,	P
.5	ἐργαζομένῳ	ἐργαζομένῳ	– P
	ἀσεβῆ,	ἀσεβῆ	– P
	δικαιοσύνην,	δικαιοσύνην·	x P
.9	ὁ	Ὁ	O
	ἐλογίσθη...δικαιοσύνην	ἐλογίσθη...δικαιοσύνην	
	(bold type)	(not italicized)	
.10	ἀκροβυστία, (1ST)	ἀκροβυστία;	p¹
.11	σημεῖον and περιτομῆς	σημεῖον and περιτομῆς	
	and τῇ ἀκροβυστίᾳ	and τῇ ἀκροβυστίᾳ	
	(bold type)	(not italicized)	
†		[καί]	A
.15	νόμος,	νόμος	P
.17	ζωοποιοῦντος	ζωοποιοῦντος	O
.18	ὅς	Ὅς	O
	ἐπίστευσεν,	ἐπίστευσεν	– P
	πατέρα...ἐθνῶν	πατέρα...ἐθνῶν	
	(bold type)	(not italicized)	
	σου,	σου,	x P
.19		[ἤδη]	A
	ἑκατονταέτης	ἑκατονταετής	a
.20	ἀπιστίᾳ,	ἀπιστίᾳ	P
	ἀλλὰ	ἀλλ'	O
.22	ἐλογίσθη...δικαιοσύνην	ἐλογίσθη...δικαιοσύνην	
	(bold type)	(not italicized)	
.23	αὐτῷ,	αὐτῷ	P
5.1	Χριστοῦ,	Χριστοῦ	P
.2	ἑστήκαμεν,	ἑστήκαμεν	P
.4	ἐλπίδα·	ἐλπίδα.	P
.5	ἐλπὶς...καταισχύνει	ἐλπὶς...καταισχύνει	
	(bold type)	(not italicized)	
	ἡμῖν·	ἡμῖν.	P
.6 †	εἴ	Ἔτι	S
	γε	γὰρ	S
.8	Θεὸς	Θεός,	a,P
.11	[Χριστοῦ],	Χριστοῦ	p¹,P
.12	εἰσῆλθεν,	εἰσῆλθεν	P
.13	νόμου·	νόμου,	P
.14	Ἀδάμ,	Ἀδάμ	a,P
.15	[καί]	καί	p¹
.20	παρεισῆλθεν	παρεισῆλθεν,	P
6.3	ὅτι	ὅτι,	P
.6	γινώσκοντες,	γινώσκοντες	P
.11	εἶναι	[εἶναι]	p¹
.12	μὴ	Μὴ	O
.13	Θεῷ, (2ND)	Θεῷ.	O
.17	ἁμαρτίας,	ἁμαρτίας	P
.19	ἀνθρώπινον	Ἀνθρώπινον	O
.21	ἐπαισχύνεσθε·	ἐπαισχύνεσθε,	P
.22	Θεῷ,	Θεῷ	P

TEXT	N-A '63	N-A '79	TYPE
7.5	ἡμῶν	ἡμῶν,	P
.6	νόμου,	νόμου	P
	[ἡμᾶς]	ἡμᾶς	p¹
.7	ἐπιθυμήσεις·	ἐπιθυμήσεις.	P
.9	ποτέ·	ποτέ,	P
.10	ἀπέθανον,	ἀπέθανον	P
.12	ἅγιος,	ἅγιος	P
.14	οἴδαμεν	Οἴδαμεν	O
	ἐστιν·	ἐστιν,	x P
	εἰμι,	εἰμι	– P
.17 †	ἐνοικοῦσα	οἰκοῦσα	S
.18	οἶδα	Οἶδα	O
.20	ἐγὼ	[ἐγὼ]	p¹
.21	νόμον	νόμον,	P
.25 †		δὲ	A
	Θεοῦ,	Θεοῦ	P
8.1	οὐδὲν	Οὐδὲν	O
.3	τὸ	Τὸ	P
	νόμου,	νόμου	P
.6	εἰρήνη.	εἰρήνη·	P
.7	Θεόν·	Θεόν,	P
.9	ὑμεῖς	Ὑμεῖς	O
.10	ἁμαρτίαν,	ἁμαρτίαν	P
.11 †	ἐκ...Χριστὸν	Χριστὸν...νεκρῶν	W
	'Ιησοῦν		Sb
	ζωοποιήσει	ζωοποιήσει	O
.12	ἐσμέν,	ἐσμέν	a,P
	ζῆν.	ζῆν,	P
.14	υἱοί	υἱοί	a
†	εἰσιν Θεοῦ	Θεοῦ εἰσιν	W
.15	φόβον,	φόβον	P
	υἱοθεσίας,	υἱοθεσίας	P
.20	ἑκοῦσα,	ἑκοῦσα	P
.21 †	διότι	ὅτι	S
.23	ἔχοντες	ἔχοντες,	P
	[ἡμεῖς]	ἡμεῖς	p¹
.24	τις,	τίς	P,S
†	τί		Sb
	καὶ		Sb
.26	ὡσαύτως	Ὡσαύτως	O
.27	ἐρευνῶν	ἐραυνῶν	O
.28	οἴδαμεν	Οἴδαμεν	O
†	[ὁ Θεός]		Sb
.32	ἐφείσατο,	ἐφείσατο	P
.33	ὁ δικαιῶν and	ὁ δικαιῶν and	
.34	τίς...κατακρινῶν	τίς...κατακρινῶν	
	(bold type)	(not italicized)	
	'Ιησοῦς	['Ιησοῦς]	p¹
	ὅς	ὅς	A
†		καί	A
9.5	πατέρες,	πατέρες	– P
	σάρκα	σάρκα,	x P
.6	'Ισραήλ, (1ST)	'Ισραήλ	a,P
.7	Ἀβραάμ,	Ἀβραὰμ	a,P
.8	Θεοῦ,	Θεοῦ	P
.10	οὐ	Οὐ	O
.12	ἐλάσσονι·	ἐλάσσονι,	P
.13 †	καθάπερ	καθὼς	S
.15	ἐλεῶ	ἐλεῶ	P
.16	τρέχοντος,	τρέχοντος	P
.17	σε,	σε	P
	μου,	μου	P

Rm

TEXT	N-A '63	N-A '79	TYPE	TEXT	N-A '63	N-A '79	TYPE
9.18	σκληρύνει (bold type)	σκληρύνει (not italicized)		12.2	νοός,	νοός	a,P
.19 †		[οὖν]	A	.3	ὑμῖν,	ὑμῖν	P
.20	μενοῦν γε με (not bold type)	μενοῦνγε με (italicized)	S		φρονεῖν, (1ST)	φρονεῖν	P
.21	ὁ...πηλοῦ (bold type)	ὁ...πηλοῦ (not italicized)		.6	προφητείαν,	προφητείαν	− P
	σκεῦος,	σκεῦος	P		πίστεως·	πίστεως,	x P
.22	ἤνεγκεν and σκεύη ὀργῆς and ἀπώλειαν (bold type)	ἤνεγκεν and σκεύη ὀργῆς and ἀπώλειαν (not italicized)		.7	διακονίαν,	διακονίαν	− P
					διακονίᾳ·	διακονίᾳ,	x P
.23	ἐλέους,	ἐλέους	P		διδάσκων,	διδάσκων	− P
	δόξαν, (UBS'75)	δόξαν;	P'		διδασκαλίᾳ·	διδασκαλίᾳ,	x P
.24	οὓς	Οὓς	O	.8	παρακαλῶν,	παρακαλῶν	
	ἐθνῶν; (UBS'75)	ἐθνῶν,	P'	.9	ἤ	Ἤ	O
.26	[αὐτοῖς]	αὐτοῖς	P¹		ἀγαθῷ·	ἀγαθῷ,	
.30	πίστεως·	πίστεως,	P	.14	διώκοντας,	διώκοντας	− P
.32	τῷ...προσκόμματος (bold type)	τῷ...προσκόμματος (not italicized)		†		[ὑμᾶς],	+ A,P
.33	τίθημι (not bold type)	τίθημι (italicized)		.16	μὴ (2ND)...ἑαυτοῖς (bold type)	μὴ...ἑαυτοῖς (not italicized)	
10.2	ἔχουσιν,	ἔχουσιν	P	.17	ἀποδιδόντες,	ἀποδιδόντες,	P
.3	δικαιοσύνην,	δικαιοσύνην	P		προνοούμενοι...ἐνώπιον and ἀνθρώπων (bold type)	προνοούμενοι...ἐνώπιον and ἀνθρώπων (not italicized)	
†		[δικαιοσύνην]	A				
.5 †	{ὅτι...νόμου	τὴν (1ST)...[τοῦ] νόμου ὅτι	A,W	.18	δυνατόν,	δυνατὸν	a,P
		αὐτὰ	A	.19	ὀργῇ·	ὀργῇ,	P
†	αὐτῇ	αὐτοῖς	L	.21	κακοῦ,	κακοῦ	P
.8	ἐστιν,	ἐστιν	−	13.2	ἀνθέστηκεν·	ἀνθέστηκεν,	P
	σου (3RD)	σου	x P	.3	ἐξουσίαν; (UBS'75)	ἐξουσίαν·	P'
.9	ἐν (1ST)...τ.σ.σου (bold type)	ἐν...τ.σ.σου (not italicized)		.4	εἰκῇ [Bl-D, §26]	εἰκῇ	O
	Ἰησοῦν,	Ἰησοῦν	P	.8	ὀφείλετε,	ὀφείλετε	P
	ἐν (2ND)...τ.κ.σου (bold type)	ἐν...τ.κ.σου (not italicized)		.9	ἀνακεφαλαιοῦται,	ἀνακεφαλαιοῦται	P
.12	Ἕλληνος.	Ἕλληνος,	P	.11	ἐγερθῆναι·	ἐγερθῆναι,	P
15 †	καθάπερ	καθὼς	S	.12	δὲ	[δὲ]	P¹
		[...]		.13	ζήλῳ·	ζήλῳ,	P
.16	ἀλλ'	Ἀλλ'	O	.14	Χριστόν,	Χριστὸν	a,P
.18	μενοῦν γε	μενοῦνγε	S	14.3	ὃς	Ὃς	O
	αὐτῶν,	αὐτῶν	P	.6	φρονεῖ·	φρονεῖ·	x P
.20 †		[ἐν]	A		ἐσθίει, (2ND)	ἐσθίει	− P
11.1	ἀπώσατο...αὐτοῦ (bold type)	ἀπώσατο...αὐτοῦ (not italicized)					P
.8 †	καθάπερ	καθὼς	S	.10	σύ	Σὺ	O
.10	βλέπειν,	βλέπειν	P		Θεοῦ.	Θεοῦ,	P
.11	ἔθνεσιν,	ἔθνεσιν	P	.11	γόνυ,	γόνυ	P
	παραζηλῶσαι (bold type)	παραζηλῶσαι (not italicized)		.14	ἑαυτοῦ·	ἑαυτοῦ,	P
.13	ἔθνεσιν.	ἔθνεσιν	P	.15	περιπατεῖς.	περιπατεῖς·	x P
.18	κατακαυχᾶσαι.	κατακαυχᾶσαι	P		ἀπόλλυε,	ἀπόλλυε	− P
.20	φρόνει.	φρόνει	P	.17	πόσις,	πόσις	P
.21 †	{[μή		A	.19	ἄρα	Ἄρα	O
	πως]		A	.22	ἤν	[ἤν]	P¹
.25 †	ἐν	[παρ']	P¹,S	15.1	βαστάζειν,	βαστάζειν	P
	εἰσέλθῃ	εἰσέλθῃ		.3	ἤρεσεν·	ἤρεσεν,	P
.31	ἐλέει	ἐλέει,	P	.7 †	ἡμᾶς	ὑμᾶς	S
	νῦν	[νῦν]	P¹	.11	κύριον,	κύριον	P
.32	ἀπείθειαν	ἀπείθειαν,	P	.12	Ἰεσσαί,	Ἰεσσαί	a,P
.33	ἀνεξερεύνητα (class)	ἀνεξεραύνητα (late)	S		ἐθνῶν·	ἐθνῶν,	P
.36	αἰῶνας·	αἰῶνας,	P	.14	ὑμῶν,	ὑμῶν	P
12.1	Θεοῦ,	Θεοῦ	P		τῆς	[τῆς]	P¹
†	τῷ...εὐάρεστον	εὐάρεστον...Θεῷ	W	.15	τολμηροτέρως	τολμηρότερον	L
					μέρους,	μέρους	P
				†	ἀπὸ	ὑπὸ	S
				.17	τὴν	[τὴν]	P¹
				.19	πνεύματος·	πνεύματος,	− P
				†		[Θεοῦ]·	+ A,P
					Χριστοῦ.	Χριστοῦ,	x P
				.21 †	ὄψονται...αὐτοῦ	οἷς...ὄψονται	W

Rm / 1-C

TEXT	N-A '63	N-A '79	TYPE
15.22	διό	Διό	O
.23 †	ἱκανῶν	πολλῶν	S
.24	ἐκεῖ,	ἐκεῖ	- P
	ἐμπλησθῶ,	ἐμπλησθῶ.	x P
.25	—νυνὶ	Νυνὶ	P,O
.26	ηὐδόκησαν	εὐδόκησαν (w/o. augment)	L
.27	ηὐδόκησαν	εὐδόκησαν	L
	γάρ,	γὰρ	a,P
.28	ἐπιτελέσας,	ἐπιτελέσας	P
.30	πνεύματος,	πνεύματος	P
.33	ὁ	Ὁ	O
	ὑμῶν ·	ὑμῶν,	P
16.2	ἁγίων,	ἁγίων	P
.3	Πρίσκαν	Πρίσκαν	a
.14	Ἑρμᾶν,	Ἑρμᾶν	P
.15	Ὀλυμπᾶν,	Ὀλυμπᾶν	P
.21	μου, (1ST)	μου	P
.23	Κουάρτος	Κουάρτος	a

.25 – 27: Enclosed in single square brackets only in N-A '79.

TEXT	N-A '63	N-A '79	TYPE
.27	αἰῶνας	αἰῶνας,	+ p',P
†	τῶν		Sb
	αἰώνων ·		- P,Sb

1-C

TEXT	N-A '63	N-A '79	TYPE
1.4 †		μου	A
.7	χαρίσματι,	χαρίσματι	P
.10	πάντες,	πάντες	P
.11	Χλόης,	Χλόης	P
.12	τοῦτο,	τοῦτο	P
.14 †		[τῷ	A
		Θεῷ]	A
	Κρίσπον	Κρίσπον	a
	Γάϊον,	Γάϊον	P
.16	οἶκον ·	οἶκον,	P
.19	σοφῶν	σοφῶν	P
.20	ποῦ σ.π.γ. ποῦ and	ποῦ σ π γ ποῦ and	
	ἐμώρανεν and τὴν	ἐμώρανεν and τὴν	
	σοφίαν	σοφίαν	
	(bold type)	(not italicized)	
.21	πιστεύοντας.	πιστεύοντας ·	P
.24	σοφίαν.	σοφίαν ·	P
.25	ἐστίν,	ἐστίν	a,P
.27	Θεὸς (1ST)	Θεός,	a,P
	Θεὸς	Θεός,	a,P
2.1 †	μαρτύριον	μυστήριον	S
.4	πειθοῖς	πειθοῖ[ς]	p'
	λόγοις,	[λόγοις]	p',P
.7	μυστηρίῳ,	μυστηρίῳ	- P
	ἡμῶν ·	ἡμῶν,	x P
.8	ἐσταύρωσαν ·	ἐσταύρωσαν.	P
.9	ἃ (not bold type)	ἃ (italicized)	
	καὶ (2ND) and ἀνθρώπου	καὶ and ἀνθρώπου	
	(not bold type)	(italicized)	
†	ὅσα	ἃ	S
	ἡτοίμασεν	ἡτοίμασεν	
	(not bold type)	(italicized)	
.10 †	γὰρ	δὲ	S
	ἐρευνᾷ (classical)	ἐραυνᾷ (late form)	S
.13	λόγοις,	λόγοις	P

TEXT	N-A '63	N-A '79	TYPE
2.14	ἐστιν,	ἐστιν	P
.15	μὲν		Sb
†		[τὰ]	A
3.2	[ἔτι]	ἔτι	p'
.7	ποτίζων,	ποτίζων	P
.8	κόπον,	κόπον ·	P
.9	συνεργοί ·	συνεργοί,	P
.12 †	χρυσίον	χρυσόν	S
	ἀργύριον	ἄργυρον	S
.13	γενήσεται ·	γενήσεται,	P
	ἀποκαλύπτεται,	ἀποκαλύπτεται ·	P
	αὐτὸ	[αὐτὸ]	p'
.16 †	ἐν...οἰκεῖ	οἰκεῖ...ὑμῖν	W
.20	σοφῶν	σοφῶν	P
.22	μέλλοντα,	μέλλοντα ·	P
4.2	οἰκονόμοις	οἰκονόμοις,	P
.3	ἐστίν,	ἐστίν,	+ P
	ἀνακρίνω ·	ἀνακρίνω.	x P
.4	δεδικαίωμαι ·	δεδικαίωμαι,	P
.5	κρίνετε,	κρίνετε	P
.8	ἐστέ ·	ἐστέ,	P
	ἐπλουτήσατε ·	ἐπλουτήσατε,	P
.14	ταῦτα,	ταῦτα	P
	νουθετῶν	νουθετῶ[ν]	p'
.15	Χριστῷ,	Χριστῷ	P
.16	παρακαλῶ	Παρακαλῶ	O
.17 †	αὐτὸ		Sb
.18	ὡς	Ὡς	O
.19	ὑμᾶς,	ὑμᾶς	P
.20	Θεοῦ,	Θεοῦ	P
.21	ὑμᾶς,	ὑμᾶς	P
5.2	ἐστέ,	ἐστέ	a,P
.3	σώματι,	σώματι	- P
	κατεργασάμενον	κατεργασάμενον ·	+ P
.4 †	Ἰησοῦ (2ND)	Ἰησοῦ,	P
		[ἡμῶν]	A
.7	ἄζυμοι.	ἄζυμοι ·	P
	τὸ πάσχα and ἐτύθη	τὸ πάσχα and ἐτύθη	
	(bold type)	(not italicized)	
.8	πονηρίας,	πονηρίας	P
6.1	ἀδίκων,	ἀδίκων	P
.6	κρίνεται,	κρίνεται	P
.7	ἤδη	Ἤδη	O
	οὖν	[οὖν]	p'
.9	ἢ	Ἢ	O
.12	ἔξεστιν, (1ST)	ἔξεστιν	-
	συμφέρει.	συμφέρει ·	x P
	ἔξεστιν,	ἔξεστιν	- P
.13	κοιλία,	κοιλία	P
	βρώμασιν ·	βρώμασιν,	x P
.16	ἢ	[ἢ]	p'
.18	φεύγετε	Φεύγετε	O
.19	ἐστιν,	ἐστιν	P
7.2	ἐχέτω, (1ST)	ἐχέτω	P
.4	ἀνήρ ·	ἀνήρ,	P
.5	καιρὸν	καιρόν,	a,P
	[ὑμῶν]	ὑμῶν	p'
.6	συγγνώμην,	συγγνώμην	P
.9	γαμησάτωσαν ·	γαμησάτωσαν,	P
†	γαμεῖν	γαμῆσαι	L
.10	τοῖς	Τοῖς	O
.12	ἐγώ,	ἐγὼ	a,P

1-C

TEXT	N-A '63	N-A '79	TYPE
7.12	ἄπιστον,	ἄπιστον	P
.13 †	ᾗτις {	εἴ	S
		τις	S
	ἄπιστον,	ἄπιστον	P
.14	γυναικί,	γυναικί	a,P
.17 †	μεμέρικεν	ἐμέρισεν	L
.18	ἐκλήθη; (UBS'75)	ἐκλήθη,	P?
	τις; (UBS'75)	τις, (2mo)	P?
.19	ἐστιν,	ἐστιν	P
.21	ἐκλήθης; (UBS'75)	ἐκλήθης,	P?
.22	ἐστίν·	ἐστίν,	P
.27	γυναικί; (UBS'75)	γυναικί,	P?
	γυναικός; (UBS'75)	γυναικός,	P?
.29	λοιπὸν	λοιπόν,	a,P
	ὦσιν,	ὦσιν	P
.30	κλαίοντες, (2mo)	κλαίοντες	P
	χαίροντες, (2mo)	χαίροντες	P
.35	ἐπιβάλω,	ἐπιβάλω	P
.36	ὑπέρακμος,	ὑπέρακμος	– P
	ποιείτω·	ποιείτω,	x P
	ἁμαρτάνει·	ἁμαρτάνει,	x P
.37	ἑδραῖος,	ἑδραῖος	P
	θελήματος,	θελήματος	P
.38	ποιεῖ,	ποιεῖ	P
8.4	εἰδωλοθύτων	εἰδωλοθύτων,	+ P
	κόσμῳ,	κόσμῳ	– P
.6	πατήρ,	πατήρ	a,P
	Χριστός,	Χριστὸς	a,P
9.5	περιάγειν,	περιάγειν	P
.8	μή	Μή	O
	λαλῶ,	λαλῶ	P
.9	Θεῷ; (UBS'75)	Θεῷ	P?
.10	ἐγράφη,	ἐγράφη	P
	ὀφείλει...ἀρυριᾶν, and καὶ...μετέχειν (not bold type)	ὀφείλει... ἀροτριᾶν and καὶ...μετέχειν (italicized)	
.12	εἰ	[εἰ]	O
	στέγομεν	στέγομεν,	P
.13	τὰ	[τὰ]	P?
.15	ἐγὼ	Ἐγὼ	
	ταῦτα	ταῦτα,	O
.17	πεπίστευμαι.	πεπίστευμαι·	P
.18	εὐαγγέλιον,	εὐαγγέλιον	P
10.1	διῆλθον,	διῆλθον	P
.2 †	ἐβαπτίσαντο	ἐβαπτίσθησαν	L
	θαλώσσῃ,	θαλάσσῃ	P
.3	ἔφαγον,	ἔφαγον	P
.5	θεός·	θεός,	P
	κατεστρώθησαν and ἐν...ἐρήμῳ (bold type)	κατεστρώθησαν and ἐν...ἐρήμῳ (not italicized)	
.6	ταῦτα	Ταῦτα	O
	ἐπιθυμητὰς and ἐπεθύμησαν (bold type)	ἐπιθυμητὰς and ἐπεθύμησαν (not italicized)	
.7	γίνεσθε,	γίνεσθε	– P
	αὐτῶν·	αὐτῶν,	x P
	πεῖν·	πεῖν	P
.9 †	κύριον	Χριστόν	S
.10	ἐγόγγυσαν,	ἐγόγγυσαν	P
.13	δύνασθε,	δύνασθε	P
.17	ἐσμεν·	ἐσμεν,	P

TEXT	N-A '63	N-A '79	TYPE
10.19	τί	Τί	O
	ἐστιν; (1st) (UBS'75)	ἐστιν	P?
.20	δαιμονίοις...θύουσιν (bold type)	δαιμονίοις...[θύουσιν] (not italicized)	P?
.21	δαιμονίων·	δαιμονίων,	P
	τραπέζης κυρίου (bold type)	τραπέζης κυρίου (not italicized)	
.22	παραζηλοῦμεν... κύριον (bold type)	παραζηλοῦμεν... κύριον (not italicized)	
.23	ἔξεστιν, (1st)	ἔξεστιν	P
	ἔξεστιν,	ἔξεστιν	P
.32	ἀρέσκω,	ἀρέσκω	P
11.1	γίνεσθε,	γίνεσθε	P
.2	καὶ	καί,	a,P
	ὑμῖν,	ὑμῖν,	P
.7	ἀνὴρ	Ἀνὴρ	O
	κεφαλήν,	κεφαλὴν	a,P
	εἰκὼν and θεοῦ (bold type)	εἰκὼν and θεοῦ (not italicized)	
.8	γυναικός,	γυναικὸς	a,P
.9	γυναῖκα,	γυναῖκα	P
.14	κομᾷ,	κομᾷ	P
.15	κομᾷ,	κομᾷ	P
	αὐτῇ	[αὐτῇ]	P?
.16	ἔχομεν,	ἔχομεν	P
.18	ὑπάρχειν,	ὑπάρχειν	P
.21	πεινᾷ,	πεινᾷ	P
.23	παρεδίδοτο	παρεδίδετο	O
.25	δειπνῆσαι,	δειπνῆσαι	P
	καινὴ διαθήκη and τῷ and αἵματι (bold type)	καινὴ διαθήκη and τῷ and αἵματι (not italicized)	
.26	καταγγέλλετε,	καταγγέλλετε	a,P
.28	ἑαυτὸν,	ἑαυτὸν	a,P
.32	τοῦ	[τοῦ]	P?
12.3	ΑΝΑΘΕΜΑ ΙΗΣΟΥΣ	Ἀνάθεμα Ἰησοῦς (w/o. breathings; UBS'75 has)	O,E
	ΚΥΡΙΟΣ ΙΗΣΟΥΣ	Κύριος Ἰησοῦς (w/o. breathing, UBS'75 has)	O,E
.10	δὲ	[δὲ]	P?
.11	πνεῦμα,	πνεῦμα	P
.13	Ἕλληνες,	Ἕλληνες	P
.14	καὶ	Καὶ	O
.15	σώματος. (UBS'75 has -τος·)	σώματος;	P?
.16	σώματος. (UBS'75 has -τος·)	σώματος;	P?
.18 †	νῦν	νυνὶ	S
.23	σώματος,	σώματος	P
.24	σῶμα,	σῶμα	P
.25	σώματι,	σώματι	P
.26 †		[ἐν]	A
.27	ὑμεῖς	Ὑμεῖς	O
13.2	γνῶσιν,	γνῶσιν	P
	κἂν {	καὶ	S
		ἐὰν	S
.3	μου,	μου	S
†	καυχήσωμαι	καυχήσωμαι	S
.4	ἤ	[ἤ]	P?
	ἀγάπη	ἀγάπη]	P?
.5	οὐ λ....κακόν (bold type)	οὐ λ....κακόν (not italicized)	

1-C / 2-C

TEXT	N-A '63	N-A '79	TYPE
13.13	νυνὶ	Νυνὶ	O
14.5	γλώσσαις,	γλώσσαις	P
.6	νῦν	Νῦν	O
	ἀδελφοί (no accent)	ἀδελφοί	E
	ὠφελήσω,	ὠφελήσω	P
†		[ἐν] (4ᵀᴴ)	A
.10	κόσμῳ,	κόσμῳ	P
.14	γὰρ	[γὰρ]	P¹
.17	εὐχαριστεῖς,	εὐχαριστεῖς	P
.18	εὐχαριστῶ	Εὐχαριστῶ	O
.20	φρεσίν,	φρεσίν	a,P
.21	τούτῳ,	τούτῳ	P
.25	προσκυνήσει (bold type)	προσκυνήσει (not italicized)	
	Θεῶ,	Θεῶ	P
.27	τρεῖς,	τρεῖς	P
.29	λαλείτωσαν,	λαλείτωσαν	P
.32	ὑποτάσσεται ·	ὑποτάσσεται,	P
.33	ἁγίων,	ἁγίων	P
.39	μου	[μου]	P¹
	προφητεύειν,	προφητεύειν	P
15.2	εἰκῇ	εἰκῇ	O
.3	γραφάς,	γραφὰς	a,P
.4	ἐτάφη,	ἐτάφη	P
	γραφάς,	γραφὰς	a,P
.5	Κηφᾷ,	Κηφᾷ	P
.7	Ἰακώβῳ	Ἰακώβῳ	P
.9	ἀποστόλων,	ἀποστόλων	P
.10 †		[ἢ]	A
.14 †		[καὶ]	A
.17	ὑμῶν (1ˢᵀ)	ὑμῶν,	+
†	[ἐστιν],		- P,Sb
	ὑμῶν.	ὑμῶν,	x
.20	νεκρῶν,	νεκρῶν	P
.22	ζωοποιηθήσονται	ζωοποιηθήσονται	O
.24	παραδιδοῖ (HGrk)	παραδιδῷ	S
.28	καὶ	[καὶ]	P¹
†		[τὰ]	A
.30	τί	Τί	O
.31	ἀδελφοί	[ἀδελφοί]	P¹
.34	ἁμαρτάνετε ·	ἁμαρτάνετε,	P
	ἔχουσιν ·	ἔχουσιν,	P
.36	ζωοποιεῖται	ζωοποιεῖται	P
.37	σπείρεις,	σπείρεις	O
.39	οὐ	Οὐ	O
	σάρξ, (2ᴺᴰ)	σάρξ	a,P
.42	οὕτως	Οὕτως	O
.45	ζῶσαν,	ζῶσαν,	P
	ζωοποιοῦν	ζωοποιοῦν	O
.47	ὅ and ἄνθρωπος... χοϊκός (bold type)	ὅ and ἄνθρωπος... χοϊκός (not italicized)	
.50	δύναται,	δύναται	P
.52	γάρ,	γὰρ	a,P
	ἄφθαρτοι,	ἄφθαρτοι	P
16.1	ἁγίους,	ἁγίους	P
.6 †	καταμενῶ	παραμενῶ	S
.7	ἰδεῖν,	ἰδεῖν,	x P
	ὑμᾶς, (2ᴺᴰ)	ὑμᾶς,	- P
.10	βλέπετε	βλέπετε,	P
.12	αὐτὸν	αὐτόν,	a,P
	ἔλθῃ, (2ᴺᴰ)	ἔλθῃ ·	P

TEXT	N-A '63	N-A '79	TYPE
16.13	ἀνδρίζεσθε and κραταιοῦσθε (bold type)	ἀνδρίζεσθε and κραταιοῦσθε (not italicized)	
.19	Πρίσκα	Πρίσκα	a

2-C

TEXT	N-A '63	N-A '79	TYPE
1.1	Ἀχαΐᾳ ·	Ἀχαΐᾳ,	P
.4	ἡμῶν,	ἡμῶν	P
.6	πάσχομεν,	πάσχομεν.	P
.8	ἐβαρήθημεν,	ἐβαρήθημεν	P
.12 †	ἁγιότητι	ἁπλότητι	S
†		[καὶ]	A
.13	ἐπιγινώσκετε,	ἐπιγινώσκετε ·	P
.14	ἡμῶν (2ᴺᴰ)	[ἡμῶν]	P¹
.15	ἐλθεῖν	ἐλθεῖν,	P
.16	Μακεδονίαν,	Μακεδονίαν	P
.19 †	Χριστὸς Ἰησοῦς	Ἰησοῦς Χριστὸς	W
	οὖ,	οὖ	a,P
.24	πίστεως,	πίστεως	P
2.1	ἔκρινα	Ἔκρινα	O
†	δὲ	γὰρ	S
	τοῦτο,	τοῦτο	P
.3	αὐτὸ	αὐτό,	a,P
.4	λυπηθῆτε,	λυπηθῆτε	P
.12	Χριστοῦ,	Χριστοῦ	P
3.3	ἐγγεγραμμένη and πλαξὶν λιθίναις and πλαξὶν...σαρκίναις (bold type)	ἐγγεγραμμένη and πλαξὶν λιθίναις and πλαξίν...σαρκίναις (not italicized)	
.6 †	ἀποκτείνει	ἀποκτέννει	S
	ζωοποιεῖ	ζωοποιεῖ	O
.7	Μωϋσέως and τὴν δόξαν...αὐτοῦ (bold type)	Μωϋσέως and τὴν δόξαν...αὐτοῦ (not italicized)	
.9 †	ἡ / διακονία	τῇ / διακονία	L / L
.10	δεδόξασται... δεδοξασμένον (bold type)	δεδόξασται... δεδοξασμένον (not italicized)	
.12	χρώμεθα,	χρώμεθα	P
.13	Μωϋσῆς... αὐτοῦ, (bold type)	Μωϋσῆς...αὐτοῦ (not italicized)	P
.15	Μωϋσῆς,	Μωϋσῆς	P
.18	τὴν δόξαν κυρίου (bold type)	τὴν δόξαν κυρίου (not italicized)	
	δόξαν, (2ᴺᴰ)	δόξαν	P
4.1	ταύτην,	ταύτην	P
	ἐγκακοῦμεν,	ἐγκακοῦμεν	P
.2	θεοῦ, (1ˢᵀ)	θεοῦ	P
.5	οὐ	Οὐ	O
†	Χριστὸν Ἰησοῦν	Ἰησοῦν Χριστὸν	W
.6 †		[Ἰησοῦ]	A
.13	ἔχοντες	Ἔχοντες	O
	πίστεως,	πίστεως	P
.17 †		ἡμῶν	A
5.2	στενάζομεν,	στενάζομεν	P
.3 †	ἐνδυσάμενοι	ἐκδυσάμενοι	S
.12	ὑμῖν, (1ˢᵀ)	ὑμῖν	P
.14	ἀπέθανεν ·	ἀπέθανεν,	P
.15	ἀπέθανεν	ἀπέθανεν,	P
.19	αὐτῶν,	αὐτῶν	P

2-C / Ga

TEXT	N-A '63	N-A '79	TYPE
6.1	ὑμᾶς·—	ὑμᾶς·	P
.2	σοι·	σοι·	P
	καιρὸς εὐπρόσδεκτος	καιρὸς εὐπρόσδεκτος	
	and ἡμέρα σωτηρίας·	and ἡμέρα σωτηρίας.	P
	(bold type)	(not italicized)	
.3	—μηδεμίαν	Μηδεμίαν	P,O
.4 †	συνιστάνοντες	συνιστάντες	S
	< συνιστάνω	< συνίστημι	
.9	ἀποθνήσκοντες and	ἀποθνήσκοντες and	
	ζῶμεν and παιδευ-	ζῶμεν and παιδευ-	
	όμενοι...θανατούμενοι	όμενοι...θανατούμενοι	
	(bold type)	(not italicized)	
.11	ἡ καρδία and	ἡ καρδία and	
	πεπλάτυνται	πεπλάτυνται	
	(bold type)	(not italicized)	
.16	ζῶντος,	ζῶντος,	x P
	ἐμπεριπατήσω,	ἐμπεριπατήσω	- P
	θεός, (2ᵐᵉ)	θεὸς	a,P
.17	λέγει κύριος	λέγει κύριος	
	(not bold type)	(italicized)	
	ὑμᾶς,	ὑμᾶς	P
.18	πατέρα,	πατέρα	P
7.5	ἡμῶν,	ἡμῶν	P
.6	Τίτου·	Τίτου,	P
.7	αὐτοῦ,	αὐτοῦ	P
	ἐμοῦ,	ἐμοῦ	P
.8 †		[γὰρ]	A
.9	ἐλυπήθητε, (1ˢᵀ)	ἐλυπήθητε	P
.12	ἀδικηθέντος,	ἀδικηθέντος	P
.14 †		ἤ	A
8.5	ἠλπίσαμεν,	ἠλπίσαμεν	P
	θεοῦ,	θεοῦ	P
.7	ἀλλ'	Ἀλλ'	O
.8	λέγω,	λέγω	O P
9	[Χριστοῦ]	Χριστοῦ	P¹
.13	ιουιημιι	...	P
.16	διδόντι	δόντι	L
.19	δὲ	δέ,	a,P
†	ἐν	σὺν	S
	αὐτοῦ	[αὐτοῦ]	P¹
.21	προνοοῦμεν and καλὰ	προνοοῦμεν and καλὰ	
	and ἐνώπιον κυρίου	and ἐνώπιον κυρίου	
	and καὶ and ἀνθρώπων	and καὶ and ἀνθρώπων	
	(bold type)	(not italicized)	
.22	ἡμῶν,	ἡμῶν	P
9.2	Μακεδόσιν	Μακεδόσιν,	P
.4 †	λέγωμεν	λέγω (subjc)	L
.5	ἀδελφοὺς	ἀδελφούς,	a,P
.10 †	σπέρμα	σπόρον	S
	τὰ...ὑμῶν·	τὰ...ὑμῶν.	P
	(bold type)	(not italicized)	
.12	θεῷ·	θεῷ.	P
10.8	τε	[τε]	P¹
	ἡμῶν,	ἡμῶν	-
	αἰσχυνθήσομαι,	αἰσχυνθήσομαι.	x P
.9	ὡσὰν	ὡς	S
		ἂν	S
	ἐπιστολῶν.	ἐπιστολῶν.	P
.12	συνιστανόντων	συνιστανόντων,	P
.13	καυχησόμεθα,	καυχησόμεθα	P
.15	περισσείαν,	περισσείαν	P
11.3	ὅ...ἐξηπάτησεν	ὅ...ἐξηπάτησεν	
	(bold type)	(not italicized)	

TEXT	N-A '63	N-A '79	TYPE
11.3 †		τὸν	A
.5	λογίζομαι	Λογίζομαι	O
.9	Μακεδονίας·	Μακεδονίας,	P
.10	ἐμοί,	ἐμοὶ	a,P
.17	λαλῶ,	λαλῶ	P
.18 †	[τὴν]		Sb
.21	ἠσθενήκαμεν·	ἠσθενήκαμεν.	P
	ἐν	Ἐν	O
.24	ὑπὸ	Ὑπὸ	O
.29	ἀσθενεῖ,	ἀσθενεῖ	O
	σκανδαλίζεται,	σκανδαλίζεται	O
.30	εἰ	Εἰ	P
12.2	—εἴτε	εἴτε	O
	οἶδεν,—	οἶδεν,	P
.3	ἄνθρωπον	ἄνθρωπον,	+ P
	—εἴτε	εἴτε	- P
	[οὐκ	οὐκ	p¹
	οἶδα]	οἶδα	p¹
	οἶδεν,—	οἶδεν,	- P
.4	ῥήματα,	ῥήματα	P
.6	ἐὰν	Ἐὰν	O
†		[τι]	A
.8	παρεκάλεσα,	παρεκάλεσα	P
.9	μου·	μου,	x P
	ἀσθενείαις,	ἀσθενείαις	- P
†		μου, (2ᵐᵉ)	+ A,P
.11	ἄφρων·	ἄφρων,	x P
	συνίστασθαι.	συνίστασθαι·	x P
	ἀποστόλων,	ἀποστόλων	P
.14	θησαυρίζειν,	θησαυρίζειν	P
.15 †	ἀγαπῶ	ἀγαπῶ[ν]	p¹,L
.20	ὑμᾶς,	ὑμᾶς	- P
	θέλετε,	Θέλετε·	x P
.21	ὑμᾶς,	ὑμᾶς	P
13.8	ἀληθείας, (1ˢᵀ)	ἀληθείας	P

Ga

TEXT	N-A '63	N-A '79	TYPE
1.1	ἀπόστολος,	ἀπόστολος	P
.2	ἀδελφοί,	ἀδελφοὶ	a,P
	Γαλατίας·	Γαλατίας,	P
.3	Χριστοῦ,	Χριστοῦ	P
.5	αἰώνων·	αἰώνων,	P
.6	Χριστοῦ	[Χριστοῦ]	p¹
.7	ἄλλο	ἄλλο,	P
.8 †	εὐαγγελίσηται	εὐαγγελίζηται	L
.9	προειρήκαμεν,	προειρήκαμεν	- P
	λέγω,	λέγω·	x P
.11	γνωρίζω	Γνωρίζω	O
.12	ἐδιδάχθην,	ἐδιδάχθην	A
.15 †	[ὁ		P
		θεὸς]	A
	ἐκ...μου and καλέσας	ἐκ...μου and καλέσας	
	(bold type)	(not italicized)	
.16	αἵματι,	αἵματι	P
.17	Ἀραβίαν,	Ἀραβίαν	P
.18 †	τρία ἔτη	ἔτη τρία	W
	Κηφᾶν,	Κηφᾶν	P
	δεκαπέντε·	δεκαπέντε,	x P
.19	εἶδον,	εἶδον	P
.21	ἔπειτα	Ἔπειτα	O
	Κιλικίας.	Κιλικίας·	P

Ga / Eph

TEXT	N-A '63	N-A '79	TYPE
2.1	Βαρναβᾶ,	Βαρναβᾶ	P
.4	καταδουλώσουσιν·	καταδουλώσουσιν,	P
.6	ἀπὸ	Ἀπὸ	O
	πρόσωπον...Θεὸς and	πρόσωπον...Θεὸς and	
	οὐ λαμβάνει	οὐ λαμβάνει	
	(bold type)	(not italicized)	
.12	ἑαυτὸν	ἑαυτὸν	a,P
	περιτομῆς·	περιτομῆς.	P
.14 †	οὐκ (2ᵐᵈ)	οὐχὶ	S
.15	ἁμαρτωλοί,	ἁμαρτωλοί·	P
.16	δὲ	[δὲ]	P¹
†	Χριστοῦ Ἰησοῦ	Ἰησοῦ Χριστοῦ	W
	οὐ...πᾶσα	οὐ...πᾶσα	
	(bold type; a not	(not italicized)	
	in bold type)		
.19	ἀπέθανον	ἀπέθανον	P
3.2	ὑμῶν,	ὑμῶν·	P
.3	ἐστε; (UBS'75)	ἐστε,	P?
.4	εἰκῇ (1ˢᵗ)	εἰκῇ	O
	εἰκῇ	εἰκῇ	O
.5	ὑμῖν (2ᵐᵈ)	ὑμῖν,	P
.6	δικαιοσύνην.	δικαιοσύνην·	P
.8	ἔθνη.	ἔθνη·	P
.10	ἐπικατάρατος	ἐπικατάρατος	
	(ἐ not bold type)	(completely italicized)	
.14 †	Ἰησοῦ Χριστῷ	Χριστῷ Ἰησοῦ	W
.15	λέγω...	λέγω·	P
.16	καὶ...σπέρματι	καὶ...σπέρματι	
	(bold type)	(not italicized)	
	πολλῶν,	πολλῶν	P
.17	ἀκυροῖ,	ἀκυροῖ	P
.19 †	ἂν	οὐ	S
	ἀγγέλων,	ἀγγέλων	O
.21	ζῳοποιῆσαι	ζῳοποιῆσαι	O
.22	ἁμαρτίαν	ἁμαρτίαν,	P
.23	ἀποκαλυφθῆναι.	ἀποκαλυφθῆναι,	P
4.6	ἡμῶν,	ἡμῶν	P
.9	στοιχεῖα,	στοιχεῖα	P
†	δουλεῦσαι	δουλεύειν	L
.10	ἐνιαυτούς.	ἐνιαυτούς,	P
.11	εἰκῇ	εἰκῇ	O
.17	ζηλοῦτε.	ζηλοῦτε·	P
.18	πάντοτε,	πάντοτε	− P
	ὑμᾶς,	ὑμᾶς.	x P
.23	[μὲν]	μὲν	P¹
†	διὰ	δι'	
	τῆς		Sb
.24	Σινᾶ,	Σινᾶ	P,a
.25	Σινᾶ	Σινᾶ	a
.27	στεῖρα	στεῖρα	a
.28	ὑμεῖς	Ὑμεῖς	O
5.2	περιτέμνησθε	περιτέμνησθε,	P
.4	Χριστοῦ	Χριστοῦ,	P
.6	ἀκροβυστία,	ἀκροβυστία	A
.7 †		[τῇ]	
.21	κἀμοι,	κἀμοι	− P
	ὑμῖν	ὑμῖν,	+ P
	προεῖπον,	προεῖπον	− P
.22	ἀγάπη,	ἀγάπη	P
	χαρά,	χαρά	a,P
	μακροθυμία,	μακροθυμία	P
	χρηστότης,	χρηστότης	P

TEXT	N-A '63	N-A '79	TYPE
5.22	πίστις,	πίστις	P
.23	πραΰτης,	πραΰτης	P
.24	Ἰησοῦ	[Ἰησοῦ]	P¹
6.1	σεαυτόν,	σεαυτὸν	a,P
.2	βαστάζετε,	βαστάζετε	P
.9	ἐγκακῶμεν·	ἐγκακῶμεν,	P
.12 †	[Ἰησοῦ]		Sb
.13	φυλάσσουσιν,	φυλάσσουσιν	− P
	περιτέμνεσθαι	περιτέμνεσθαι,	+ P
.14	Ἐμοὶ	Ἐμοὶ	O
.15	ἀκροβυστία,	ἀκροβυστία	P
.16	εἰρήνη (bold type)	εἰρήνη (not italicized)	
	ἔλεος,	ἔλεος	P
	ἐπὶ...Ἰσραὴλ	ἐπὶ...Ἰσραὴλ	
	(bold type)	(not italicized)	

Eph

TEXT	N-A '63	N-A '79	TYPE
1.1	Ἰησοῦ·	Ἰησοῦ,	P
.4	κόσμου,	κόσμου	− P
	αὐτοῦ,	αὐτοῦ	− P
	ἀγάπη	ἀγάπη,	+ P
.6	αὐτοῦ,	αὐτοῦ	− P
	ἠγαπημένῳ,	ἠγαπημένῳ.	x P
.7	ἐν	Ἐν	O
	αὐτοῦ, (2ᵐᵈ)	αὐτοῦ	O
.8	ἡμᾶς,	ἡμᾶς,	P
	φρονήσει	φρονήσει,	P
.9	αὐτοῦ, (2ᵐᵈ)	αὐτοῦ	P
.10	γῆς·	γῆς	− P
	αὐτῷ,	αὐτῷ.	x P
.11	ἐν	Ἐν	O
	αὐτοῦ,	αὐτοῦ	O
.12	Χριστῷ·	Χριστῷ.	P
.13	ἐν	Ἐν	O
	ὑμεῖς,	ὑμεῖς	P
.14 †	ὅς	ὅ	L
.15	κἀγώ,	κἀγὼ	a,P
	ἁγίους,	ἁγίους	P
.17	δώῃ	δώῃ	L
.18	[ὑμῶν],	[ὑμῶν]	P
	κληρονομίας and	κληρονομίας and	
	ἐν...ἁγίοις	ἐν...ἁγίοις	
	(bold type)	(not italicized)	
.19	αὐτοῦ,	αὐτοῦ.	P
.20	ἣν	Ἣν	O
†	ἐνήργηκεν	ἐνήργησεν	L
	νεκρῶν,	νεκρῶν	P
	καθίσας...αὐτοῦ	καθίσας...αὐτοῦ	
	(bold type)	(not italicized)	
.21	ὀνομαζομένου	ὀνομαζομένου,	P
.22	αὐτοῦ,	αὐτοῦ	P
2.3	ἡμῶν,	ἡμῶν	P
.5	σεσωσμένοι,	σεσωσμένοι	P
.8	τῇ	Τῇ	O
.10	ἀγαθοῖς,	ἀγαθοῖς	P
	θεὸς	θεός,	a,P
.13	μακρὰν and ἐγγὺς	μακρὰν and ἐγγὺς	
	(bold type)	(not italicized)	
.14	εἰρήνη (bold type)	εἰρήνη (not italicized)	
	ἔχθραν,	ἔχθραν	− P
	αὐτοῦ	αὐτοῦ,	+ P

Eph / Phl

TEXT	N-A '63	N-A '79	TYPE
2.15	εἰρήνην,	εἰρήνην	P
.16	αὐτῷ·	αὐτῷ.	P
.17	εὐηγγελίσατο	εὐηγγελίσατο	
	εἰρήνην and τοῖς...	εἰρήνην and τοῖς...	
	ἐγγύς (bold type)	ἐγγύς (not italicized)	
.19	ἄρα	Ἄρα	O
	πάροικοι,	πάροικοι	P
3. 1	Ἰησοῦ	[Ἰησοῦ]	P¹
. 3	ὅτι	[ὅτι]	P¹
. 8	ἐμοὶ	Ἐμοὶ	O
	Χριστοῦ,	Χριστοῦ	P
. 9 †		[πάντας]	A
.21	αἰώνων·	αἰώνων,	P
4. 4	Ἐν	Ἕν	O
. 5	βάπτισμα·	βάπτισμα,	P
. 9	ἐστιν	ἐστιν,	P
	μέρη	[μέρη]	P¹
.11	καὶ	Καὶ	P
	ἔδωκεν (bold type)	ἔδωκεν (not italicized)	
.17	περιπατεῖν	περιπατεῖν,	P
.18	Θεοῦ,	Θεοῦ	P
.20	ὑμεῖς	Ὑμεῖς	O
.21	ἐδιδάχθητε	ἐδιδάχθητε,	P
.26 †		[τῷ]	A
.28	ἰδίαις	[ἰδίαις]	P¹
.32	δὲ	[δὲ]	P¹
	ἑαυτοῖς	ἑαυτοῖς,	P
5. 1	Θεοῦ,	Θεοῦ	P
	ἀγαπητά,	ἀγαπητὰ	a,P
. 2 †	ὑμᾶς	ἡμᾶς	S
	προσφορὰν...θυσίαν	προσφορὰν...θυσίαν	
	and εἰς...εὐωδίαν	and εἰς...εὐωδίας	
	(bold type)	(not italicized)	
. 8	περιπατεῖτε,	περιπατεῖτε	P
. 9	ἀληθείᾳ,	ἀληθείᾳ	P
.11	ἐλέγχετε,	ἐλέγχετε.	P
.12	κρυφῇ	κρυφῇ	U
	λέγειν·	λέγειν,	P
.13	φανεροῦται·	φανεροῦται,	P
.15	περιπατεῖτε,	περιπατεῖτε	P
.18	μὴ...οἴνῳ	μὴ...οἴνῳ	
	(bold type)	(not italicized)	
.19 †		[ἐν]	A
.20	πατρί,	πατρί.	P
.21	ὑποτασσόμενοι	Ὑποτασσόμενοι	O
	Χριστοῦ.	Χριστοῦ,	P
.22	Αἱ	αἱ	O
.23	σώματος.	σώματος·	P
.29	οὐδεὶς	Οὐδεὶς	O
	ἐμίσησεν,	ἐμίσησεν	P
.32	ἐστίν,	ἐστίν·	P
	[εἰς]	εἰς·	P¹
.33	ἕνα	ἕνα,	P
6. 4	ὑμῶν,	ὑμῶν	P
. 6	ἀνθρωπάρεσκοι,	ἀνθρωπάρεσκοι	P
. 8	κυρίου,	κυρίου	P
. 9	οὐρανοῖς,	οὐρανοῖς	P
.12	σάρκα,	σάρκα	P
.14	περιζωσάμενοι...ὀσφὺν	περιζωσάμενοι...ὀσφὺν	
	and ἐν ἀληθείᾳ, and	and ἐν ἀληθείᾳ and	P
	ἐνδυσάμενοι...	ἐνδυσάμενοι...	
	δικαιοσύνης,	δικαιοσύνης	P
	(bold type)	(not italicized)	

TEXT	N-A '63	N-A '79	TYPE
6.15	τοὺς...εἰρήνης	τοὺς...εἰρήνης	
	(bold type)	(not italicized)	
.16	τὰ	[τὰ]	P¹
.17	τὴν...σωτηρίου	τὴν...σωτηρίου	
	(bold type)	(not italicized)	
	δέξασθε,	δέξασθε	- P
	τὴν...πνεύματος	τὴν...πνεύματος	
	and ῥῆμα Θεοῦ,	and ῥῆμα Θεοῦ.	x P
	(bold type)	(not italicized)	
.18	διὰ	Διὰ	O
	δεήσεως,	δεήσεως	P
	ἁγίων,	ἁγίων	P

Phl

TEXT	N-A '63	N-A '79	TYPE
1. 1	διακόνοις·	διακόνοις,	P
. 3	ὑμῶν,	ὑμῶν	P
. 4	ὑμῶν	ὑμῶν	P
. 7	καθώς	Καθώς	O
	ὑμῶν,	ὑμῶν	P
. 8	Θεός,	Θεός	a,P
. 9	αἰσθήσει,	αἰσθήσει	P
.11	Χριστοῦ,	Χριστοῦ	P
.14 †	{τοῦ		Sb
	Θεοῦ		Sb
.18	χαίρω·	χαίρω.	P
	ἀλλὰ	Ἀλλὰ	O
	χαρήσομαι·	χαρήσομαι,	P
.19	τοῦτό...σωτηρίαν	τοῦτό...σωτηρίαν	
	(bold type)	(not italicized)	
	Χριστοῦ,	Χριστοῦ	P
.20	μου	μου,	+ P
	αἰσχυνθήσομαι,	αἰσχυνθήσομαι	- P
.21	ἐμοὶ	Ἐμοὶ	O
.23	γὰρ	[γὰρ]	P¹
.24 †		[ἐν]	A
.19	εἰσὶ	εἰσὶ	P
.27	εὐαγγελίου, (2ᵒ)	εὐαγγελίου	P
.30	ἔχοντες	ἔχοντες,	P
2. 3	κενοδοξίαν,	κενοδοξίαν	P
. 4 †	ἕκαστοι	ἕκαστος	L P
	σκοποῦντες,	σκοποῦντες	P
	καὶ	[καὶ]	P¹
. 5	τοῦτο	Τοῦτο	O
.10	πᾶν...κάμψη	πᾶν...κάμψη	
	(bold type)	(not italicized)	
	καταχθονίων,	καταχθονίων	P
.11	καὶ...ἐξομολογήσηται	καὶ...ἐξομολογήσηται	
	(bold type)	(not italicized)	
	ΚΥΡΙΟΣ ΙΗΣΟΥΣ ΧΡΙΣΤΟΣ	κύριος Ἰησοῦς Χριστὸς	O
	Θεοῦ (bold type)	Θεοῦ (not italicized)	
.14	πάντα	Πάντα	O
.15	τέκνα...ἄμωμα	τέκνα...ἄμωμα	
	and γενεᾶς...	and γενεᾶς...	
	διεστραμμένης	διεστραμμένης	
	(bold type)	(not italicized)	
.16	εἰς...ἐκοπίασα	εἰς...ἐκοπίασα	P
.21 †	Χριστοῦ Ἰησοῦ	Ἰησοῦ Χριστοῦ	W
.26	ὑμᾶς,	ὑμᾶς	P
.29	χαρᾶς,	χαρᾶς	P
3. 7	ἀλλὰ	[Ἀλλὰ]	O,P¹

Phl / Col / 1-Th

TEXT	N-A '63	N-A '79	TYPE	TEXT	N-A '63	N-A '79	TYPE
3.8	μενοῦν γε	μενοῦνγε	S	3.9	αὐτοῦ,	αὐτοῦ	P
	σκύβαλα	σκύβαλα,	P	.10	κατ' εἰκόνα	κατ' εἰκόνα	
.9	νόμου,	νόμου	P		(bold type)	(not italicized)	
.10 †		[τὴν]	A	.11 †		[τὰ]	A
†		[τῶν]	A	.12	οἰκτιρμοῦ,	οἰκτιρμοῦ	P
.12	Ἰησοῦ	[Ἰησοῦ]	P¹		χρηστότητα,	χρηστότητα	P
.13 †	οὔπω	οὔ	S		ταπεινοφροσύνην,	ταπεινοφροσύνην	P
.21	αὐτοῦ,	αὐτοῦ	P		πραΰτητα,	πραΰτητα	P
4.3	ἐν...ζωῆς	ἐν...ζωῆς		.13	ἑαυτοῖς,	ἑαυτοῖς	– P
	(bold type)	(not italicized)			ὑμῖν	ὑμῖν,	+ P
.10	φρονεῖν·	φρονεῖν,	P	.16	ὁ	Ὁ	O
.11	λέγω	λέγω,	P		τῇ	[τῇ]	P¹
.12	πεινᾶν,	πεινᾶν	– P	.18	ἀνδράσιν,	ἀνδράσιν	P
	ὑστερεῖσθαι.	ὑστερεῖσθαι·	x P	.22 †	ὀφθαλμοδουλίαις	ὀφθαλμοδουλία	L
.18	ὀσμὴν εὐωδίας	ὀσμὴν εὐωδίας		4.3	λόγου,	λόγου	P
	(bold type)	(not italicized)		.5	ἔξω,	ἔξω	P
.20	αἰώνων·	αἰώνων,	P	.10	μου,	μου	P
					Βαρναβᾶ,	Βαρναβᾶ	P
Col					αὐτόν,	αὐτόν read:-ὸν	a,P,E
				.11	περιτομῆς	περιτομῆς,	P
1.2	Χριστῷ·	Χριστῷ,	P	.12	Ἰησοῦ	[Ἰησοῦ]	P¹
.3	[Χριστοῦ]	Χριστοῦ	P¹				
.9	αἰτούμενοι	αἰτούμενοι,	P	**1-Th**			
.11	μακροθυμίαν,	μακροθυμίαν.	P				
	μετὰ	Μετὰ	O	1.1	Χριστῷ·	Χριστῷ,	P
.18	σώματος,	σώματος	P	.2	ὑμῶν,	ὑμῶν	P
.20	δι'	[δι'	P¹	.5	μόνον,	μόνον	P
	αὐτοῦ	αὐτοῦ]	P¹	†		[ἐν] (4ᵐ)	A
.22	θανάτου,	θανάτου	P		ἐν (5ᵐ)	[ἐν]	P¹
.24	ὑμῶν,	ὑμῶν	P	.6	καὶ	Καὶ	O
.27 †	ὅς,	ὅ	L	.8 †		[ἐν	A
2.2	αὐτῶν,	αὐτῶν	P			τῇ]	A
.3	οἱ...σοφίας and	οἱ...σοφίας and		.9	τι·	τι.	P
	ἀπόκρυφοι	ἀπόκρυφοι			ἀληθινῷ,	ἀληθινῷ	P
	(bold type)	(not italicized)		.10	τῶν (2ᵐ)	[τῶν]	P¹
.4	λέγω	λέγω,	P	2.1	ὑμᾶς,	ὑμᾶς	P
.10	ἐξουσίας,	ἐξουσίας.	P	.2	ὑβρισθέντες	ὑβρισθέντες,	P
.11	ἐν	Ἐν	O		οἴδατε,	οἴδατε,	P
.12 †	βαπτίσματι	βαπτισμῷ	S	.4	εὐαγγέλιον	εὐαγγέλιον,	+ P
.13 †		[ἐν]	A		ἀρέσκοντες,	ἀρέσκοντες	– P
	παραπτώματα·	παραπτώματα.	P		δοκιμάζοντι...καρδίας	δοκιμάζοντι...καρδίας	
.14	μέσου,	μέσου	P		(bold type)	(not italicized)	
.16	σαββάτων,	σαββάτων·	P	.5	οὔτε	Οὔτε	O
.18	εἰκῇ	εἰκῇ	O	.6	δόξαν,	δόξαν	P
.20	δογματίζεσθε	δογματίζεσθε ;	P!	.7	ἀπόστολοι·	ἀπόστολοι.	P
	(UBS⁷⁵: -εσθε,)			†	ἤπιοι	νήπιοι	S
.22	ἐντάλματα...	ἐντάλματα...			τέκνα·	τέκνα.	P
	ἀνθρώπων ;(UBS⁷⁵)	ἀνθρώπων,	P!	.8	ηὐδοκοῦμεν	εὐδοκοῦμεν	L
	(bold type)	(not italicized)		.9	μνημονεύετε	Μνημονεύετε	O
.23	καὶ (2ᵐ)	[καὶ]	P¹	.11	οἴδατε	οἴδατε,	P
3.1	ἐν...καθήμενος	ἐν...καθήμενος		.13	καθὼς	καθώς	a
	(bold type)	(not italicized)		.	† ἀληθῶς ἐστιν	ἐστιν ἀληθῶς	W
.3	γάρ,	γὰρ	a.P	.14	ὑμεῖς	Ὑμεῖς	O
.4 †	ἡμῶν	ὑμῶν	S		συμφυλετῶν,	συμφυλετῶν	P
.5	πορνείαν,	πορνείαν	– P	.15	προφήτας,	προφήτας	P
	ἀκαθαρσίαν,	ἀκαθαρσίαν	– P		ἐκδιωξάντων,	ἐκδιωξάντων	P.
	πάθος,	πάθος	– P		ἀρεσκόντων,	ἀρεσκόντων	P
	πλεονεξίαν,	πλεονεξίαν,	+ P	.16	ἀναπληρῶσαι and	ἀναπληρῶσαι and	
.6	Θεοῦ·	Θεοῦ	– P		τὰς ἁμαρτίας	τὰς ἁμαρτίας	
		[ἐπὶ	A		(bold type)	(not italicized)	
		τοὺς	A	.17	ὥρας,	ὥρας,	P
† {		υἱοὺς	A	3.1	ηὐδοκήσαμεν	εὐδοκήσαμεν	L
		τῆς	A		μόνοι,	μόνοι	P
		ἀπειθείας].	+ A,P				

1-Th / 2-Th / 1-Ti

TEXT	N-A '63	N-A '79	TYPE
3.6	ὑμῶν, (2ᵐᵒ)	ὑμῶν	P
.12	πάντας,	πάντας	
.13	αὐτοῦ.	αὐτοῦ,	x P
†		[ἀμήν].	+ A,P
4.5	τὰ ἔ....Θεόν (bold type)	τὰ ἔ....Θεόν (not italicized)	
.6	ἔκδικος κύριος (bold type)	ἔκδικος κύριος (not italicized)	
.8	καὶ διδόντα...αὐτοῦ and εἰς ὑμᾶς (bold type)	[καὶ] διδόντα...αὐτοῦ and εἰς ὑμᾶς (not italicized)	P¹
.9	ὑμῖν· ἀλλήλους·	ὑμῖν, ἀλλήλους,	P
.10	μᾶλλον,	μᾶλλον	P
\11		[ἰδίαις]	A
.16	οὐρανοῦ,	οὐρανοῦ	P
5.1	γράφεσθαι·	γράφεσθαι,	P
.6	λοιποί,	λοιποὶ	a,P
.7	οἱ	Οἱ	O
	καθεύδουσιν,	καθεύδουσιν	O,P
.8	νήφωμεν,	νήφωμεν	P
	ἐνδυσάμενοι θώρακα (bold type)	ἐνδυσάμενοι θώρακα (not italicized)	
	περικεφαλαίαν and σωτηρίας (bold type)	περικεφαλαίαν and σωτηρίας (not italicized)	
.9	Χριστοῦ,	Χριστοῦ	P
.10 †	περὶ	ὑπὲρ	S
.12	ὑμᾶς, (2ᵐᵒ)	ὑμᾶς	S
.13 †	ὑπερεκπερισσῶς	ὑπερεκπερισσοῦ	S
.15 †		[καὶ]	A
.20	ἐξουθενεῖτε·	ἐξουθενεῖτε,	P
.21	κατέχετε·	κατέχετε,	P
.22	ἀπὸ παντὸς and .... (bold type)	.... ἀπέχεσθε (not italicized)	

2-Th

TEXT	N-A '63	N-A '79	TYPE
1.1	Χριστῷ·	Χριστῷ·	P
.2 †		[ἡμῶν]	A
.5	Θεοῦ, (1ST)	Θεοῦ	P
.8	ἐν... Θεὸν and τοῖς...ὑπακούουσιν (bold type)	ἐν...Θεὸν and τοῖς...ὑπακούουσιν (not italicized)	
.9	ἀπὸ (1ST)...αὐτοῦ (bold type)	ἀπὸ...αὐτοῦ (not italicized)	
.10	ὅταν...αὐτοῦ and θαυμασθῆναι and ἐν (3ᴿᴰ)...ἐκείνῃ (bold type)	ὅταν...αὐτοῦ and θαυμασθῆναι and ἐν...ἐκείνῃ (not italicized)	
.12	ὅπως...ὄνομα and ἐν ὑμῖν (bold type)	ὅπως...ὄνομα and ἐν ὑμῖν (not italicized)	
2.1	ἡμῶν αὐτόν,	[ἡμῶν] αὐτὸν	P¹ a,P
.2	κυρίου.	κυρίου·	P
.3	μή, τρόπον·	Μή τρόπον.	O P
.4	καὶ...πάντα and Θεὸν and εἰς τὸν	καὶ...πάντα and Θεὸν and εἰς τὸν	

TEXT	N-A '63	N-A '79	TYPE
2.4	and τοῦ...καθίσαι, and Θεός (bold type)	and τοῦ...καθίσαι and Θεός (not italicized)	P
.5	οἴδατε,	οἴδατε	P
.6 †	αὐτοῦ	ἑαυτοῦ	S
.8	ὁ ἄνομος and ἀνελεῖ... αὐτοῦ (1ST) (bold type)	ὁ ἄνομος and ἀνελεῖ... αὐτοῦ (not italicized)	
.13	ἠγαπημένοι...κυρίου (bold type)	ἠγαπημένοι...κυρίου (not italicized)	
.14	καὶ ἡμῶν,	[καὶ] ἡμῶν	P¹ P
.15	στήκετε,	στήκετε	P
.16	ὁ (2ᵐᵒ) ἡμῶν, (2ᵐᵒ)	[ὁ] ἡμῶν	P¹ P
3.6 †		[ἡμῶν]	A
	Χριστοῦ,	Χριστοῦ	P L
†	παρελάβετε	παρελάβοσαν	L
.7	αὐτοὶ ὑμῖν,	Αὐτοὶ ὑμῖν	O P
.10	ἐργάζεσθαι,	ἐργάζεσθαι	P
.11	ἀκούομεν ἀτάκτως,	Ἀκούομεν ἀτάκτως	O P
.12	Χριστῷ·	Χριστῷ,	P
.14	εἰ	Εἰ	O
.18	σημειοῦσθε,	σημειοῦσθε	P
	ἤ	Ἤ	O

1-Ti

TEXT	N-A '63	N-A '79	TYPE
1.2	πίστει· χάρις, ἔλεος,	πίστει, χάρις ἔλεος	x P — P — P
.3	Ἐφέσῳ,	Ἐφέσῳ	P
.4	πίστει·	πίστει.	P
.6	ματαιολογίαν,	ματαιολογίαν	P
.8	οἴδαμεν	Οἴδαμεν	O
.9	ἀνδροφόνοις,	ἀνδροφόνοις	P
.10	πόρνοις, ἀρσενοκοίταις, ἀνδραποδισταῖς, ψεύσταις, ἀντίκειται,	πόρνοις ἀρσενοκοίταις ἀνδραποδισταῖς ψεύσταις ἀντίκειται	P P P P P
.12	διακονίαν,	διακονίαν	P
.13	ὑβριστήν· ἄπιστος,	ὑβριστήν, ἄπιστος·	P P
.15	σῶσαι, ἐγώ·	σῶσαι ἐγώ.	P P
.16 †	Ἰησοῦς Χριστὸς μακροθυμίαν,	Χριστὸς Ἰησοῦς μακροθυμίαν	W P
.17	αἰώνων,	αἰώνων	P
.18	στρατείαν,	στρατείαν	P
.19	ἐναυάγησαν·	ἐναυάγησαν,	P
2.1	δεήσεις, προσευχάς, ἐντεύξεις, εὐχαριστίας,	δεήσεις προσευχὰς ἐντεύξεις εὐχαριστίας	P a,P P P
.5	εἷς·	Εἷς	O
.6	ἰδίοις·	ἰδίοις.	P
.7	λέγω,	λέγω	P
.9 †		[καὶ]	A
	κοσμίῳ,	κοσμίῳ	P

1-Ti / 2-Ti / Tit

TEXT	N-A '63	N-A '79	TYPE
2.11	γυνή	Γυνή	O
.12	ἐπιτρέπω,	ἐπιτρέπω	P
.15	σωφροσύνης.	σωφροσύνης·	P
3. 1	Πιστὸς	πιστὸς	– O
	λόγος·	λόγος.	P
	εἴ	Εἴ	+ O
.2	νηφάλιον,	νηφάλιον	P
	σώφρονα,	σώφρονα	P
	κόσμιον,	κόσμιον	P
	φιλόξενον,	φιλόξενον	P
.3	πάροινον,	πάροινον	P
	ἐπιεικῆ,	ἐπιεικῆ	P
	ἄμαχον,	ἄμαχον	P
.4	ὑποταγῇ	ὑποταγῇ,	+ P
	σεμνότητος,	σεμνότητος	– P
.5	ἐπιμελήσεται;)	ἐπιμελήσεται;),	P
.11	γυναῖκας	Γυναῖκας	O
.14 †		ἐν	A
	τάχιον	τάχει	S
4. 1	πίστεως,	πίστεως	P
.4	καλόν,	καλόν	a,P
.7	γύμναζε	Γύμναζε	O
	εὐσέβειαν.	εὐσέβειαν·	P
.8	ὠφέλιμος· (1ST)	ὠφέλιμος,	x P
	ἐστιν, (2ND)	ἐστιν	– P
.10	ἀνθρώπων,	ἀνθρώπων	P
.12	μηδείς	Μηδείς	O
5. 1	ἐπιπλήξῃς,	ἐπιπλήξῃς	P
.5	ἡμέρας·	ἡμέρας,	P
.9	χήρα	Χήρα	O
.11	θέλουσιν,	θέλουσιν	P
.14	βούλομαι	Βούλομαι	O
.16	αὐταῖς,	αὐταῖς	P
.18	ἄξιος...αὐτοῦ	ἄξιος...αὐτοῦ	
	(not bold type)	(italicized)	
.21	ἀγγέλων	ἀγγέλων,	P
.22	ἐπιτίθει,	ἐπιτίθει	P
6.3	Χριστοῦ,	Χριστοῦ	P
.4	φθόνος,	φθόνος	P
	ἔρις,	ἔρις	P
.6	ἐστιν	Ἐστιν	O
.11	δικαιοσύνην,	δικαιοσύνην	P
	εὐσέβειαν,	εὐσέβειαν	P
	ἀγάπην,	ἀγάπην	P
	ὑπομονήν,	ὑπομονήν	a,P
.13 †		[σοι]	A
.16	αἰώνιον·	αἰώνιον,	P
.17	ὑψηλοφρονεῖν,	ὑψηλοφρονεῖν	P
	ἀδηλότητι,	ἀδηλότητι	P
.20	φύλαξον,	φύλαξον	P

2-Ti

TEXT	N-A '63	N-A '79	TYPE
1. 2	τέκνῳ·	τέκνῳ,	x P
	χάρις,	χάρις	– P
	ἔλεος,	ἔλεος	P
.7	δειλίας,	δειλίας	P
.10	εὐαγγελίου,	εὐαγγελίου	P
.11	διδάσκαλος·	διδάσκαλος,	P
.12	πάσχω,	πάσχω·	x P
	πεπίστευκα,	πεπίστευκα	– P
.13	ὑποτύπωσιν	Ὑποτύπωσιν	O

TEXT	N-A '63	N-A '79	TYPE
1.18	—δῴη	δῴη	– P
	ἡμέρᾳ·	ἡμέρᾳ.	x P
	—καὶ	καὶ	P
2. 8	μνημόνευε	Μνημόνευε	O
	μου.	μου,	P
.9	δέδεται.	δέδεται·	P
.14	ὑπομίμνησκε,	ὑπομίμνησκε	P
.16	ἀσεβείας,	ἀσεβείας	P
.17	ἕξει·	ἕξει.	P
.18 †		[τὴν]	A
.19	ἀποστήτω...ἀδικίας	ἀποστήτω...ἀδικίας	
	(not bold type)	(italicized)	
.20	ἐν	Ἐν	O
	ἀργυρᾶ,	ἀργυρᾶ	P
.22	τὰς	Τὰς	O
	δικαιοσύνην,	δικαιοσύνην	P
	πίστιν,	πίστιν	P
	ἀγάπην,	ἀγάπη	P
.25	ἀληθείας,	ἀληθείας	P
3. 2	φίλαυτοι,	φίλαυτοι	P
	φιλάργυροι,	φιλάργυροι	P
	ἀλαζόνες,	ἀλαζόνες	P
	ὑπερήφανοι,	ὑπερήφανοι	P
	ἀχάριστοι,	ἀχάριστοι	P
	ἀνόσιοι,	ἀνόσιοι	P
.3	ἄστοργοι,	ἄστοργοι	P
	ἄσπονδοι,	ἄσπονδοι	P
	διάβολοι,	διάβολοι	P
	ἀκρατεῖς,	ἀκρατεῖς	P
	ἀνήμεροι,	ἀνήμεροι	P
	ἀφιλάγαθοι,	ἀφιλάγαθοι	P
.4	προδόται,	προδόται	P
	προπετεῖς,	προπετεῖς	P
.6	ἐκ	Ἐκ	O
.11	Λύστροις·	Λύστροις,	x P
	ὑπήνεγκα,	ὑπήνεγκα	– P
.12 †	ζῆν εὐσεβῶς	εὐσεβῶς ζῆν	W
.13	χείρον,	χεῖρον	P
.14	σὺ	Σὺ	O
.15 †		[τὰ]	A
4. 1	Ἰησοῦ,	Ἰησοῦ	P
.3	ἔσται	Ἔσται	O
	ἀνέξονται,	ἀνέξονται	P
	ἀκοήν,	ἀκοὴν	a,P
.5	σὺ	Σὺ	O
.10	αἰῶνα,	αἰῶνα	P
.11	σεαυτοῦ·	σεαυτοῦ,	P
.13	φαιλόνην,	φαιλόνην	P
	Κάρπῳ,	Κάρπῳ	P
	βιβλία,	βιβλία	P
.14	ἀποδώσει and ὁ κ....αὐτοῦ (bold type)	ἀποδώσει and ὁ κ....αὐτοῦ (not italicized)	
.15	φυλάσσου,	φυλάσσου,	P
.17	ἐκ...λέοντος (bold type)	ἐκ...λέοντος (not italicized)	
.19	Πρίσκαν	Πρίσκαν	a

Tit

TEXT	N-A '63	N-A '79	TYPE
1. 3	κηρύγματι	κηρύγματι,	P
.4	πίστιν·	πίστιν,	P

Tit / Phm / Hb

TEXT	N-A '63	N-A '79		TYPE
1.5	ἐπιδιορθώσῃ,	ἐπιδιορθώσῃ		P
.8	φιλόξενον,	φιλόξενον		P
	φιλάγαθον,	φιλάγαθον		P
	σώφρονα,	σώφρονα		P
	δίκαιον,	δίκαιον		P
	ὅσιον,	ὅσιον		P
.10 †		[καὶ]		A
2.3	πρεσβύτιδας	Πρεσβύτιδας		O
	διαβόλους,	διαβόλους		P
†	μηδὲ	μὴ		S
.4	φιλοτέκνους,	φιλοτέκνους		P
.5	σώφρονας,	σώφρονας		P
	ἁγνάς,	ἁγνὰς		a,P
	οἰκουργούς,	οἰκουργοὺς		a,P₀
.11	ἀνθρώποις,	ἀνθρώποις		P
.13 †	Χριστοῦ Ἰησοῦ	Ἰησοῦ Χριστοῦ		W
.14	ἡμῶν	ἡμῶν,		P
	λυτρώσηται and	λυτρώσηται and		
	ἀπό...ἀνομίας and	ἀπό...ἀνομίας and		
	καθαρίσῃ...περιούσιον	καθαρίσῃ...περιούσιον		
	(bold type)	(not italicized)		
3.5	ἡμεῖς,	ἡμεῖς		P
.8	λόγος,	λόγος·		P
	Θεῷ	Θεῷ·		P
	ἀνθρώποις·	ἀνθρώποις.		P
.9 †	ἔριν	ἔρεις		L
.12	Νικόπολιν·	Νικόπολιν,		P

Phm

TEXT	N-A '63	N-A '79		TYPE
V.3	ἐκκλησίᾳ·	ἐκκλησίᾳ,		P
.5	πίστιν	πίστιν,		P
.8	Διό,	Διὸ		a,P
	ἀνῆκον,	ἀνῆκον		P
.9	παρακαλῶ·	παρακαλῶ,	x	P
	πρεσβύτης	πρεσβύτης	-	P
	Ἰησοῦ,	Ἰησοῦ·	x	P
.11	καὶ (1ST)	[καὶ]		P'
.13	ὃν	Ὃν		O
.15	τάχα	Τάχα		O
.16	ἀλλὰ	ἀλλ'		O
.18	ἐλλόγα·	ἐλλόγα.		P

Hb

TEXT	N-A '63	N-A '79		TYPE
1.3	ἐκάθισεν...δεξιᾷ	ἐκάθισεν...δεξιᾷ		
	(bold type)	(not italicized)		
.7	πνεύματα,	πνεύματα	-	P
	φλόγα·	φλόγα,	x	P
.8	καὶ ἡ and τῆς (1ST)	καὶ ἡ and τῆς		
	(not bold type)	(italicized)		
†	αὐτοῦ (not bold type)	σου (italicized)		S
.9	σε	σε		P
	Θεός, (1ST)	Θεὸς		a,P
.11	διαμένεις·	διαμένεις,		P
.13	μου	μου,		P
2.2	βέβαιος,	βέβαιος		P
.3	σωτηρίας ; (UBS'75)	σωτηρίας,		P?
	κυρίου,	κυρίου		P
.4	θέλησιν. (UBS'75)	θέλησιν;		P?
.6	αὐτοῦ;	αὐτοῦ, (UBS'75)		P?
.8	ὑποτάξαι and πάντα	ὑποτάξαι and πάντα		
	(bold type)	(not italicized)		

TEXT	N-A '63	N-A '79		TYPE
2.8	πάντα ὑποτεταγμένα	πάντα ὑποτεταγμένα		
	(bold type)	(not italicized)		
.9	βραχύ...ἠλαττωμένον	βραχύ...ἠλαττωμένον		
	and δόξη...ἐστεφανω-	and δόξη...ἐστεφανω-		
	μένον	μένον		
	(bold type)	(not italicized)		
.10	ἔπρεπεν	Ἔπρεπεν		O
.11	ἀδελφοὺς (bold type)	ἀδελφοὺς (not italicized)		
	καλεῖν,	καλεῖν		P
.12	σε,	σε,		P
.13	αὐτῷ·	αὐτῷ,		P
.14	τὰ παιδία (bold type)	τὰ παιδία (not italicized)		
.16	ἐπιλαμβάνεται,	ἐπιλαμβάνεται		P
	σπέρματος...ἐπι-	σπέρματος...ἐπι-		
	λαμβάνεται	λαμβάνεται		
	(bold type)	(not italicized)		
.17	τοῖς ἀδελφοῖς	τοῖς ἀδελφοῖς		
	(bold type)	(not italicized)		
	Θεόν,	Θεόν,		a,P
3.2	πιστὸν (bold type)	πιστὸν (not italicized)		
	αὐτόν,	αὐτὸν		a,P
	Μωϋσῆς...αὐτοῦ	Μωϋσῆς...αὐτοῦ		
	(bold type)	(not italicized)		
.3	ἠξίωται	ἠξίωται,	+	P
	αὐτόν.	αὐτόν·	x	P
.6	τόν...αὐτοῦ	τόν...αὐτοῦ		
	(bold type)	(not italicized)		
†	ἐάν	ἐάν[περ]		S
†	[μέχρι			Sb
	τέλους			Sb
	βεβαίαν]			Sb
.10	διὸ and ταύτῃ	διὸ and ταύτῃ		
	(not bold type)	(italicized)		
	καρδίᾳ·	καρδίᾳ,		P
.13	σήμερον and	σήμερον and		
	σκληρυνθῇ	σκληρυνθῇ		
	(bold type)	(not italicized)		
	ἁμαρτίας·	ἁμαρτίας—		P
.14	κατάσχωμεν.	κατάσχωμεν —		P
.16	παρεπίκραναν	παρεπίκραναν		
	(bold type)	(not italicized)		
.17	προσώχθισεν...ἔτη	προσώχθισεν...ἔτη		
	and τὰ...ἐρήμῳ	and τὰ...ἐρήμῳ		
	(bold type)	(not italicized)		
.18	ὤμοσεν...αὐτοῦ	ὤμοσεν...αὐτοῦ		
	(bold type)	(not italicized)		
4.1	οὖν	οὖν,		P
.2 †	συγκεκερασμένος	συγκεκερασμένους		L
.3	Εἰσερχόμεθα and	Εἰσερχόμεθα and		
	εἰς...κατάπαυσιν	εἰς...κατάπαυσιν		
	(bold type)	(not italicized)		
.4	αὐτοῦ·	αὐτοῦ,		P
.6	εἰσελθεῖν εἰς and	εἰσελθεῖν εἰς and		
	εἰσῆλθον	εἰσῆλθον		
	(bold type)	(not italicized)		
.7	σήμερον (bold type)	σήμερον (not italicized)		
.10	εἰσελθὼν...αὐτοῦ	εἰσελθὼν...αὐτοῦ		
	and κατέπαυσεν...	and κατέπαυσεν...		
	ἔργων	ἔργων		
	(bold type)	(not italicized)		
	αὐτοῦ, (2ND)	αὐτοῦ		P
	ἀπὸ τῶν and ὁ Θεός	ἀπὸ τῶν and ὁ Θεός		
	(bold type)	(not italicized)		

Hb

TEXT	N-A '63	N-A '79	TYPE
4.11	εἰσελθεῖν εἰς and	εἰσελθεῖν εἰς and	
	τὴν κατάπαυσιν	τὴν κατάπαυσιν	
	(bold type)	(not italicized)	
5. 2	ἀσθένειαν,	ἀσθένειαν	P
.3 †	ἑαυτοῦ	αὐτοῦ	S
.4	τιμήν,	τιμήν	a,P
	θεοῦ,	θεοῦ	P
.5	ἀρχιερέα,	ἀρχιερέα	P
.6	Μελχισέδεκ.	Μελχισέδεκ,	P
.9	σωτηρίας αἰωνίου	σωτηρίας αἰωνίου	
	(bold type)	(not italicized)	
.10	κατά...Μελχισέδεκ	κατά...Μελχισέδεκ	
	(bold type)	(not italicized)	
.12	θεοῦ,	θεοῦ	P
	γάλακτος,	γάλακτος	P
†		[καί]	A
6. 1	ἔργων,	ἔργων	P
.2	διδαχῆς,	διδαχῆς	Pa
†	ἀναστάσεως	ἀναστάσεώς τε (2ᵐᵉ)	a,P
	νεκρῶν,	νεκρῶν	
.4	φωτισθέντας	φωτισθέντας,	P
.5	αἰῶνος,	αἰῶνος	P
.7	γῆ and βοτάνην	γῆ and βοτάνην	
	(bold type)	(not italicized)	
.8	ἐκφέρουσα and	ἐκφέρουσα and	
	ἀκάνθας...τριβόλους	ἀκάνθας...τριβόλους,	P
	(bold type)	(not italicized)	
	κατάρας (bold type)	κατάρας (not italicized)	
.13	ὤμοσεν...ἑαυτοῦ,	ὤμοσεν...ἑαυτοῦ	P
	(bold type)	(not italicized)	
.18 †		[τόν]	A
.19	εἰσερχομένην...	εἰσερχομένην...	
	καταπετάσματος	καταπετάσματος	
	(bold type)	(not italicized)	
.20	κατά...Μελχισέδεκ	κατά...Μελχισέδεκ	
	and εἰς...αἰῶνα	and εἰς...αἰῶνα	
	(bold type)	(not italicized)	
7. 1	καί (not bold type)	καί (italicized)	
.2	ᾧ καί (not bold type)	ᾧ καί (italicized)	
	δικαιοσύνης,	δικαιοσύνης	P
.3	ἀπάτωρ	ἀπάτωρ	P
	ἀμήτωρ,	ἀμήτωρ	P
	ἱερεύς (bold type)	ἱερεύς (not italicized)	
.4	ᾧ (not bold type)	ᾧ (italicized)	
†		[καί]	A
.6	Ἀβραάμ,	Ἀβραάμ	a,P
	εὐλόγηκεν	εὐλόγηκεν	
	(bold type)	(italicized)	
.8	δεκάτας (bold type)	δεκάτας (not italicized)	
.9 †	Λευίς	Λευί	O
.10	συνήντησεν...	συνήντησεν...	
	Μελχισέδεκ	Μελχισέδεκ	
	(bold type)	(not italicized)	
.11	κατά...Μελχισέδεκ	κατά...Μελχισέδεκ	
	and ἱερέα and	and ἱερέα and	
	κατά...τάξιν	κατά...τάξιν	
	(bold type)	(not italicized)	
.15	κατά τὴν and	κατά τὴν and	
	Μελχισέδεκ and	Μελχισέδεκ and	
	ἱερεύς	ἱερεύς	
	(bold type)	(not italicized)	
.18	ἀνωφελές,	ἀνωφελές —	P

TEXT	N-A '63	N-A '79	TYPE
7.19	νόμος,	νόμος —	x P
	ἐλπίδος,	ἐλπίδος	- P
.20	καί	Καί	O
	ὀρκωμοσίας,	ὀρκωμοσίας ·	x P
	—οἵ	οἵ	- P
.21	κύριος,	κύριος	P
	αἰῶνα ·	αἰῶνα.	x P
.22	—κατά	κατά	P
	καί	[καί]	P¹
.23	καί	Καί	O
.24	εἰς...αἰῶνα	εἰς...αἰῶνα	
	(bold type)	(not italicized)	
.26	τοιοῦτος	Τοιοῦτος	O
	ὅσιος,	ὅσιος	- P
	ἄκακος,	ἄκακος	- P
	ἁμαρτωλῶν,	ἁμαρτωλῶν	- P
	γενόμενος ·	γενόμενος,	x P
.27	ἀναφέρειν,	ἀναφέρειν	P
.28	υἱὸν...αἰῶνα	υἱὸν...αἰῶνα	
	(bold type)	(not italicized)	
8. 1	ἐκάθισεν...δεξιᾷ	ἐκάθισεν...δεξιᾷ	
	(bold type)	(not italicized)	
.2	τῆς σκηνῆς and	τῆς σκηνῆς and	
	ἣν...κύριος	ἣν...κύριος	
	(bold type)	(not italicized)	
.6 †	νῦν	Νυν[ί]	S
.7	εἰ	Εἰ	O
.9	διαθήκην	διαθήκην,	+ P
	κύριος.	κύριος ·	x P
.10	διαθήκη	διαθήκη,	+ P
	κύριος,	κύριος ·	x P
	αὐτῶν,	αὐτῶν	- P
	θεόν (read θεὸν)	θεόν,	E,a,P
	λαόν.	λαόν ·	x P
.11	αὐτοῦ, (2ᵐᵉ)	αὐτοῦ	- P
	αὐτῶν.	αὐτῶν,	x P
.12	αὐτῶν, (1ˢᵗ)	αὐτῶν	P
.13	καινήν (bold type)	καινήν (not italicized)	
9. 1	καί	[καί]	P¹
.2	πρώτη,	πρώτη	P
.6	τούτων	Τούτων	O
.11	ἀγαθῶν,	ἀγαθῶν	P
.12	μόσχων,	μόσχων	P
	ἅγια,	ἅγια	P
.15	καί	Καί	O
.18	ἐγκεκαίνισται.	ἐγκεκαίνισται ·	P
.19	καί	[καί	P¹
	τῶν	τῶν	P¹
	τράγων	τράγων]	P¹
	ὑσσώπου,	ὑσσώπου	P
	ἐρράντισεν,	ἐρράντισεν	P
.22	νόμον,	νόμον	P
.23	ἀνάγκη	Ἀνάγκη	P
.26	τῆς	[τῆς]	P¹
.28	Χριστός,	Χριστὸς	a,P
	πολλῶν...ἁμαρτίας	πολλῶν...ἁμαρτίας	P
	(bold type)	(not italicized)	
10. 2	προσφερόμεναι,	προσφερόμεναι	P
.9	τότε (bold type)	τότε (not italicized)	
	στήσῃ	στήσῃ,	P
.10	θελήματι and προσ-	θελήματι and προσ-	
	φορᾶς and σώματος	φορᾶς and σώματος	
	(bold type)	(not italicized)	

Hb

TEXT	N-A '63	N-A '79	TYPE
10.11	ἁμαρτίας·	ἁμαρτίας,	P
.12	ἐκάθισεν...Θεοῦ (bold type)	ἐκάθισεν...Θεοῦ (not italicized)	
.13	ἕως...αὐτοῦ (2ᴺᴰ) (bold type)	ἕως...αὐτοῦ (not italicized)	
.16	αὐτῶν,	αὐτῶν	P
.21	ἱερέα...Θεοῦ (bold type)	ἱερέα...Θεοῦ (not italicized)	
.22	πίστεως,	πίστεως	P
.27	πυρὸς...ἐσθίειν and τοὺς ὑπεναντίους (bold type)	πυρὸς...ἐσθίειν and τοὺς ὑπεναντίους (not italicized)	
.29	τὸ...διαθήκης (bold type) ;	τὸ...διαθήκης (not italicized)	
	ἐνυβρίσας.	ἐνυβρίσας ; (UBS⁷⁵)	P'
.30	ἐγὼ (not bold type)	ἐγὼ (italicized)	
	ἀνταποδώσω·	ἀνταποδώσω.	P
.34	συνεπαθήσατε,	συνεπαθήσατε	P
	προσεδέξασθε,	προσεδέξασθε	P
	κρείσσονα	κρείττονα	S
.39	ὑποστολῆς (bold type)	ὑποστολῆς (not italicized)	
	ἀπώλειαν,	ἀπώλειαν	P
	πίστεως (bold type)	πίστεως (not italicized)	
11.4	ἐπὶ... Θεοῦ (bold type)	ἐπὶ...Θεοῦ (not italicized)	
.5	οὐχ...Θεός and εὐαρεστηκέναι...Θεῷ (bold type)	οὐχ...Θεός and εὐαρεστηκέναι...Θεῷ (not italicized)	
.6	εὐαρεστῆσαι (bold type)	εὐαρεστῆσαι (not italicized)	
	τῷ	[τῷ]	P¹
	Θεῷ,	Θεῷ	P
.7	αὐτοῦ·	αὐτοῦ	P
.8	ἐξελθεῖν and ἐξ-ῆλθεν (bold type)	ἐξελθεῖν and ἐξ-ῆλθεν (not italicized)	
.9	παρῴκησεν (bold type)	παρῴκησεν (not italicized)	
	ἀλλοτρίαν,	ἀλλοτρίαν	P
	κατοικήσας,	κατοικήσας	P
.10	πόλιν,	πόλιν	P
.11 †		στεῖρα	A
.12 †	ἐγενήθησαν	ἐγεννήθησαν	S
	καθὼς...ἀναρίθμητος (bold type)	καθὼς...ἀναρίθμητος (not italicized)	
.13 †	κομισάμενοι	λαβόντες	S
	ἐπαγγελίας,	ἐπαγγελίας	P
	ἀσπασάμενοι,	ἀσπασάμενοι	
	ξένοι...παρεπίδημοί and ἐπὶ...γῆς (bold type)	ξένοι...παρεπίδημοί and ἐπὶ...γῆς (not italicized)	
.17	προσενήνοχεν...πειραζόμενος, and τὸν μονογενῆ (bold type)	προσενήνοχεν...πειραζόμενος and τὸν μονογενῆ (not italicized)	P
	προσέφερεν	προσέφερεν,	+ P
.19	Θεός·	Θεός,	P
.21	εὐλόγησεν,	εὐλόγησεν	P
.23	ἐκρύβη τρίμηνον and εἶδον ἀστεῖον (bold type)	ἐκρύβη τρίμηνον and εἶδον ἀστεῖον (not italicized)	
	παιδίον,	παιδίον	P

TEXT	N-A '63	N-A '79	TYPE
11.24	Μωϋσῆς...γενόμενος (bold type)	Μωϋσῆς...γενόμενος (not italicized)	
.26	τὸν...Χριστοῦ (bold type)	τὸν...Χριστοῦ (not italicized)	
.27	Αἴγυπτον,	Αἴγυπτον	P
.28	τὸ πάσχα and τοῦ αἵματος and ὁ ὀλοθρεύων (bold type)	τὸ πάσχα and τοῦ αἵματος and ὁ ὀλοθρεύων (not italicized)	
.31	ἀπειθήσασιν,	ἀπειθήσασιν	
.33	ἠργάσαντο	εἰργάσαντο	O
.35	ἔλαβον	Ἔλαβον	O
	ἐτυμπανίσθησαν,	ἐτυμπανίσθησαν	P
.37 †	ἐπειράσθησαν,		P, Sb
12.1	ἡμεῖς,	ἡμεῖς	P
	ἀγῶνα,	ἀγῶνα	P
.2	καταφρονήσας,	καταφρονήσας	P
	ἐν δεξιᾷ and κε-κάθικεν (bold type)	ἐν δεξιᾷ and κε-κάθικεν (not italicized)	
.3	τῶν...ἑαυτὸν (bold type)	τῶν...ἑαυτὸν (not italicized)	
.4	ἀνταγωνιζόμενοι,	ἀνταγωνιζόμενοι.	P
.5	κυρίου,	κυρίου	P
.7	παιδείαν (bold type)	παιδείαν (not italicized)	
	ὑπομένετε·	ὑπομένετε,	P
	υἱοῖς (bold type)	υἱοῖς (not italicized)	
	Θεός·	Θεός.	P
	υἱὸς and παιδεύει (bold type)	υἱὸς and παιδεύει (not italicized)	
.8	παιδείας, and υἱοί (bold type)	παιδείας and υἱοί (not italicized)	P
.9 †		[δὲ]	A
.11	μὲν	δὲ	S
.12	τὰς...ἀνορθώσατε (bold type)	τὰς ἀνορθώσατε (not italicized)	
.13	τροχιὰς...ποσὶν (bold type)	τροχιὰς...ποσὶν (not italicized)	
.14	Εἰρήνην διώκετε (bold type)	Εἰρήνην διώκετε (not italicized)	
	πάντων,	πάντων	P
.15 †	διὰ ταύτης	δι' αὐτῆς	L S
†	οἱ		Sb
.16	Ἠσαῦ and ἀπ-έδετο...πρωτοτόκια (bold type)	Ἠσαῦ and ἀπ-έδετο...πρωτοτόκια (not italicized)	
.17	εὗρεν,	εὗρεν	P
.18	κεκαυμένῳ πυρὶ and γνόφῳ and ζόφῳ...θυέλλῃ ('bold type)	κεκαυμένῳ πυρὶ and γνόφῳ and ζόφῳ...θυέλλῃ (not italicized)	
.19	καὶ (1ˢᵀ)...ῥημάτων (bold type)	καὶ...ῥημάτων (not italicized)	
	λόγον·	λόγον,	P
.20	κἄν...λιθοβοληθή-σεται (bold type)	κἄν...λιθοβοληθή-σεται (not italicized)	
.21	ἔντρομος·	ἔντρομος.	P
.22	πανηγύρει,	πανηγύρει	P
.23	οὐρανοῖς,	οὐρανοῖς	P
	πάντων,	πάντων	P
	τετελειωμένων,	τετελειωμένων	P
.24	Ἰησοῦ,	Ἰησοῦ	P

Hb / Jm

TEXT	N-A '63	N-A '79	TYPE
12.25	ἀποστρεφόμενοι·	ἀποστρεφόμενοι,	P
.26	καὶ (not bold type)	καὶ (italicized)	
.27	τὴν	[τὴν]	p¹
.28	Θεῷ,	Θεῷ	P
13. 2	ἐπιλανθάνεσθε·	ἐπιλανθάνεσθε,	P
.4	ἀμίαντος·	ἀμίαντος,	P
.5	παροῦσιν·	παροῦσιν.	P
	ἐγκαταλίπω·	ἐγκαταλίπω,	P
.6 †		[καὶ]	A
	φοβηθήσομαι·	φοβηθήσομαι,	P
.9	βρώμασιν,	βρώμασιν	P
.11	εἰσφέρεται and τὸ...ἅγια and κατα- καίεται...παρεμβολῆς (bold type)	εἰσφέρεται and τὸ...ἅγια and κατα- καίεται...παρεμβολῆς (not italicized)	
:12	διὸ	Διὸ	O
.13	ἔξω...παρεμβολῆς (bold type)	ἔξω...παρεμβολῆς (not italicized)	
.14	πόλιν,	πόλιν	P
.15	οὖν	[οὖν]	p¹
	ἀναφέρωμεν...αἰνέ- σεως and τῷ Θεῷ and καρπὸν χειλέων (bold type)	ἀναφέρωμεν...αἰνέ- σεως and τῷ Θεῷ and καρπὸν χειλέων (not italicized)	
.17	ὑπείκετε·	ὑπείκετε,	P
	ἀποδώσοντες·	ἀποδώσοντες,	P
.20	ὁ ἀναγαγὼν and τὸν...προβάτων and ἐν...αἰωνίου (bold type)	ὁ ἀναγαγὼν and τὸν...προβάτων and ἐν...αἰωνίου (not italicized)	
.21	τῶν	[τῶν	p¹
	αἰώνων·	αἰώνων],	p¹,P
.22	παρακλήσεως·	παρακλήσεως,	P

Jm

TEXT	N-A '63	N-A '79	TYPE
1. 4	ὁλόκληροι,	ὁλόκληροι	P
.5	ὀνειδίζοντος,	ὀνειδίζοντος	P
.6	πίστει,	πίστει	P
.10	ὡς...χόρτου (bold type)	ὡς...χόρτου (not italicized)	
.11	ἐξήρανεν...χόρτον and καὶ...ἄνθος and ἐξέπεσεν (bold type)	ἐξήρανεν...χόρτον and καὶ...ἄνθος and ἐξέπεσεν (not italicized)	P
.12	Μακάριος and ὃς ὑπομένει (bold type)	Μακάριος and ὃς ὑπομένει (not italicized)	
	ζωῆς,	ζωῆς	P
.18	ἀληθείας,	ἀληθείας	P
.19	ἀγαπητοί.	ἀγαπητοί·	P
.21	πραΰτητι	πραΰτητι,	P
.22	γίνεσθε	Γίνεσθε	O
	λόγου,	λόγου	P
†	ἀκροαταὶ μόνον	μόνον ἀκροαταὶ	W
.24	ἀπελήλυθεν,	ἀπελήλυθεν	P
.26	εἶναι,	εἶναι	P
†	ἑαυτοῦ (1ST)	αὑτοῦ	S
†	ἑαυτοῦ	αὑτοῦ	S
2. 5	ἀγαπητοί.	ἀγαπητοί·	P
.6	ὑμῶν,	ὑμῶν	P
.8	εἰ	Εἰ	O

TEXT	N-A '63	N-A '79	TYPE
2. 9	ἐργάζεσθε,	ἐργάζεσθε	P
.10	τηρήσῃ,	τηρήσῃ	P
.11	μοιχεύεις,	μοιχεύεις	P
.12	οὕτως (1ST)	Οὕτως	O
.15	τροφῆς,	τροφῆς	P
.16	ἐν εἰρήνῃ (bold type)	ἐν εἰρήνῃ (not italicized)	
.18	ἀλλ'	Ἀλλ'	O
.19	Θεός ; (UBS⁷⁵)	Θεός,	P¹
.20	θέλεις	Θέλεις	O
.21	Ἀβραὰμ (bold type)	Ἀβραὰμ (not italicized)	
	ἐδικαιώθη, ἀνενέγκας...θυσια- στήριον (bold type)	ἐδικαιώθη ἀνενέγκας...θυσια- στήριον (not italicized)	P
.22	αὐτοῦ,	αὐτοῦ	P
.23	δικαιοσύνην,	δικαιοσύνην	P
	φίλος Θεοῦ (bold type)	φίλος Θεοῦ (not italicized)	
.25	ἐδικαιώθη,	ἐδικαιώθη	P
3. 2	ἅπαντες	ἅπαντες.	P
	ἀνήρ,	ἀνὴρ	a,P
.4	πλοῖα,	πλοῖα	–
	βούλεται·	βούλεται,	x P
.6	πῦρ,	πῦρ	x P
	ἀδικίας,	ἀδικίας·	x P
.8	ἀνθρώπων·	ἀνθρώπων,	P
.9	πατέρα,	πατέρα	P
	καθ'...Θεοῦ (bold type)	καθ'...Θεοῦ (not italicized)	
	γεγονότας·	γεγονότας,	x P
.15	κατερχομένη,	κατερχομένη	x P
	δαιμονιώδης·	δαιμονιώδης.	x P
4. 2	ἐπιθυμεῖτε,	ἐπιθυμεῖτε	x P
	ἔχετε·	ἔχετε,	x P
	ζηλοῦτε,	ζηλοῦτε	x P
	ἐπιτυχεῖν·	ἐπιτυχεῖν,	x P
	πολεμεῖτε.	πολεμεῖτε,	x P
	ὑμᾶς·	ὑμᾶς,	x P
.3	λαμβάνετε,	λαμβάνετε	P
.5	ἡμῖν ; (UBS⁷⁵)	ἡμῖν,	P¹
.6	δίδωσιν χάριν (bold type) (UBS⁷⁵)	δίδωσιν χάριν ; (not italicized)	P¹
.7	Θεῷ·	Θεῷ,	x P
	διαβόλῳ,	διαβόλῳ	– P
	ὑμῶν·	ὑμῶν,	x P
.8	Θεῷ,	Θεῷ	P
†	ἐγγίσει	ἐγγιεῖ	L P
.9	κλαύσατε·	κλαύσατε.	P
.10	κυρίου,	κυρίου	P
.12 †		[ὁ]	A
	κριτής,	κριτὴς	a,P
	εἰ	εἰ	P
.14 †		τὸ	A
	ὑμῶν.	ὑμῶν·	P
	ἀφανιζομένη·	ἀφανιζομένη.	P
.15	θελήσῃ,	θελήσῃ	P
5. 2	σέσηπεν,	σέσηπεν	P
.3	κατίωται,	κατίωται	P
	πῦρ and ἐθησαυρίσατε (bold type)	πῦρ and ἐθησαυρίσατε (not italicized)	
.4	μισθὸς (bold type)	μισθὸς (not italicized)	
†	ἀφυστερημένος	ἀπεστερημένος	S

Jm / 1-Pt

TEXT	N-A '63	N-A '79	TYPE
5.4	ἀφ'...κράζει (bold type)	ἀφ'...κράζει (not italicized)	
†	εἰσελήλυθαν	εἰσελήλυθασιν	L
.5	σφαγῆς.	σφαγῆς,	P
.6	δίκαιον·	δίκαιον,	P
.7	γῆς,	γῆς,	P
	πρόϊμον...ὄψιμον (bold type)	πρόϊμον...ὄψιμον (not italicized)	
.10	προφήτας,	προφήτας	P
.11	μακαρίζομεν... ὑπομείναντας (bold type)	μακαρίζομεν... ὑπομείναντας (not italicized)	
	ἠκούσατε,	ἠκούσατε	P
	πολύσπλαγχνός... οἰκτίρμων (bold type)	πολύσπλαγχνός... οἰκτίρμων (not italicized)	
.12	ὀμνύετε,	ὀμνύετε	P
	ναί, (2ND)	ναί	a,P
.13	ὑμῖν; (UBS'75)	ὑμῖν,	P?
	τις; (2ND)(UBS'75)	τις,	P?
.14	ὑμῖν; (UBS'75)	ὑμῖν,	P?
	ἐκκλησίας,	ἐκκλησίας	P
†		[αὐτόν]	A
.15	κάμνοντα,	κάμνοντα	P
.16	ἁμαρτίας,	ἁμαρτίας	P
†	προσεύχεσθε	εὔχεσθε	S
	ἀλλήλων,	ἀλλήλων	P
	πολύ	Πολύ	O
.20 †	γινώσκετε	γινωσκέτω	L
	πλῆθος (not bold type)	πλῆθος (italicized)	

1-Pt

TEXT	N-A '63	N-A '79	TYPE
1.2	πατρός,	πατρὸς	a,P
	πνεύματος,	πνεύματος	- P
	Χριστοῦ·	Χριστοῦ,	x P
.6 †		[ἐστὶν]	A
.7	ἀπολλυμένου,	ἀπολλυμένου	P
.8	δεδοξασμένη,	δεδοξασμένη	P
.9 †		[ὑμῶν]	A
.10	ἐξηρεύνησαν (class.)	ἐξηραύνησαν (late)	S
.11	ἐρευνῶντες (class.)	ἐραυνῶντες (late)	S
.12	ἐν	[ἐν]	P?
.13	ὑμῶν,	ὑμῶν	P
	νήφοντες,	νήφοντες	P
.14	ὑπακοῆς,	ὑπακοῆς	P
	ἐπιθυμίαις,	ἐπιθυμίαις	P
.16	ἅγιος.	ἅγιός	- P,a
†		[εἰμι].	+ A,P
.17	πατέρα ἐπικαλεῖσθε (bold type)	πατέρα ἐπικαλεῖσθε (not italicized)	
.18	ἀργυρίῳ and ἐλυ- τρώθητε (bold type)	ἀργυρίῳ and ἐλυ- τρώθητε (not italicized)	
	πατροπαραδότου,	πατροπαραδότου	P
.20	κόσμου,	κόσμου	P A
.22 †		[καθαρᾶς]	A
	ἐκτενῶς,	ἐκτενῶς	P
.24	ὡς (not bold type)	ὡς (italicized)	
	χόρτος, (1ST)	χόρτος	P
	χόρτος,	χόρτος	P
.25	κυρίου (not bold type)	κυρίου (italicized)	

TEXT	N-A '63	N-A '79	TYPE
1.25	τὸ ῥῆμα and εὐ- αγγελισθὲν (bold type)	τὸ ῥῆμα and εὐ- αγγελισθὲν (not italicized)	
2.4	προσερχόμενοι,	προσερχόμενοι	P
	λίθον (bold type)	λίθον (not italicized)	
	ζῶντα,	ζῶντα	
	ἐκλεκτὸν ἔντιμον (bold type)	ἐκλεκτὸν ἔντιμον (not italicized)	
.5	ἅγιον,	ἅγιον	- P
†		[τῷ]	A
	Χριστοῦ·	Χριστοῦ.	x P
.6	τίθημι (not bold type)	τίθημι (italicized)	
†	ἐκλεκτὸν ἀκρογω- νιαῖον	ἀκρογωνιαῖον ἐκλεκ- τὸν	W
	ἔντιμον,	ἔντιμον	P
.7	πιστεύουσιν·	πιστεύουσιν,	P
.8	ἀπειθοῦντες,	ἀπειθοῦντες	- P
	ἐτέθησαν·	ἐτέθησαν.	x P
.9	γένος...λ. εἰς (bold type)	γένος...λ. εἰς (not italicized)	
	ὅπως and ἐξαγ- γείλητε (bold type)	ὅπως and ἐξαγ- γείλητε (not italicized)	
.10	λαός, (1ST)	λαός	a,P
	ἠλεημένοι,	ἠλεημένοι	P
.11	παροίκους...παρεπι- δήμους (bold type)	παροίκους...παρεπι- δήμους (not italicized)	
	ἐπιθυμιῶν,	ἐπιθυμιῶν	P
.12	κακοποιῶν,	κακοποιῶν	P
.13	κύριον·	κύριον,	P
.15	θεοῦ,	θεοῦ	- P
	ἀγνωσίαν·	ἀγνωσίαν,	x P
.16	ἐλεύθεροι,	ἐλεύθεροι	P
	ἐλευθερίαν,	ἐλευθερίαν	P
.17	τὸν...φοβεῖσθε and βασιλέα (bold type)	τὸν...φοβεῖσθε and βασιλέα (not italicized)	
.18	οἰκέται,	οἰκέται	μ
.21	ὑμῶν,	ὑμῶν	- P
	αὐτοῦ·	αὐτοῦ,	x P
.22	αὐτοῦ·	αὐτοῦ,	P
.24	ζήσωμεν·	ζήσωμεν,	P
3.1 †		[αἱ]	A
.3	κόσμος,	κόσμος	P
.4	πραέος (an Attic genit. sg.: M-H, p. 160.)	πραέως (< non-Attic πραΰς; Att. is πρᾶος, -άου.)	S
.5	ἑαυτάς,	ἑαυτὰς	a,P
.6	Ἀβραάμ,	Ἀβραάμ	a,P
	κύριον...καλοῦσα· (bold type)	κύριον...καλοῦσα, (not italicized)	P
	μὴ φοβούμεναι and πτόησιν (bold type)	μὴ φοβούμεναι and πτόησιν (not italicized)	
.7	ζωῆς,	ζωῆς	P
.9	εὐλογοῦντες,	εὐλογοῦντες	P
.10	καὶ (1ST)(not bold type)	καὶ (italicized)	
.12	ὅτι (not bold type)	ὅτι (italicized)	
.18 †	ἀπέθανεν	ἔπαθεν	S
	θεῷ,	θεῷ	P
	ζωοποιηθεὶς	ζωοποιηθεὶς (read ζωο-: cf. Jn 5.21, 6.63, etc.)	O,E

1-Pt / 2-Pt / 1-Jn

TEXT	N-A '63	N-A '79	TYPE		TEXT	N-A '63	N-A '79	TYPE
3.20	κιβωτοῦ,	κιβωτοῦ	P		2.3	ἐμπορεύσονται·	ἐμπορεύσονται,	x P
.22 †		[τοῦ]	A			ἀργεῖ,	ἀργεῖ	- P
	Θεοῦ,	Θεοῦ	P		.4	εἰ	Εἰ	O
	οὐρανόν,	οὐρανὸν	a,P			ἐφείσατο,	ἐφείσατο	P
4.1	ἁμαρτίας,	ἁμαρτίας	P		†	σιροῖς	σειραῖς	S
.3	κατειργάσθαι,	κατειργάσθαι	P		.5	ἐφείσατο,	ἐφείσατο	P
.4	ἀνάχυσιν,	ἀνάχυσιν	- P			ἐφύλαξεν,	ἐφύλαξεν	P
	βλασφημοῦντες·	βλασφημοῦντες,	x P		.6	καταστροφῇ	[καταστροφῇ]	p¹
.6	σαρκί,	σαρκὶ	a,P			κατέκρινεν,	κατέκρινεν	P
.8	πλῆθος (not bold type)	πλῆθος (italicized)			†	ἀσεβεῖν	ἀσεβέ[σ]ιν	S
	ἁμαρτιῶν·	ἁμαρτιῶν.	P		.11 †	κυρίῳ (aft.παρὰ-dat.)	κυρίου (aft. παρὰ -gen.)	L²
.9	γογγυσμοῦ·	γογγυσμοῦ,	P		.12	οὗτοι	Οὗτοι	P
.10	χάρισμα,	χάρισμα	- P			δέ,	δὲ	a,P
	Θεοῦ·	Θεοῦ.	x P			φθοράν,	φθορὰν	a,P
.11	Θεός· (1ST)	Θεός,	P			φθαρήσονται,	φθαρήσονται	P
	αἰώνων·	αἰώνων,	P		.13	ἀδικίας·	ἀδικίας,	P
.12	γινομένη,	γινομένη	P		.15 †	Βεώρ	Βοσόρ	S
.17	ἄρξασθαι and ἀπό (bold type)	ἄρξασθαι and ἀπό (not italicized)				ἠγάπησεν,	ἠγάπησεν	P
.18 †	[δέ]		Sb		.20 †		[ἡμῶν]	A
5.2	Θεοῦ,	Θεοῦ	P		.21	δικαιοσύνης,	δικαιοσύνης	P
†		[ἐπισκοποῦντες]	A		.22	κύων...ἐξέραμα (bold type)	κύων...ἐξέραμα (not italicized)	
.5	ὁ (bold type)	[ὁ] (not italicized)	p¹		3.1	διάνοιαν,	διάνοιαν	P
	Θεός (bold type)	Θεὸς (not italicized)			.3	γινώσκοντες,	γινώσκοντες	P
.7	τήν...ἐπιρίψαντες (bold type)	τὴν...ἐπιρίψαντες (not italicized)				ἐν	[ἐν]	p¹
					.5	λανθάνει	Λανθάνει	O
.8	τινα	[τινα]	p¹		.8	χίλια...ἡμέρα (bold type)	χίλια...ἡμέρα (not italicized)	
.9	πίστει,	πίστει	P		.10	παρελεύσονται,	παρελεύσονται	P
	τῷ	[τῷ]	p¹			λυθήσεται,	λυθήσεται	P
.10	Χριστῷ,	Χριστῷ	- P		.12	ἡμέρας,	ἡμέρας	P
†		['Ιησοῦ],	+ A,P		.13	καί (not bold type)	καὶ (italicized)	
.11	αἰῶνας	αἰῶνας,	+ P		.14	εἰρήνη,	εἰρήνη	P
†	τῶν		Sb		.17	φυλάσσεσθε	φυλάσσεσθε,	P
	αἰώνων·		- P,Sb		.18 †		[ἀμήν].	A,P
.12	ἔγραψα,	ἔγραψα						
	Θεοῦ,	Θεοῦ						

2-Pt

1-Jn

TEXT	N-A '63	N-A '79	TYPE		TEXT	N-A '63	N-A '79	TYPE
1.1	Χριστοῦ·	Χριστοῦ,	P		1.1	ἐψηλάφησαν,	ἐψηλάφησαν	P
.3 †	τά,		Sb			ζωῆς,—	ζωῆς —	P
.4	φύσεως,	φύσεως	P		.2	αἰώνιον,	αἰώνιον	P
.5	καί	Καὶ	O			ἡμῖν,	ἡμῖν	P
.12	τούτων,	τούτων	P		.4	ἡμεῖς	ἡμεῖς,	P
.14	μου,	μου	- P		2.1	πατέρα,	πατέρα	P
	μοι,	μοι,	x P		.3	καί	Καὶ	O
.16	οὐ	Οὐ	O		.4	αὐτόν,	αὐτὸν	a,P
	παρουσίαν,	παρουσίαν	P			ἐστίν,	ἐστιν	a,P
.17	ὁ υἱός and ὁ ἀγαπητός (bold type)	ὁ υἱός and ὁ ἀγαπητός (not italicized)			.5	τετελείωται·	τετελείωται,	P
	ἐστιν,	ἐστιν	P		.6	οὕτως	[οὕτως]	p¹
	εἰς... εὐδόκησα,— (bold type)	εἰς...εὐδόκησα, (not italicized)	P		.7	ὑμῖν,	ὑμῖν	P
.19	ὑμῖν,	ὑμῖν,	P		.9	ὁ	Ὁ	O
.20	γινώσκοντες	γινώσκοντες	P		.10	μένει,	μένει	P
2.1	ἀπωλείας,	ἀπωλείας	- P		.11	περιπατεῖ,	περιπατεῖ	P
	ἀρνούμενοι,	ἀρνούμενοι.	x P		.16	πατρός,	πατρὸς	a,P
	ἀπώλειαν,	ἀπώλειαν,	x P			ἀλλά	ἀλλ'	O
.2	ἀσελγείαις,	ἀσελγείαις	P		.17	αὐτοῦ·	αὐτοῦ,	P
	δι' and βλασφημη-θήσεται· (bold type)	δι' and βλασφημη-θήσεται, (not italicized)	x P		.18	γεγόνασιν·	γεγόνασιν,	P
					.19	ἐξῆλθαν,	ἐξῆλθαν	P
					.20	ἁγίου,	ἁγίου	P
					.21	ἀλήθειαν,	ἀλήθειαν	P
						αὐτήν,	αὐτὴν	a,P
					.23	ἔχει· (1ST)	ἔχει,	P

1-Jn / 2-Jn / 3-Jn / Jd / Rv

TEXT	N-A '63	N-A '79	TYPE
2.24	ὑμεῖς	Ὑμεῖς	O
	[ἐν] (4ᵐ)	ἐν	P¹
.27	αὐτοῦ	αὐτοῦ,	+ P
	ὑμῖν,	ὑμῖν	- P
	ὑμᾶς	ὑμᾶς,	x P
	πάντων,	πάντων	- P
3.1	ἴδετε	Ἴδετε	O
	πατὴρ	πατήρ,	a,P
.2	φανερωθῇ	φανερωθῇ,	P
.3	ἑαυτὸν	ἑαυτόν,	a,P
.4	πᾶς	Πᾶς	O
.5	ἐφανερώθη	ἐφανερώθη,	P
.9	μένει·	μένει,	P
.11	ὅτι	Ὅτι	O
	ἀλλήλους·	ἀλλήλους,	P
.12	ἦν,	ἦν	P
.13 †		[Καὶ]	A
.18	γλώσσῃ,	γλώσσῃ	P
.19 †		[Καὶ]	A
	ἡμῶν	ἡμῶν,	P
.21 †		[ἡμῶν]	A
	Θεόν,	Θεόν	a,P
.23	καὶ	Καὶ	O
	ἀλλήλους	ἀλλήλους,	P
4.1	πιστεύετε,	πιστεύετε	P
.4	ὑμεῖς	Ὑμεῖς	O
.5	εἰσίν·	εἰσίν,	P
.6	ἐσμεν·	ἐσμεν,	P
.10	Θεόν,	Θεόν	a,P
.11	ἀγαπητοί	Ἀγαπητοί	O
.12	τεθέαται·	τεθέαται.	P
†	τετελειωμένη...ἡμῖν / ἐστιν	ἐν... τετελειωμένη / ἐστιν	W a
.15	ὅς	Ὅς	U
.17	ἀγάπη,	ἀγάπη	P
20	Θεόν,	Θεόν	a,P
5.1	χριστὸς	χριστὸς,	a,P
†		[καὶ]	A
.3	τηρῶμεν·	τηρῶμεν,	P
	εἰσίν,	εἰσίν.	P
.5 †	ἐστιν [δὲ]	[δέ] ἐστιν	W,a
.6	Χριστός·	Χριστός,	x P
	μόνον,	μόνον	- P
.9	ἐστίν,	ἐστίν·	x P
	Θεοῦ, (2ᴺᴰ)	Θεοῦ	- P
.10 †	αὐτῷ.	ἑαυτῷ,	S,P
.11	καὶ	Καὶ	O
†	ὁ Θεὸς ἡμῖν	ἡμῖν ὁ Θεός,	W,a
.14	αὐτόν,	αὐτὸν	a,P
.16	αἰτήσει,	αἰτήσει	P
.18	αὐτόν,	αὐτὸν	a,P
.19	ἐσμεν,	ἐσμεν	P
	ἥκει,	ἥκει	P
.20	ἀληθινόν·	ἀληθινόν,	P

2-Jn

TEXT	N-A '63	N-A '79	TYPE
V.2	ἡμῖν,	ἡμῖν	P
.3	πατρός, (1ˢᵀ)	πατρὸς	a,P
	πατρός,	πατρὸς	a,P
.5 †	γράφων σοι καινήν,	καινὴν γράφων σοι	W,P,a
.7	ὅτι	Ὅτι	O
.8 †	ἠργασάμεθα,	εἰργασάμεθα	O,P
	(apparatus erroneous in N-A²⁶)		

TEXT	N-A '63	N-A '79	TYPE
V.9	πᾶς	Πᾶς	O
.10	οἰκίαν,	οἰκίαν	P

3-Jn

TEXT	N-A '63	N-A '79	TYPE
V.7	ὀνόματος.	ὀνόματος	E?,P
	(dot? printing defect?)		
	ἐξῆλθαν	ἐξῆλθον	L
	[Bl-D, §80 (3)]		
.13	σοι,	σοι	P

Jd

TEXT	N-A '63	N-A '79	TYPE
V.1	κλητοῖς.	κλητοῖς·	P
.3	σωτηρίας	σωτηρίας	P
.4 †	παρεισεδύησαν	παρεισέδυσαν	L
.5 †		[ὑμᾶς]	A
†	ἅπαξ πάντα, ὅτι / κύριος	πάντα ὅτι [ὁ] / κύριος ἅπαξ	W,P,A
.6	τετήρηκεν·	τετήρηκεν,	P
.7	πόλεις,	πόλεις	P
.8	μιαίνουσιν,	μιαίνουσιν	P
	ἀθετοῦσιν,	ἀθετοῦσιν	P
.9	Μιχαὴλ ὁ ἀρχ-άγγελος (bold type)	Μιχαὴλ ὁ ἀρχ-άγγελος (not italicized)	
	βλασφημίας,	βλασφημίας	P
.10	οὗτοι	Οὗτοι	O
.11	ἐπορεύθησαν,	ἐπορεύθησαν	P
	ἐξεχύθησαν,	ἐξεχύθησαν	P
.13	πλανῆται,	πλανῆται	P
.14 †	Ἐπροφήτευσεν	Προεφήτευσεν	O,P,L
	αὐτοῦ,	αὐτοῦ	P
.15	πάντας / τοὺς / ἀσεβεῖς	πᾶσαν / ψυχὴν	L / Sb / S
.16	... / αὐτῶν	... / ἑαυτῶν	S / P
.17	Χριστοῦ,	Χριστοῦ	P
.18 †		[ὅτι]	A
	τοῦ	[τοῦ]	P¹
.20	ὑμεῖς	Ὑμεῖς	O
.21	τηρήσατε,	τηρήσατε	P
.22	καὶ	Καὶ	O
	διακρινομένους	διακρινομένους,	P
.23 †{		οὓς / δὲ	A / A
	ἐκ...ἁρπάζοντες (bold type)	ἐκ...ἁρπάζοντες (not italicized)	
.25	φόβῳ	φόβῳ	P
	αἰῶνας·	αἰῶνας,	P

Rv

TEXT	N-A '63	N-A '79	TYPE
1.1	Χριστοῦ,	Χριστοῦ	P
	Θεός,	Θεός	a,P
	ἃ...γενέσθαι (bold type)	ἃ...γενέσθαι (not italicized)	
.2	Χριστοῦ,	Χριστοῦ	P
.3	γεγραμμένα·	γεγραμμένα,	P
.4	ὁ ὢν (bold type)	ὁ ὢν (not italicized)	
	ἐρχόμενος,	ἐρχόμενος	P

Rv

TEXT	N-A '63	N-A '79	TYPE
1.4	αὐτοῦ,	αὐτοῦ	P
.5	ὁ μάρτυς and	ὁ μάρτυς, and	P
	ὁ πιστός and	ὁ πιστός and	
	πρωτότοκος and	πρωτότοκος and	
	ἄρχων... γῆς	ἄρχων... γῆς	
	(bold type)	(not italicized)	
	λύσαντι and ἐκ...	λύσαντι and ἐκ...	
	ἁμαρτιῶν	ἁμαρτιῶν	
	(bold type)	(not italicized)	
.6	βασιλείαν,... Θεῷ	βασιλείαν,... Θεῷ	
	(bold type)	(not italicized)	
	τῶν	[τῶν	P¹
	αἰώνων	αἰώνων]	P¹
.7	καὶ (1ST)	καὶ	
	(not bold type)	(italicized)	
.8	Ἐγώ εἰμι and	Ἐγώ εἰμι and	
	κύριος... Θεός and	κύριος... Θεός and	
	ὁ ὢν and ὁ παντο-	ὁ ὢν and ὁ παντο-	
	κράτωρ	κράτωρ	
	(bold type)	(not italicized)	
.10	ἡμέρα,	ἡμέρα	P
.11	Θυάτιρα	Θυάτειρα	O
.12	ἐμοῦ·	ἐμοῦ,	× P
	χρυσᾶς,	χρυσᾶς	P
.13	ὅμοιον... ἀνθρώπου,	ὅμοιον... ἀνθρώπου	- P
	and ἐνδεδυμένον	and ἐνδεδυμένον	
	ποδήρη and περι-	ποδήρη and περι-	
	εζωσμένον and	εζωσμένον and	
	χρυσᾶν·	χρυσᾶν.	× P
	(bold type)	(not italicized)	
.14	ἡ and κεφαλὴ αὐ-	ἡ and κεφαλὴ αὐ-	
	τοῦ and αἱ... χιών,	τοῦ and αἱ... χιών	a,P
	and καὶ... πυρός,	and καὶ... πυρὸς	a,P
	(bold type)	(not italicized)	
.15	καὶ... χαλκολιβάνῳ	καὶ... χαλκολιβάνῳ	
	(bold type)	(not italicized)	
	πεπυρωμένης,	πεπυρωμένης	P
	καὶ... πολλῶν	καὶ... πολλῶν	
	(bold type)	(not italicized)	
.16	ἑπτά,	ἑπτὰ	a,P
	ἐκπορευομένη	ἐκπορευομένη	P
	ὁ ἥλιος and ἐν... αὐτοῦ	ὁ ἥλιος and ἐν... αὐτοῦ	
	(bold type)	(not italicized)	
.17	νεκρός·	νεκρός,	P
	μὴ φοβοῦ and ἐγώ	μὴ φοβοῦ and ἐγώ	
	εἰμι and πρῶτος καὶ	εἰμι and πρῶτος καὶ	
	(bold type)	(not italicized)	
.18	αἰώνων,	αἰώνων	P
.19	ἃ (3RD)... ταῦτα	ἃ... ταῦτα	
	(bold type)	(not italicized)	
.20	μυστήριον	μυστήριον	
	(bold type)	(not italicized)	
	μου,	μου	P
	εἰσιν,	εἰσιν	P
2.2	σου, (2ND)	σου	- P
	εἰσίν,	εἰσὶν	a,P
	ψευδεῖς·	ψευδεῖς,	× P
.3	ἔχεις,	ἔχεις	P
	μου,	μου	P
	κεκοπίακας	κεκοπίακες	L
.4	ἀφῆκας	ἀφῆκες	L
.5	πέπτωκας,	πέπτωκας	

TEXT	N-A '63	N-A '79	TYPE
2.6	Νικολαϊτῶν	Νικολαϊτῶν	P
.7	φαγεῖν... ζωῆς	φαγεῖν... ζωῆς	
	and ἐν... Θεοῦ	and ἐν... Θεοῦ	
	(bold type)	(not italicized)	
.8	πρῶτος καὶ	πρῶτος καὶ	
	(bold type)	(not italicized)	
.9	ἑαυτούς,	ἑαυτοὺς	a,P
.10 †	μὴ	μηδὲν	S
	πειρασθῆτε, and	πειρασθῆτε and	P
	ἡμερῶν δέκα	ἡμερῶν δέκα	
	(bold type)	(not italicized)	
.13	κατοικεῖς·	κατοικεῖς,	× P
	σατανᾶ·	σατανᾶ,	× P
	μου,	μου	- P
.14	ὀλίγα,	ὀλίγα	P
	Βαλαὰμ and τῶν...	Βαλαὰμ and τῶν...	
	Ἰσραήλ, and φαγεῖν...	Ἰσραὴλ and φαγεῖν...	a,P
	πορνεῦσαι	πορνεῦσαι	
	(bold type)	(not italicized)	
.15	τῶν	[τῶν]	P¹
.17	δώσω and τοῦ μάννα	δώσω and τοῦ μάννα	
	(bold type)	(not italicized)	
	κεκρυμμένου,	κεκρυμμένου	
	ὄνομα καινὸν	ὄνομα καινὸν	
	(bold type)	(not italicized)	
	γεγραμμένον,	γεγραμμένον	P
.18	Θυατίροις	Θυατείροις	O
	τοὺς... [αὐτοῦ] ὡς	τοὺς... αὐτοῦ ὡς	P¹
	and πυρός,... χαλ-	and πυρὸς... χαλ-	a,P
	κολιβάνῳ	κολιβάνῳ	
	(bold type)	(not italicized)	
.20	προφῆτιν,	προφῆτιν	- P
	πορνεῦσαι... εἰδω-	πορνεῦσαι... εἰδω-	
	λόθυτα·	λόθυτα.	× P
	(bold type)	(not italicized)	
.22	κλίνην,	κλίνην	P
†	μετανοήσουσιν	μετανοήσωσιν	L
	αὐτῆς·	αὐτῆς,	× P
.23	θανάτῳ·	θανάτῳ.	P
	ἐραυνῶν... καρδίας	ἐραυνῶν... καρδίας	S
	and δώσω and	and δώσω and	
	ἑκάστῳ... ἔργα	ἑκάστῳ... ἔργα	
	(bold type)	(not italicized)	
.24	Θυατίροις	Θυατείροις	O
	σατανᾶ	σατανᾶ	P
	βάρος·	βάρος,	× P
.25 †	ἄχρι	ἄχρι[ς]	S
.26	δώσω αὐτῳ and	δώσω αὐτῳ and	
	τῶν ἐθνῶν,	τῶν ἐθνῶν	
	(bold type)	(not italicized)	
.27	σιδηρᾷ,	σιδηρᾷ	P
	τὰ and τὰ (bold type)	τὰ and τὰ (not italicized)	
3.1	ἔργα	ἔργα	P
.2	γρηγορῶν,	γρηγορῶν	- P
	ἀποθανεῖν·	ἀποθανεῖν,	× P
†		τὰ (2ND)	A
	μου,	μου.	× P
.3	ἤκουσας,	ἤκουσας	P
.5	λευκοῖς,	λευκοῖς	P
	ἐξαλείψω and	ἐξαλείψω and	
	ἐκ... ζωῆς,	ἐκ... ζωῆς	P
	(bold type)	(not italicized)	

Rv

TEXT	N-A '63	N-A '79	TYPE
3.7	τὴν...κλείσει, and / καὶ κ....ἀνοίγει / (bold type)	τὴν...κλείσει, and / καὶ κ...ἀνοίγει / (not italicized)	P
.8	ἔργα·	ἔργα,	x P
	αὐτήν·	αὐτήν,	x P
	δύναμιν·	δύναμιν	- P
.9	σατανᾶ,	σατανᾶ	- P
	γεύδονται·	γεύδονται.	x P
	ἥξουσιν... σου, and ἐγὼ...σε (bold type)	ἥξουσιν...σου and ἐγὼ...σε (not italicized)	- P
.10	ὅλης,	ὅλης	P
.12	νικῶν,	νικῶν	P
	μου,	μου	
	ἔτι,	ἔτι	P
	τὸ ὄνομα τῆς πόλεως and τὸ ὄνομά and τὸ καινόν (bold type)	τὸ ὄνομα τῆς πόλεως and τὸ ὄνομά and τὸ καινόν (not italicized)	
.14	ὁ μ....πιστὸς and ἡ...κτίσεως (bold type)	ὁ μ....πιστὸς, and ἡ...κτίσεως (not italicized)	
.15	ἔργα,	ἔργα	P
.16	εἶ,	εἶ	P
.17	πεπλούτηκα (bold type)	πεπλούτηκα (not italicized)	
.18 †	κολλύριον	κολλ[ο]ύριον	O
.19	ὅσους...ἐλέγχω and παιδεύω (bold type)	ὅσους...ἐλέγχω and παιδεύω (not italicized)	
.20 †		[καὶ] (3ʳᵈ)	A
.21	νικῶν,	νικῶν	P
4.1	σάλπιγγος (bold type)	σάλπιγγος (not italicized)	
	ἐμοῦ,	ἐμοῦ	P
	ἀνάβα and ἅ... γενεϋσσαι (bold type)	ἀνάβα and ἅ... γενεϋσσαι (not italicized)	
.2	εὐθέως	Εὐθέως	O
	πνεύματι·	πνεύματι,	P
	ἐπὶ...καθήμενος (bold type)	ἐπὶ...καθήμενος (not italicized)	
.3	ἶρις...θρόνου (bold type)	ἶρις...θρόνου (not italicized)	
.4	καὶ	Καὶ	O
†	τέσσαρας	τέσσαρες (acc.pl.mas)	
	λευκοῖς,	λευκοῖς	P
.5	καὶ	Καὶ	O
	ἐκπορεύονται... φωναὶ and βρονταί· (bold type)	ἐκπορεύονται... φωναὶ and βρονταί, (not italicized)	P
	θεοῦ·	θεοῦ,	P
.6	ὁμοία κρυστάλλω· (bold type)	ὁμοία κρυστάλλω. (not italicized)	
	καὶ ἐν...θρόνου and κύκλω...τέσσαρα plus ζῷα...ὀφθαλμῶν (bold type)	Καὶ ἐν...θρόνου and κύκλω...τέσσαρα plus ζῷα...ὀφθαλμῶν (not italicized)	O / O
.7	τὸ πρῶτον and λέοντι,...δεύτερον and μόσχω,...τρίτον and τὸ πρόσωπον and ἀνθρώπου,...τέταρτον (bold type)	τὸ πρῶτον and λέοντι...δεύτερον and μόσχω...τρίτον and τὸ πρόσωπον and ἀνθρώπου...τέταρτον (not italicized)	P / P / P

TEXT	N-A '63	N-A '79	TYPE
4.7	ἀετῷ (bold type)	ἀετῷ (not italicized)	
.8	τέσσερα	τέσσαρα	O
	ἐν...ἐν and ἀνὰ... κυκλόθεν and γέμουσιν ὀφθαλμῶν· and ὁ ὢν (bold type)	ἐν...ἐν and ἀνὰ... κυκλόθεν and γέμουσιν ὀφθαλμῶν, and ὁ ὢν (not italicized)	P
.9	καθημένω...αἰῶνας (bold type)	καθημένω...αἰῶνας (not italicized)	
.10	καθημένου...θρόνου, and τῷ...αἰῶνας (bold type)	καθημένω...θρόνου, and τῷ...αἰῶνας (not italicized)	
	αἰώνων,	αἰώνων	P
	θρόνου, (2ᵐᵒ)	θρόνου	P
.11	πάντα,	πάντα	P
5.1	καθημένου...ὄπισθεν, and κατεσφραγισμένον (bold type)	καθημένου...ὄπισθεν and κατεσφραγισμένον (not italicized)	P
.5	κλαῖε,	κλαῖε,	P
	λέων and Ἰούδα... ῥίζα (bold type)	λέων and Ἰούδα... ῥίζα (not italicized)	
.6	ἀρνίον and ἐσφαγ- μένον, and (bold type)	ἀρνίον and ἐσφαγ- μένον and (not italicized)	P
	ὀφθαλμοὺς ἑπτά, [as UBS'⁷⁵] (bold type)	ὀφθαλμοὺς ἑπτά [read ἑπτὰ] (not italicized)	a,P,E
	ἑπτὰ (3ʳᵈ)	[ἑπτὰ]	Pˡ
	εἰς...γῆν (bold type)	εἰς...γῆν (not italicized)	
.7	τοῦ κ....θρόνου (bold type)	τοῦ κ....θρόνου (not italicized)	
.8	τέσσερα	τέσσαρα	
	ἀρνίου, θυμιαμάτων and αἱ [read αἵ] προσ- ευχαὶ (bold type)	ἀρνίου θυμιαμάτων and αἱ προσ- ευχαὶ (not italicized)	- P / E
	ἁγίων,	ἁγίων,	x P
.9	ᾄδουσιν...καινὴν (bold type)	ᾄδουσιν...καινὴν (not italicized)	
	ἔθνους,	ἔθνους,	
.10	τῷ θεῷ and βασι- λείαν and ἱερεῖς (bold type)	τῷ θεῷ and βασι- λείαν and ἱερεῖς (not italicized)	
.11	καὶ	Καὶ	O
	μυριάδες...χιλιάδων,	μυριάδες...χιλιάδων	O P
.12 †	ἄξιός	ἄξιόν	L
	ἀρνίον and ἐσφαγ- μένον (bold type)	ἀρνίον and ἐσφαγ- μενον (not italicized)	
.13 †	[ἐστίν],		P, Sb
	πάντα,	πάντα	P
	καθημένω...θρόνω (bold type)	καθημένω...θρόνω (not italicized)	
.14	τέσσερα	τέσσαρα	O
	ἀμήν,	ἀμήν.	O P L
6.1 †	φωνὴ	φωνὴ	L
.2	ἵππος λευκός (bold type)	ἵππος λευκός (not italicized)	
	τόξον,	τόξον	P
	στέφανος,	στέφανος	P
.4	ἵππος πυρρός (bold type)	ἵππος πυρρός (not italicized)	
	σφάξουσιν,	σφάξουσιν	P

Rv

TEXT	N-A '63	N-A '79	TYPE
6.5	ἵππος μέλας (bold type)	ἵππος μέλας (not italicized)	
.6	δηναρίου, (1ST)	δηναρίου	- P
	δηναρίου·	δηναρίου,	x P
.8	ἵππος (bold type)	ἵππος (not italicized)	
	αὐτοῦ, (1ST)	αὐτοῦ	P
	[ὁ] θάνατος and ὁ ᾅδης (bold type)	[ὁ] θάνατος and ὁ ᾅδης (not italicized)	
	αὐτοῦ,	αὐτοῦ	P
	γῆς,	γῆς	
	ἀποκτεῖναι...θ. καὶ and θηρίων...γῆς (bold type)	ἀποκτεῖναι...θ. καὶ and θηρίων...γῆς (not italicized)	
.10	ἕως...δεσπότης and κρίνεις and ἐκδικεῖς...αἷμα (bold type)	ἕως...δεσπότης and κρίνεις and ἐκδικεῖς...αἷμα (not italicized)	
.11	λευκή,	λευκή	a,P
†	ἀναπαύσωνται	ἀναπαύσονται	L
.12	ἐγένετο, (1ST)	ἐγένετο	P
	ὁ ἥλιος (bold type)	ὁ ἥλιος (not italicized)	
	τρίχινος,	τρίχινος	P
	ἡ σελήνη and αἷμα, (bold type)	ἡ σελήνη and αἷμα (not italicized)	P
.13	οἱ ἀ....ἔπεσαν and ὡς συκῆ (bold type)	οἱ ἀ....ἔπεσαν and ὡς συκῆ (not italicized)	
.14	καὶ ὁ οὐρανὸς and ὡς...ἑλισσόμενον, (bold type)	καὶ ὁ οὐρανὸς and ὡς...ἑλισσόμενον (not italicized)	P
.15	καὶ (1ST)...μεγιστᾶνες and ἔκρυψαν...πέτρας (bold type)	Καὶ...μεγιστᾶνες and ἔκρυψαν...πέτ ,ρας (not italicized)	O
	ὀρέων,	ὀρέων	P
.16	καθημένου...θρόνου (bold type)	καθημένου...θρόνου (not italicized)	
.17	ἡ ἡμ....ὀργῆς and καὶ...σταθῆναι (bold type)	ἡ ἡμ...ὀργῆς and καὶ...σταθῆναι (not italicized)	
7.1	ἐπὶ (1ST)...γῆς and τοὺς...ἀνέμους (bold type)	ἐπὶ...γῆς and τοὺς...ἀνέμους (not italicized)	
	γῆς, (2ND)	γῆς	P
.2	καὶ	Καὶ	O
	ἡλίου,	ἡλίου	P
	θάλασσαν,	θάλασσαν	P
.3	σφραγίσωμεν and ἐπὶ...μετώπων (bold type)	σφραγίσωμεν and ἐπὶ...μετώπων (not italicized)	
.4	χιλιάδες	χιλιάδες,	P
.9	γλωσσῶν,	γλωσσῶν	- P
	ἀρνίου,	ἀρνίου	- P
	λευκάς,	λευκὰς	a,P
	αὐτῶν·	αὐτῶν,	x P
.10	καθημένῳ...θρόνῳ (bold type)	καθημένῳ...θρόνῳ (not italicized)	
.11	καὶ	Καὶ	O
	ζώων,	ζώων	P
	θεῷ·	θεῷ	P
.14	θλίψεως and ἔπλυναν...αὐτῶν and ἐν...αἵματι (bold type)	θλίψεως and ἔπλυναν...αὐτῶν and ἐν...αἵματι (not italicized)	
.15	θεοῦ,	θεοῦ	P

TEXT	N-A '63	N-A '79	TYPE
7.15	καθήμενος...θρόνου (bold type)	καθήμενος...θρόνου (not italicized)	
.16	ἔτι, (2ND)	ἔτι	P
.17	ποιμανεῖ...αὐτοὺς (2ND) and ζωῆς...ὑδάτων· (bold type)	ποιμανεῖ...αὐτοὺς and ζωῆς...ὑδάτων, (not italicized)	P
	τῶν ὀφθαλμῶν (not bold type)	τῶν ὀφθαλμῶν (italicized)	
8.1	ἡμίωρον	ἡμιώριον	S
.3	ἐστάθη...θυσιαστηρίου and θυμιάματα and ταῖς προσευχαῖς (bold type)	ἐστάθη...θυσιαστηρίου and θυμιάματα and ταῖς προσευχαῖς (not italicized)	
.4	τῶν(1ST)...προσευχαῖς (bold type)	τῶν...προσευχαῖς (not italicized)	
.5	τὸν λιβανωτόν, and ἐγέμισεν and τοῦ π....θυσιαστηρίου (bold type)	τὸν λιβανωτὸν and ἐγέμισεν and τοῦ π....θυσιαστηρίου (not italicized)	a,P
	γῆν·	γῆν,	P
	βρονταὶ and φωναὶ...ἀστραπαὶ (bold type)	βρονταὶ and φωναὶ...ἀστραπαὶ (not italicized)	
.6	αὐτοὺς	αὐτοὺς	S
.7	ἐγένετο...πῦρ and αἵματι and εἰς...γῆν· (bold type)	ἐγένετο...πῦρ and αἵματι and εἰς...γῆν, (not italicized)	x P
	κατεκάη, (1ST)	κατεκάη	- P
	κατεκάη, (2ND)	κατεκάη	- P
.8	ὡς ὄρος and πυρὶ καιόμενον (bold type)	ὡς ὄρος and πυρὶ καιόμενον (not italicized)	
	θάλασσαν·	θάλασσαν,	x P
	ἐγένετο and αἷμα, (bold type)	ἐγένετο and αἷμα (not italicized)	- P
.9	θαλάσσῃ,	θαλάσσῃ	P
	ψυχάς,	ψυχὰς	a,P
.10	ἔπεσεν...ἀστὴρ (bold type)	ἔπεσεν...ἀστὴρ (not italicized)	
	λαμπάς,	λαμπὰς	a,P
	ὑδάτων.	ὑδάτων,	P
.11	Ἄψινθος.	Ἄψινθος,	x P
	ἄψινθον,	ἄψινθον	- P
.12	αὐτῆς	αὐτῆς	P
9.1	ἀβύσσου.	ἀβύσσου	P
.2	ἀβύσσου·	ἀβύσσου,	P
	καὶ (2ND)...καπνὸς and ὡς...καμίνου and ἐσκοτώθη...ἥλιος (bold type)	καὶ...καπνὸς and ὡς...καμίνου and ἐσκοτώθη...ἥλιος (not italicized)	
.3	ἀκρίδες...γῆν (bold type)	ἀκρίδες...γῆν (not italicized)	
†	αὐταῖς	αὐταῖς	L
.4 †	αὐτοῖς	αὐταῖς	L
	τὸν...γῆς and πᾶν χλωρὸν and πᾶν δένδρον and ἐπὶ τῶν μετώπων (bold type)	τὸν...γῆς and πᾶν χλωρὸν and πᾶν τὴν σφραγῖδα and ἐπὶ τῶν μετώπων (not italicized)	
.5	πέντε·	πέντε,	x P

Rv

TEXT	N-A '63	N-A '79	TYPE
9.5	σκορπίου,	σκορπίου	– P
.6	ζητήσουσιν and τὸν...μὴ (bold type)	ζητήσουσιν and τὸν...μὴ (not italicized)	
.7	καὶ (bold type)	Καὶ	O
	τὰ ὁμοιώματα (bold type)	τὰ ὁμοιώματα (not italicized)	
†	ὅμοιοι ἵπποις and εἰς πόλεμον (bold type)	ὅμοια ἵπποις and εἰς πόλεμον (not italicized)	L
.8	οἱ... λεόντων (bold type)	οἱ...λεόντων (not italicized)	
.9	ὡς φ...ἁρμάτων and τρεχόντων... πόλεμον. (bold type)	ὡς φ....ἁρμάτων and τρεχόντων... πόλεμον. (not italicized)	P
.10	πέντε.	πέντε,	P
.13	τεσσάρων	[τεσσάρων]	P¹
.14	τῷ π....Εὐφράτῃ (bold type)	τῷ π...Εὐφράτῃ (not italicized)	
.16	μυριάδων·	μυριάδων,	P
.17	καὶ	Καὶ	O
	Θειώδεις	Θειώδεις,	P
.19	αὐτῶν· (2ᵐᵒ)	αὐτῶν,	
	κεφαλάς,	κεφαλὰς	a,P
.20	καὶ	Καὶ	O
	τῶν ἔ... αὐτῶν and τὰ δαιμόνια and τὰ ε....βλέπειν and οὔτε...περιπατεῖν (bold type)	τῶν ἔ... αὐτῶν and τὰ δαιμόνια and τὰ ε....βλέπειν and οὔτε...περιπατεῖν (not italicized)	
.21 †	τῶν φαρμακεῖων and τῆς πορνείας (bold type)	τῶν φαρμάκων and τῆς πορνείας (not italicized)	S
10.1	οὐρανοῦ,	οὐρανοῦ	P
	[τὴν (aft ἐπὶ-acc)	τῆς (aft. ἐπὶ-gen.)	L²
	κεφαλὴν	κεφαλῆς	L
	αὐτοῦ,	αὐτοῦ	
	ἥλιος,	ἥλιος	P
.4	Καὶ	καὶ	O
	γράφειν... σφράγισον (bold type)	γράφειν... σφράγισον (not italicized)	
.5	ἦρεν...οὐρανόν, (bold type)	ἦρεν...οὐρανὸν (not italicized)	a,P
.6	καὶ ὥ....αἰῶνας and ὅς...αὐτῇ (2ᵐᵒ) (bold type)	καὶ ὥ....αἰῶνας and ὅς...αὐτῇ (not italicized)	
.7	τὸ μ....Θεοῦ and τοὺς ἐ....προφήτας (bold type)	τὸ μ....Θεοῦ and τοὺς ἐ....προφήτας (not italicized)	
.8	οὐρανοῦ,	οὐρανοῦ	P
.9	ἄγγελον,	ἄγγελον	P
	τὸ β....μοι and καὶ κατάφαγε and σου...κοιλίαν and τῷ σ....σου (bold type)	τὸ β....μοι and καὶ κατάφαγε and σου...κοιλίαν and τῷ σ....σου (not italicized)	
.10	καὶ	Καὶ	O
	τὸ βιβλαρίδιον and καὶ κ....γλυκύ· [as UBS'75] (bold type)	τὸ βιβλαρίδιον and καὶ κ....γλυκύ [read γλυκὺ] (not italicized)	a,P,E

TEXT	N-A '63	N-A '79	TYPE
10.11	δεῖ σε and προφητεῦ- σαι...βασιλεύσιν (bold type)	δεῖ σε and προφητεῦ- σαι...βασιλεύσιν (not italicized)	
11.1	κάλαμος (bold type)	κάλαμος (not italicized)	
.2	τοῖς ἔθνεσιν and πατήσουσιν (bold type)	τοῖς ἔθνεσιν and πατήσουσιν (not italicized)	
.3	καὶ	Καὶ	O
	μου,	μου	P
.4	αἱ...ἐλαῖαι and λυχνίαι and ἐν- ώπιον...ἑστῶτες (bold type)	αἱ...ἐλαῖαι and λυχνίαι and ἐν- ώπιον...ἑστῶτες (not italicized)	P
.5	ἀδικῆσαι, (1ˢᵗ) πῦρ...στόματος and κατεσθίει...ἐχθροὺς (bold type)	ἀδικῆσαι πῦρ...στόματος and κατεσθίει...ἐχθροὺς (not italicized)	
.6	μὴ...βρέχῃ and τῶν ὑ....στρέφειν and εἰς αἷμα and πατάξαι and ἐν... πληγῇ (bold type)	μὴ...βρέχῃ and τῶν ὑ....στρέφειν and εἰς αἷμα and πατάξαι and ἐν... πληγῇ (not italicized)	
.7	θηρίον and ἀνα- βαῖνον...μετ' and πόλεμον...αὐτοὺς (1ˢᵗ) (bold type)	θηρίον and ἀνα- βαῖνον...μετ' and πόλεμον...αὐτοὺς (1ˢᵗ) (not italicized)	
.8	Σόδομα (bold type)	Σόδομα (not italicized)	
.9	ἥμισυ,	ἥμισυ	P
.10	εὐφραίνονται, (bold type)	εὐφραίνονται (not italicized)	P
.11	[τὰς] φόβος and ἐπέπεσεν ἐπὶ (bold type)	τὰς φόβος and ἐπέπεσεν ἐπὶ (not italicized)	P¹
.12	ὧϋ̈...εἰς...οὐρανὸν (bold type)	ϊϋ̈...εἰς...οὐρανὸν (not italicized)	
.13	σεισμὸς μέγας, and ἔπεσεν, (bold type)	σεισμὸς μέγας and ἔπεσεν (not italicized)	P
	ἑπτά,	ἑπτὰ	a,P
	τῷ Θ....οὐρανοῦ (bold type)	τῷ Θ....οὐρανοῦ (not italicized)	
.15	οὐρανῷ	οὐρανῷ	P
	ἡ βασιλεία and τοῦ (2ᵐᵒ) κυρίου and καὶ τ....αὐτοῦ and βασιλεύσει... αἰώνων (bold type)	ἡ βασιλεία and τοῦ κυρίου and καὶ τ....αὐτοῦ and βασιλεύσει... αἰώνων (not italicized)	
.16	καὶ	Καὶ	O
	πρεσβύτεροι,	πρεσβύτεροι	P
	οἱ	[οἱ]	P¹
	αὐτῶν, (1ˢᵗ)	αὐτῶν	P
	Θεῷ,	Θεῷ	P
.17	ὁ ὢν and ἐβασί- λευσας· (bold type)	ὁ ὢν and ἐβασί- λευσας. (not italicized)	P
.18	τὰ...ὠργίσθησαν (bold type)	τὰ...ὠργίσθησαν (not italicized)	

Rv

TEXT	N-A '63	N-A '79	TYPE		TEXT	N-A '63	N-A '79	TYPE
11 .18	ἡ ὀργή, and τοῖς... προφήταις and τοῖς φοβουμένοις	ἡ ὀργή, and τοῖς... προφήταις and τοῖς φοβουμένοις and			13. 2	ὡς ἄρκου, and λέοντος (bold type)	ὡς ἄρκου and λέοντος (not italicized)	P
	and τοῖς and	τοὺς and	L		.3	καὶ (3ᴿᴰ)	Καὶ	O
†	μικροῖς and	μικροὺς and	L			Θηρίου,	Θηρίου	P
	τοῖς and	τοὺς and	L		.4	Θηρίῳ, (3ᴿᴰ)	Θηρίῳ	P
	μεγάλοις (all bold type)	μεγάλους (all not italicized)	L		.5	καὶ	Καὶ	O
.19	καὶ	Καὶ	O			στόμα...μεγάλα (bold type)	στόμα...μεγάλα (not italicized)	
	οὐρανῷ,	οὐρανῷ	P			βλασφημίας,	βλασφημίας	P
	ἡ...διαθήκης and ἐν...ναῷ and	ἡ...διαθήκης and ἐν...ναῷ and				ποιῆσαι (bold type)	ποιῆσαι (not italicized)	
	ἀστραπαὶ...φωναὶ and βρονταὶ and χάλαζα μεγάλη (bold type)	ἀστραπαὶ...φωναὶ and βρονταὶ and χάλαζα μεγάλη (not italicized)			.6	Θεόν,	Θεὸν	a,P
					.7	ποιῆσαι...αὐτούς (bold type)	ποιῆσαι...αὐτούς (not italicized)	
12. 1	αὐτῆς, (1ˢᵀ)	αὐτῆς	P		.8	οὗ and γέγραπται and ἐν...ζωῆς and ἀρνίου and ἐσφαγ- μένου (bold type)	οὗ and γέγραπται and ἐν...ζωῆς and ἀρνίου and ἐσφαγ- μένου (not italicized)	
.2	κράζει... καὶ and τεκεῖν (bold type)	κράζει...καὶ and τεκεῖν (not italicized)						
.3	πυρρός, κέρατα δέκα (bold type)	πυρρός, κέρατα δέκα (not italicized)	a,P		.10	εἴ...αἰχμαλωσίαν and εἰ (2ᴺᴰ)... μαχαίρῃ (bold type)	εἴ... αἰχμαλωσίαν and εἰ (2ᴺᴰ)... μαχαίρῃ (not italicized)	
.4	τῶν...οὐρανοῦ, and καὶ ἔβαλεν and εἰς...γῆν (bold type)	τῶν...οὐρανοῦ and καὶ ἔβαλεν and εἰς...γῆν (not italicized)	P		†	ἀποκτενεῖ, δεῖ	ἀποκτανθῆναι	L,P Sb
						ἐν μαχαίρῃ (bold type)	ἐν μαχαίρῃ (not italicized)	
.5	ἔτεκεν and ἄρσεν and ποιμαίνειν and τὰ...σιδηρᾶ · and	ἔτεκεν and ἄρσεν and ποιμαίνειν and τὰ...σιδηρᾶ. and	P		.11	ἀρνίῳ,	ἀρνίῳ	P
					.12	αὐτοῦ.	αὐτοῦ,	P
.7	Μιχαὴλ and τοῦ πολεμῆσαι (all bold type)	Μιχαὴλ and τοῦ πολεμῆσαι (all not italicized)			.13	ἀνθρώπων.	ἀνθρώπων,	P
					.15	καὶ	Καὶ	O
.8	ἴσχυσεν,	ἴσχυσεν	P			Θηρίου, (2ᴺᴰ)	Θηρίου	P
	οὗ of οὐδὲ and τόπος εὑρέθη and αὐτ of αὐτῶν (bold type)	οὐδὲ and τόπος εὑρέθη and αὐτῶν (not italicized)				ὅσοι... εἰκόνι (bold type)	ὅσοι... εἰκόνι (not italicized)	
					.16	αὐτῶν,	αὐτῶν	P
.9	ὁ ὄφις and Διάβολος and ὁ Σατανᾶς (bold type)	ὁ ὄφις and Διάβολος and ὁ Σατανᾶς (not italicized)			.17	[καὶ]	καὶ	Pˡ
					.18	Θηρίου·	Θηρίου,	P
.11	αὐτῶν, (1ˢᵀ)	αὐτῶν	P			ἐστίν.	ἐστίν,	P
.12	εὐφραίνεσθε (bold type)	εὐφραίνεσθε (not italicized)			14. 1	Σιών, ἐπὶ (2ᴺᴰ)...μετώπων (bold type)	Σιὼν ἐπὶ... μετώπων (not italicized)	a,P
†	οὐρανοὶ (bold type)	[οἳ] οὐρανοὶ (not italicized)	A		.2	ὡς...πολλῶν and	ὡς...πολλῶν and	
	σκηνοῦντες·	σκηνοῦντες.	P		.3	ᾄδουσιν (bold type)	ᾄδουσιν (not italicized)	
.14	καιρὸν...καιροῦ (bold type)	καιρὸν... καιροῦ (not italicized)			†		[ὡς]	A
						ᾠδὴν καινὴν (bold type)	ᾠδὴν καινὴν (not italicized)	
.16	γυναικί,	γυναικὶ	a,P			πρεσβυτέρων ·	πρεσβυτέρων,	P
.17	γυναικί,	γυναικὶ	a,P		.4	ἐμολύνθησαν ·	ἐμολύνθησαν,	P
	αὐτῆς,	αὐτῆς	-			εἰσιν.	εἰσιν,	P
	Ἰησοῦ ·	Ἰησοῦ.	x	P	.5	αὐτῶν (not bold type)	αὐτῶν (italicized)	
.18	καὶ	Καὶ	O			ψεῦδος· (bold type)	ψεῦδος, (not italicized)	P
13. 1	ἐκ...ἀναβαῖνον and κέρατα δέκα (bold type)	ἐκ...ἀναβαῖνον and κέρατα δέκα (not italicized)			.7	τῷ...θάλασσαν (bold type)	τῷ... θάλασσαν (not italicized)	
					.8	ἔπεσεν (1ˢᵀ)... μεγάλη, and ἢ... οἴνου and αὐτῆς...ἔθνη (bold type)	ἔπεσεν... μεγάλη and ἢ... οἴνου and αὐτῆς...ἔθνη (not italicized)	
	ἑπτά, διαδήματα, ὀνόματα	ἑπτὰ διαδήματα ὀνόμα[τα]	a,P P Pˡ		.9	αὐτοῦ, (1ˢᵀ)	αὐτοῦ	P
.2	Θηρίον and ὅμοιον παρδάλει, (bold type)	Θηρίον and ὅμοιον παρδάλει (not italicized)	P		.10	πίεται...οἴνου and κεκερασμένου... αὐτοῦ, and πυρί... θείῳ (bold type)	πίεται...οἴνου and κεκερασμένου... αὐτοῦ and πυρί... θείῳ (not italicized)	P

Rv

TEXT	N-A '63	N-A '79	TYPE
14.11	καὶ ὁ καπνὸς and εἰς αἰῶνας and ἀναβαίνει and ἡμέρας... νυκτὸς (bold type)	καὶ ὁ καπνὸς and εἰς αἰῶνας and ἀναβαίνει and ἡμέρας... νυκτὸς (not italicized)	
.13	αὐτοῦ, (1ˢᵗ)	αὐτοῦ	P
.14	αὐτῶν· (1ˢᵗ)	αὐτῶν,	P
.14	εἶδον...ἰδοὺ and ἐπὶ and νεφέλην and ὅμοιον...ἀνθρώπου (bold type)	εἶδον...ἰδοὺ and ἐπὶ and νεφέλην and ὅμοιον...ἀνθρώπου (not italicized)	
.15	ναοῦ, πέμψον...δρέπανόν and ὅτι...θερίσαι (bold type)	ναοῦ πέμψον...δρέπανόν and ὅτι...θερίσαι (not italicized)	P
.16	γῆν,	γῆν	P
.17	οὐρανῷ,	οὐρανῷ	P
.18	ἐξῆλθεν	[ἐξῆλθεν]	P¹
	Θυσιαστηρίου, πέμψον and δρέπανον (bold type)	Θυσιαστηρίου πέμψον and δρέπανον (not italicized)	P
.19	γῆν,	γῆν	P
.20	ἐπατήθη ἡ ληνὸς (bold type)	ἐπατήθη ἡ ληνὸς (not italicized)	
	πόλεως,	πόλεως	P
	ἵππων,	ἵππων	P
15.1	πληγὰς ἑπτὰ (bold type)	πληγὰς ἑπτὰ (not italicized)	
.2	πυρί,	πυρί	a,P
	ὑαλίνην, (2ᵗʰ)	ὑαλίνην	P
.3	ᾄδουσιν...Θεοῦ (bold type)	ᾄδουσιν...Θεοῦ (not italicized)	
	ἀρνίου,	ἀρνίου	P
	ὁ Θεὸς ὁ παντοκράτωρ (not bold type)	ὁ Θεὸς ὁ παντοκράτωρ (italicized)	
	σου (not bold type)	σου (italicized)	
.4	καὶ (not bold type)	καὶ (italicized)	
	ὅσιος (bold type)	ὅσιος (not italicized)	
.5	τῆς...μαρτυρίου (bold type)	τῆς...μαρτυρίου (not italicized)	
.6	οἱ (2ᴺᴰ)	[οἱ]	P¹
	ἑπτὰ πληγὰς (bold type)	ἑπτὰ πληγὰς (not italicized)	
	ναοῦ, ἐνδεδυμένοι λίνον (bold type)	ναοῦ ἐνδεδυμένοι λίνον (not italicized)	P
.8	καὶ (1ˢᵗ)... καπνοῦ and τῆς δόξης and καὶ οὐδεὶς... εἰς and ἑπτὰ πληγαὶ (bold type)	καὶ (1ˢᵗ)...καπνοῦ and τῆς δόξης and καὶ οὐδεὶς...εἰς and ἑπτὰ πληγαὶ (not italicized)	
16.1	φωνῆς...ναοῦ and ἐκχέετε and τοῦ θυμοῦ and εἰς...γῆν (bold type)	φωνῆς...ναοῦ and ἐκχέετε and τοῦ θυμοῦ and εἰς...γῆν (not italicized)	
.2	γῆν· καὶ ἐγένετο ἕλκος and πονηρὸν... ἀνθρώπους (bold type)	γῆν, καὶ ἐγένετο ἕλκος and πονηρὸν... ἀνθρώπους (not italicized)	P
.3	θάλασσαν· καὶ ἐγένετο αἷμα (bold type)	θάλασσαν, καὶ ἐγένετο αἷμα (not italicized)	x P

TEXT	N-A '63	N-A '79	TYPE
16.3	ἀπέθανεν, τὰ ἐν (bold type)	ἀπέθανεν τὰ ἐν (not italicized)	- P
.4	τοὺς ποταμοὺς (bold type)	τοὺς ποταμοὺς (not italicized)	
	ὑδάτων·	ὑδάτων,	P
	καὶ ἐγένετο αἷμα (bold type)	καὶ ἐγένετο αἷμα (not italicized)	
.5	δίκαιος... ὢν and ὅσιος (bold type)	δίκαιος...ὢν and ὅσιος (not italicized)	
.6	αἷμα and ἐξέχεαν, and αἷμα αὐτοῖς (bold type)	αἷμα and ἐξέχεαν, and αἷμα αὐτοῖς (not italicized)	- P
	δέδωκας	[δ]έδωκας	P¹
	πεῖν· (contracted)	πιεῖν,	x O,P
	(bold type)	(not italicized)	
.7	κύριε and ἀληθιναὶ and δίκαιαι...σου (bold type)	κύριε and ἀληθιναὶ and δίκαιαι...σου (not italicized)	
.8	ἥλιον·	ἥλιον,	P
.9	μέγα,	μέγα	P
	ταύτας,	ταύτας	P
.10	Θηρίου· ἐγένετο and ἐσκοτωμένη (bold type)	Θηρίου, ἐγένετο and ἐσκοτωμένη (not italicized)	P
.11	τὸν...οὐρανοῦ (bold type)	τὸν...οὐρανοῦ (not italicized)	
	αὐτῶν, (2ᴺᴰ)	αὐτῶν	P
.12	τὸν π....μέγαν (bold type)	τὸν π....μέγαν (not italicized)	P
†	τὸν	τὸν	Λ
	Εὐφράτην· and ἐξηράνθη...ὕδωρ and ἀπὸ...ἡλίου (bold type)	Εὐφράτην, and ἐξηράνθη...ὕδωρ and ἀπὸ...ἡλίου (not italicized)	P
.13	βάτραχοι (bold type)	βάτραχοι (not italicized)	
.14	ὅλης,	ὅλης	P
.15	κλέπτης·	κλέπτης.	P
.17	ἀέρα·	ἀέρα,	P
	φωνὴ and ἐκ...ναοῦ (bold type)	φωνὴ and ἐκ...ναοῦ (not italicized)	
.18	ἀστραπαί...φωναὶ and βρονταί, and οἷος...οὗ and ἐγένετο...γῆς, (bold type)	ἀστραπαὶ...φωναὶ and βρονταὶ and οἷος...οὗ and ἐγένετο...γῆς, (not italicized)	a, P
.19	μέρη, Βαβυλὼν...μεγάλη and τὸ π....θυμοῦ and αὐτοῦ (bold type)	μέρη Βαβυλὼν...μεγάλη and τὸ π....θυμοῦ and αὐτοῦ (not italicized)	P
.20	ἔφυγεν,	ἔφυγεν	P
.21	χάλαζα μεγάλη (bold type)	χάλαζα μεγάλη (not italicized)	
	ἀνθρώπους· μεγάλη and σφόδρα (bold type)	ἀνθρώπους, μεγάλη and σφόδρα (not italicized)	P
17.1	φιάλας, ἐπὶ...πολλῶν (bold type)	φιάλας, ἐπὶ...πολλῶν (not italicized)	
.2	μεθ'...γῆς, (bold type)	μεθ'...γῆς (not italicized)	P

Rv

TEXT	N-A '63	N-A '79	TYPE	TEXT	N-A '63	N-A '79	TYPE
17. 2	ἐμεθύσθησαν and τὴν...οἴνου and αὐτῆς. (bold type)	ἐμεθύσθησαν and τὴν...οἴνου and αὐτῆς (not italicized)	P	18. 3	αὐτῆς...ἔθνη, and καὶ...ἐπόρνευσαν, (bold type)	αὐτῆς...ἔθνη and καὶ...ἐπόρνευσαν (not italicized)	P P
.3	καὶ (2ᴺᴰ) Θηρίον (bold type)	Καὶ Θηρίον (not italicized)	O	.4	ἐξέλθατε...αὐτῆς, (bold type)	ἐξέλθατε...αὐτῆς (not italicized)	- P
	γέμοντα	γέμον[τα]	Pˡ		λάβητε·	λάβητε,	x P
	† ἔχοντα	ἔχων	L	.5	ὅτι...αὐτῆς (1ˢᵀ) and	ὅτι...αὐτῆς and	
	κέρατα δέκα (bold type)	κέρατα δέκα (not italicized)			ἄχρι...οὐρανοῦ, (bold type)	ἄχρι...οὐρανοῦ (not italicized)	P
.4	κόκκινον, ποτήριον χρυσοῦν (bold type)	κόκκινον ποτήριον χρυσοῦν (not italicized)	P	.6	ἀπόδοτε...ἀπέδωκεν, and κατὰ...αὐτῆς· (bold type)	ἀπόδοτε...ἀπέδωκεν and κατὰ...αὐτῆς, (not italicized)	- P x P
	αὐτῆς,	αὐτῆς	P		διπλοῦν·	διπλοῦν,	x P
.5	ΒΑΒΥΛΩΝ...ΓΗΣ	Βαβυλὼν...γῆς	O	.7	ἐν...βασίλισσα and χήρα...ἴδω· (bold type)	ἐν...βασίλισσα and χήρα...ἴδω. (not italicized)	P
.7	καὶ	Καὶ	O				
.8	Τὸ Θηρίον (bold type)	Τὸ Θηρίον (not italicized)		.8	ἐν μιᾷ... ἥξουσιν (bold type)	ἐν μιᾷ... ἥξουσιν (not italicized)	
	ἔστιν, ἀναβαίνειν... ἀβύσσου (bold type)	ἔστιν ἀναβαίνειν... ἀβύσσου (not italicized)	- P		κατακαυθήσεται· ἰσχυρὸς κύριος and κρίνας (bold type)	κατακαυθήσεται, ἰσχυρὸς κύριος and κρίνας (not italicized)	P
	ὑπάγει· ὢν and γέγραπται and ἐπὶ...ζωῆς (bold type)	ὑπάγει, ὢν and γέγραπται and ἐπὶ...ζωῆς (not italicized)	x P	.9	καὶ κλ....ἐπ' and οἱ β....πορνεύσαντες (bold type)	Καὶ κλ....ἐπ' and οἱ β....πορνεύσαντες (not italicized)	O
	παρέσται.	παρέσται	-	.10	αὐτῆς, ἡ μεγάλη...ἰσχυρά (bold type)	αὐτῆς ἡ μεγάλη...ἰσχυρά (not italicized)	
.9	αἱ	Αἱ	O				
	αὐτῶν,	αὐτῶν.	P	.11	καὶ	Καὶ	O
.11	ἔστιν, (1ˢᵀ)	ἔστιν	P		ἔμποροι and κλαί- ουσιν...πενθοῦσιν (bold type)	ἔμποροι and κλαί- ουσιν...πενθοῦσιν (not italicized)	
	ἔστιν,	ἔστιν	P		οὐκέτι,	οὐκέτι	P
.12	καὶ...κέρατα and δέκα...εἰσιν (bold type)	Καὶ...κέρατα and δέκα...εἰσιν (not italicized)	O	.12	σηρικοῦ	σιρικοῦ	O
.13	ἔχουσιν,	ἔχουσιν	P	.13	ψυχὰς ἀνθρώπων (bold type)	ψυχὰς ἀνθρώπων (not italicized)	
.14	κύριος...ἐστὶν and βασιλεὺς βασιλέων, (bold type)	κύριος...ἐστὶν and βασιλεὺς βασιλέων (not italicized)	P	.14	σου, (3ᴿᴰ)	σου	P
.15	τὰ ὕδατα (bold type)	τὰ ὕδατα (not italicized)		.15	οἱ	Οἱ	O
	εἶδες,	εἶδες	P		ἔμποροι (bold type) τούτων,	ἔμποροι (not italicized) τούτων	P
.16	Θηρίον,	Θηρίον	- P		αὐτῆς,	αὐτῆς	P
	πόρνην,	πόρνην	- P		κλαίοντες...πενθοῦν- τες, (bold type)	κλαίοντες...πενθοῦν- τες (not italicized)	P
	γυμνήν,	γυμνήν	a, P	.16	κόκκινον,	κόκκινον	P
	φάγονται,	φάγονται	-		ἐν	[ἐν]	Pˡ
	[ἐν]	ἐν	Pˡ	.17	καὶ (1ˢᵀ)	Καὶ	
	πυρί·	πυρί.	x P		κυβερνήτης and καὶ ν....θάλασσαν and ἔστησαν (bold type)	κυβερνήτης and καὶ ν....θάλασσαν and ἔστησαν (not italicized)	
.17	αὐτοῦ,	αὐτοῦ	P				
	Θηρίω	Θηρίω	P	.18	τίς ὁμοία (bold type)	τίς ὁμοία (not italicized)	
.18	τῶν...γῆς (bold type)	τῶν...γῆς (not italicized)		.19	καὶ (1ˢᵀ)...πενθοῦν- τες, (bold type)	καὶ...πενθοῦν- τες (not italicized)	
18. 1	οὐρανοῦ,	οὐρανοῦ	P		ἐπλούτησαν πάντες and τὰ...τῆς and ἠρημώθη (bold type)	ἐπλούτησαν πάντες and τὰ...τῆς and ἠρημώθη (not italicized)	P
.2	ἔπεσεν (1ˢᵀ)...μεγάλη and κατοικητήριον δαιμονίων (bold type)	ἔπεσεν...μεγάλη and κατοικητήριον δαιμονίων (not italicized)		.20	Εὐφραίνου and οὐρανὲ and ὅτι ἔκρινεν (bold type)	Εὐφραίνου and οὐρανὲ and ὅτι ἔκρινεν (not italicized)	
	† {	[καὶ φυλακῇ παντὸς Θηρίου ἀκαθάρτου]	A A A A				
.3	ἐκ...οἴνου and	ἐκ...οἴνου and					

Rᵥ

TEXT	N-A '63	N-A '79	TYPE	TEXT	N-A '63	N-A '79	TYPE
18.21	λίθον (bold type) μέγαν, καί...εἰς and λέγων and οὕτως and Βαβυλὼν...μεγάλη (bold type)	λίθον (not italicized) μέγαν καί...εἰς and λέγων and οὕτως and Βαβυλὼν...μεγάλη (not italicized)	P	19.7	χαίρωμεν and ἀγαλλιῶμεν, (bold type)	χαίρωμεν and ἀγαλλιῶμεν (not italicized)	P
	πόλις, καὶ οὐ...ἔτι (bold type)	πόλις καὶ οὐ...ἔτι (not italicized)	P	†	δώσομεν ἀρνίου, ἑαυτήν,	δώσωμεν ἀρνίου ἑαυτὴν	L P a,P
.22	καὶ φωνὴ and μουσικῶν and οὐ...ἀκουσθῇ and ἔτι and καὶ (6ᵗᵃ)... μύλου (bold type)	καὶ φωνὴ and μουσικῶν and οὐ...ἀκουσθῇ and ἔτι and καὶ... μύλου (not italicized)		.11	Καὶ...ἠνεωγμένον (bold type) λευκός,	Καὶ...ἠνεωγμένον (not italicized) λευκὸς	a,P
.23	καὶ φῶς λύχνου and καὶ φωνὴ... νύμφης (bold type)	καὶ φῶς λύχνου and καὶ φωνὴ... νύμφης (not italicized)		†	πιστὸς καλούμενος ἐν δ....κρίνει (bold type)	[καλούμενος] πιστὸς ἐν δ....κρίνει (not italicized)	W,pⁱ
	[οἱ] ἔμποροί and οἱ μ....γῆς and ἐν τῇ...σου (bold type)	οἱ ἔμποροί and οἱ μ....γῆς and ἐν τῇ...σου (not italicized)	Pⁱ	.12	οἱ δὲ...αὐτοῦ (bold type)	οἱ δὲ...αὐτοῦ (not italicized)	
				†		[ὡς]	A
					πυρός (bold type)	πυρός (not italicized)	
.24	πάντων...γῆς (bold type)	πάντων...γῆς (not italicized)		.14	καὶ τὰ	Καὶ [τὰ]	O pⁱ
19.1	ἀλληλουϊά (UBS⁷⁵) (bold type)	ἀλληλουϊά (vv. 3 and 6 have ἅ.) (not italicized)	E	.15	τοῦ στόματος and πατάξη...ἔθνη · (bold type)	τοῦ στόματος and πατάξη...ἔθνη, (not italicized)	P
.2	ἀληθιναὶ and δίκαιαι...αὐτοῦ and ἐξεδίκησεν... δούλων and ἐκ χειρὸς (bold type)	ἀληθιναὶ and δίκαιαι...αὐτοῦ and ἐξεδίκησεν... δούλων and ἐκ χειρὸς (not italicized)			σιδηρᾷ · πατεῖ...ληνὸν (bold type)	σιδηρᾷ, πατεῖ...ληνὸν (not italicized)	P
					παντοκράτορος.	παντοκράτορος,	P
3	καὶ ἀλληλουϊά...αἰωνας (bold type)	Καὶ ἀλληλουϊά...αἰωνας (not italicized)	O	.16	ΒΑΣΙΛΕΥΣ...ΚΥΡΙΩΝ	Βασιλεὺς... κυρίων	O P
.4	τέσσερα ζῷα καθημένῳ...θρόνῳ (bold type)	τέσσαρα ζῷα καθημένῳ...θρόνῳ (not italicized)	O P -	.17	ἡλίῳ, ἐν (2ᵐᵒ) λέγων...πετομένοις (bold type)	ἡλίῳ [ἐν] λέγων...πετομένοις (not italicized)	P pⁱ
	ἀλληλουϊά. (UBS⁷⁵) (bold type)	ἀλληλουϊά, (vv. 3 and 6 have ἅ.) (not italicized)	x P, E		δεῦτε...εἰς τὸ (bold type) Θεοῦ,	Δεῦτε... εἰς τὸ (not italicized) Θεοῦ	O P
.5	καὶ αἰνεῖτε (bold type) ἡμῶν, πάντες οἱ δοῦλοι (bold type)	Καὶ αἰνεῖτε (not italicized) ἡμῶν πάντες οἱ δοῦλοι (not italicized)	O P	.18	φάγητε and βασι- λέων and σάρκας ἰσχυρῶν and ἵππων (bold type)	φάγητε and βασι- λέων and σάρκας ἰσχυρῶν and ἵππων (not italicized)	μ
	αὐτοῦ, †	αὐτοῦ [καὶ]	P A	.19	τοὺς...γῆς and συνηγμένα (bold type)	τοὺς...γῆς and συνηγμένα (not italicized)	
	οἱ φ...μεγάλοι (bold type)	οἱ φ...μεγάλοι (not italicized)		.20	καιομένης...θείῳ (bold type)	καιομένης...θείῳ (not italicized)	
.6	ὡς φωνὴν ὄχλου and ὡς φ....πολλῶν (bold type)	ὡς φωνὴν ὄχλου and ὡς φ....πολλῶν (not italicized)		.21	πάντα...σαρκῶν (bold type)	πάντα...σαρκῶν (not italicized)	
	ἰσχυρῶν, ἀλληλουϊά and ἐβασίλευσαν κύριος (bold type)	ἰσχυρῶν ἀλληλουϊά and ἐβασίλευσαν κύριος (not italicized)	P	20.1	οὐρανοῦ,	οὐρανοῦ	P
	ἡμῶν	[ἡμῶν]	Pⁱ	.2	ὁ ὄφις and Διάβολος and ὁ Σατανᾶς (bold type)	ὁ ὄφις and Διάβολος and ὁ Σατανᾶς (not italicized)	
					ἔτη	ἔτη	P
				.3	ἄβυσσον, ἔθνη, ἔτη	ἄβυσσον ἔθνη ἔτη	- P - P x P
				.4	εἶδον θρόνους, and ἐκάθισαν (bold type)	εἶδον θρόνους and - ἐκάθισαν (not italicized)	P
					αὐτούς, καὶ κ. ἐδόθη (bold type)	αὐτοὺς καὶ κ. ἐδόθη (not italicized)	a,P
					Θεοῦ, αὐτῶν ·	Θεοῦ. αὐτῶν.	- P x P
				.6	ἱερεῖς...Θεοῦ (bold type)	ἱερεῖς...Θεοῦ (not italicized)	

Rv

TEXT	N-A '63	N-A '79	TYPE
20.6	Χριστοῦ,	Χριστοῦ	P
.7	αὐτοῦ,	αὐτοῦ	P
.8	ταῖς...Γὼγ and Μαγώγ (bold type)	ταῖς...Γὼγ and Μαγώγ (not italicized)	
.9	ἐπὶ...γῆς, and τὴν ἠγαπημένην· (bold type)	ἐπὶ...γῆς and τὴν ἠγαπημένην, (not italicized)	- P, x P
	αὐτούς· (not bold type)	αὐτούς. (italicized)	x P
.10	πυρὸς...Θείου, (bold type)	πυρὸς...Θείου (not italicized)	P
.11	Καὶ...Θρόνον and καθήμενον (bold type)	Καὶ...Θρόνον and καθήμενον (not italicized)	
	αὐτὸν ἀπό...γῆ (bold type)	αὐτόν, ἀπό...γῆ (not italicized)	+ a,P
	οὐρανός, τόπος...αὐτοῖς (bold type)	οὐρανὸς τόπος...αὐτοῖς (not italicized)	- a,P
.12	Θρόνου,	Θρόνου.	P
	καὶ β. ἠνοίχθησαν and βιβλίον and	καὶ β. ἠνοίχθησαν, and βιβλίον and	P
	τῆς ζωῆς· and	τῆς ζωῆς, and	P
	κατά...αὐτῶν (bold type)	κατά...αὐτῶν (not italicized)	
.13	αὐτῇ,	αὐτῇ	P
	κατά...αὐτῶν (bold type)	κατά...αὐτῶν (not italicized)	
.15	εὑρέθη...γεγραμμένος (bold type)	εὑρέθη...γεγραμμένος (not italicized)	
21.1	οὐρανὸν...καινήν· (bold type)	οὐρανὸν...καινήν. x	P
	ἀπῆλθαν,	ἀπῆλθαν	- P
.2	τὴν π....Ἱερουσαλὴμ (w/o. breathing) (bold type)	τὴν π....Ἱερουσαλὴμ (not italicized)	E
	Θεοῦ, ὡς...κεκοσμημένην (bold type)	Θεοῦ ὡς...κεκοσμημένην (not italicized)	P
.3	ἰδοὺ ἡ σκηνὴ and καὶ σ....ἔ. καὶ and μετ'...ἔσται, (bold type)	ἰδοὺ ἡ σκηνὴ and καὶ σ....ἔ. καὶ and μετ'...ἔσται (not italicized)	- P
†{		[αὐτῶν Θεός],	+ A,P
.4	τῶν ὀφθαλμῶν (not bold type)	τῶν ὀφθαλμῶν (italicized)	
	ἔτι,	ἔτι	- P
	πένθος and κραυγὴ (bold type)	πένθος and κραυγὴ (not italicized)	
	ἔτι	ἔτι,	x P
	ὅτι	[ὅτι]	P¹
	τὰ πρῶτα (bold type)	τὰ πρῶτα (not italicized)	
.5	καὶ	Καὶ	O
	καθήμενος...ποιῶ (bold type)	καθήμενος...ποιῶ (not italicized)	
	πάντα.	πάντα	P
.6	ἐγὼ	ἐγώ	a
†		[εἰμι]	A
	τῷ διψῶντι and	τῷ διψῶντι and	

TEXT	N-A '63	N-A '79	TYPE
21.6	τοῦ ὕ....δωρεάν (bold type)	τοῦ ὕ....δωρεάν (not italicized)	
.7	ταῦτα,	ταῦτα	P
.8	καιομένη...Θείῳ (bold type)	καιομένη...Θείῳ (not italicized)	
.9	φιάλας, ἑπτὰ πληγῶν (bold type)	φιάλας ἑπτὰ πληγῶν (not italicized)	P
	ἐσχάτων,	ἐσχάτων	
.10	καὶ ἀ.με and ἐπὶ ὄρος and ὑψηλόν, καὶ and τὴν π.... Ἱερουσαλὴμ (bold type)	καὶ ἀ.με and ἐπὶ ὄρος and ὑψηλόν, καὶ and τὴν π.... Ἱερουσαλὴμ (not italicized)	
	Θεοῦ,	Θεοῦ	P
.11	τὴν δ....Θεοῦ· (bold type)	τὴν δ....Θεοῦ, (not italicized)	x P
	τιμιωτάτῳ,	τιμιωτάτῳ	- P
	κρυσταλλίζοντι· (bold type)	κρυσταλλίζοντι. (not italicized)	x P
.12	πυλῶνας (bold type)	πυλῶνας (not italicized)	
	δώδεκα, (1ST)	δώδεκα	- P
	δώδεκα,	δώδεκα	- P
	ὀνόματα (bold type)	ὀνόματα (not italicized)	
†{		[τὰ ὀνόματα]	A A
	τῶν and φυλῶν... Ἰσραήλ. (bold type)	τῶν and φυλῶν... Ἰσραήλ. (not italicized)	x P
.13	ἀπὸ ἀ....τρεῖς, (1ST) and καὶ ἀ....τρεῖς, καὶ ἀ.ν....τρεῖς, and καὶ ἀ.δ....τρεῖς (bold type)	ἀπὸ ἀ....τρεῖς and καὶ ἀ....τρεῖς καὶ ἀ.ν....τρεῖς and καὶ ἀ.δ....τρεῖς (not italicized)	P P
.14	δώδεκα, (1ST)	δώδεκα	P
.15	μέτρον κάλαμον (bold type)	μέτρον κάλαμον (not italicized)	
.16	τετράγωνος (bold type)	τετράγωνος (not italicized)	
	κεῖται,	κεῖται	- P
†		[καὶ]	A
	χιλιάδων·	χιλιάδων,	x P
.17	καὶ ἑ....τεῖχος (bold type)	καὶ ἑ....τεῖχος (not italicized)	
	πηχῶν,	πηχῶν	P
.18	καὶ (1ST) and τοῦ τείχους and ἴασπις, (bold type)	καὶ and τοῦ τείχους and ἴασπις (not italicized)	
.19	οἱ θεμέλιοι and λίθῳ τιμίῳ (bold type)	οἱ θεμέλιοι and λίθῳ τιμίῳ (not italicized)	
.20	ἀμέθυστος.	ἀμέθυστος,	P
.21	μαργαρῖται·	μαργαρῖται,	P
.22	αὐτῇ·	αὐτῇ,	x P
	ἐστιν	ἐστιν	- P
.23	τοῦ ἡ....σελήνης and φαίνωσιν (bold type)	τοῦ ἡ....σελήνης and φαίνωσιν (not italicized)	
	αὐτῇ,	αὐτῇ,	x P
	ἡ and δόξα...ἐφώτισεν (bold type)	ἡ and δόξα...ἐφώτισεν (not italicized)	
.24	καὶ π....φωτὸς and καὶ οἱ...δόξαν (bold type)	καὶ π....φωτὸς and καὶ οἱ...δόξαν (not italicized)	

Rv

TEXT	N-A '63	N-A '79	TYPE	TEXT	N-A '63	N-A '79	TYPE
21.24	αὐτήν·	αὐτήν,	P	22.17	ὁ διψῶν ἐρχέσθω	ὁ διψῶν ἐρχέσθω	
.25	καὶ οἱ πυλῶνες and	καὶ οἱ πυλῶνες and			and ὕδωρ...δωρεάν	and ὕδωρ δωρεάν	
	οὐ...νὺξ	οὐ...νὺξ			(bold type)	(not italicized)	
	(bold type)	(not italicized)		.18	τοὺς λόγους and	τοὺς λόγους and	
	ἐκεῖ ·	ἐκεῖ,	P		ἐπιθῇ...αὐτά and	ἐπιθῇ...αὐτά and	
.26	οἴσουσιν...δόξαν	οἴσουσιν...δόξαν			ἐπ' αὐτὸν and	ἐπ' αὐτὸν and	
	and τῶν ἐθνῶν	and τῶν ἐθνῶν			τὰς γ....τούτῳ and	τὰς γ....τούτῳ, and	P
	(bold type)	(not italicized)		.19	καὶ and ἀφέλῃ ἀπὸ	καὶ and ἀφέλῃ ἀπὸ	
.27	οὐ...κοινὸν	οὐ...κοινὸν			and τοῦ ξ....ζωῆς	and τοῦ ξ....ζωῆς	
	(bold type)	(not italicized)			(all bold type)	(all not italicized)	
	ψεῦδος,	ψεῦδος	P		ἁγίας,	ἁγίας	P
	οἱ...ζωῆς	οἱ...ζωῆς					
	(bold type)	(not italicized)					
22. 1	ποταμὸν...ζωῆς	ποταμὸν...ζωῆς					
	and ἐκπορευόμενον	and ἐκπορευόμενον					
	(bold type)	(not italicized)					
.2	ἐν μέσῳ and	ἐν μέσῳ and					
	τοῦ π....ζωῆς and	τοῦ π....ζωῆς and					
	κατὰ μῆνα and	κατὰ μῆνα and					
	τὸν κ....φύλλα and	τὸν κ....φύλλα and					
	εἰς θεραπείαν	εἰς θεραπείαν					
	(bold type)	(not italicized)					
.3	καὶ π....ἔτι	καὶ π....ἔτι					
	(bold type)	(not italicized)					
	αὐτῷ,	αὐτῷ	P				
.4	ὄψονται...αὐτοῦ	ὄψονται...αὐτοῦ					
	and ἐπὶ...μετώπων	and ἐπὶ...μετώπων					
	(bold type)	(not italicized)					
.5	ἔτι,	ἔτι	P				
	καὶ οὐκ and	καὶ οὐκ and					
	φωτὸς ἡλίου and	φωτὸς ἡλίου and					
	κύριος...φωτίσει	κύριος...φωτίσει					
	and καὶ β....αἰώνων	and καὶ β....αἰώνων					
	(bold type)	(not italicized)					
.6	ἃ...γενέσθαι	ἃ...γενέσθαι					
	(bold type)	(not italicized)					
.7	ἰδοὺ ἔρχομαι and	ἰδοὺ ἔρχομαι and					
.10	σφραγίσῃς and	σφραγίσῃς and					
	τοῦ βιβλίου	τοῦ βιβλίου					
	(all bold type)	(all not italicized)					
	τούτου·	τούτου,	P				
	ὁ καιρὸς (bold type)	ὁ καιρὸς (not italicized)					
.11	ἀδικῶν ἀδικησάτω	ἀδικῶν ἀδικησάτω					
	(bold type)	(not italicized)					
	ἔτι, (1ˢᵗ)	ἔτι	P				
	ἔτι, (3ᴿᴰ)	ἔτι	P				
.12	Ἰδοὺ ἔρχομαι and	Ἰδοὺ ἔρχομαι and					
	καὶ ὁ μισθός and	καὶ ὁ μισθός and					
	μετ' (bold type)	μετ' (not italicized)					
	ἐμοῦ,	ἐμοῦ	P				
	ἀποδοῦναι...ἔργον	ἀποδοῦναι...ἔργον					
	and αὐτοῦ	and αὐτοῦ					
	(bold type)	(not italicized)					
.13	ἐγὼ and πρῶτος καὶ	ἐγὼ and πρῶτος καὶ					
	(bold type)	(not italicized)					
.14	μακάριοι	Μακάριοι	O				
	πλύνοντες...στολὰς	πλύνοντες...στολὰς					
	and τὸ...ζωῆς	and τὸ...ζωῆς					
	(bold type)	(not italicized)					
.16	ἡ ῥίζα	ἡ ῥίζα					
	(bold type)	(not italicized)					

Study Two

A Catalogue
of
All the Changes

NOTES

For an explanation of Study Two, see the Introduction, pp. vi - vii.

For Abbreviations, see pp. viii - xi.

INDEX

TYPE MEANING AND EXAMPLE | NEW TESTAMENT BOOKS AND LETTERS | TOTAL

Type / Meaning and example	Mt	Mk	Lk	Jn	Ac	Rm	1-C	2-C	Ga	Eph	Phl	Col	1-Th	2-Th	1-Ti	2-Ti	Tit	Phm	Hb	Jm	1-Pt	2-Pt	1-Jn	2-Jn	3-Jn	Jd	Rv	TOTAL
a accentual changes. e.g., Βαριωνά to Βαριωνᾶ	8	6	10	12	24	5	2		3				1	1	1				1			1	3	1			1	80
A additions of words:	64	46	86	55	59	16	10	8	3	3	3	7	6	2	3	2	1		7	3	9	2	4			5	18	422
a) w/o. square brackets.	27	10	54	23	10	4	1	4									1		2	1						2	2	141
b) with square brackets.	37	36	32	32	49	12	9	4	3	3	3	7	6	2	2	2	1		5	2	9	2	4			3	16	281
a,P punctuation affecting a final accent: a) as added. e.g., αὐτὸν to αὐτόν,	2	1	2	3	7	2	6	3	1										1				3				1	32
b) as subtracted. e.g., κυσίν, to κυσίν	25	24	58	37	56	11	14	3	4	2	1	1	1	1	3	1	2	1	6	3	6	2	9	2			31	304
(bt bold type (in the 25th ed.) **to** to **ni)** not italicized (in the 26th ed.).	52	28	69	9	67	18	13	11	5	11	7	4	7	7			2	1	72	12	11	4				2	241	653
E errors: a) in the 25th edition.	1	1	5	2	1	1													1						1		2	15
b) in the 26th edition.	1	1	3	2	3	3				1												1			1		4	20
L lexical changes. e.g., κέρματα to κέρμα	17	19	21	48	26	4	3	5	3	3	1	2	2	1				1	2	3	2				1	2	19	185
O orthographical changes: a) of a different spelling. e.g., διεδίδοτο to διεδίδετο	23	25	21	18	11	5	5	1	4	1		1				1	2		1			1	1			1	12	134
b) of capitalization added. e.g., οὐ to Οὐ	34	30	51	40	38	25	20	10	5	13	6	3	5	5	10	8	1		2	10	6	5	11	2		3	33	376
c) of capitalization subtracted. e.g., Αἰ to αἰ	33	6	6	23	7	1	4		1	3		1															18	103
(nbt not bold type (in the 25th ed.) **to i)** to italicized (in the 26th ed.).	10	7	9	3	3	2	2	1	1					1	1				7	1	6	1					7	62
(p¹) round single brackets as subtracted.					11																							11
P¹ square single brackets: a) as added to words.	17	39	39	46	30	64	17	4	3	6	4	5	3	3				1	11		4	2	1			1	17	317
b) as subtracted from words.	17	18	5	28	5	6	2	3	1	1			1									1				6		93
P² square double brackets as subtracted.			37																									37
P punctuation changes: a) as added. e.g., 1-Th 2.2	21	8	19	22	27	10	10	7	7	10	4	6	6	1	3		2	1	9	1	3	2	6			1	3	189
b) as subtracted. e.g., 2-Th 1.5	190	170	244	211	341	96	92	49	28	35	16	21	19	11	43	36	11	2	73	40	43	23	22	4	2	14	223	2059
c) as substituting. e.g., τέκνῳ· to τέκνῳ,	92	39	95	61	123	59	34	19	18	16	7	5	10	3	15	10	5	4	39	19	16	8	16			3	97	813
P? the question mark: a) as added. e.g., Mt 11.9	2	2																										4
b) as subtracted. e.g., Mk 3.33	2	2						2																				6
c) as substituted. e.g., ὄντες; to [ὄντες],	2	2	2		2	3	5	1					1						2	5								25
d) as substituting. e.g., ταύτης. to ταύτης;			2	4	2	2					1								2	1								14
S substitutions of words. e.g., μηδὲ to μή	24	28	36	25	39	17	15	9	2	1	2	2	3	1	1			1	9	4	4	3	1			2	6	235
Sb subtractions of words:	17	21	18	14	4	8	3	1	2	2									5	3	1					1	2	102
a) w/o. square brackets.	12	17	14	12	2	6	2	1	2										2	2	1					1	1	75
b) with square brackets.	5	4	4	2	2	2	1	1	1										3	1						1	27
W word-order changes.	11	5	11	10	11	5	1	2	3				1		1	1	1		1	1			3	1		1	1	72

NOTE: All totals refer to the number of words, except (**bt** to **ni**) and (**nbt** to **i**), which refer to verses affected, and **W**, which counts only the number of times that the word order is changed.

a
ACCENTUAL CHANGES[1]

* enclitic accent received.
§ enclitic accent retained.
w effected by word-order change.

Mt₈

N-A '63	N-A '79	
1.15	Ἐλεαζάρ	Ἐλεάζαρ
	Ἐλεαζάρ	Ἐλεάζαρ
3.14	μέ error	με =UBS'⁷⁵
11.23	μὴ = UBS'⁷⁵	μή error
16.17	Βαριωνά	Βαριωνᾶ
19.29	†ὀνόματος	ὀνόματός *W
26.3	Καϊαφᾶ	Καϊάφα
.57	Καϊαφᾶν	Καϊάφαν

Mk₆

	N-A '63	N-A '79	
3.3	ξηράν	ξηρὰν	W
9.20	αὐτόν.(2ᵐ)=UBS'⁷⁵	αὐτὸν.	error
12.40	καθεσθόντες	καθεσθίοντες	
.41	γαζοφυλακείον	γαζοφυλάκιον	
.43	γαζοφυλακείον	γαζοφυλάκιον	
13.15	†ἆραι	ἆραί	*W

Lk₁₀

	N-A '63	N-A '79	
1.7	στείρα	στείρα	
3.2	Καϊαφᾶ	Καϊάφα	
.32	Σάλα	Σαλὰ	
.35	Σάλα	Σαλὰ	
.37	Μαθουσάλα	Μαθουσαλὰ	
14.26	τε =UBS'⁷⁵	τὲ	error
19.29	ἐλαιῶν	Ἐλαιῶν	
20.9	†ἄνθρωπος	ἄνθρωπός	*
21.1	γαζοφυλακεῖον	………	
.37	ἐλαιῶν	Ἐλαιῶν	

Jn₁₂

	N-A '63	N-A '79	
1.21	†σύ	σὺ	w
4.5	Σύχαρ	Συχὰρ	
5.10	†κράβατον	κράβαττόν	*
6.37	πρός *	πρὸς	
7.3	†σου	σοῦ	w §
.34	†εὑρήσετε	εὑρήσετέ	*
.36	†εὑρήσετε	εὑρήσετέ	*
11.49	Καϊαφᾶς	Καϊάφας	
18.13	Καϊαφᾶ	Καϊάφα	
.14	Καϊαφᾶς	Καϊάφας	
.24	Καϊαφᾶν	Καϊάφαν	
.28	Καϊαφᾶ	Καϊάφα	

Ac₂₄

	N-A '63	N-A '79	
2.43	†πολλὰ	πολλά	*
4.6	Καϊαφᾶς	Καϊάφας	*
.28	†βουλὴ	βουλή	*
.30	†χεῖρα	χείρά	*
7.23	τεσσαρακονταέτης	τεσσαρακονταετὴς	
.30	Σινὰ	Σινά	
.38	Σινὰ	Σινά	

	N-A '63	N-A '79	
13.11	†παραχρῆμα	παραχρῆμά	
.18	τεσσερακονταέτη	τεσσερακονταετῆ	
16.12	†μερίδος =UBS'⁷⁵	μερίδος	error
.23	†πολλὰς	πολλάς	
17.19	†ἐπιλαβόμενοι	ἐπιλαβόμενοί	*
.34	Δάμαρις	Δάμαρις	
18.8	Κρίσπος	Κρίσπος	error
	read:	Κρίσπος =UBS'⁷⁵	
20.4	Σέκουνδος	Σεκοῦνδος	
.22	συναντήσοντα	συναντήσοντά	*
22.8	†πρὸς	πρός	*
.13	†πρὸς	πρός	*
23.22	†πρὸς	πρός	*
.23	†τινας	[τινας]	w §
25.10	†ἐστὺς	ἐστώς	w
	†Καίσαρός *	Καίσαρος	
26.26	†αὐτὸν	αὐτόν	*
.31	†ἄξιον	ἄξιόν	*

Rm₅

	N-A '63	N-A '79	
4.19	ἑκατονταέτης	ἑκατονταετής	
8.14	†υἱοί *	υἱοὶ	W
.34	†ὅς	ὅς	
16.3	Πρίσκαν	Πρίσκαν	
.23	Κούαρτος	Κούαρτος	

1-C₂

	N-A '63	N-A '79
1.14	Κρῖσπον	Κρίσπον
16.19	Πρίσκα	Πρίσκα

Ga₃

	N-A '63	N-A '79
4.24	Σινά	Σινᾶ
	Σινᾶ	Σινᾶ
.27	στείρα	στείρα

Col₁

	N-A '63	N-A '79	
4.10	αὐτόν),=UBS'⁷⁵	αὐτόν)	error

1-Th₁

	N-A '63	N-A '79	
2.13	†καθὼς	καθώς	*W

2-Ti₁

	N-A '63	N-A '79
4.19	Πρίσκαν	Πρίσκαν

Hb₁

	N-A '63	N-A '79	
6.2	†ἀναστάσεως	ἀναστάσεώς	*

1-Pt₁

	N-A '63	N-A '79	
1.16	†ἅγιος	ἅγιός	*

1-Jn₃

	N-A '63	N-A '79	
4.12	†ἐστιν	ἐστίν	§
5.5	†[δὲ]	[δέ]	*W
.11	Θεός	Θεός	W

2-Jn₁

	N-A '63	N-A '79	
v.5	†καινήν,	καινὴν	W

Rv₁

	N-A '63	N-A '79	
21.6	†ἐγὼ	ἐγώ	*

80 ← Grand Total

A
ADDITIONS OF WORDS[2]
N-A '79

Mt

3.2		[καί]
.7	GEN. SG. M.	αὐτοῦ
.14		Ἰωάννης
.15	ACC.	πρός
.16	DAT. SG. M.	[αὐτῷ]
	ACC.	[τό]
	GEN. SG. M.	[τοῦ]
		[καί]
4.24		[καί]
6.33	GEN. SG. M.	[τοῦ]
		Θεοῦ]
8.7		καί
.8		καί
.13	GEN. SG. M.	[αὐτοῦ]
.21	GEN. SG. M.	[αὐτοῦ]
9.14	ACC. adv.	[πολλά],
.27	DAT. SG. M.	[αὐτῷ]
.32		ἄνθρωπον
10.23	w.temp.particle	ἄν w. subjc.
11.8	ind. pr. 3 pl.	εἰσίν.
12.15		[ὄχλοι]
.18		εἰς
13.11	DAT. PL. M.	αὐτοῖς·
.33		[…….]
.44	ACC.	πάντα
.45		ἀνθρώπῳ
14.3		[αὐτὸν]
.10		[τὸν]
.29		[ὁ]
.30	ACC. SG. M. predicat.	[ἰσχυρὸν]
15.2	GEN. PL. M.	[αὐτῶν]
.15		[ταύτην].
16.21		ὁ
17.24	ACC.	[τὰ]
18.15		[εἰς
		σὲ]
19.3		ἀνθρώπῳ
.7		[αὐτήν];
.10	GEN. SG. M.	[αὐτοῦ]
.21	DAT. PL. M.	[τοῖς]
.24	act. inf. aor.²	εἰσελθεῖν
20.8	DAT. PL. M.	αὐτοῖς
.9		καί
.15		[ἢ]
.17		ὁ
		[μαθητὰς]
.21		σου
21.28		καί
.29		δὲ

---

(1) Daggers refer to N-A '79 (26ᵗʰ edition). (2) With the exception of the addition in Mk 16 after v.8, all references have a dagger in the apparatus, except Lk 9.28 and Jn 12.4.

A

ADDITIONS OF WORDS, *cont'd.*

N-A '79

Mt

22.21	DAT. SG.M.	αὐτῷ·
.39		δὲ
23.4		[καὶ
.	ACC.PL.NT. predicat.	δυσβάστακτα]
.38	NOM.SG.M. "	ἔρημος.
25.3	GEN.PL.F.	αὐτῶν
.6	" SG.M.	[αὐτοῦ].
.22		[δὲ]
.41		[οἱ]
26.45	ACC. advl.	[τὸ]
27.16		['Ιησοῦν]
.17		['Ιησοῦν]
.64	GEN.SG.M.	αὐτοῦ
28.14		[αὐτὸν]
.15	ACC.	τὰ

64

Mk

1.1		[υἱοῦ
.		Θεοῦ].
.4		καὶ
.8	instrumental	ἐν
.14		δὲ
.27	ACC.	πρὸς
.40		καὶ
3.1		τὴν
.14		[οὓς
.		καὶ
.		ἀποστόλους
.	act.ind.aor.¹ 3 sg.	ὠνόμασεν]
.33		[μου];
.35		[γὰρ]
6.23	ACC.	[πολλὰ] not in B-ℵG
.		με
.41	GEN.SG.M.	[αὐτοῦ]
7.4		[καὶ
.	GEN.PL.F. (1.1)	κλινῶν]
.35	adv. of time	[εὐθέως]
.37		[τοὺς]
8.20	DAT. SG.M.	[αὐτῷ] ·
9.2		τὸν
.42		[εἰς
.		ἐμέ],
10.7		[καὶ
.	pass.ind.fut.¹ 3 sg.	προσκολληθήσεται
.	ACC.	πρὸς
.		τὴν
.	ACC.SG.F. (cf.3.9f)	γυναῖκα
.	GEN.SG.M.	αὐτοῦ],
12.9	inferential question	[οὖν]
.26		[ὁ]
.		[ὁ]
13.2	adv. of place	ὧδε
.15		[δὲ]
.31	part of doubl. neg.	μὴ w. fut.=subjc.
14.68		[καὶ

N-A '79

14.68		ἀλέκτωρ
.	act.ind.aor.¹ 3 sg.	ἐφώνησεν].
15.12	" " pr. 2 pl.	[θέλετε]
.36		[καὶ]
16. after v. 8 :		[[34 words, w.
.		3 punctuation
.		points in addi-
.		tion; in N-A '63,
.		after v. 20, w/o.
.		ἀμήν; 2 punc-
.		tuation points
.		in addition.]]
.18		[καὶ
.	local, instrumental	ἐν
.		ταῖς
.	DAT. PL.F. <χείρ	χερσὶν]

46 or 80

Lk

1.15	GEN.SG.M.	[τοῦ]
2.12	NOM.	τὸ
3.20		[καὶ]
6.36		[καὶ]
8.41	GEN.SG.M.	[τοῦ]
.43	DAT. PL.M. (2.7)	[ἰατροῖς
.	act.pt.aor.¹ nom.sg.f.	προσαναλώσασα
.	ACC.SG.M. predicat.	ὅλον
.		τὸν
.		βίον]
.52		γὰρ
9.2		[τοὺς
.	ACC.PL.M. subst.	ἀσθενεῖς],
.28		[καὶ
.50		ὁ
.59	VOC.SG.M.	[κύριε,]
10.1	ACC. distributive	[δύο]
.21	of agent	[ἐν]
.32	dep.(mid) pt.aor.¹ nom.sg.m.	γενόμενος]
11.24	adv. of time	[τότε]
12.27	act.ind.pr. 3 sg.	αὐξάνει·
.53		τὴν (1ˢᵀ)
.54		[τὴν]
.56	ind.pf.(pr.) 2 pl.	οἴδατε (2ᴺᴰ)
13.7	(not in M-Gˢ)	[οὖν]
.27		[ὑμᾶς]
15.29	GEN.SG.M.	αὐτοῦ·
17.1	adv. as conj.	πλὴν (adversative)
.12	DAT. SG.M.	[αὐτῷ]
.23		[ἤ ·]
.33		δ',
18.24	ACC.SG.M. predicat.	[περίλυπον
.	dep.(mid) pt.aor.¹ acc.sg.m.	γενόμενον]
20.9	enclitic rec'd.	[τις] indef. pron.
.45	GEN.SG.M.	[αὐτοῦ]
22.7	of time	[ἐν]
.18		[ὅτι] indir. discourse
23.11		[καὶ]
.28		[ὁ]
.31	DAT. SG.NT.	τῷ

N-A '79

23.39	act.pt.pr. nom.sg.m.	λέγων ·
.50		[καὶ]
24.12		΄Ο
.		δὲ
.		Πέτρος
.	act.pt.aor.² nom.sg.m.	ἀναστὰς
.	act.ind.aor.² 3 sg.	ἔδραμεν
.	ACC.	ἐπὶ
.	" SG.NT.	τὸ
.	" " " (2.8)	μνημεῖον
.		καὶ
.	act.pt.aor.² nom.sg.m.	παρακύψας
.	act.ind.pr. 3 sg.	βλέπει
.	ACC.	τὰ
.	acc.pl.nt. (2.8)	ὀθόνια
.	" " predicat.	μόνα,
.		καὶ
.	act.ind.aor.² 3 sg.	ἀπῆλθεν
.	ACC.	πρὸς
.	pron. reflex.	ἑαυτὸν
.	act.pt.pr.nom.sg.m.	θαυμάζων tr.
.	ACC.	τὸ
.	dep.pt.pf.² acc.sg.nt.	γεγονός. intr.
.36		καὶ
.	act.ind.pr. 3 sg.	λέγει
.	ACC.PL.M.	αὐτοῖς ·
.	NOM.SG.F. (1.1)	εἰρήνη
.		ὑμῖν.
.40		καὶ
.	ACC.	τοῦτο pron.demonst.
.	act.pt.aor.² nom.sg.m.	εἰπὼν
.	act.ind.aor.¹ 3 sg.	ἔδειξεν
.	DAT. PL.M.	αὐτοῖς
.		τὰς
.	ACC.PL.F. <χείρ	χεῖρας
.		καὶ
.		τοὺς
.	ACC.PL.M.<πούς	πόδας.
.50	adv. of place	[ἔξω]
.51		καὶ
.	pass.ind.im. 3 sg.	ἀνεφέρετο
.		εἰς
.		τὸν
.	ACC.SG.M.(2.7)	οὐρανόν.
.52	act.pt.aor. nom.pl.m.	προσκυνήσαντες
.		αὐτὸν

86

Jn

1.47		ὁ
2.12	GEN. SG.M.	[αὐτοῦ]
3.18		δὲ
.23		ὁ
.24		ὁ
.27	ACC.	ἐν
.28		[ὅτι] dir. discourse
4.11		[ἤ.
.	cf. 3.9f	γυνή]
.17	DAT. SG.M.	αὐτῷ·
.24		αὐτὸν

A

ADDITIONS OF WORDS, *cont'd.*

Jn

N-A '79

4.51	GEN.SG.M.	αὐτοῦ
.53	of time	[ἐν]
5.10		σου.
.17		['Ιησοῦς]
.29		δὲ
6.29		[ὁ]
.52	GEN.SG.M.	[αὐτοῦ]
.66		[ἐκ]
7.16		[ὁ]
.34		[με],
.36		[με],
.50	ACC. *advl.*	[τὸ]
[8.11]		[καὶ]
.16	*appositive, anarthrous*	πατήρ. (3.20m)
.28	DAT. PL.M.	[αὐτοῖς]
.41	*(not in M-G⁵)*	[οὖν]
.52	*(not in M-G⁵)*	[οὖν]
11.18		ἥ,
.21		τόν
.22	*elliptical-ascensive*	[ἀλλὰ]
12.4		[ἐκ]
.12		ὁ
13.10		ὁ (1ST)
.21		[ὁ]
.24	*of potential upt.*	ἂν
.25	*consequential response*	οὖν
.27		ὁ (2ND)
.29		[ὁ]
.36	DAT.SG.M.	[αὐτῷ]
14.6		[ὁ]
.7		καὶ
		αὐτόν.
16.19		[ὁ]
18.29	GEN.	[κατὰ]
19.11	DAT.SG.M.	[αὐτῷ]
.24		[ἥ,
.	*act.pt.pr. nom.sg.f.*	λέγουσα]
.38		[ὁ]
20.30	GEN.SG.M.	[αὐτοῦ],
21.1		ὁ
.5		[ὁ]
.11	*consequential effect*	οὖν
.12		δὲ
.17		[ὁ] (2ND)

55

Ac

1.7		δὲ
2.34		[ὁ]
.38	*ind.pr. 3 sg.*	[φησίν,]
.44	*ind.im. 3 pl.*	ἦσαν
		καὶ
3.6	*act.imv.pr. 2 sg.*	[ἔγειρε intr.]
		καὶ]
.13		[ὁ
		Θεὸς]

N-A '79

3.13		[ὁ
		Θεὸς]
.22		ὑμῶν (1ST)
4.4		[ὁ]
.18	ACC. *advl.*	τὸ
.28		[σου]
.30		[σου]
5.28	*interr.expecting 'yes'*	[οὐ]
7.3		[ἐκ]
.10		[ἐφ']
.13	GEN.SG.M.	[τοῦ]
.19		[ἡμῶν]
.22	*relational*	[ἐν]
.25	GEN.SG.M.	[αὐτοῦ]
.43		[ὑμῶν]
8.33	GEN.SG.M.	[αὐτοῦ]
9.12		[τὰς]
.22		[τοὺς]
.27	GEN.SG.M.	τοῦ
.37		[αὐτὴν]
10.19	DAT.SG.M.	[αὐτῷ]
.39	*local (not in M-G⁵)*	[ἐν]
11.22	*act.inf. aor.²*	[διελθεῖν]
12.3		[αἱ]
.21		[καὶ]
13.20	GEN.SG.M.	[τοῦ]
.33	" PL.	[αὐτῶν]
15.20	" SG.NT.?	τοῦ
.24	*act.pt.aor.²nom pl.m.*	[ἐξελθόντες]
.41		[τὴν]
16.9		[τῆς]
.14	GEN.SG.M.	τοῦ
.28		[ὁ]
.29	DAT.SG.M.	[τῳ]
17.22		[ὁ]
19.6		[τὰς]
.8	ALL.	[τῳ]
.22		τὴν
23.6	*emphatic*	[ἐγὼ]
.8	*correlative*	μὲν
.30	ACC.	[τὰ]
25.17	GEN.PL.M.	[αὐτῶν]
26.4		[τὴν]
.		[οἱ]
.21	*pt.pr. acc.sg.m.*	[ὄντα]
.26	*enclitic rec'd.*	[τι] *indef. pron.*
.31	" "	[τι] " "
27.23	*emphatic*	[ἐγὼ]
.41	GEN.PL.NT.	[τῶν]
.	" " " (3.31)	κιμάτων].

59

Rm

2.16	*tempor.particle*	ὅτε
3.25		[τῆς]
4.11		[καὶ]
.19	*adv. of time*	[ἤδη]
7.25		δὲ
8.34		καί *enclitic rec'd.*
9.19	*inferential ques.*	[οὖν]

N-A '79

10.3	ACC.SG.F. (1.1)	[δικαιοσύνην]
.5	GEN.SG.M.	[τοῦ]
.	ACC.	αὐτὰ
.15	ACC.	[τὰ]
.20	*among; agent*	[ἐν]
11.21	*after verb of apprehension elided*	[μή
		πως]
12.14		[ὑμᾶς],
15.19		[Θεοῦ]

16

1-C

1.4		μου
.14	DAT.SG.M.	[τῳ
		Θεῷ]
2.15	ACC.PL.M.	[τὰ]
5.4		[ἡμῶν]
12.26	NOM.SG.NT.	[ἐν]
14.6	*instrumental*	[ἐν]
15.10		[ἥ]
.14		[καὶ]
.28	NOM.	[τὰ]

10

2-C

1.12		[καὶ]
4.6		['Ιησοῦ]
.17		ἡμῶν
7.8		[γὰρ]
.14		ἥ,
11.3		τὸν
12.6	*enclitic lost*	[τι] *indef. pron.*
.9		[τι] (2ND)

8

Ga

1.15		[ὁ
		Θεὸς]
5.7		[τῇ]

3

Eph

3.9	ACC. PL.M. *subst.?*	[πάντας]
4.26	DAT.SG.M.	[τῳ]
5.19	*instrumental*	[ἐν]

3

Phl

1.24	*(not in M-G⁵)*	[ἐν] *metaphor'ly. local*
3.10		[τὴν]
.	GEN.PL.NT.	[τῶν]

3

A / a,P

ADDITIONS OF WORDS, cont'd.
N-A '79

Col
2.13	(not in M-G⁵)	[ἐν] metaphor'ly. local
3.6	ACC.	[ἐπὶ
.		τοὺς
.		υἱοὺς
.		τῆς
.	GEN.SG.F. (1.2)	ἀπειθείας].
.11	NOM.	[τὰ]

7

1-Th
1.5	instrumental	[ἐν] (4ᵀᴴ)
.8	local	[ἐν
.		τῇ]
3.13	Heb.adv.of manner	[ἀμήν].
4.11	DAT.PL.F. attrib.	[ἰδίαις]
5.15		[καὶ]

6

2-Th
1.2	[ἡμῶν]
3.6	[ἡμῶν]

2

1-Ti
2.9		[καὶ]	
3.14	attendant circumst.	ἐν	z:manner
6.13	enclitic lost	[σοι]	

3

2-Ti
2.18		[τὴν]
3.15	ACC.	[τὰ]

2

Tit
1.10	[καὶ]

1

Hb
5.12		[καὶ]
6.2	enclitic rec'd.	τε (2ᴺᴰ)
.18		[τὸν]
7.4		[καὶ]
11.11	NOM.SG.F. (1.2)	στεῖρα
12.9		[δὲ]
13.6		[καὶ]

7

Jm
N-A '79
4.12		[ὁ]
.14	ACC.	τὸ
5.14		[αὐτὸν]

3

1-Pt
1.6	enclitic retained	[ἐστὶν]
.9		[ὑμῶν]
.16	enclitic rec'd.	[εἰμι].
.22	GEN.SG.F. attrib.?	[καθαρᾶς]
2.5	DAT.SG.M.	[τῷ]
3.1		[αἱ]
.22	GEN.SG.M.	[τοῦ]
5.2		[ἐπισκοποῦντες]
.10		['Ιησοῦ],

9

2-Pt
2.20		[ἡμῶν]
3.18	Heb.adv. of manner	[ἀμήν].

2

1-Jn
3.13	[Καὶ]
.19	[Καὶ]
.21	[ἡμῶν]
5.1	[καὶ]

4

Jd
v.5		[ὑμᾶς]
.		[ὁ]
.18	direct discourse	[ὅτι]
.23		οὓς
.		δὲ

5

Rv
3.2	ACC.	τὰ (2ᴺᴰ)
.20		[καὶ] (3ᴿᴰ)
12.12		[οἱ]
14.3	adv.of comparison	[ὡς]
16.12		τὸν
18.2		[καὶ
.	NOM.SG.F. (1.1)	φυλακὴ
.	GEN.SG.NT. predicat.	παντὸς
.	GEN.SG.NT. (2.8)	θηρίου
.	GEN.SG.NT. predicat.	ἀκαθάρτου]
19.5		[καὶ]
.12	introducing quality	[ὡς] (adv)

N-A '79
21.3	GEN.PL.M.	[αὐτῶν
		Θεός],
.6	enclitic rec'd.	[εἰμι]
.12	NOM.	[τὰ
.	NOM.PL.NT. (3.31)	ὀνόματα]
.16		[καὶ]

18

422	← Grand Total

a,P
PUNCTUATION AFFECTING FINAL ACCENT

§ punctuation in square single bracket; cf. Jn 21.23 under P.

1 — as added :
e.g., from αὐτὸν (N-A '63)
to αυτόν, (N-A '79)

(references alone given)

Mt
2.9
5.25
2

Mk
6.34

Lk
10.38
12.52 1
2

Jn
1.3
.38 error (N-A '63)
13.13
3

Ac
2.33 bis
3.3
.18
6.3
17.30
21.26
7

Rm
3.8
5.8
2

1-C
1.27 bis
7.5
.29
11.2
16.12
6

2-C
2.3
8.19
9.5
3

Eph
2.10
1

Hb
8.10 error (N-A '63)
1

1-Jn
3.1
.3
5.1
3

a,P

PUNCTUATION AFFECTING FINAL ACCENT, cont'd.

1 - as added, cont'd.

Rv

20.11

___

1

| 3 2 | ← Grand Total

2 - as subtracted:
e.g., from κυσίν, (N-A '63)
to κυσὶν (N-A '79)

(references alone given)

Mt

3.16	9.43
7.6	.45
.14	11.11
9.17	12.6
10.1	.9
11.26	.21
12.3	14.10
.11	.32
14.12	15.24
15.15	.36
.30	.42
.34	___
17.12	24
18.8	
.27	**Lk**
19.10	1.5
20.3	.12
.8	.26
.30	.31
21.19	.35
.41	.42
24.51	.57
26.36	2.11
27.56	.21
28.3	.25 bis
___	.51
25	3.23
	4.16
Mk	.18
	.23
1.43	.42
2.2	5.1
.15	.26
.22	.37
.25	6.3
3.8	.15
4.2	7.9
.22	.11
5.14	.29
.19	.30
.24	8.29
6.32	.35
8.22	9.28

9.39	19.2
10.30	.41
11.14	20.3
.26	.9
12.46	___
13.11	37
14.16	
.26	**Ac**
15.13	
.29	2.3
16.30	.29
17.11	.44
.27	3.10
19.4	4.1
.11	.10
.14	.16
.41	5.10
22.41	.16
.47	.21
23.5	.26 bis
.7	7.2
.25	.5
.39	.6
24.31	.57
.33	8.17
.38	9.19
.47	.26
___	10.16
58	.24
	12.4
Jn	.6
	.20
1.18	.25
.29	13.11
.31	15.10
3.35	.25
5.2	.39
.18	16.16
.19	.23
.37	.39
6.5	17.2
.22	.3
7.18	18.18
.31	19.1
.42 bis	.9
[8.2] §: cf. N-A^25	.16
.28	.17
9.6	20.16
.15	.18
.24	.22
10.14	.36
.27	21.20
11.19	.26
.33	.39
12.26	22.10
14.1	.24
.21	.30
.23	23.12
15.1	.18
.2	.30
17.3	24.15
18.1	26.10
.11	.26
.12	27.39

___	___
56	1
Rm	**Col**
1.29	3.3
.30	___
5.14	1
8.12	**1-Th**
9.6	5.6
.7	___
12.2	1
.18	**2-Th**
13.14	2.1
15.12	___
.27	1
___	**1-Ti**
11	2.1
1-C	4.4
1.25	6.11
5.2	___
7.12	3
.14	**2-Ti**
8.6 bis	4.3
11.7	___
.8	1
.28	**Tit**
14.20	2.5 bis
15.3	___
.4	2
.39	**Phm**
.52	V.8
___	___
14	1
2-C	**Hb**
1.19	1.9
6.16	2.17
11.10	3.2
___	5.4
3	7.6
Ga	9.28
1.2	___
2.12	6
5.22	**Jm**
6.1	3.2
___	4.12
4	5.12
Eph	___
1.15	3
5.1	
___	
2	
Phl	
1.8	

a,P / (bt *to* ni)

PUNCTUATION AFFECTING FINAL ACCENT, *cont'd.*

2 - *as subtracted, cont'd.*

1-Pt

1. 2
2.10
3. 5
. 6
.22
4. 6
——
6

2-Pt

2.12 *bis*
——
2

1-Jn

2. 4 *bis*
.16
.21
3.21
4.10
.20
5.14
.18
——
9

2-Jn

v. 3 *bis*
——
2

Rv

1. 1
.14 *bis*
.16
2. 2
. 9
.14
.18
5. 6 *error (N-A '79)*
6. 11
7. 9
8. 5
. 9
.10
9.19
10. 5
.10 *error (N-A '79)*
11.13
12. 3
.16
.17
13. 1
. 6
14. 1
15. 2
16.18
17.16
19. 7
.11
20. 4
.11
——
31

| 3 0 4 | ← *Grand Total*

(bt *to* ni)

BOLD TYPE (*in N-A '63*) to NOT ITALICIZED (*in N-A '79*)

NOTE: Only the verses affected are cited, and not the number of times that the change occurs within a verse. Such information may be gleaned from the general comparison of texts presented in Study One.

* *special examples.*

Mt

2. 11
3. 17
4. 15
5. 3
5. 4
. 5
. 8
.31
.33
.34
5.35
.48
6. 6
7.22
8. 4
.11
8.29
10.21
.35
11. 5
.10
.23
12. 4
.20
13.41
.43
17. 5
19. 7
.26
21.15
.33
23.38
24. 6
. 7
.10
.15
.21
.24
.29 *
.30
.31
.38
25.31
.46
26.15
.28
.64
27. 9
.10
.34
.39
.48
——
52

Mk

1. 11
.24
.44
2.26
4.29
.32
5. 7
.34
6.23
9. 7
.12
10. 4
.27
12. 1
.33
13. 7
. 8
.12
.19
.22
.25 *
.27
14.18
.24
.62
15.29
.36
16.19
——
28

Lk

1. 13
.17
.18
.32
.33
.35
.37
.46
.47
.48
.49
.50
.51
.52
.53
.54
.55
.68
.69
.71
.72
.73
.76
.79
2.22
.30
.31
.32
.52
3.22
4.26
.34
5.14
6. 4
.20
7.15
.22
.27
.50
8.10
.28
.48
9.35
10.15
.19
.28
12.53 *
13.29
.35
17.14
.27
.29
.31
19.10
.44
20. 9
.28
21. 9
.10
.22
.24
.25
21.26 *
.35
22.20
.69
23.35
.36
.49
——
69

Jn

2. 4
. 5
6.45
7.42
12.34
.40
13.18
19.28
.29
——
9

Ac

2.30
.31
.39
3.13
4.11
.27
5.30
7. 2
. 3
. 5
. 7
. 8
. 9
.10
.11
.12
.13
.14
.15
.16
.17
.19
.20
.21
.23
.24
.27
.29
.30
.33
.36
.39
.40
.41
.42
.44
.45
.46
7.47
.51
8. 21
.23
10.34
.36
.38
.39
13.10
.17
.18
.19
.22
.26
.36
14.10 *
16.36
17.24
.25
.31
18. 9
.10
20.28
.32
21.26
26.16
.17
.18
28.28
——
67

Rm

1.23
3. 4
.20
4. 9
.11
.18
.22
5. 5
8.34
9.18
.21
.22
.32
10. 9
11. 1
.11
12.16
.17
——
18

1-C

1.20
5. 7
10. 5
. 6
.20
.21
.22
11. 7
.25
13. 5
14.25
15.47
16.13
——
13

2-C

3. 3
. 7
.10
.13
.18 *
6. 2
. 9
.11
8.21
9.10
11. 3
——
11

Ga

1.15
2. 6
.16 *
3.16
6. 16
——
5

Eph

1.18
.20
2.13
.14
.17
4.11
5. 2
.18
6.14
.15
.17
——
11

Phl

1.19
2.10
.11
.15
.16
4. 3
.18
——
7

Col

2. 3
.22
3. 1
.10
——
4

1-Th

2. 4
.16
4. 5
. 6
. 8
5. 8
.22
——
7

2-Th

1. 8
. 9
.10
.12
2. 4
. 8
.13
——
7

2-Ti

4.14
.17
——
2

Tit

2.14
——
1

Hb

1. 3
2. 8
. 9
.11
.14
.16
.17
3. 2
. 6
.13
.16
.17
.18
4. 3
. 6
. 7
.10
.11
5. 9
.10
6. 7
. 8
.13
.19
.20
7. 3
. 6
. 8
.10
.11
.15
.24
.28
8. 1
. 2
.13
9.28
10. 9
.10
.12
.13
.21
.27
.29
.39
11. 4
. 5
. 6
. 8
. 9
.12
.13
.17
.23
.24
.26
.28
12. 2
. 3
. 7
. 8
.12
.13
.14
.16
.18
.19
.20
13.11
.13
.15
.20
——
72

Jm

1.10
.11
.12
2.16
.21
2.23
3. 9
4. 6
5. 3
. 4
. 7
.11
——
12

1-Pt

1.17
.18
.25
2. 4
. 9
.11
.17
3. 6
4.17
5. 5
. 7
——
11

2-Pt

1.17
2. 2
.22
3. 8
——
4

Jd

v. 9
.23
——
2

Rv

1. 1
. 4
. 5
. 6
. 8
.13
.14
.15
.16
.17
.19
.20
2. 7
. 8
.10
.14
.17
.18
.20
.23

(bt to ni) / E

BOLD TYPE (*in N-A '63*) to NOT ITALICIZED (*in N-A '79*), cont'd.

Rv cont'd.

2.26	9.20	15.6	19.17
.27	.21	.8	.18
3.5	10.4	16.1	.19
.7	.5	.2	.20
.9	.6	.3	.21
.12	.7	.4	20.2
.14	.9	.5	.4
.17	.10	.6	.6
.19	.11	.7	.8
4.1	11.1	.10	.9
.2	.2	.11	.10
.3	.4	.12	.11
.5	.5	.13	.12
.6	.6	.17	.13
.7	.7	.18	.15
.8	.8	.19	21.1
.9	.10	.21	.2
.10	.11	17.1	.3
5.1	.12	.2	.4
.5	.13	.3	.5
.6	.15	.4	.6
.7	.17	.8	.8
.8	.18	.12	.9
.9	.19	.14	.10
.12	12.2	.15	.11
.13	.3	.18	.12
6.2	.4	18.2	.13
.4	.5	.3	.15
.5	.7	.4	.16
.8	.8 *	.5	.17
.10	.9	.6	.18
.12	.12	.7	.19
.13	.11	.8	.22
.14	13.1	.9	.24
.16	.2	.10	.25
.17	.5	.11	.26
7.1	.7	.13	.27
.3	.8	.15	22.1
.10	.10	.17	.2
.14	.15	.18	.3
.15	14.1	.19	.4
.17	.2	.20	.5
8.3	.3	.21	.6
.4	.5	.22	.7
.5	.7	.23	.10
.7	.8	.24	.11
.8	.10	19.1	.12
.10	.11	.2	.13
9.2	.14	.3	.14
.3	.15	.4	.16
.4	.18	.5	.17
.6	.20	.6	.18
.7	15.1	.7	.19
.8	.3	.11	
.9	.4	.12	
.14	.5	.15	24-1

6 5 3	← Grand Total

(1) Cf. also Hb 11.33 (*no dagger in apparatus*) and 2-Jn 6 (*dagger*).

E

ERRORS

NOTE : Errors (accentual, orthographical, typographical, and as concerning breathings and iota subscript) in both editions are listed here, inasmuch as some affect the classification of words under their proper types.

— N-A '63 —

TEXT	READ

Mt₁

3.14	μέ	με

Mk₁

11.27	Ἱεροσόλυμα	Ἱεροσόλυμα

Lk₅

4.35	αὐτὸν	αὑτὸν
7.27	ου	οὗ
8.25	φοβηθεντες	φοβηθέντες
	δε	δὲ
24.22	ὀτ	τὸ

Jn₂

1.38	ῥαββί	ῥαββὶ
3.29	φωνὴν	φωνὴν

Ac₁

28.15	τα	τὰ

1-C₁

14.6	ἀδελφοι	ἀδελφοί

Hb₁

8.10	Θεόν	Θεὸν

3-Jn₁

v.7	ὀνόματος.	ὀνόματος

Rv₂

5.8	αι	αἱ
21.2	Ἱερουσαλὴμ	Ἱερουσαλὴμ

15

— N-A '79 —

Mt₁

11.23	μή	μὴ	= UBS'⁷⁵

Mk₁

9.20	αὐτὸν.(2ᵐᵒ)	αὐτόν.	= UBS'⁷⁵

Lk₃

TEXT	READ
12.53	τὴν	τὴν
14.26	τὲ (cf.Ac 21.28)	τὲ = UBS'⁷⁵
20.9	ἐξέδετο	ἐξέδοτο = UBS'⁷⁵

Jn₂

1.49	Ἰσραήλ	Ἰσραήλ = UBS'⁷⁵
4.50	ζῇ	ζῇ = UBS'⁷⁵

Ac₃

4.17	λαόν	λαὸν
16.12	μερίδος	μερίδος = UBS'⁷⁵
18.8	Κρίσπος	Κρίσπος = UBS'⁷⁵

1-C₃

12.3	Ἀνάθεμα	Ἀνάθεμα = UBS'⁷⁵
	Ἰησοῦς (bis)	Ἰησοῦς = UBS'⁷⁵

Col₁

4.10	αὐτόν	αὐτὸν

1-Pt₁

3.18	ζῳοποιηθεὶς	ζῳοποιηθεὶς = UBS'⁷⁵

2-Jn₁ (in the apparatus):

v.8	Γ † -σασθε	Γ † ἠρ- (cf.N-A'⁶⁵)

Rv₊

5.6	ἑπτά (2ᵐᵒ)	ἑπτὰ
10.10	γλυκύ	γλυκὺ
19.1	ἀλληλουϊά	ἀλληλουϊά
.4	ἀλληλουϊά	ἀλληλουϊά

20

Other Observations →(1)

p.72*	abberviations	abbreviations

αββα *without breathing or accent at Mk 14.36; with both at Rm 8.15 and Ga 4.6.*

ἄν/ἐὰν *(and v.v.); dagger in apparatus at Jn 5.19, but not at Mt 10.42, Lk 9.24, Ac 2.21.*

[ἐκ] *without dagger or any notice in apparatus at Jn 12.4.*

ἐμέ/με *(and v.v.); dagger in apparatus at Jn 6.37, but not at Ac 22.8, 13; 23.22.*

ἐμοί/μοι *(and v.v.); dagger in apparatus at Jn 8.12, but not at Ac 20.22.*

ἰδεῖν;προφήτην; *no dagger at Mt 11.9.*

[καὶ] *without dagger at Lk 9.28.*

Ναζαρὲτ *dagger at Mt 2.23, Mk 1.9; none at Jn 1.45, 46.*

σαλευθήσονται *italicized at Mt 24.29, but not at Mk 13.25, nor at Lk 21.26.*

L

⭢LEXICAL CHANGES

Mt₁₇

N-A '63 | N-A '79

Ref	N-A '63	VOICE/MOOD	ACTION/TENSE	CASE	PERSON	NUMBER	GENDER	N-A '79	VOICE/MOOD	ACTION/TENSE	CASE	PERSON	NUMBER	GENDER	'63	'79
3.15 †	αὐτῷ			dat.		sg.	m.	αὐτόν (aft. πρὸς)			acc.		sg.	m.	−	+
6.10	ἐλθάτω (HGrk < aor.¹)	act. imv.	aor.²		3	"		ἐλθέτω	act. imv.	aor.²		3	"			
9.6 †	ἔγειρε	"	pr.		2	"		ἐγερθείς (intr.;=ἐγείρας)	pass.pt.	aor.¹	nom.			m.		
.19 †	ἠκολούθει (descriptive)	"	ind. im.		3	"		ἠκολούθησεν (historical)	act. ind.	"		3	"			
15.23 †	ἠρώτων	"	"		"	pl.		ἠρώτουν (as if < C-E)	"	"	im.		"	pl.		
18.17 †	εἶπον (=εῖπον imv.)	"	imv. aor.²		2	sg.		εἰπὲ (to disting.fr.1ᵐ ind.sg.εἶπον!)	"	imv. aor.²		2	sg.			
19.17 †	τήρει (durative)	"	pr.		"	"		τήρησον (inceptive)	"	"	aor.¹		"	"		
.29 †	ἐμοῦ (emphasis)			gen.		"		μου (enclitic; no emphasis)			gen.		"		−	+
20.17 †	ἀναβαίνειν	"	inf.		"			ἀναβαίνων	"	pt. pr.	nom.		"	m.		
.18 †	θάνατον (aft. εἰς)			acc.		sg.	m.	θανάτῳ (instrumental)			dat.		"	"		
.26 †	ἐστὶν	"	ind.		3	"		ἔσται (prohibitive)	mid. ind.	fut.		3	"			
21.18 †	ἐπαναγαγὼν	"	pt. aor.²	nom.		"	m.	ἐπανάγων	act. pt.	pr.	nom.		"	m.		
22.16 †	λέγοντας	"	pr. acc.			pl.	"	λέγοντες	"	"	"			pl.	"		
.17 †	εἶπον (cf. 6.10 above)	"	imv. aor.²		2	sg.		εἰπὲ (cf. 6.10 above)	"	imv. aor.²		2	sg.			
23.23 †	ἀφεῖναι	"	inf.		"	"		ἀφιέναι	"	"	inf. pr.		"			
27.3 †	παραδοὺς	"	pt.		nom.	sg.	m.	παραδιδοὺς (quasi prop.nm.)	"	pt.		nom.	sg.	m.		
.54 †	γινόμενα	dep.	" pr. acc.			pl.	nt.	γενόμενα	dep.(mid.)	" aor.² acc.			pl.	nt.		

Mk₁₉

Ref	N-A '63	VOICE/MOOD	ACTION/TENSE	CASE	PERSON	NUMBER	GENDER	N-A '79	VOICE/MOOD	ACTION/TENSE	CASE	PERSON	NUMBER	GENDER	'63	'79
1.32 †	ἔδυσεν	act. ind.	aor.¹		3	sg.		ἔδυ	act. ind.	aor.²		3	sg.			
2.12 †	εἴδαμεν (HGrk < aor.¹)	"	" aor.²		1	pl.		εἴδομεν	"	"			1	pl.		
3.8 †	ποιεῖ	"	" pr.		3	sg.		ἐποίει	"	"	im.		"	"		
.11 †	λέγοντα	"	pt. " nom.			pl.	nt.	λέγοντες	"	pt.	nom.		pl.	m.		
.17 †	ὄνομα			acc.		sg.	"	ὄνομα[τα]			acc.		"	nt.		
.25 †	στῆναι	"	inf. aor.²					σταθῆναι (intr.;=στῆναι)	pass.inf.	aor.¹						
.31 †	ἔρχονται	dep. ind.	pr.		3	pl.		ἔρχεται	dep. ind.	pr.		3	sg.			
4.28 †	σῖτος			nom.		"	m.	σῖτον			acc.		"	"		
5.6 †	αὐτόν (Att.; vb. w. acc.)			acc.		"	"	αὐτῷ (Koinē; vb. w. dat.)			dat.		"	"	−	+
6.6 †	ἐθαύμασεν	act. ind.	aor.¹		3	"		ἐθαύμαζεν	act. ind.	im.		3	"			
.22 †	αὐτῆς (proleptic)			gen.		"	f.	αὐτοῦ (BI-D, §282)			gen.		"	m.	−	+
.29 †	ἦλθαν (HGrk < aor. for 3 pl)	"	" aor.²		3	pl.		ἦλθον (same form as 1 sg.)	"	"	aor.²		3	pl.		
.39 †	ἀνακλιθῆναι	pass.inf.	aor.¹					ἀνακλῖναι	"	inf.	aor.¹					
.50 †	εἶδαν (HGrk < aor. for 3 pl.)	act. ind.	aor.²		3	pl.		εἶδον (same form as 1 sg.)	"	ind.	aor.²		3	pl.		
7.11 †	ὠφελήθης as written:	pass.	" aor.¹		2	sg.		ὠφελήθῃς			pass.subj.aor.¹	2	sg.			
.24 †	ἠδυνάσθη (Ion-Hell.)	dep.(pass)	"		3	"		ἠδυνήθη (Att.fr.300B.C.)	dep.(pass)		ind.		3	"			
9.43 †	σκανδαλίσῃ	act. subj.			"	"		σκανδαλίζῃ (perh. conative)	act. subj.	pr.		"	"			
14.46 †	ἐπέβαλαν (cf. 6.50 above)	"	ind. aor.²		"	pl.		ἐπέβαλον (cf. 6.50 above)	"	ind.	aor.²		"	pl.		
15.22 †	μεθερμηνευόμενος	pass.pt.	pr. nom.			sg.	m.	μεθερμηνευόμενον	pass.pt.	pr.	acc.		sg.	m.		

Lk₂₁

Ref	N-A '63	VOICE/MOOD	ACTION/TENSE	CASE	PERSON	NUMBER	GENDER	N-A '79	VOICE/MOOD	ACTION/TENSE	CASE	PERSON	NUMBER	GENDER	'63	'79
2.48 †	ζητοῦμέν	act. ind.	pr.		1	pl.		ἐζητοῦμέν	act. ind.	im.		1	pl.			
3.5 †	εὐθείας (attrib. of ὁδούς: BI-D,§241[4])			acc.		"	f.	εὐθείαν (attrib. of ὁδόν: BI-D,§241[4])			acc.		sg.	f.		
5.7 †	ἦλθαν (cf.Mk 6.29 above)	act. ind.	aor.²		3	"		ἦλθον (cf. Mk 6.29 above)	act. ind.	aor.²		3	pl.			
.9 †	ἥ (via relat..attract. for ἥν)			dat.		sg.	"	ὧν (via relat. attract. for οὕς)			gen.		"	m.		
7.45 †	διέλειπεν	"	im.		3	"		διέλιπεν	"	"	aor.²		3	sg.		
8.29 †	παρήγγελλεν	"	"		"	"		παρήγγειλεν	"	"	aor.¹		"	"		
.52 †	οὐκ (bef. softly breathed vowel)							οὐ (bef. a consonant; here, γάρ)								
9.32 †	εἶδαν (cf. Mk 6.50 above)	"	" aor.²		"	pl.		εἶδον (cf. Mk 6.50 above)	"	"	aor.²		"	pl.		
10.19 †	ἀδικήσει	"	fut.		sg.			ἀδικήσῃ	"	subj. aor.¹			sg.			
.40 †	κατέλειπεν	"	im.		"	"		κατέλιπεν	"	ind. aor.²			"	"		
	εἶπεν (cf. Mt 18.17 above)	"	imv. aor.²		2	"		εἰπὲ (cf. Mt 18.17 above)	"	imv.	aor.²		2	"		
11.2	ἐλθάτω (cf.Mt 6.10 above)	"	"		3	"		ἐλθέτω	"	"	aor.²		3	"		
.15 †	εἶπαν (HGrk < aor. for 3 pl.)	"	ind.		"	pl.		εἶπον (same form as 1 sg.)	"	ind.			"	pl.		
12.56 †	οὐ (bef. a consonant)							οὐκ (bef. οἴδατε)								
	δοκιμάζετε	act. ind.	pr.		2	pl.		δοκιμάζειν	act. inf.	pr.						
13.5 †	μετανοήσητε	"	subj. aor.¹		"	"		μετανοῆτε	"	subj. "		2	pl.			
17.33 †	ἀπολέσει	"	ind. fut.		"	sg.		ἀπολέσῃ	"	subj. aor.¹		2	sg.			
19.8 †	ἡμίση (nt. as n., 3 decl.)			acc.		pl.	nt.	ἡμίσιά (adj.: B-A-G; 3-1,13)			acc.		pl.	nt.	−	+
.15 †	διεπραγματεύσατο	mid.dep.ind.	aor.¹		3	sg.		διεπραγματεύσαντο	mid.dep.ind.	aor.¹		3	"			
21.19 †	κτήσεσθε	mid.	" fut.		2	pl.		κτήσασθε	mid. imv.	"		2	pl.			

L

Lk cont'd.

	N-A '63	VOICE	MOOD	ACTION, TENSE	CASE	PERSON	NUMBER	GENDER	N-A '79	VOICE	MOOD	ACTION, TENSE	CASE	PERSON	NUMBER	GENDER	N-A '63	N-A '79
24.27	διηρμήνευσεν	act.	ind.	aor.^{1}		3	sg.		διερμήνευσεν (w/o. augment)	act.	ind.	aor.^{1}		3	sg.			

Jn$_{48}$

	N-A '63	VOICE	MOOD	ACTION, TENSE	CASE	PERSON	NUMBER	GENDER	N-A '79	VOICE	MOOD	ACTION, TENSE	CASE	PERSON	NUMBER	GENDER	N-A '63	N-A '79
2.15 †	τὰ				acc.		pl.	nt.	τὸ				acc.		sg.	nt.	–	+
. †	κέρματα				"		"	"	κέρμα				"		"	"		
4.17	εἶπες	act.	ind.	aor.^{2}		2	sg.		εἶπας (HGrk < aor.^{1})	act.	ind.	aor.^{2}		2	"			
.34 †	ποιῶ	"	subj.	pr.		1	"		ποιήσω	"	subj.	aor.^{1}		1	"			
6.18	διηγείρετο	pass.	ind.	im.		3	"		διεγείρετο (w/o. augment)	pass.	ind.	im.		3	"			
.37 †	με (enclit., not emphat.)				acc.		"		ἐμὲ (emphatic)				acc.		"		–	+
7. 9 †	αὐτοῖς				"		pl.	m.	αὐτὸς (subj. of vb.)				nom.		"	m.	–	+
.19 †	ἔδωκεν	act.	ind.	aor.^{1}		3	sg.		δέδωκεν	act.	ind.	pf.		3	"			
.24 †	κρίνατε	"	imv.	"		2	pl.		κρίνετε	"	imv.	pr.		2	pl.			
.39 †	οὗ (via relat. attract. for ὅ)				gen.		sg.	nt.	ὅ				acc.		sg.	nt.		
8.12 †	μοι (enclit., not emphat.)				dat.		"		ἐμοὶ (emphatic)				dat.		"		–	+
.39 †	ποιεῖτε	act.	{ind. imv.	pr.		2	pl.		ἐποιεῖτε	act.	ind.	im.		2	pl.			
.41 †	οὐκ (bef. ἐγεννήθημεν)								οὐ (bef. a consonant)									
. †	ἐγεννήθημεν	pass.	ind.	aor.^{1}		1	pl.		γεγεννήμεθα	pass.	ind.	pf.		1	pl.			
.52	εἶπαν (HGrk < aor.^{1} for 3 pl)	act.	"	aor.^{2}		3	"		εἶπον (same form as 1 sg.)	act.	"	aor.^{2}		3	"			
.57	εἶπαν "	"	"	"		"	"		εἶπον "	"	"	"		"	"			
9.26	εἶπαν "	"	"	"		"	"		εἶπον "	"	"	"		"	"			
.28	εἶπαν "	"	"	"		"	"		εἶπον "	"	"	"		"	"			
.40	εἶπαν "	"	"	"		"	"		εἶπον "	"	"	"		"	"			
10.16 †	γενήσεται	dep.(mid)	"	fut.		"	sg.		γενήσονται	dep.(mid)	"	fut.		"	"			
.18 †	ἦρεν	act.	"	aor.^{1}		"	"		αἴρει	act.	"	pr.		"	sg.			
.24	εἰπὸν (= εἶπον imv.)	"	imv.	aor.^{2}		2	"		εἰπὲ (cf. Mt 18.17 above)	"	imv.	aor.^{2}		2	"			
.40 †	ἔμενεν	"	ind.	im.		3	"		ἔμεινεν	"	ind.	aor.^{1}		3	"			
11.29 †	ἐγείρεται	pass.	"	pr.		"	"		ἠγέρθη	pass.	"	"		"	"			
.45 †	ὅ				acc.		"	nt.	ἃ				acc.		pl.	nt.		
13. 2 †	Ἰσκαριώτης				nom.		"	m.	Ἰσκαριώτου				gen.		sg.	m.		
.19 †	πιστεύητε	act.	subj.	pr.		2	pl.		πιστεύσητε	act.	subj.	aor.^{1}		2	pl.			
.24 †	ἔστιν		ind.	"		3	sg.		εἴη		opt.	pr.		3	sg.		–	+
14. 7 †	ἐγνώκειτέ	act.	"	plupf.		2	pl.		ἐγνώκατέ	act.	ind.	pf.		2	pl.			
. 9 †	τοσοῦτον				acc.		sg.	m.	τοσούτῳ				dat.		sg.	m.		
. †	χρόνον				"		"	"	χρόνῳ				"		"	"		
15. 8 †	[illegible]	dep.(mid)	ind.	fut.		2	pl.		γένησθε	dep.(mid)	subj.	aor.^{1}		2	pl.			
.14 †	ὅ				acc		sg	nt	ἃ				[illegible]		"	[illegible]		
16. 7 †	οὐ (bef. a consonant)								οὐκ (bef. the following)									
. †	ἔλθῃ	act.	subj.	aor.^{2}		3	sg.		ἐλεύσεται	dep.(mid)	ind.	fut.		3	sg.			
.13 †	τὴν				acc		"	f	τῇ				dat.		"	f.	–	+
. †	ἀλήθειαν				"		"	"	ἀληθείᾳ				"		"	"		
. †	πᾶσαν predicative				"		"	"	πάσῃ predicative				"		"	"		
. †	ἀκούει	act.	ind.	pr.		3	"		ἀκούσει	act.	ind.	fut.		3	"			
17.21 †	πατήρ (for vocat.)				nom.		"	m.	πάτερ				voc.		"	m.		
.24 †	Πατήρ "				"		"	"	Πάτερ				"		"	"		
.25 †	πατήρ "				"		"	"	πάτερ				"		"	"		
18. 6	ἀπῆλθαν (cf. 8.52 above)	act.	ind.	aor.^{2}		3	pl.		ἀπῆλθον (cf. 8.52 above)	act.	ind.	aor.^{2}		3	pl.			
.34 †	ἀφ' (bef. rough breathing)								ἀπὸ (bef. a consonant)									
19.35 †	πιστεύητε	act.	subj.	pr.		2	pl.		πιστεύ[σ]ητε	act.	subj.	aor.^{1}		2	pl.			
20.31 †	πιστεύητε	"	"	"		"	"		πιστεύ[σ]ητε	"	"	"		"	"			
21. 4 †	γινομένης	dep.	pt.	"	gen.		sg.	f.	γενομένης	dep.(mid)	pt.	aor.^{2}	gen.		sg.	f.		
.25 †	χωρήσειν	act.	inf.	fut.					χωρῆσαι	act.	inf.	aor.^{1}						

Ac$_{26}$

	N-A '63	VOICE	MOOD	ACTION, TENSE	CASE	PERSON	NUMBER	GENDER	N-A '79	VOICE	MOOD	ACTION, TENSE	CASE	PERSON	NUMBER	GENDER	N-A '63	N-A '79
2.12 †	διηποροῦντο	mid.	ind.	im.		3	pl.		διηπόρουν	act.	ind.	im.		3	pl.			
.44 †	πιστεύσαντες	act.	pt.	aor.^{1}	nom.		"	m.	πιστεύοντες	"	pt.	pr.	nom.		"	m.		
4. 9 †	σέσωσται (certain form)	pass.	ind.	pf.		3	sg.		σέσωται (v.l.)	pass.	ind.	pf.		3	sg.			
5.19 †	ἤνοιξε	act.	"	aor.^{1}		"	"		ἀνοίξας	act.	pt.	aor.^{1}	nom.		"	m.		
6. 5 †	πλήρη (decl., w. gen.)				acc.		"	m.	πλήρης (indecl., w. gen.)									
7.34 †	αὐτοῦ				gen.		"	"	αὐτῶν				gen.		pl.	m.	–	+
8.32 †	κείροντος	act.	pt.	pr.	"		"	"	κείραντος	act.	pt.	aor.^{1}	"		sg.	"		

L

Ac
cont'd.

N-A '63	VOICE MOOD	ACTION TENSE	CASE	PERSON	NUMBER	GENDER	N-A '79	VOICE MOOD	ACTION TENSE	CASE	PERSON	NUMBER	GENDER	N-A '63	'79
11.28 † ἐσήμαινεν	act. ind.	im.		3	sg.		ἐσήμανεν (HGrk aor.)	act. ind.	aor.¹		3	sg.			
13. 6 † Βαριησοῦς			nom.			m.	Βαριησοῦ (class. construct.?)			gen?			m.		
14. 9 † ἤκουεν	act. ind.	im.		3	"		ἤκουσεν	act. ind.	aor.¹		3	"			
.21 † εὐαγγελιζόμενοί	mid. pt.	pr.	nom.		pl.	m.	εὐαγγελισάμενοί	mid. pt.	"	nom.		pl.	m.		
.25 † Πέργην			acc.		sg.	f.	Πέργῃ			dat.		sg.	f.		
15.25 † ἐκλεξαμένους	mid. pt.	aor.¹			pl.	m.	ἐκλεξαμένοις	mid. pt.	aor.¹			pl.	m.		
16.12 † πρώτη			nom.		sg.	f.	πρώτη[ς]			gen.		sg.	f.		
18. 3 † ἠργάζοντο	dep. ind.	im.		3	pl.		ἠργάζετο	dep. ind.	im.		3	"			
19.34 † κράζοντες	act. pt.	pr.	nom.		"	m.	κραζόντων	act. pt.	pr.	gen.		pl.	m.?		
20.22 † ἐμοί (emphatic)			dat.		sg.		μοι (enclitic; not emphat.)							−	+
.24 † τελειώσω	act. subj.	aor.¹		1	"		τελειῶσαι	act. inf.	aor.¹						
21.20 † εἰπάν (cf. Jn 8.52)	"	ind.	aor.²		3	pl.		εἰπόν (cf. Jn 8.52)	"	ind.	aor.²		3	pl.	
.27 † ἐπέβαλαν (cf. Mk 14.46)	"	"	"		"	"		ἐπέβαλον (cf. Mk 14.46)	"	"	"		"	"	
22. 8 † ἐμέ (emphatic)			acc.		sg.		με (enclitic; not emphat.)			acc.		sg.		−	+
.13 † ἐμέ	"		"		"		με	"		"		"		−	+
23.17 † ἄπαγε (not so used!)	act. imv.	pr.		2	"		ἀπάγαγε	act. imv.	aor.²		2	"			
.22 † ἐμέ (cf. 22.8)			acc.		"		με (cf. 22.8)			acc.		"		−	+
25.10 † ἠδίκηκα	act. ind.	pf.		1	"		ἠδίκησα	act. ind.	aor.¹		1	"			
27. 5 † κατήλθαμεν (HGrk < aor.)	"	"	aor.²		"	pl.		κατήλθομεν	"	"	aor.²		"	pl.	

Rm₄

N-A '63	VOICE MOOD	ACTION TENSE	CASE	PERSON	NUMBER	GENDER	N-A '79	VOICE MOOD	ACTION TENSE	CASE	PERSON	NUMBER	GENDER	N-A '63	'79
10. 5 † αὐτῇ (ref.: δικαιοσύνῃ)			dat.		sg.	f.	αὐτοῖς (ref.: νόμου ?)			dat.		pl.	m.	−	+
15.15 † τολμηροτέρως compar. adv.							τολμηρότερον as adv.			acc.		sg.	nt.	−	+
.26f ηὐδόκησαν	act. ind.	aor.¹		3	pl.		εὐδόκησαν (w/o. augment)	act. ind.	aor.¹		3	pl.			

1-C₃

N-A '63	VOICE MOOD	ACTION TENSE	CASE	PERSON	NUMBER	GENDER	N-A '79	VOICE MOOD	ACTION TENSE	CASE	PERSON	NUMBER	GENDER	N-A '63	'79
7. 9 † γαμεῖν	act. inf.	pr.					γαμῆσαι	act. inf.	aor.¹						
.17 † μεμέρικεν	"	ind.	pf.		3	sg.		ἐμέρισεν	"	ind.	"		3	sg.		
10. 2 † ἐβαπτίσαντο	mid.	"	aor.¹		"	pl.		ἐβαπτίσθησαν	pass.	"	"		"	pl.		

2-C₅

N-A '63	VOICE MOOD	ACTION TENSE	CASE	PERSON	NUMBER	GENDER	N-A '79	VOICE MOOD	ACTION TENSE	CASE	PERSON	NUMBER	GENDER	N-A '63	'79
3. 9 † ἡ			nom.		sg.	f.	τῇ			dat.		sg.	f.	−	+
. † διακονία			"		"	"		διακονίᾳ			"		"	"		
8.16 † διδόντι	act. pt.	pr.	dat.		"	m.	δόντι	act. pt.	aor.²	"		"	m.		
9. 4 † λέγωμεν	"	subj.	"		1	pl.		λέγω	"	subj.	pr.		1	"		
12.15 † ἀγαπῶ	"	ind.	"			sg.		ἀγαπῶ[ν]	"	pt.	"	nom.		"	m.	

Ga₃

N-A '63	VOICE MOOD	ACTION TENSE	CASE	PERSON	NUMBER	GENDER	N-A '79	VOICE MOOD	ACTION TENSE	CASE	PERSON	NUMBER	GENDER	N-A '63	'79
1. 8 † εὐαγγελίσηται	mid. subj.	aor.¹		3	sg.		εὐαγγελίζηται	mid. subj.	pr.		3	sg.			
4. 9 † δουλεῦσαι	act. inf.	"					δουλεύειν	act. inf.	"						
.23 † διά (bef. a consonant)							δι' (bef. a vowel)								

Eph₁

N-A '63	VOICE MOOD	ACTION TENSE	CASE	PERSON	NUMBER	GENDER	N-A '79	VOICE MOOD	ACTION TENSE	CASE	PERSON	NUMBER	GENDER	N-A '63	'79
1.14 † ὅς			nom.		sg.	m.	ὅ (ref.: πνεῦμα)			nom.		sg.	nt.		
.17⁽¹⁾ δώῃ as written:	act. opt.	aor.²		3	"		δώῃ	act. subj.	aor.²		3	"			
.20 † ἐνήργηκεν	"	ind.	pf.		"	"		ἐνήργησεν	"	ind.	aor.¹		"	"		

Phl₁

N-A '63	VOICE MOOD	ACTION TENSE	CASE	PERSON	NUMBER	GENDER	N-A '79	VOICE MOOD	ACTION TENSE	CASE	PERSON	NUMBER	GENDER	N-A '63	'79
2. 4 † ἕκαστοι			nom.		pl.	m.	ἕκαστος			nom.		sg.	m.		

Col₂

N-A '63	VOICE MOOD	ACTION TENSE	CASE	PERSON	NUMBER	GENDER	N-A '79	VOICE MOOD	ACTION TENSE	CASE	PERSON	NUMBER	GENDER	N-A '63	'79
1.27 † ὅς (ref.: Χριστὸς)			nom.		sg.	m.	ὅ (ref.: τὸ μυστήριον)			nom.		sg.	nt.		
3.22 † ὀφθαλμοδουλίαις			dat.		pl.	f.	ὀφθαλμοδουλίᾳ			dat.		"	f.		

(1) cf. Zerwick, Analysis Philologica N.T. Graeci, p. 428.

L / O

1-Th₂

	N-A '63	VOICE MOOD	ACTION, TENSE CASE	PERSON NUMBER	GENDER	N-A '79	VOICE MOOD	ACTION, TENSE CASE	PERSON NUMBER	GENDER	N-A '63	'79
2. 8	ηὐδοκοῦμεν	act. ind.	im.	1	pl.	εὐδοκοῦμεν	act. ind.	pr.	1	pl.		
3. 1	ηὐδοκήσαμεν	" "	aor.¹	"	"	εὐδοκήσαμεν (w/o. augment)	" "	aor.¹	"	"		

2-Th₁

3. 6 †	παρελάβετε	act. ind. aor.²		2	pl.	παρελάβοσαν	act. ind. aor.²		3	pl.		

Tit₁

3. 9 †	ἔριν (irr.)		acc.		sg. f.	ἔρεις		acc.		pl. f.		

Hb₂

4. 2 †	συγκεκερασμένος	pass.pt. pf.	nom.		sg. m.	συγκεκερασμένους	pass.pt. pf.	acc.		pl. m.		
12 .15 †	διά (bef. a consonant)					δι᾽ (bef. a vowel)						

Jm₁

4. 8 †	ἐγγίσει	act. ind. fut.		3	sg.	ἐγγιεῖ (Attic fut.)	act. ind. fut.		3	sg.		
5. 4 †	εἰσελήλυθαν (< aor.¹, IIBC)	" " pf.²		"	pl.	εἰσελήλυθασιν (class.)	" " pf.²		"	pl.		
.20 †	γινώσκετε	" imv. pr.		2	"	γινωσκέτω	" imv. pr.		"	sg.		

2-Pt₂ (includes change of case of παρά)

2 .11 †	κυρίῳ aft. παρά-dat.		dat.		sg. m.	κυρίου aft. παρά-gen.		gen.		sg. m.	–	+

3-Jn₁

v. 7	ἐξῆλθαν (HGrk < aor.¹ for 3pl)	act. ind. aor.²		3	pl.	ἐξῆλθον (same form as 1 sg.)	act. ind. aor.²		3	pl.		

Jd₁

v. 4 †	παρεισέδυσαν	pass.ind. aor.²		3	pl.	παρεισέδυσαν	act. ind. aor.¹		3	pl.		
.15 †	πάντας predicat. (1ˢᵗ type)		acc.		" m.	πᾶσαν predicat. (2ⁿᵈ type)		acc.		sg. f.		

Rv₁₉ (includes change of case of ἐπί)

2. 3	κεκοπίακας	act. ind. pf.		2	sg.	κεκοπίακες (HGrk < aor.²)	act. ind. pf.		2	sg.		
. 4	ἀφῆκας	" " aor.¹		"	"	ἀφῆκες (HGrk < aor.²)	" " aor.¹		"	"		
.22 †	μετανοήσουσιν	" " fut.		3	pl.	μετανοήσωσιν	" subj. "		3	pl.		
5 .12 †	ἄξιός (lack of concord)		nom.		sg. m.	ἄξιόν (predicative)		nom.		sg. nt.		
6. 1 †	φωνῇ		dat.		" f.	φωνή		"		" f.		
.11 †	ἀναπαύσωνται	mid. subj. aor.¹		3	pl.	ἀναπαύσονται	mid. ind. fut.		3	pl.		
9. 3 †	αὐτοῖς (lack of concord)		dat.		" m.	αὐταῖς (ref.: ἀκρίδες)		dat.		" f.	–	+
. 4 †	αὐτοῖς		"		" "	αὐταῖς		"		" "		
. 7 †	ὅμοιοι		nom.		" "	ὅμοια (ref.: ὁμοιώματα)		nom.		" nt.		
10. 1 †	τήν aft. ἐπί-acc.		acc.		sg. f.	τῆς aft. ἐπί-gen.		gen.		sg. f.	–²	+²
. †	κεφαλήν "		"		" "	κεφαλῆς "		"		" "		
11 .18 †	τοῖς		dat.		pl. m.	τούς (lack of concord)		acc.		pl. m.	–	+
. †	μικροῖς		"		" "	μικρούς		"		" "		
. †	τοῖς		"		" "	τούς		"		" "	–	+
. †	μεγάλοις		"		" "	μεγάλους		"		" "		
13 .10 †	ἀποκτενεῖ	act. ind. fut.		3	sg.	ἀποκτανθῆναι	pass.inf. aor.¹					
17. 3 †	ἔχοντα (lack of concord)	" pt. pr.	acc.		pl. nt.	ἔχων (lack of concord)	act. pt. pr.	nom.		sg. m.		
19. 7 †	δώσομεν	" ind. fut.		1	"	δώσωμεν	" subj. aor.¹		1	pl.		

1 8 5	← Grand Total

O

ORTHOGRAPHICAL CHANGES —×⁽¹⁾

1 – of a different spelling.

* change of breathing.
§ of breathings and / or accents subtracted.

(1) Daggers refer to N·A '79 (26ᵗʰ edition).

Mt

	N-A '63	N-A '79
1.15	Ματθάν	Ματτάν
.	Ματθάν	Ματτάν
.19	λάθρα	λάθρα

	N-A '63	N-A '79
2. 7	λάθρα	λάθρα
.23 †	Ναζαρέθ	Ναζαρέτ
4.18	ἁλεεῖς	ἁλιεῖς
.19	ἁλεεῖς	ἁλιεῖς
5.42	δανείσασθαι	δανίσασθαι
6. 6	ταμιεῖον	ταμεῖον contracted
7.15	ἐνδύμασι	ἐνδύμασιν

O

ORTHOGRAPHICAL CHANGES, cont'd.

1 – of a different spelling , cont'd.

Mt

	N-A '63	N-A '79
10.25 †	Βεεζεβούλ	Βεελζεβούλ
12.24 †	Βεεζεβούλ	Βεελζεβούλ
.27 †	Βεεζεβούλ	Βεελζεβούλ
17.12	ἀλλ'	ἀλλὰ
21.9,15	ὡσαννὰ (ter)	ὡσαννὰ *
24.26	ταμειοις	ταμειοις contracted
26.67	ἐρράπισαν	ἐράπισαν
27.46	ἠλὶ (bis)	ηλι §
.	λεμὰ	λεμα §
.	σαβαχθάνι	σαβαχθανι §

23

Mk

1.6	ἔσθων	ἐσθίων
.9 †	Ναζαρὲθ	Ναζαρὲτ
.16	ἁλεεῖς	ἁλιεῖς
.17	ἁλεεῖς	ἁλιεῖς
2.4	κράβατον	κράβαττον
.9	κράβατόν	κράβαττόν
.11	κράβατόν	κράβαττόν
.12	κράβατον	κράβαττον
3.22 †	Βεεζεβοὺλ	Βεελζεβοὺλ
5.41	ταλιθὰ	ταλιθα §
.	κοὺμ	κουμ §
6.55	κραβάτοις	κραβάττοις
7.34	ἐφφαθά	εφφαθα §
11.9	ὡσαννά	ὡσαννά *
.10	ὡσαννὰ	ὡσαννὰ *
.27	Ἱεροσόλιμα	Ἱεροσόλυμα
	(error)	
12.40	κατεσθοντες	κατεσθίοντες
.41	γαζοφυλακείον	γαζοφυλακίον
.	γαζοφυλακείον	γαζοφυλάκιον
.43	γαζοφυλακείον	γαζοφυλάκιον
14.36	ἀββὰ	αββα §
.63	διαρήξας	διαρρήξας
15.34	ἐλωΐ (bis)	ελωι §
.	σαβαχθάνι	σαβαχθανι §

25

Lk

3.24	Ματθὰτ	Μαθθὰτ
5.2	ἁλεεῖς	ἁλιεῖς
6.34	δανείσητε	δανίσητε
.	δανείζουσιν	δανίζουσιν
.35	δανείζετε	δανίζετε
.48f	προσέρρηξεν	προσέρηξεν
7.41	δανειστῇ	δανιστῇ
8.29	διαρήσσων	διαρρήσσων
10.7	ἐσθοντες	ἐσθίοντες
11.15 †	Βεεζεβοὺλ	Βεελζεβοὺλ
.18 †	Βεεζεβοὺλ	Βεελζεβοὺλ
.19 †	Βεεζεβοὺλ	Βεελζεβοὺλ
.30	Νινευίταις	Νινευίταις

	N-A '63	N-A '79
12.3	ταμείοις	ταμείοις contracted
.21 †	αὐτῷ	ἑαυτῷ uncontracted
.24	ταμείον	ταμείον contracted
16.31	οὐδὲ	οὐδ'
18.29	εἵνεκεν	ἕνεκεν
20.9	ἐξέδοτο	ἐξέδετο
	(= UBS'⁷⁵)	error ?
21.1	γαζοφυλακείον	γαζοφυλάκιον

21

Jn

1.45	Ναζαρέθ	Ναζαρέτ
.46	Ναζαρὲθ	Ναζαρὲτ
3.23	Σαλίμ	Σαλείμ
5.8	κράβατον	κράβαττόν
.9	κράβατον	κράβαττον
.10	κράβατον	κράβαττόν
.11	κράβατόν	κράβαττόν
.21	ζωοποιεῖ	ζωοποιεῖ
6.63	ζωοποιοῦν	ζωοποιοῦν
[8.5]	Μωυσῆς	Μωϋσῆς
.20	γαζοφυλακείῳ	γαζοφυλακίῳ
11.28	λάθρα	λάθρᾳ
.54	Ἐφραΐμ	Ἐφραὶμ
12.13	ὡσαννά	ὡσαννά
19.17	Γολγοθά	Γολγοθα §
.23	τέσσερα	τέσσαρα
.	ἄραφος	ἄραφος

18

Ac

4.35	διεδίδοτο	διεδίδετο (UBS'⁷⁵)
5.15	κραβάτων	κραβάττων
7.43 †	Ῥομφά	Ῥαιφάν
9.33	κραβάτου	κραβάττου
16.14	Θυατίρων	Θυατείρων
.37	λάθρα	λάθρᾳ
17.18	Στωϊκῶν	Στοϊκῶν
23.12	πεῖν contracted	πιεῖν
.21	πεῖν "	πιεῖν
27.16 †	Κλαῦδα	Καῦδα
28.20	εἵνεκεν	ἕνεκεν

11

Rm

1.21	ἀλλὰ	ἀλλ'
4.17	ζωοποιοῦντος	ζωοποιοῦντος
.20	ἀλλὰ	ἀλλ'
8.11	ζωοποιήσει	ζωοποιήσει
13.4	εἰκῇ	εἰκῇ

5

1-C

11.23	παρεδίδοτο	παρεδίδετο (UBS'⁷⁵)
15.2	εἰκῇ	εἰκῇ

	N-A '63	N-A '79
15.22	ζωοποιηθήσονται	ζωοποιηθήσονται
.36	ζωοποιεῖται	ζωοποιεῖται
.45	ζωοποιοῦν	ζωοποιοῦν

5

2-C

3.6	ζωοποιεῖ	ζωοποιεῖ

1

Ga

3.4	εἰκῇ (bis)	εἰκῇ
.21	ζωοποιῆσαι	ζωοποιῆσαι
4.11	εἰκῇ	εἰκῇ

4

Eph

5.12	κρυφῇ	κρυφῇ

1

Col

2.18	εἰκῇ	εἰκῇ

1

Phm

v.16	ἀλλὰ	ἀλλ'

1

Hb

7.9 †	Λευίς	Λευὶ
11.33	ἠργάσαντο	εἰργάσαντο
	(Attic augment	(Attic augment
	from *ἠ-ϝεργ-)	from *ϝε-ϝεργ-)

2

1-Pt

3.18	ζωοποιηθείς	ζωοποιηθείς
		(error; read ζῳο-)

1

1-Jn

2.16	ἀλλὰ	ἀλλ'

1

O

ORTHOGRAPHICAL CHANGES, cont'd.

1 - of a different spelling, cont'd.

2-Jn   N-A '63   N-A '79

V. 8 † ἠργασάμεθα   εἰργασάμεθα
(Attic augment   (Attic augment
from *ἠ-ϝεργ-)   from *ϝε-ϝεργ-)

‾‾
1

Jd

V.14 † Ἐπροφήτευσεν   Προεφήτευσεν
(correct augment   (augmented as if
of προφητεύω)   προφητεύω were
a compound verb)

‾‾
1

Rv

1.11	Θυάτιρα	Θυάτειρα
2.18	Θυατίροις	Θυατείροις
.24	Θυατίροις	Θυατείροις
3.18 †	κολλύριον	κολλ[ο]ύριον
4. 4 †	τέσσαρας	τέσσαρες
		(also, acc. pl. masc.)
.6	τέσσερα	τέσσαρα
.8	τέσσερα	τέσσαρα
5. 8	τέσσερα	τέσσαρα
.14	τέσσερα	τέσσαρα
16. 6	πεῖν contracted	πιεῖν
18.12	σηρικοῦ	σιρικοῦ
19 4	τέσσερα	τέσσαρα

1 2

| 1 3 4 | ← Grand total

2 - of capitalization, as added.[1]

* of a new proper name.

Mt

		Synops.[2]
2.22	ἀκούσας	Ἀκούσας	11
3.11	ἐγὼ	Ἐγὼ	16
4.24	καὶ	Καὶ	50
5.20	λέγω	Λέγω	54
6. 9	οὕτως	Οὕτως	62
10.21	παραδώσει	Παραδώσει	100
.23	ὅταν	Ὅταν	100
.26	μὴ	Μὴ	101
11.11	ἀμὴν	Ἀμὴν	107
13. 3	καὶ	Καὶ	122
14. 6	γενεσίοις	Γενεσίοις	144
.15	ὀψίας	Ὀψίας	146
18. 6	ὃς	Ὃς	168
19.10	λέγουσιν	Λέγουσιν	251
20.24	καὶ	Καὶ	263
21.10	καὶ	Καὶ	271
.20	καὶ	Καὶ	275

	N-A '63	N-A '79	Synops.
21.42	λέγει	Λέγει	278
23. 8	ὑμεῖς	Ὑμεῖς	284
.34	διὰ	Διὰ	284
24. 4	καὶ	Καὶ	287
.9	τότε	Τότε	289
.23	τότε	Τότε	291
.37	ὥσπερ	Ὥσπερ	296
.42	γρηγορεῖτε	Γρηγορεῖτε	296
26.51	καὶ	Καὶ	331
27. 6	οἱ	Οἱ	335
.24	ἰδὼν	Ἰδὼν	341
.33	κρανίου	Κρανίου *	344
.	τόπος	Τόπος *	344
.35	σταυρώσαντες	Σταυρώσαντες	
.37	καὶ	Καὶ	344 ⌐344
.44	τὸ	Τὸ	346
28. 8	καὶ	Καὶ	352

34

Mk

1. 7	καὶ	Καὶ	16
.14	μετὰ	Μετὰ (v.14a)	30
.39	καὶ	Καὶ	40
3.22	καὶ	Καὶ	117
.23	καὶ	Καὶ	117
4. 3	ἀκούετε	Ἀκούετε	122
.13	καὶ	Καὶ	124
5.14	καὶ	Καὶ	137
.18	καὶ	Καὶ	137
6.21	καὶ	Καὶ	144
.32	καὶ	Καὶ	146
7. 6	ὁ	Ὁ	150
9. 1	καὶ	Καὶ	160
.28	καὶ	Καὶ	163
10.10	καὶ	Καὶ	163
11.18	καὶ	Καὶ	274
.25	καὶ	Καὶ	275
13.21	καὶ	Καὶ	291
.30	ἀμὴν	Ἀμὴν	293
.34	ὡς	Ὡς	294
14.48	καὶ	Καὶ	331
.50	καὶ	Καὶ	331
15. 2	καὶ	Καὶ	336
.15	ὁ	Ὁ	341
.22	καὶ	Καὶ	344
.	κρανίου	Κρανίου *	344
.	τόπος	Τόπος *	344
.24	καὶ	Καὶ	344
16. 5	καὶ	Καὶ	352
.8	καὶ	Καὶ	352

30

Lk

1.21	καὶ	Καὶ	2
3.19	ὁ	Ὁ	17
4.22	καὶ	Καὶ	33
.33	καὶ	Καὶ	36
.44	καὶ	Καὶ	38

	N-A '63	N-A '79	Synops.
5. 4	ὡς	Ὡς	41
6.17	καὶ	Καὶ	77
.31	καὶ	Καὶ	80
.37	καὶ	Καὶ	81
7.10	καὶ	Καὶ	85
.29	καὶ	Καὶ	107
8.11	ἔστιν	Ἔστιν	124
.18	βλέπετε	Βλέπετε	125
.34	ἰδόντες	Ἰδόντες	137
.43	καὶ	Καὶ	138
10.30	ὑπολαβὼν	Ὑπολαβὼν	183
11.34	ὁ	Ὁ	193
.43	οὐαί	Οὐαί	194
.44	οὐαί	Οὐαί	194
.47	οὐαί	Οὐαί	194
.52	οὐαί	Οὐαί	194
12. 2	οὐδὲν	Οὐδὲν	196
.8	λέγω	Λέγω	196
.10	καὶ	Καὶ	197
.11	ὅταν	Ὅταν	198
.47	ἐκεῖνος	Ἐκεῖνος	203
14. 2	καὶ	Καὶ	214
.16	ὁ	Ὁ	216
15. 3	εἶπεν	Εἶπεν	219
.20	ἔτι	Ἔτι	221
.25	ἦν	Ἦν	221
16.10	ὁ	Ὁ	223
17. 3	ἐὰν	Ἐὰν	230
.12	καὶ	Καὶ	233
18.24	ἰδὼν	Ἰδὼν	255
19.29	ἐλαιῶν	Ἐλαιῶν *	269
20.39	ἀποκριθέντες	Ἀποκριθέντες	281
21. 7	ἐπηρώτησαν	Ἐπηρώτησαν	288
.12	πρὸ	Πρὸ	289
.37	ἐλαιῶν	Ἐλαιῶν *	301
22.21	πλὴν	Πλὴν	312
18	[μιν]ῆ	[Μιν]ῆ	314
23. 2	ἤρξαντο	Ἤρξαντο	336
.8	ὁ	Ὁ	337
.18	ἀνέκραγον	Ἀνέκραγον	339
.24	καὶ	Καὶ	341
.35	καὶ	Καὶ	345
.47	ἰδὼν	Ἰδὼν	347
.49	εἱστήκεισαν	Εἱστήκεισαν	348
24. 1	τῇ	Τῇ	352
.9	καὶ	Καὶ	352

51

Jn

2.14	καὶ	Καὶ	25
.18	ἀπεκρίθησαν	Ἀπεκρίθησαν	25
3.23	ἦν	Ἦν	29
4.46	καὶ	Καὶ	85
5. 2	ἔστιν	Ἔστιν	147
.17	ὁ	Ὁ	147
.45	μὴ	Μὴ	147
6. 5	ἐπάρας	Ἐπάρας	146
.26	ἀπεκρίθη	Ἀπεκρίθη	149
.30	εἶπον	Εἶπον	149
7. 2	ἦν	Ἦν	238

[1] None of these references, of course, has a dagger in the apparatus of N-A '79; Mk 1.14 has a dagger due to a rearrangement of words. [2] Compares the numbering of the pericopes in Aland's Synopsis Quatuor Evangelium - Editio Septima (Württembergische Bibelanstalt Stuttgart), 1971: all but italicized numbers already have capitalization in the Synopsis, often to indicate divisions of pericopes.

O

ORTHOGRAPHICAL CHANGES, cont'd.

2- *of capitalization, as added, cont'd.*

	N-A '63	N-A '79	
Jn			Synops.
7.19	οὐ	Οὐ	240
9.18	οὐκ	Οὐκ	248
.39	καὶ	Καὶ	248
10.14	ἐγώ	Ἐγώ	249
.17	διὰ	Διὰ	249
11.11	ταῦτα	Ταῦτα	259
.28	καὶ	Καὶ	259
.32	ἡ	Ἡ	259
.47	συνήγαγον	Συνήγαγον	260
12.3	ἡ	Ἡ	267
.27	νῦν	Νῦν	302
.34	ἀπεκρίθη	Ἀπεκρίθη	302
13.21	ταῦτα	Ταῦτα	310
14.5	λέγει	Λέγει	317
.12	ἀμήν (1ST)	Ἀμήν	317
.22	λέγει	Λέγει	318
15.9	καθὼς	Καθὼς	321
.12	αὕτη	Αὕτη	321
16.5	νῦν	Νῦν	325
.19	ἔγνω	Ἔγνω	326
.23	καὶ	Καὶ	327
17.9	ἐγὼ	Ἐγὼ	329
18.2	ᾔδει	Ἤιδει	331
19.6	ὅτε	Ὅτε	340
.16	τότε	Τότε	341
.17	κρανίου	Κρανίου *	344
.	τόπον	Τόπον *	344
.25	εἰστήκεισαν	Εἰστήκεισαν	344
21.20	ἐπιστραφεὶς	Ἐπιστραφεὶς	367

___
40

Ac	N-A '63	N-A '79	
1.9	καὶ	Καὶ	
.12	ἐλαιῶνος	Ἐλαιῶνος	*
2.42	ἦσαν	Ἦσαν	
3.2	ὡραίαν	Ὡραίαν	*
.17	καὶ	Καὶ	
4.8	τότε	Τότε	
.18	καὶ	Καὶ	
5.27	ἀγαγόντες	Ἀγαγόντες	
.33	οἱ	Οἱ	
8.18	ἰδὼν	Ἰδὼν	
9.11	εὐθεῖαν	Εὐθεῖαν	*
11.4	ἀρξάμενος	Ἀρξάμενος	
.18	ἀκούσαντες	Ἀκούσαντες	
12.3	ἰδὼν	Ἰδὼν	
.11	καὶ	Καὶ	
13.16	ἀναστὰς	Ἀναστὰς	
.32	καὶ	Καὶ	
.46	ἀκούοντα	Ἀκούοντα	
14.14	ἀκούσαντες	Ἀκούσαντες	
.24	καὶ	Καὶ	
16.9	καὶ	Καὶ	
17.32	ἀκούσαντες	Ἀκουσαντες	

	N-A '63	N-A '79
18.23	καὶ	Καὶ
19.18	πολλοί	Πολλοί
.28	ἀκούσαντες	Ἀκούσαντες
.35	καταστείλας	Καταστείλας
20.22	καὶ	Καὶ
.25	καὶ	Καὶ
.32	καὶ	Καὶ
.36	καὶ	Καὶ
21.18	τῇ	Τῇ
.20	οἱ	Οἱ
.26	τότε	Τότε
23.1	ἀτενίσας	Ἀτενίσας
.6	γνοὺς	Γνοὺς
25.9	ὁ	Ὁ
26.9	ἐγὼ	Ἐγὼ
28.3	συστέψαντος	Συστρέψαντος

___
38

Rm	N-A '63	N-A '79
1.16	οὐ	Οὐ
.24	διὸ	Διὸ
.26	διὰ	Διὰ
2.25	περιτομή	Περιτομή
4.9	ὁ	Ὁ
.18	ὃς	Ὃς
6.12	μὴ	Μὴ
.19	ἀνθρώπινον	Ἀνθρώπινον
7.14	οἴδαμεν	Οἴδαμεν
.18	οἶδα	Οἶδα
8.1	οὐδὲν	Οὐδὲν
.3	τὸ	Τὸ
.9	ὑμεῖς	Ὑμεῖς
.26	ὡσαύτως	Ὡσαύτως
.28	οἴδαμεν	Οἴδαμεν
9.10	οὐ	Οὐ
.24	οὓς	Οὓς
10.16	ἀλλ'	Ἀλλ'
12.9	ἡ	Ἡ
14.5	ὃς	Ὃς
.10	σὺ	Σὺ
.19	ἄρα	Ἄρα
15.22	διὸ	Διὸ
.25	-νυνὶ	Νυνὶ
.33	ὁ	Ὁ

___
25

1-C	N-A '63	N-A '79
4.16	παρακαλῶ	Παρακαλῶ
.18	ὡς	Ὡς
6.7	ἤδη	Ἤδη
.9	ἢ	Ἢ
.18	φεύγετε	Φεύγετε
7.10	τοῖς	Τοῖς
9.8	μὴ	Μὴ
.12	εἰ	Εἰ
.15	ἐγὼ	Ἐγὼ
10.6	ταῦτα	Ταῦτα
.19	τί	Τί

	N-A '63	N-A '79
11.7	ἀνήρ	Ἀνήρ
12.14	καὶ	Καὶ
.27	ὑμεῖς	Ὑμεῖς
13.13	νυνὶ	Νυνὶ
14.6	νῦν	Νῦν
.18	εὐχαριστῶ	Εὐχαριστῶ
15.30	τί	Τί
.39	οὐ	Οὐ
.42	οὕτως	Οὕτως

___
20

2-C	N-A '63	N-A '79
2.1	ἔκρινα	Ἔκρινα
4.5	οὐ	Οὐ
.13	ἔχοντες	Ἔχοντες
6.3	-μηδεμίαν	Μηδεμίαν
8.7	ἀλλ'	Ἀλλ'
11.5	λογίζομαι	Λογίζομαι
.21	ἐν	Ἐν
.24	ὑπὸ	Ὑπὸ
.30	εἰ	Εἰ
12.6	ἐὰν	Ἐὰν

___
10

Ga	N-A '63	N-A '79
1.11	γνωρίζω	Γνωρίζω
.21	ἔπειτα	Ἔπειτα
2.6	ἀπὸ	Ἀπὸ
4.28	ὑμεῖς	Ὑμεῖς
6.14	ἐμοὶ	Ἐμοὶ

___
5

Eph	N-A '63	N-A '79
1.7	ἐν	Ἐν
.11	ἐν	Ἐν
.13	ἐν	Ἐν
.20	ἦν	Ἦν
2.8	τῇ	Τῇ
.19	ἄρα	Ἄρα
3.8	ἐμοὶ	Ἐμοὶ
4.4	ἐν	Ἐν
.11	καὶ	Καὶ
.20	ὑμεῖς	Ὑμεῖς
5.21	ὑποτασσόμενοι	Ὑποτασσόμενοι
.29	οὐδεὶς	Οὐδεὶς
6.18	διὰ	Διὰ

___
13

Phl	N-A '63	N-A '79
1.7	καθὼς	Καθὼς
.18	ἀλλὰ	Ἀλλὰ
.21	ἐμοὶ	Ἐμοὶ
2.5	τοῦτο	Τοῦτο
.14	πάντα	Πάντα

O

ORTHOGRAPHICAL CHANGES, cont'd.

2- of capitalization, as added, cont'd.

Phl
	N-A '63	N-A '79
3.7	ἀλλὰ	[Ἀλλὰ]

6

Col
	N-A '63	N-A '79
1.11	μετὰ	Μετὰ
2.11	ἐν	Ἐν
3.16	ὁ	Ὁ

3

1-Th
	N-A '63	N-A '79
1.6	καὶ	Καὶ
2.5	οὔτε	Οὔτε
.9	μνημονεύετε	Μνημονεύετε
.14	ὑμεῖς	Ὑμεῖς
5.7	οἱ	Οἱ

5

2-Th
	N-A '63	N-A '79
2.3	μή	Μή
3.7	αὐτοὶ	Αὐτοὶ
.11	ἀκούομεν	Ἀκούομεν
.14	εἰ	Εἰ
.18	ἤ	Ἤ

ſ

1-Ti
	N-A '63	N-A '79
1.8	οἴδαμεν	Οἴδαμεν
2.5	εἷς	Εἷς
.11	γυνὴ	Γυνὴ
3.1	εἰ	Εἰ
.11	γυναῖκας	Γυναῖκας
4.7	γύμναζε	Γύμναζε
.12	μηδείς	Μηδείς
5.9	χήρα	Χήρα
.14	βούλομαι	Βούλομαι
6.6	ἔστιν	Ἔστιν

.10

2-Ti
	N-A '63	N-A '79
1.13	ὑποτύπωσιν	Ὑποτύπωσιν
2.8	μνημόνευε	Μνημόνευε
.20	ἐν	Ἐν
.22	τὰς	Τὰς
3.6	ἐκ	Ἐκ
.14	σὺ	Σὺ
4.3	ἔσται	Ἔσται
.5	σὺ	Σὺ

8

Tit
	N-A '63	N-A '79
2.3	πρεσβύτιδας	Πρεσβύτιδας

1

Phm
	N-A '63	N-A '79
v.13	ὄν	Ὄν
.15	τάχα	Τάχα

2

Hb
	N-A '63	N-A '79
2.10	ἔπρεπεν	Ἔπρεπεν
7.20	καὶ	Καὶ
.23	καὶ	Καὶ
.26	τοιοῦτος	Τοιοῦτος
8.7	εἰ	Εἰ
9.6	τούτων	Τούτων
.15	καὶ	Καὶ
.23	ἀνάγκη	Ἀνάγκη
11.35	ἔλαβον	Ἔλαβον
13.12	διὸ	Διὸ

10

Jm
	N-A '63	N-A '79
1.22	γίνεσθε	Γίνεσθε
2.8	εἰ	Εἰ
.12	οὕτως (1ST)	Οὕτως
.18	ἀλλ'	Ἀλλ'
.20	θέλεις	Θέλεις
5.16	πολὺ	Πολὺ

6

2-Pt
	N-A '63	N-A '79
1.5	καὶ	Καὶ
.16	οὐ	Οὐ
2.4	εἰ	Εἰ
.12	οὗτοι	Οὗτοι
3.5	λανθάνει	Λανθάνει

5

1-Jn
	N-A '63	N-A '79
2.3	καὶ	Καὶ
.9	ὁ	Ὁ
.24	ὑμεῖς	Ὑμεῖς
3.1	ἴδετε	Ἴδετε
.4	πᾶς	Πᾶς
.11	ὅτι	Ὅτι
.23	καὶ	Καὶ
4.4	ὑμεῖς	Ὑμεῖς
.11	ἀγαπητοί	Ἀγαπητοί
.15	ὅς	Ὅς
5.11	καὶ	Καὶ

11

2-Jn
	N-A '63	N-A '79
v.7	ὅτι	Ὅτι
.9	πᾶς	Πᾶς

2

Jd
	N-A '63	N-A '79
v.10	οὗτοι	Οὗτοι
.20	ὑμεῖς	Ὑμεῖς
.22	καὶ	Καὶ

3

Rv
	N-A '63	N-A '79
4.2	εὐθέως	Εὐθέως
.4	καὶ	Καὶ
.5	καὶ	Καὶ
.6	καὶ	Καὶ
5.11	καὶ	Καὶ
6.15	καὶ	Καὶ
7.2	καὶ	Καὶ
.11	καὶ	Καὶ
9.7	καὶ	Καὶ
.17	καὶ	Καὶ
.20	καὶ	Καὶ
10.10	καὶ	Καὶ
11.3	καὶ	Καὶ
.16	καὶ	Καὶ
.19	καὶ	Καὶ
12.18	καὶ	Καὶ
13.3	καὶ (3RD)	Καὶ
.5	καὶ	Καὶ
.15	καὶ	Καὶ
17.3	καὶ (2ND)	Καὶ
.7	καὶ	Καὶ
.9	αἱ	Αἱ
.12	καὶ	Καὶ
18.9	καὶ	Καὶ
.11	καὶ	Καὶ
.15	οἱ	Οἱ
.17	καὶ (1ST)	Καὶ
19.3	καὶ	Καὶ
.5	καὶ	Καὶ
.14	καὶ	Καὶ
.17	δεῦτε	Δεῦτε
21.5	καὶ	Καὶ
22.14	μακάριοι	Μακάριοι

33

376	← Grand Total

3- of capitalization, as subtracted.[1]

§ of accents, and/or breathings added.

Mt
	N-A '63	N-A '79	Synops.[2]
1.22	Τοῦτο	τοῦτο	7
3.4	Αὐτὸς	αὐτὸς	13

(1) Cf. footnote num. 1 on p. 77. (2) Cf. footnote num. 2 on p. 77; here, only one reference has a non-italicized Synoptic number.

O / (nbt to i)

ORTHOGRAPHICAL CHANGES, cont'd.

3– of capitalization, as subtracted, cont'd.

Mt

N-A '63	N-A '79	Synops.
4.21 Καὶ	καὶ	54
5.48 Ἔσεσθε	ἔσεσθε	59
6. 9 Ἁγιασθήτω	ἁγιασθήτω	62
.11 Τὸν	τὸν	62
8.19 Καὶ	καὶ	89
9. 2 Καὶ	καὶ	92
.10 Καὶ	καὶ	93
10. 5 Εἰς	εἰς	99
13. 3 Ἰδοὺ	ἰδοὺ	122
.19 Παντὸς	παντὸς	124
.34 Ταῦτα	ταῦτα	130
.36 Καὶ	καὶ	131
15.10 Καὶ	καὶ	150
18.35 Οὕτως	οὕτως	173
19.30 Πολλοὶ	πολλοὶ	255
20.16 Οὕτως	οὕτως	256
21. 4 Τοῦτο	τοῦτο	269
.14 Καὶ	καὶ	271
.17 Καὶ	καὶ	271
.33 Ἄνθρωπος	ἄνθρωπος	278
22.14 Πολλοὶ	πολλοὶ	279
23.12 Ὅστις	ὅστις	284
25.13 Γρηγορεῖτε	γρηγορεῖτε	290
27.37 ΟΥΤΟΣ	οὗτός	§ 344
. ΕΣΤΙΝ	ἐστιν	§ 344
. ΙΗΣΟΥΣ	Ἰησοῦς	§ 344
. Ο	ὁ	§ 344
. ΒΑΣΙΛΕΥΣ	βασιλεὺς	§ 344
. ΤΩΝ	τῶν	§ 344
. ΙΟΥΔΑΙΩΝ	Ἰουδαίων	§ 344
28.15 Καὶ	καὶ	354

33

Mk

N-A '63	N-A '79	Synops.
14.27 Καὶ	καὶ	315
.51 Καὶ	καὶ	331
15.26 Ο	ὁ	§ 344
. ΒΑΣΙΛΕΥΣ	βασιλεὺς	§ 344
. ΤΩΝ	τῶν	§ 344
. ΙΟΥΔΑΙΩΝ	Ἰουδαίων	§ 344

6

Lk

N-A '63	N-A '79	Synops.
23.38 Ο	ὁ	§ 345
. ΒΑΣΙΛΕΥΣ	βασιλεὺς	§ 345
. ΤΩΝ	τῶν	§ 345
. ΙΟΥΔΑΙΩΝ	Ἰουδαίων	§ 345
. ΟΥΤΟΣ	οὗτος	§ 345
.56 Καὶ	καὶ	350

6

Jn

N-A '63	N-A '79	Synops.
1.28 Ταῦτα	ταῦτα	16
6.32 Εἶπεν	εἶπεν	149
.44 Οὐδεὶς	οὐδεὶς	149
[8. 1 Ὄρος	ὄρος	242
. Ἐλαιῶν	ἐλαιῶν	242

(a proper name form subtracted)

.4 Διδάσκαλε	διδάσκαλε	242
.7 Ὁ	ὁ	242
.10 Γύναι	γύναι	242
.11 Οὐδείς	οὐδείς	242
.11 Οὐδὲ	οὐδὲ	242
9.40 Ἤκουσαν	ἤκουσαν	248
12.36 Ταῦτα	ταῦτα	302
14. 4 Καὶ	καὶ	317
.21 Ὁ	ὁ	318
.31 Ἐγείρεσθε	ἐγείρεσθε	319
19.13 Ὁ	ὁ	340
.19 ΙΗΣΟΥΣ	Ἰησοῦς	§ 344
. Ο	ὁ	§ "
. ΝΑΖΩΡΑΙΟΣ	Ναζωραῖος	§ "
. Ο	ὁ	§ "
. ΒΑΣΙΛΕΥΣ	βασιλεὺς	§ "
. ΤΩΝ	τῶν	§ "
. ΙΟΥΔΑΙΩΝ	Ἰουδαίων	§ "

23

Ac

2.14 Ἄνδρες	ἄνδρες	
.43 Ἐγίνετο	ἐγίνετο	
5.11 Καὶ	καὶ	
.34 Ἀναστὰς	ἀναστὰς,	
14.27 Παραγενόμενοι	παραγενόμενοι	
17.23 ΑΓΝΩΣΤΩ	Ἀγνώστω	§
. ΘΕΩ	Θεῷ	§

7

Rm

1.25 Οἵτινες	οἵτινες	

1

1-C

12. 3 ΑΝΑΘΕΜΑ	Ἀνάθεμα	§
. ΙΗΣΟΥΣ	Ἰησοῦς	§
	(w/o. breathings)	
. ΚΥΡΙΟΣ	Κύριος	§
. ΙΗΣΟΥΣ	Ἰησοῦς	§
	(w/o. breathing)	

4

Eph

5.22 Αἱ	αἱ	

1

Phl

1-Ti

N-A '63	N-A '79	
2.11 ΚΥΡΙΟΣ	κύριος	§
. ΙΗΣΟΥΣ	Ἰησοῦς	§
. ΧΡΙΣΤΟΣ	Χριστὸς	§
3. 1 Πιστὸς	πιστὸς	

1

Rv

N-A '63	N-A '79	
10. 4 Καὶ	καὶ	
17. 5 ΒΑΒΥΛΩΝ	Βαβυλὼν	§
. Η	ἡ	§
. ΜΕΓΑΛΗ,	μεγάλη,	§
. Η	ἡ	§
. ΜΗΤΗΡ	μήτηρ	§
. ΤΩΝ	τῶν	§
. ΠΟΡΝΩΝ	πορνῶν	§
. ΚΑΙ	καὶ	§
. ΤΩΝ	τῶν	§
. ΒΔΕΛΥΓΜΑΤΩΝ	βδελυγμάτων	§
. ΤΗΣ	τῆς	§
. ΓΗΣ	γῆς	§
19.16 ΒΑΣΙΛΕΥΣ	Βασιλεὺς	§
. ΒΑΣΙΛΕΩΝ	βασιλέων	§
. ΚΑΙ	καὶ	§
. ΚΥΡΙΟΣ	κύριος	§
. ΚΥΡΙΩΝ	κυρίων	§

18

1 0 3	← Grand Total

(nbt to i)

**NOT BOLD TYPE (in N-A '63)
to ITALICIZED (in N-A '79)**

NOTE : Only the verses affected are cited, and not the number of times that the change occurs within a verse. Such information may be gleaned from the general comparison of texts presented in Study One.

* special examples.[1]

Mt

17.11	12.33	7.22
22.37	13.26	.27
4.10		9.54
10.35	15.24	10.27
11. 5	10	
.10		12.35

Mk

	7	20.37
13.32	9.11	

Lk

.42	10.19	23.34
.50	11.10	1.15
17.10	12.30	4. 8

9

---

[1] Ac 1.20: αὐτοῦ (LXX: αὐτῶν); λαβέτω (LXX: λάβοι). Ga 3.10: ἐπικατάρατος (LXX: Ἐπικατάρατος). Note well that both editions of N·A use the Hebrew numbering of the Psalms for extracts from the Septuagint !

(nbt to i) / (p¹) / p¹

NOT BOLD TYPE (in N·A '63) to ITALICIZED (in N·A '79), cont'd.

Jn   9.10   **Hb**   4. 8

1.51   2   1. 8   6
12.13   3.10
.27   **2-C**   7. 1   **2-Pt**
   . 2
3   6.17   . 4   3.13
Ac   ___   10.30   ___
  1   12.26   1

1.20 *   **Ga**   7   **Rv**
4.24
7.49   3.10 *   **Jm**   1. 7
___   ___   7.17
3   1   5.20   14. 5
    15. 3
Rm   **1-Ti**   ___   . 4
    20. 9
9.20   5.18   **1-Pt**   21. 4
.33
___   1   1.24   7
2   **2-Ti**   .25
1-C   2. 6
   2.19   3.10
2. 9   ___   .12
   1

| 6 2 | ← Grand Total |

(p¹)

ROUND SINGLE BRACKETS, as subtracted

Jn

1.38   quater
.41   quater
.42   ter

| I I | ← Grand Total |

p¹

SQUARE SINGLE BRACKETS

1 – as added to words.

*   brackets within a word. [1]
bis :   two separate words. [2]
bis⁺:   two united words. [3]

Mt

13.40 *   20.23   27.40
14.12 *   .30   ___
5. 11   .16   22.35   17
6. 1   15.14   23.23
10.32   19.11   24.39
.33   20.10   26.36

Mk

11.33   1. 8   11.32
quater   .11 *   12.10
1. 4   .44   2.33   13. 4
.40   13.21 *   3.25 *   bis⁺
bis⁺   .35   4. 4   14.14
3. 7   bis⁺   5.31   .39
.16   14. 1   7.[18   15.28
quater   17. 6   bis⁺]   .31
.17 *   .24   .35
.32   quater   8. 5   17
quater   18.30 *   10.36
4.28 *   19.29 *   .40   **2-C**
5.21   20.27 *   11.13
ter   24.32   .23   1.14
.42   bis⁺   12.11   8.19
6.44   .49   .17   10. 8
bis⁺   ___   13.10   12.15 *
.51   39   .14 *   ___
bis⁺   .38   4
7. 6   **Jn**   14. 2
8. 28   16. 1   **Ga**
10. 1   1.19   .27
.25   bis⁺   .36   1. 6
bis   .27   17. 3   2.16
.31   .46   18.26   5.24
.36   2. 4   bis⁺   ___
11.31   3. 4   19. 1 *   3
12.23   .31   .40   **Eph**
bis⁺   ter   23.23
.34   5. 5   26.16   3. 1
37   6. 7   30   . 3
14.33   bis   4. 9
bis   .23 *   **Rm**   .28
.47   .39   .32
15.12   .40   6.16
one word in brackets in N·A '63   7.10   3.[12   ___
  10. 8   bis⁺]   6
  bis⁺   6.11   ___
.34   7.20   **Phl**
.43   .39   8.34
  12. 9   11.25   1.23
39   .13   .31   26.58
  .18   13.12   2. 4
Lk   13.12   14.22   3. 7
  .26   15.14   .12
2.26   .26   .17   ___
.35   bis⁺   .32   16.25ff.   4
.52   sexiens   quinquaquiens   **Col**
bis⁺   14. 4   ter
3. 3   .22   1.20
4.41 *   .26   ___   bis⁺
5.39   16.18   64   .15
6. 3   bis⁺   bis⁺
. 4   .27   **1-C**   2.23
.33   18.36   3.16
9. 3   19.35 *   2. 4 *   4.12
.14   20.31 *   . 4
10.27   21.17   3.13
.39   .23   4.14 *   **1-Th**
11.10 *   ter   6. 7
.13   ___   .16   1. 5
.14   46   9.13   .10
ter   10.20   4. 8
  Ac   11.15   ___
     3

2-Th   9.26   2. 6   bis⁺
  11. 6   3. 3   2.15
2. 1   12.27   ___   5. 6
.14   13.15   2   9.13
.16   .21   11.16
  bis⁺   **1-Jn**   13. 1 *
3   14.18
Phm   1 1   2. 6   15. 6
      16. 6 *
1-Pt   1   17. 3 *
v. 11   18.16
1   1.12   **Jd**   19. 6
  5. 5   .11
Hb   . 8   v.18   .14
  . 9   .17
7.22   ___   1   21. 4
9. 1   4   **Rv**   ___
.19   **2-Pt**   1 7
ter   1. 6

| 3 1 7 | ← Grand Total |

━━━━━━━

2 – as subtracted from words.

Mt   [[16.19]]   **Ac**   4.23
1.24
.25   1 8   1.14   1
5. 9   8. 1
.28   **Lk**   .27   **Eph**
7.13   14.21
bis⁺   4.17   24. 2   5.32
9.18   6.15   ___
10.23   17.17   5   1
11.49   18.19
13.16   19. 9   **Rm**   **Col**
14.22
16.12   5   3.22   1. 3
bis⁺   5.11
23.37   **Jn**   .15   1
26.58   7. 6
27.41   4. 9   8.23   **1-Jn**
.51   quinquiens   9.26
___   2.24
17   [[8. 2   6   ___
  . 5   1
Mk   . 6   **1-C**   **Rv**
  noviens
1. 7   . 7   3. 2   2.18
.11   bis]]   7. 5   11.11
.15   13.10   13.17
bis⁺   quater   2   17.16
.25   .26   18.23
2.22   .37   **2-C**   ___
  sexiens   17.19   5
.26   18. 3   8. 9
5. 2   .37   12. 3
14.31   19.38   bis⁺
15. 4   ___   ___
.29   28   3
16. 2
  Ga

| 9 3 | ← Grand Total |

━━━━━

[1] E.g., [κατα]καίεται.   [2] E.g., [ὁ] and [τι].   [3] E.g., [καὶ γονυπετῶν].

P² / P

P²

SQUARE DOUBLE BRACKETS,
as subtracted

Lk

22.19f	*triciens bis*
24. 6	*quinquiens*

| 3 7 | ← *Grand Total* |

P

PUNCTUATION CHANGES

1— *as added. Sign in Study One: +*

* punctuation difference because of addition of word(s).

§ punctuation completely subtracted because of subtraction of word(s).

§§ punctuation in square brackets ; cf. also Jn 8.2, under **a,P**.

Mt	**Lk**		**Rm**
		13.13	
		14. 7 *	
4. 2	9. 2 *	.26	5.20
5.11	.32 ?	16.33 ?	6. 3
.22 *bis*	10.42	19.24 *	7. 5
.26	11.24	20.30 *	.21
7.21	12.27 *	21.23 §§	8.23
9.14 *	.59		11.31
11. 8 *	15.29 *	22	.32
13.11 *	17.23 *		12.14 *
.35 *	.35 *	**Ac**	15.19 *
15. 6	20.42		16.27
.15 *	.45 *	2.38 *	
18.34	23.39 *	4.11	1 0
19.10 *	24.10	8.22	
21.30	.12 * *bis*	10. 9 *bis*	**1-C**
22.21 *	.36 * *bis*	.15	
.44	.40 * *bis*	11. 9	4. 2
23.26	.51 *	.23	. 3
.38 *		.29	5. 3
25. 6 *	1 9	12. 3 *bis*	. 4
26.20		.20 *bis*	8. 4
	Jn	15. 1	9.12
2 1		16. 1	.15
	1.41	20. 7	11. 2
Mk	.42	.32	15.17
	4.11 *	21. 8	16.10
1. 1	.17 *	.11	
4.21	5.10 *	.19	1 0
8.20 *	.24	.39	
9.42 *	7.34 *	22. 2	**2-C**
10. 7 *	.36 *	23.23	
11.13	.40	24.14	1.15
12.36	[8. 4	.25	3.15
14.68 *	. 7	27.23	5.15
	.10	.41 *	8.13
8	.11] *bis*		9. 2
	.16 *	27	12. 3

12. 9 *	3. 8	**Tit**	5.11
7	4	1. 3	3
		2.14	
Ga	**Col**	2	**2-Pt**
2.19	1. 9	**Phm**	3.17
3. 5	2. 4	.18 *	
.22	3. 5	V. 5	
5. 2	. 6 *		2
. 4	.13	1	
.21	4.11	**Hb**	**1-Jn**
6.13			1. 4
7	6	1.13	2.27
	1-Th	3. 3	3. 2
Eph		4. 1	. 5
	2. 2 *bis*	6. 4	.19
1. 4	. 4	. 8	.23
. 8 *bis*	.11	8. 9	
.21	.17	.10	6
2.14	3.13 *	10. 9	**Jd**
4. 9		11.17	
.17	6		
.21		9	V.22
.32	**2-Th**		
5.33		**Jm**	1
	3.12		
1 0		1.21	**Rv**
	1		
Phl		1	1. 5
	1-Ti		7. 4
1. 4	3. 4	**1-Pt**	21. 3 *
.20	. 5	1.16 *	
.30	5.21	5.10 *	3
	3		
1 8 9	← *Grand Total*		

2— *as subtracted. Sign in Study One: −*

Mt			
	5.24	9.16	12.15
	.25	.21	.25
1.20	6.19	.25	.36
.24	.20	.32	.43
2. 2	.26	.35	.45
. 3	.28	10. 5	.46
. 9	7. 7 *ter*	.17	.48
.11	. 8 *bis*	.18	.50
.13 *ter*	.13	.20	13. 6
	.18		
.19	.27	.22	.11
.20	.29	.25	.15 *bis*
3. 1	8. 2	.26	.16
			.22
. 8	.15	.27 *bis*	.31
.12 *bis*	.16	11. 2	.33
4. 5 *bis*	.22	. 3	.34
. 8 *bis*	.23	. 8	.35
.16	.27	.12	.38
.23	.32	.25	.41
.24	9. 1	12. 1	.49
5.15	.14	. 4	14. 2
.18	.15	.13	.14
		.14	

14.19	25.33	5. 3	10.43
.20	26. 3	. 4	.44
.24	.19	. 6	.52
.31	.20	.22	11. 4
.35 *bis*	.23	.23	. 7
15. 6	.41	.25	. 8
. 9	.44	.26	.16
.11	.46	.28	.18
.37	.47 *bis*	.29	.27
.39	.51	.30	.29
16.12	.55	.31	12. 1 *ter*
.18	.58	.34	. 2
.24	.62	.38	. 6
.25 *bis*	27.31	.40	.11
.26 *bis*	.32	6. 1	.20
17. 1	.51 *bis*	. 7 *bis*	.23 *bis*
. 5	.56	.14	.25
.18	.59	.22	.26
18. 9	.60	.27	.28 *bis*
.22	.61	.30	.33
.24	28. 1	.34	.34 *bis*
.25	.12	.37	.44
.30	.16	.41	13. 3
.31		.48	. 4
.34	19 0	.51	. 7
19. 8		.55	. 9
. 9	**Mk**	.56	.11
.11		7. 2	.13
.13	1. 1	. 4	.19
.28	. 6	. 7	.34 *bis*
20. 6	.15	.18	.37
.17	.22	.28 §	14. 7
.26	.23	.32	.10
.27	.27	.34	.13
.28	.34 *bis*	.35	.14
21. 7	.35	8. 8	.16
.15	2. 8	.14	.18
.17	.10	.18	.33 *bis*
.24	.19 *ter*	.20	.35
.33 *bis*	.21	.23 *bis*	.43
.42	.27	.24	.49
.44	3. 5	.25	.54
22. 4	. 8 *bis*	.31	.66
. 7	. 9	.34	.68
. 9	.13	.35 *bis*	15. 7
.16	.14	9. 2	.19
.17	.17	. 4	.39
.21	.22	.12	.43
.26	.28	.15	.44
.34	.31	.18	.46
23.12	4. 6	.31	16. 2
.13	.15	.36	.14
.15	.19	.38	
.23	.22	.38 §	1 7 0
.34	.24	.41	
.38	.26 *bis*	.42	**Lk**
24. 3	.28 *bis*	.47	
. 7	.30	10. 6	1.13
.13	.32	. 7	.14
.21	.33	. 9	.19
.24 *bis*	.33	.11	.21
25. 6	.37	.12	.22
.10	.39	.32	.24 *bis*
.24	.41 *bis*	.38	.29
.26	5. 2	.39	.32

P

PUNCTUATION CHANGES, *cont'd.*

2 - *as subtracted, cont'd.*

Lk

				3.28	9.8 *bis*	17.4	3.6	8.32	14.24	20.2	26.22
				.29 *bis*	.13	.6	.8 *bis*	.38	.26	.6	.29
				.32	.15	.8	.10	.39	.27 *bis*	.7	27.2
				4.1	.18	.9	.12	9.3	15.3	.9	.7
				.2	.25	.12	.13	.6	.5	.11	.8
	7.19	12.36	22.5	.5	.31	.13	.14	.7	.8	.12	.9 *bis*
	.20	.39	.8	.8	.34	.14	.15	.9	.9	.13 *bis*	.17
1.33	.21	.48	.13	.10	.35	18.9 *bis*	.16	.11	.10	.16	.18
.36	.31	.53	.14	.11	.40	.15	.17	.12	.12	.28	.23
.58	.38 *ter*	13.3	.20	.12	10.1	.16	.18	.13	.15	.31	.33
.59	.49	.5	.25	.17	.3 *bis*	.31	.25	.17	.16	.35 *bis*	.40
.66	8.1	.13	.26	.18	.4	.34	4.4	.18 *bis*	.17	.37	.41 *bis*
2.10	.17	.18	.45	.25	.9 *bis*	.36	.9	.20	.24	21.2	.43
.11	.19	.21	.61	.27	.12 *bis*	.38	.10	.21	.27	.3	28.4
.16	.22	.25	.66	.28	.16	.40	.13 *bis*	.22	.32 *bis*	.6	.6
.27	.23	.26	23.2	.35	.25 *bis*	19.2	.14	.27 *bis*	.35	.7	.8
.35	.25 *bis*	.29	.8	.38	.28 *bis*	.6	.15	.31	.36	.8	.17
.36	.27 *bis*	.30	.11	.42	.40	.7	.16	.39 *bis*	.38	.20	.19
.42	.29	.32	.20	.45	11.12	.13	.19	.40	.40	.21	.21
3.14	.35	14.1	.29 *bis*	.47	.15	.24	.27	.42	16.6	.24 *bis*	.23
.20	.39	.18	.49 *bis*	.50	.20	.32	.29	10.3 *bis*	.10	.26	.25
4.1	.41	.19	.50 *bis*	5.1	.21	20.1	.31	.7	.11	.27 *bis*	.26
.2	.44	.20	.51	.2	.29	.2 *bis*	.32	.10	.14	.30	.27 *bis*
.5	.47	.21	.52	.6	.31	.6	.37	.11	.19	.34	.30
.9	.53	15.5	.53 *bis*	.7	.32 *ter*	.8	5.1	.20 *bis*	.22	22.2 *bis*	___
.10	.55 *bis*	.6	.54	.9	.38	.11	.25 *bis*	.23	.26 *bis*	.4	341
.15	9.1	.8	24.5	.10	.44	.14 *bis*	.28	.27	.27	.9	
.17	.2	.20	.6	.11	.45 *bis*	.15	.30	.29	.29 *bis*	.16	**Rm**
.22	.7	16.14	.10	.17	.47 *bis*	.19 *bis*	.32	.30	.31	.17	
.28	.16 *bis*	17.2	.14	.24	.52	.23 *bis*	.34	.43	.34	.22	1.8
.29 *bis*	.23	.3 *bis*	.24	.44	.55	.26 *bis*	.36	11.5	.36	23.3	.10
.33	.24 *bis*	.8	.32	6.3	12.9	.27	.37	.6	.40	.7	.21
.36 *bis*	.39	.12	.36	.7	.12	.29	.39	.12	17.1	.10	.22
.38	.42	.20	.39	.11	.13	.30	6.5	.16	.3 *bis*	.22	.25
.39	.45	.32	.41	.13	.16	21.7 *bis*	.7	.17	.5	.23	.30 *ter*
.41	.47	.33	.51	.16 *bis*	.21	.9	.12	.18	.6	.24	.31 *ter*
.42	.48	18.3	.52	.27	.26	.15	7.6	.19	.7	.27	.32 *bis*
J.1	.49	32		.46	.42	.23	.9	.20	.11	.28	2.5
.4	.52	.34 *bis*	244	.51	.48	___	.10	.00	12	30	.8
.7	10.1	.43		.61	13.1	211	.13	.23	.16	.32	.28
.11	.7	19.2	**Jn**	7.10	.3		.15	12.7	.19	.33	3.1
.18	.8	.3		.17	.4	**Ac**	.17	.9	.24	24.6	.12
.22	.9	.4	1.3	.22 *bis*	.5		.18	.10	.26	.10	.21
.24	.11	.6	.7	.26	.16	1.4	.20	.17	.29	.12	.22
.26	.21	.8	.16	.27	.24 §	.8	.24	.18	.32	.14 *bis*	.23
.27	.31	.13	.32	.31	.31	.9	.26	.20	18.2 *ter*	.18	.25
.33	.38	.20	.33	.34	14.2	.18 *bis*	.29	13.1	.4	.22	4.3
.34 *bis*	.42 *bis*	.21	.34	.35	.7	.23	.34	.4	.6	24	.5 *bis*
6.11	11.2	.22	.35	.36	.12	.25	.35	.6 *bis*	.12	25.2	.15
.14 *ter*	.5	.41	.39	.37	.13	.26 *bis*	.39	.11	.19	.3	.18
.15	.7	.45	.43	.40	.14	2.2	.41	.12	.22	.5 *bis*	.20
.16	.9 *ter*	20.1	.47	.46	.23	.3	.42	.17 *bis*	.23	.7 *bis*	.23
.22	.10 *bis*	.9 *bis*	2.5	⟦8.3	.28	.9	.44	.18 .21	.25	.9	5.1
.31	.14	.10	.9	.9⟧ *bis*	15.2	.14	.45	.22	19.4	.10	.2
.36	.17	.16	.10	.16	.5	.17 *bis*	.51	.33	.16	.15	.11
.44	.22 *bis*	.25	.12	.18	.6 *bis*	.22 *bis*	.53	.45	.17	.19	.12
.48	.24	.36	.15	.26	.14	.25	.55	.48	.21	.23	6.6
.49	.33	.45	.18	.31	.16	.31	.57	.50 *bis*	.25	.24	.17
7.3	.42	21.5 *bis*	.19	.33	16.4	.37	.59	14.13 *bis*	.26	26.2	.22
.4	12.2	.6	.23	.40 *bis*	.6	.38	8.13	.14 *bis*	.27 *bis*	.4	7.6
.6	.18 *bis*	.15	.25	.42	.13	.40	.20	.15	.29	.11	.10
.7	.24	.21 *bis*	3.8	.44	.24	.41	.22	.19 *bis*	.32	.12	.12
.12	.27	.34	.19	9.5	.29	.45	.24	.21	.34	.17 *bis*	.14
.16 *bis*	.29	.36	.22	.7	17.1	.46	.30	.22	.40	.19	.25

P

PUNCTUATION CHANGES, cont'd.

2- as subtracted, cont'd.

Rm *(continued)*
8.3, .10, .15 bis, .20, .24, .32, 9.5, .8, .15, .16, .17 bis, .21, .23, 10.2, .3, .8, .9, .18, 11.10, .11, .18, .20, .25, 12.1, .3 bis, .6, .7 bis, .8, .14, .21, 13.8, .9, 14.6, .7, .11, .15, .17, 15.1, .11, .14, .15, .19, .24, .25, .28, .30, 16.2, .14, .15, .21, .27 §
—— 96

1-C
1.7, .10, .11, .12, .14, .19, 2.4, .7, .13, .14, 3.7, .20, 4.5, .14, .15, .19, .20, .21, 5.3, .8, 6.1, .6, .12 bis, .13, .19, 7.2, .6, .12, .13, .19, .29, .30 bis, .35, .36, .37 bis, .38, 8.4, 9.5, .8, .10 bis, .18, 10.1, .2, .3, .7 bis, .10, .13, .23 bis, .32, 11.1, .9, .14, .15, .16, .18, .21, .25, .26, 12.11, .13, .23, .24, .25, 13.2, .3, 14.5, .6, .10, .17, .21, .25, .27, .29, .33, .39, 15.4, .5, .7, .9, .17, .20, .37, .50, .52, 16.1, .7
—— 9 2

2-C
1.4, .8, .16, .24, 2.1, .4, .12, 3.12, .13, .18, 4.1 bis, .2, .13, 5.2, .6, .12, .19, 6.1, .3, .16, .17, .18, 7.5, .7 bis, .9, .12, 8.5 bis, .8, .22, 10.8, .13, .15, 11.17, .29 bis, 12.2 bis, .3 bis, .4, .8, .9, .11, .14, .20, .21, 13.8
—— 49

Ga
1.1, .3, .9, .12, .16, .17, .18, .19, 2.1, .16, .17, .19, 3.3, .4, 4.6, .9, .18, .24, .21 bis, .22, .23 quater, 6.2, .13, .15, .16
—— 28

Eph
1.4 bis, .6, .7, .9, .10, .11, .13, .15, .18, .20, .22, 2.3, .5, .10, .14, .15, .19, 3.8, 4.18, 5.1, .8, .9, .15, .29, 6.4, .6, .8, .9, .12, .14 bis, .17, .18 bis
—— 35

Phl
1.3, .7, .9, .11, .19, 2.1, .4, .10, .26, .29, 3.9, .21, 4.12
—— 16

Col
1.18, .22, .24, 2.2, .14, 3.5 ter, .6, .9, .12 quater, .13, .18, 4.3, .5, .10 ter, .16 *(error, N-A '79)*
—— 1 6

1-Th
1.2, .5, .9, 2.1, .4, .6, .14, .15 ter, 3.1, .6, .12, 4.10, .16, 5.7, .8, .9, .12
—— 1 9

2-Th
1.5, 2.4, .3, .5, .14, .13 ter
—— 1 1

1-Ti
1.2 bis, .3, .6, .9, .10, quinquiens, 2.3, .4, .5, .11, 3.5
—— 1 1

2-Ti
1.2 bis, .7, .10, .12, .18 bis, 2.14, .16, .20, .22 ter, .25, 3.2 sexiens, .3 sexiens, .4 bis, .11, .13, 4.1, .3, .9 bis, .10, .13 bis, .17, .21, .23, .27, .31, .35, .37 §
—— 43

Tit
1.5, .8 quinquiens, 2.3, .4, .5, .8, .14, .17, .22, .23 ter, .24, .28, 13.9, .14
—— 73

Phm
V.8, .9

Hb
1.7, 3.2 quater, .3 ter, .4, 2.2, .3, .11, .16, 4.10, 5.1, .2, .4

Jm
1.4, .5, .6, .11, .18, .22, .24, .26

1-Pt
1.2, .7, .8, .10, .11, .12, .15, .16 bis, .18, .24 bis, 2.4 bis, .5, .6, .8, .10, .11, .12, 3.3
—— 40

2-Pt
1.4, .12, .14, .16, .17, .20, 2.1, .2, .3, .4, .5 bis, .6, .12, .14, .15, .16, .21, .3, 3.12, .18, 4.1, .17, .9, .16, .19 bis
—— 23

1-Jn
1.4, 2.2 bis, .1, .7, .10, .11, .13, .15, .16, .18, .20 bis, 2.2, .3 bis, .5, .6, .10, .13, .14, .20, .22, .24, .26, .27 bis, .5 bis, .7, .8, .9 bis, .10, .11, .12 ter, .15, .16, .17, .18
—— 2 2

2-Jn
V.2, .5, .8, .10
—— 4

3-Jn
V.7, .10, .11 §, .12 bis, .13

Jd
V.3, .5, .7, .8 bis, .9, .11 bis, .13, .14, .16, .17, .21, .23
—— 1 4

Rv
1.1, .2, .4 bis, .10, .12, .13, .15, .16, 4.4, .7 ter, .10 ter, .11, 5.1, .6, .8, .9, .11, .13 §, .13, 6.2 bis, .4, .6, .8 ter, .12 ter, .14, .15, 7.1, .2 bis, .9 bis, .11 bis, .15, .16, 8.7 bis, .8, .9, .11, .12, 9.1, .5, 10.1 ter, .8, .12, .13, 11.3, .5, .9, .10, .13 bis, .15, .16 ter, .19, 12.1, .4, .8, .11, .17, 13.1, .2 bis, .3, .4, .5, .10, .11, .15, .16, .17, .18

P

PUNCTUATION CHANGES, *cont'd.*

2 - as subtracted, cont'd.

Rv

17.11 bis	19.5 bis	21.7	
.13	.6	.9 bis	
14.19	.14	.7 bis	.10
.20 bis	.15	.17 bis	.11
15.2	.16 ter	.18	.12 bis
.3	.17 bis	20.1	.13 ter
.6	18.1	.2	.14
16.3	.3 bis	.3 bis	.16
.6	.4	.4 bis	.17
.9 bis	.5	.6	.18
.11	.6	.7	.22
.14	.10	.9	.23
.18	.11	.10	.27
.19	.14	.13	22.3
.20	.15 ter	21.1	.5
17.1	.16	.2	.11 bis
.2 bis	.19	.3	.12
.4 bis	.21 bis	.4	.19
.8 bis	19.4	.5	___
			223

| 2 0 5 9 | ← Grand Total

3 - as substituting, i.e., inasmuch as punctuation in N-A '79 substitutes for different punctuation in N-A '63. Sign in Study One: ×.

Mt

10.37	21.26	1.19
11.11	.28	.20
1.24	.17	.32	.41
2.6	11.9	.44	1.11
3.4	.10	.44	3.1
.9	.16	22.11	.7 bis
.11	.22	.16	.16
.15	.41	.29	4.15
4.21	.42	.37	.22
5.1	13.13	23.9	6.2
.25	.15	.21	.26
.34	.19	24.4	.50
.35 bis	.20	.20	.51
.44	.30	25.24	7.15
6.5	.34	.29	.27
.7	.37	26.18	9.6
.16	.38	.26	.39
7.7 ter	.39	.27	10.14
.24	.40	.31 bis	.22
.25	14.16	.48	.39
.26	.20	.64 bis	.43
8.3	15.20	27.32	11.6
.8	.27	.52	12.1
.11	.30	28.5	.12
.15	.37	.6	.27
.16	17.20	.7	.39
.24	18.5		.40
9.17	19.8		.41
.24	.14	92	13.5
10.13	20.14		.8
.27	.26		.13
	21.16	**Mk**	.35

Lk

14.1	19.5	9.41	7.58
.3	.11	10.6	8.1
.21	.24	.8	.7
.22	.25	.22 bis	.20
.44	.46	.39	.21
.70	.47	11.6	.22
39	.48	.13	.26
	20.6	.21	.36
	.9	.26	.40
1.13	.19	.27	9.26
.16	.37	.29	.29
.30	.38	.39	10.10
.47	21.8	.42	.19
.48	.18	12.2	.24 .32 .35
2.10	.26	.13	
3.8	.37	.22	.36 bis
.18	22.2	.29	.38
4.14	.10	.31	.39 bis
5.6	.39	13.23	11.5
.29	.53	.30	.22
.37	23.8	14.10	.27
6.6 bis	.9	.15	.28
.13	.12	17.9	12.3
.16	.15 bis	18.8	.9
.18 bis	.34	.20	.21
.22	.45	19.14	13.2
.23	.56	.16	.5
.47	24.4	20.6	.7
7.6	.8	.22	.13
.32	.10	.23	.21
.36	.15	21.4	.28
8.11	.30	.7	.30
.13	.47 cf.		14.6
.22	___	___	15.29
.41	95	61	.32
.46	**Jn**	**Ac**	.39
.50			.40
.52	2.17	1.2	16.23
9.17	3.34	.4	.37
.21	4.7	2.1	17.10
.35	.22 bis	.5	.14
.51	.23	.41	.18
10.4	.29	.43	18.14
.31	.42	.45	.18
11.9 ter	.43	3.6	.22
.14	.45	4.11	.27
.31	.46	.35	19.5
12.18	.47	5.5	.14
.30 bis	.53	.10	.17
.32	5.13	.12 bis	.19
13.6	.14	.13	20.2
.7	6.20	.14	.5
14.14	.51	.26	.10
.35	.68	.38	.14
15.15	7.12	.41	21.1
.28	16.2	6.3	.4
.27	.41	.11	.23
[8.5]	.46	7.9	.31
17.21	.28	.12	.32
18.4	.26	.20	.34
.9	.35	.31	.35
.16	.42	.33	.40
.23	.53	22.5	22.5
.39	9.9	.45	.19
	.20	.48	.22

22.29	10.8	1.13	1.1
23.6	.12	5.14	.18 bis
.13	11.13	6.2 bis	4.10
.19	.36	.16	.11
.27	12.6	7.6	.12
.31	.7 bis	9.10	.20
24.25	.9	.12	___
.27	.16	10.8	7
25.15	.17	.9	
.26	.19	.12	**Col**
26.3	13.2	11.9	
.7	.11	.21	1.2
.9	.13	12.9	.11
.24 .32 .35	.10	14.6	.11 bis 2.10
.26	.13	.10	.13
27.2	.14	.20	.16
.17	.15	19	
.24	15.3	___	5
.34	.12	**Ga**	
.42	.19		**1-Th**
28.2	.24	1.2	1.1
.5	.33	.5	.8
.18	___	.7	2.7 bis
.20	59	.9	3.13
.22		.18	4.9 bis
1-C		.21	5.1
		2.4	.20
123	1.16	.12	.21
.21		.15	
Rm	.24	3.2	10
	2.7	.6	
1.7	.8	.8	**2-Th**
3.8	.15		
.14	.9	.23	1.1
.16	.13 bis	4.10	2.2
.23	.22	.17	.3
.24	4.3	.18	___
.25	.4	6.9	3
.26	5.7	18	**1-Ti**
.7	6.12		
.10	.13	**Eph**	1.2
.12	7.4		.4
.28	.9	1.1	.13 bis
3.11	.22	.6	.15 bis
.14	.36 bis	.10	.17
.20	9.17	.12	.19
.22 bis	10.5	.19	2.6
.31	.7	2.16	.15
4.2	.17	3.21	3.1
.4	.21	4.5	4.7
.5 .18	14.32	5.11	.8
5.4	15.17	.12	5.5
.5	.34 bis	.13	6.16
.13 6.13	.45	.20	___
.21	16.7	.21	15
.4 .23	.12	.23	
.31	___	.32	**2-Ti**
.32	34	6.17	
8.6			1.2
.7	**2-C**	16	.11
.12			.12
9.5	**Phl**		.18
.12	1.1		2.8
.30	.6		

P / P?

PUNCTUATION CHANGES, cont'd.

3- as substituting, cont'd.

2-Ti

.6	2.5	9.16
.17 bis	.17	.17
2.9	.21	.18	.19
.17	.22	.23	10.4
3.11	___	.27	11.12
4.11	39	3.9	.17
.15		.11	12.5
	Jm	4.5	.12
___		.6	
10		.12	.17
	1.19	5.3 bis	13.12

Tit

2.5	.6	.13
3.2	.9	.18 bis
1.4	.4	.10	14.3
3.8 ter	.6	.20	.4 bis
.12	.8	___	.5
___	.9	16	.13
5	.15		16.2
	4.2 qua-ter	**Jd**	.3

Phm

	.7 bis	V.1	.6
V.3	.9	.6	.8
.9 bis	.14 bis	.25	.10
.18	5.5		.12
___	.6	3	.15
4			.17
	19	**Rv**	.21

Hb   **1-Pt**

		1.3	17.8 / .9
1.7		.12	.16
.11	1.2	.13	18.4
2.12	2.5	.17	.6 bis
.13	.7	2.2	.7
3.3	.8	.13 bis	.8
.10	.13	.20	19.4
.13	.15	.22	.15 ter
.14	.21	.23	20.3
4.4	.22	.24	.4
5.6	.24	3.2 bis	.9 bis
7.18	3.6	.8 bis	.12 ter
.19	4.4	.9	21.1
.20	.8	4.2	.4
.21	.9 / .10	.5 bis	.11 bis
.26	.11 bis	.6	.12
8.9	___	.8	.16
.10 bis	16	5.5	.20
.11		.8	.21
9.18	**2-Pt**	.14	.22
10.11		6.6	.23
.22	1.1	7.9	.24
.30	.14	.17	.25
11.19	.19	8.5	22.10
12.4	2.1 bis	.7	.18
.7 bis	.2	.8	
.19	.3	.10	97
.21	.13	.11	
.25		9.2	
13.2	8	.5	
.4		.9	
.5 bis	**1-Jn**	.10	

(1) UBS '75: [ὄντες];

813	← Grand Total

P?

PUNCTUATION CHANGES :
THE QUESTION MARK

1- as added.   * as UBS '75.

	N-A '63	N-A '79	
Mt			
11.9	προφήτην	προφήτην;	*
19.7		[αὐτήν];	*
	2		
Mk			
3.33		[μου];	*
4.40	ἔστε	ἔστε;	*

4	← Grand Total

2- as subtracted.

Mt			
11.9	ἐξήλθατε;	ἐξήλθατε	*
19.7	ἀπολῦσαι;	ἀπολῦσαι	*
	2		
Mk			
3.33	ἀδελφοί;	ἀδελφοί	*
4.40	οὕτως; πῶς	οὔπω	*
	2		
1-C			
9.9	Θεῷ; *	Θεῷ	
10.19	ἔστιν; (1ˢᵗ) *	ἔστιν	
	2		

6	← Grand Total

3- as substituted.

Mt			
12.3	αὐτοῦ; *	αὐτοῦ,	
22.17	δοκεῖ;	δοκεῖ·	*
	2		

	N-A '63	N-A '79	
Mk			
2.25	αὐτοῦ; *	αὐτοῦ,	
6.2	τούτῳ; (2ᵐᵒ)	τούτῳ	
		UBS '75: τούτῳ	
	2		
Lk			
6.3	ὄντες;	[ὄντες],	(1)
24.5	νεκρῶν; *	νεκρῶν·	
	2		
Ac			
2.11	Θεοῦ;	Θεοῦ.	*
7.43	αὐτοῖς;	αὐτοῖς,	
		UBS '75: αὐτοῖς·	
	2		
Rm			
2.23	ἀτιμάζεις; *	ἀτιμάζεις·	
9.24	ἐθνῶν; *	ἐθνῶν,	
13.3	ἐξουσίαν; *	ἐξουσίαν·	
	3		
1-C			
7.18	ἐκλήθη; *	ἐκλήθη,	
	τις; (2ᵐᵒ) *	τις,	
.21	ἐκλήθης; *	ἐκλήθης,	
.27	γυναικί; *	γυναικί,	
	γυναικός; *	γυναικός,	
	5		
Ga			
3.3	ἔστε; *	ἔστε,	
	1		
Col			
2.22	ἀνθρώπων; *	ἀνθρώπων,	
	1		
Hb			
2.3	σωτηρίας; *	σωτηρίας,	
.6	αὐτοῦ;	αὐτοῦ,	*
	2		
Jm			
2.19	Θεός; *	Θεός,	
4.5	ἡμῖν; *	ἡμῖν,	

P?/S

PUNCTUATION CHANGES : THE QUESTION MARK, cont'd.

3 - as substituted, cont'd.

Jm

	N-A '63		N-A '79
5.13	ὑμῖν ;	*	ὑμῖν,
.	τις ; (2mo)	*	τις,
.14	ὑμῖν ;	*	ὑμῖν,

___
5

[2 5] ← Grand Total

•————•

4 - as substituting.

Jn

	N-A '63	N-A '79	
12.27	ταύτης.	ταύτης ;	*
14.2	ὑμῖν· (2ND)	ὑμῖν ;	*

___
2

Ac

	N-A '63	N-A '79	
2.8	ἐγεννήθημεν,	ἐγεννήθημεν;	*
7.42	Ἰσραήλ,	Ἰσραήλ ;	*
13.25	εἶναι,	εἶναι ;	*
23.9	ἄγγελος —	ἄγγελος ;	
	UBS'⁷⁵: ἄγγελος—		

___
4

Rm

	(1st)		
4.10	ἀκροβυστία,	ἀκροβυστία ;	*
9.25	οὐ ...	...	

___
2

1-C

	N-A '63	N-A '79	
12.15	σώματος.	σώματος ;	
.16	σώματος.	σώματος ;	
	UBS'⁷⁵(bis): σώματος·		

___
2

Col

	N-A '63	N-A '79	
2.20	δογματίζεσθε·	δογματίζεσθε ;	
	UBS'⁷⁵: -ζεσθε,		

___
1

Hb

	N-A '63	N-A '79	
2.4	θέλησιν.	*	θέλησιν ;
10.29	ἐνυβρίσας.	ἐνυβρίσας ;	*

___
2

Jm

	N-A '63		N-A '79
4.6	χάριν·	*	χάριν ;

[top box] 1

[1 4] ← Grand Total

S

SUBSTITUTIONS OF WORDS⁽¹⁾

Mt

	N-A '63	N-A '79	
4.16	σκοτίᾳ	σκότει	
7.14	ὅτι	τί	
.18	ἐνεγκεῖν	ποιεῖν	
.	ἐνεγκεῖν	ποιεῖν	
9.4	εἰδὼς	ἰδὼν	
.18	προσελθὼν	ἐλθὼν	
10.42	ἐὰν	ἂν	no †
13.7	ἀπέπνιξαν	ἔπνιξαν	
16.20	ἐπετίμησεν	διεστείλατο	
17.15	ἔχει	πάσχει	
18.24	προσήχθη	προσηνέχθη	
19.18	ἔφη	εἶπεν	
.24	τρήματος	τρυπήματος	
.	εἰσελθεῖν	διελθεῖν	
.28	αὐτοὶ	ὑμεῖς	
.29	πολλαπλασίονα	ἑκατονταπλασίονα	
20.17	δὲ	Καὶ	
21.2	εὐθὺς	εὐθέως	no †
.30	δευτέρῳ	ἑτέρῳ	
.31	ὕστερος	πρῶτος	
22.10	νυμφῶν	γάμος	
26.74	εὐθὺς	εὐθέως	no †
27.24	κατέναντι	ἀπέναντι	
27.10	εἶπαν	ἔλεγον	

___
24

Mk

	N-A '63	N-A '79	
1.27	αὐτοὺς	ἑαυτοὺς	
4.8	εἰς	ἐν	
.	ἐν	ἐν	
.	ἐν	ἐν	
.20	ἐν	ἐν	
.	ἐν	ἐν	
.	ἐν	ἐν	
.28	εἶτεν	εἶτα	
.	εἶτεν	εἶτα	
.40	οὕτως; πῶς	οὕπω	
6.23	ὅτι	{ ὃ / τι	
7.4	ῥαντίσωνται	βαπτίσωνται	
.9	τηρήσητε	στήσητε	
8.3	εἰσίν	ἥκασιν	
.34	ἐλθεῖν	ἀκολουθεῖν	
9.8	εἰ	} ἀλλὰ	
.	μὴ		
11.11	ὀψὲ	ὀψίας	
12.4	ἐκεφαλαίωσαν	ἐκεφαλίωσαν	
.28	εἰδὼς	ἰδὼν	

Lk *(continued below at right)*

	N-A '63	N-A '79	
13.22	δὲ	γὰρ	
.	ποιήσουσιν	δώσουσιν	
15.1	ἑτοιμάσαντες	ποιήσαντες	
.34	λαμὰ Heb.	λεμα Aram.	
.46	κατέθηκεν	ἔθηκεν	
.	μνήματι	μνημείῳ	
16.2	μνῆμα	μνημεῖον	
.4	ἀνακεκύλισται	ἀποκεκύλισται	

___
28

Lk

	N-A '63	N-A '79	
2.19	Μαρία	Μαριὰμ	
4.17	ἀνοίξας	ἀναπτύξας	
5.2	πλοιάρια	πλοῖα	
6.3	ὁπότε	ὅτε	
7.12	αὕτη	αὐτὴ	
8.29	ἀπὸ	ὑπὸ	
.42	αὕτη	αὐτὴ	
9.24	ἐὰν	ἂν	no †
.39	μόλις	μόγις	
.52	ὥστε	ὡς	
10.42	ὀλίγων	ἑνὸς	
11.11	μὴ	καὶ	
.33	φέγγος	φῶς	
12.4	ἀποκτεννόντων	ἀποκτεινόντων	
.24	οὔτε	οὐ	
.	οὔτε	οὐδὲ	
.27	οὔτε	οὐ	
.	οὔτε	οὐδὲ	
.	ὑφαίνει	κοπιᾷ	
.28	ἀμφιάζει	ἀμφιέζει	no †
13.21	ἔκρυψεν	[ἐν]έκρυψεν	
14.13	ἀναπήρους	ἀναπείρους	no †
.21	ἀναπήρους	ἀναπείρους	no †
.18	καὶ...	...	
.29	μὴ / ποτε	} μήποτε	no †
15.16	γεμίσαι plus τὴν κοιλίαν αὐτοῦ	} χορτασθῆναι	
16.4	ἑαυτῶν	αὐτῶν	
.12	ἡμέτερον	ὑμέτερον	
17.17	οὐχ	οὐχὶ	
18.12	ἀποδεκατεύω	ἀποδεκατῶ	
.30	λάβῃ	[ἀπολάβῃ	
19.17	εὖ / γε	} εὖγε	no †
.36	ἑαυτῶν	αὐτῶν	
22.61	λόγου	ῥήματος	
23.12	αὐτούς	αὐτοὺς	
24.49	ἐξαποστέλλω	ἀποστέλλω	

___
36

Jn

	N-A '63	N-A '79	
1.26	στήκει	ἔστηκεν	
2.24	αὐτὸν	αὐτὸν	no †
3.27	οὐδὲν	οὐδὲ	
4.1	κύριος	Ἰησοῦς	
.2	καίτοι / γε	} καίτοιγε	no †

(1) All references have a dagger in the apparatus of N-A '79 (26ᵗʰ edition), except where marked " no † ".

S

SUBSTITUTIONS OF WORDS, cont'd.

Jn

N-A '63	N-A '79	
4.29	ἃ	ὅσα
5.11	ὅς	ὅ
.15	εἶπεν	ἀνήγγειλεν
.19	ἃν	ἐὰν
.39	ἐρευνᾶτε	ἐραυνᾶτε no t
6.2	ἑώρων	ἑΘεώρουν
7.52	ἐρεύνησον	ἐραύνησον no t
9.6	ἐπέΘηκεν	ἐπέχρισεν
13.24	εἰπὲ	πυΘέσΘαι
14.5	οἴδαμεν	{δυνάμεΘα / εἰδέναι}
.7	ἤδειτε	γνώσεσΘε
16.13	εἰς	ἐν
.28	ἐκ	παρὰ
18.34	ἑαυτοῦ	σεαυτοῦ
20.10	αὐτοὺς	αὐτοὺς no t
.25	τόπον	τύπον
21.16	προβάτιά	πρόβατά
.17	εἶπεν	λέγει
.	προβάτιά	πρόβατά

25

Ac

N-A '63	N-A '79	
1.11	βλέποντες	[ἐμ]βλέποντες
2.7	οὐχὶ	οὐχ
.	πάντες	ἅπαντες
.21	ἐὰν	ἂν no t
.43	δὲ	τε
3.10	οὗτος	αὐτὸς
.19	πρὸς	εἰς
4.32	πάντα	ἅπαντα
5.12	πάντες	ἅπαντες
7.13	ἐγνωρίσΘη	ἀνεγνωρίσΘη
.38	ὑμῖν	ἡμῖν
8.28	δὲ	τε
10.19	δύο	τρεῖς
11.20	Ἕλληνας	Ἑλληνιστὰς
12.24	κυρίου	Θεοῦ
.25	ἐξ	εἰς
13.11	δὲ	τε
.14	ἐλΘόντες	[εἰσ]ελΘόντες
.44	Θεοῦ	κυρίου
14.14	ἑαυτῶν	αὐτῶν
.17	αὐτὸν	αὐτὸν no t
.25	εἰς	ἐν
15.4	Ἱεροσόλυμα	Ἱερουσαλὴμ
.16	κατεστραμμένα	κατεσκαμμένα
16.23	δὲ	τε
.32	Θεοῦ	κυρίου
.33	ἅπαντες	πάντες
17.19	δὲ	τε
.30	ἀπαγγέλλει	παραγγέλλει
18.7	ἦλΘεν	εἰσῆλΘεν
.23	στηρίζων	ἐπιστηρίζων
19.1	ἐλΘεῖν	[κατ]ελΘεῖν
20.30	ἑαυτῶν	αὐτῶν
20.32	κυρίῳ	Θεῷ
21.6	ἐνέβημεν	ἀνέβημεν
23.7	λαλοῦντος	εἰπόντος
25.1	ἐπαρχείῳ	ἐπαρχείᾳ
26.1	ὑπέρ	περί
28.13	περιελΘόντες	περιελόντες

39

Rm

N-A '63	N-A '79	
3.4	καΘάπερ	καΘὼς
5.6	εἴ	Ἔτι
.	γε	γὰρ
7.17	ἐνοικοῦσα	οἰκοῦσα
8.21	διότι	ὅτι
.24	τις	τίς
.27	ἐρευνῶν	ἐραυνῶν no t
9.13	καΘάπερ	καΘὼς
.20	μενοῦν γε	μενοῦνγε no t
10.15	καΘάπερ	καΘὼς
.18	μενοῦν γε	μενοῦνγε no t
11.8	καΘάπερ	καΘὼς
.25	ἐν	[παρ']
.33	ἀνεξερεύνητα	ἀνεξεραύνητα no t
15.7	ἡμᾶς	ὑμᾶς
.15	ἀπὸ	ὑπὸ
.23	ἱκανῶν	πολλῶν

17

1-C

N-A '63	N-A '79	
2.1	μαρτύριον	μυστήριον
.9	ὅσα	ἃ
.10	γὰρ	δὲ
.	ἐρευνᾷ	ἐραυνᾷ no t
3.12	χρυσίον	χρυσόν
.	ἀργύριον	ἄργυρον
7.13	ἥτις	{εἴ / τις}
10.9	κύριον	Χριστόν
12.18	νῦν	νυνὶ
13.2	κἂν	{καὶ / ἐὰν}
.3	καυΘήσομαι	καυχήσωμαι
15.24	παραδιδοῖ (HGrk)	παραδιδῷ no t
16.6	καταμενῶ	παραμενῶ

15

2-C

N-A '63	N-A '79	
1.12	ἁγιότητι	ἁπλότητι
2.1	δὲ	γὰρ
3.6	ἀποκτείνει	ἀποκτέννει
5.3	ἐνδυσάμενοι	ἐκδυσάμενοι
6.4	συνιστανόντες	συνιστάντες
8.19	ἐν	σὺν
9.10	σπέρμα	σπόρον
10.9	ὡσὰν	{ὡς / ἂν} no t

9

Ga

N-A '63	N-A '79	
2.14	οὐκ (2ᵐᵉ)	οὐχὶ
3.19	ἂν	οὗ

2

Eph

N-A '63	N-A '79	
5.2	ὑμᾶς	ἡμᾶς

1

Phl

N-A '63	N-A '79	
3.8	μενοῦν γε	μενοῦνγε no t
.13	οὔπω	οὔ

2

Col

N-A '63	N-A '79	
2.12	βαπτίσματι	βαπτισμῷ
3.4	ἡμῶν	ὑμῶν

2

1-Th

N-A '63	N-A '79	
2.7	ἤπιοι	νήπιοι
5.10	περὶ	ὑπὲρ
.13	ὑπερεκπερισσῶς	ὑπερεκπερισσοῦ

3

2-Th

N-A '63	N-A '79	
2.6	αὐτοῦ	ἑαυτοῦ

1

1-Ti

N-A '63	N-A '79	
3.14	τάχιον	τάχει

1

Tit

N-A '63	N-A '79	
2.3	μηδὲ	μὴ

1

Hb

N-A '63	N-A '79	
1.8	αὐτοῦ	σου
3.6	ἐὰν	ἐάν[περ]
5.3	ἑαυτοῦ	αὐτοῦ]
8.6	νῦν	Νυν[ὶ]
10.34	κρείσσονα	κρείττονα no t
11.12	ἐγενήΘησαν	ἐγεννήΘησαν

S / Sb

SUBSTITUTIONS OF WORDS, cont'd.

N-A '63	N-A '79

Hb

N-A '63	N-A '79
11.13 κομισάμενοι	λαβόντες
12.11 μὲν	δὲ
.15 ταύτης	αὐτῆς

9

Jm

N-A '63	N-A '79
1.26 ἑαυτοῦ (1ˢᵗ)	αὐτοῦ
. ἑαυτοῦ	αὐτοῦ
5.4 ἀφυστερημένος	ἀπεστερημένος
.16 προσεύχεσθε	εὔχεσθε

4

1-Pt

N-A '63	N-A '79	
1.10 ἐξηρεύνησαν	ἐξηραύνησαν	no †
.11 ἐρευνῶντες	ἐραυνῶντες	no †
3.4 πραέος	πραέως	no †
.18 ἀπέθανεν	ἔπαθεν	

4

2-Pt

N-A '63	N-A '79
2.4 σιροῖς	σειραῖς
.6 ἀσεβεῖν	ἀσεβέ[σ]ιν
.15 Βεώρ	Βοσόρ

1

1-Jn

N-A '63	N-A '79
5.10 αὐτῷ.	ἑαυτῷ,

1

Jd

N-A '63	N-A '79
V.15 ἀσεβεῖς	ψυχὴν
.16 αὐτῶν	ἑαυτῶν

2

Rv

N-A '63	N-A '79	
2.10 μὴ	μηδὲν	
.23 ἐρευνῶν	ἐραυνῶν	no †
.25 ἄχρι	ἄχρι[ς]	
8.1 ἡμίωρον	ἡμιώριον	no †
.6 αὐτοὺς	αὐτοὺς	no †
9.21 φαρμακείων	φαρμάκων	

6

2 3 5	← Grand Total

Sb

SUBTRACTIONS OF WORDS [1]

* with punctuation subtracted, but otherwise added again.
§ with punctuation completely subtracted.

N-A '63

Mt

6.8 [ὁ		
. θεὸς]		
8.8 δὲ		
12.44 [καὶ]		
14.15 οὖν		
15.6 ἢ		
. τὴν		
. μητέρα		
. αὐτοῦ ·	GEN.SG.M.	*
16.21 Χριστὸς		
18.34 αὐτῷ.	DAT.SG.M.	*
19.22 [τοῦτον]		
20.9 δὲ		
.17 Μέλλων		
.18 εἰς		
21.19 οὐ		
26.20 [μαθητῶν].		*

17

Mk

1.14 Καὶ		
4.16 ὁμοίως		
.11 ὅτι		
.22 τι		
.40 πῶς		
. οὐκ		
5.27 τὰ	ACC.	
6.2 οἱ		
.22 τῆς		
. δὲ		
.23 ὃ		
7.28 ναί,		§
.35 εὐθὺς		
9.38 ὃς		
. οὐκ		
. ἀκολουθεῖ		
. ἡμῖν,		§
10.35 [δύο]	NOM.PL.M.	
14.20 [ἓν]	ACC.	
.43 [ὁ]		
16.1 [ἡ]		

21

Lk

7.39 [ὁ]	
9.9 [ὁ]	
.49 ὁ	

N-A '63

10.38 εἰς		
. τὴν		
. οἰκίαν.		*
.42 ἢ		
. ἑνός ·	GEN.SG.NT.	*
11.30 [ὁ]		
12.22 [ὑμῶν]		
15.16 τὴν		
. κοιλίαν		
. αὐτοῦ	GEN.SG.M.	
17.1 δὲ		
.33 καὶ		
19.15 τίς		
22.16 οὐκέτι		
.34 μὴ		

18

Jn

7.23 [ὁ]		
.40 [ὅτι] ·		*
.46 ὡς		
. οὗτος		
. λαλεῖ		
. ὁ		
. ἄνθρωπος.		*
13.24 καὶ		
. λέγει		
. αὐτῷ ·	DAT.SG.M.	§
.26 οὖν		
14.7 ἂν		
16.7 μὴ		
20.20 καὶ		

14

Ac

1.14 σὺν		
9.15 [τῶν]	GEN.PL.NT.	
14.25 τὴν		
17.11 [τὸ]	ACC.	

4

Rm

2.16 ἢ		
8.11 Ἰησοῦν		
.24 τί		
. καὶ		
.28 [ὁ		
. θεὸς]		
16.27 τῶν	GEN.PL.M.	
. αἰώνων ·		§

8

1-C

2.15 μὲν	

---

(1) All these references have daggers in the apparatus of N-A '79 (26ᵗʰ edition).

Sb / W

SUBTRACTIONS OF WORDS, cont'd. | 1 0 2 | ← Grand Total

N-A '63

1-C

| 4.17 | αὐτὸ | ACC. | |
| 15.17 | [ἐστιν], | | * |

3

2-C

11.18 [τὴν]

1

Ga

| 4.23 | τῆς | |
| 6.12 | ['Ιησοῦ] | GEN. |

2

Phl

| 1.14 | τοῦ | GEN. SG.M. |
| . | Θεοῦ | |

2

Hb

3.6	[μέχρι	
.	τέλους	GEN.
.	βεβαίαν]	predicat.
11.37	ἐπειράσθησαν,	§
12.15	οἱ	

5

1-Pt

4.18	[δὲ]	
5.11	τῶν	GEN. PL.M.
.	αἰώνων ·	§

3

2-Pt

| 1.3 | τὰ | ACC. |

1

Jd

V.15 τοὺς

1

Rv

| 5.13 | [ἐστίν], | § |
| 13.10 | δεῖ | |

2

W

WORD ORDER CHANGES [1]

NOTE: Examples in Study One have been reduced to only those words which actually change place in the text. E.g., N-A '79 indicates ⌈χωλούς, τυφλούς, κυλλούς, κωφούς⌉, at Mt 15.30. Since only the second and third words actually change places (cf. N-A '63: ⌈χωλούς, κυλλούς, τυφλούς, κωφούς⌉,), these alone have been registered. Indicated by asterisk.

	NUMBER OF WORDS IN N-A :		NUMBER OF WORDS IN STUDY ONE:
Mt			
4.2	3	*	2
11.9	w/o. † in apparatus. 2		2
13.28	2		2
15.30	4	*	2
18.24	2		2
19.20	2		2
.29	2		2
20.12	2		2
.30	3		3
.31	3		3
24.40	2		2

1 1

Mk			
3.3	4	*	3
6.22	3		3
.38	2		2
13.15	2		2
14.72	5	*	2

5

Lk			
4.8	5		5
6.26	3	*	2
9.13	2		2
.18	3		3
.59	2		2
10.35	3		3
16.12	2		2
18.4	2		2
.11	3		3
20.44	2		2
21.11	3		3

1 1

Jn

	NUMBER OF WORDS IN N-A :		NUMBER OF WORDS IN STUDY ONE:
1.21	5	*	3
7.3	4		4
9.31	3		3
10.32	4		3
14.16	6		6
15.10	5		5
16.18	3		3
.23	6		6
18.36	4		4
21.18	3	*	2

10

Ac

2.26	3		3
3.25	3		3
4.33	5		5
11.9	8		8
16.12	3	*	2
.28	4		4
21.5	2		2
23.23	2		2
25.10	5		5
27.8	2		2
28.7	2		2

1 1

Rm

8.11	3		3
.14	3	*	2
10.5	7		7
12.1	3		3
15.21	6		6

5

1-C

| 3.16 | 3 | | 3 |

1

2-C

| 1.19 | 2 | | 2 |
| 4.5 | 2 | | 2 |

2

Ga

1.18	2		2
2.16	2		2
3.14	2		2

3

---

(1) All these references have daggers in the apparatus of N-A '79 (26⁰ᵗʰ edition), except Mt 11.9.

W

WORD ORDER CHANGES, *cont'd.*

	NUMBER OF WORDS IN N-A :	NUMBER OF WORDS IN STUDY ONE :		NUMBER OF WORDS IN N-A :		NUMBER OF WORDS IN STUDY ONE :
Phl			1			
2.21	2	2	**Rv**			
—— 1			19.11	4	*	2
1-Th			—— 1			
2.13	2	2	7 2	←	*Grand Total*	
—— 1						
1-Ti						
1.16	2	2				
—— 1						
2-Ti						
3.12	2	2				
—— 1						
Tit						
2.13	2	2				
—— 1						
Jm						
1.22	2	0				
—— 1						
1-Pt						
2. 6	3	* 2				
—— 1						
1-Jn						
4.12	4	* 3				
5. 5	2	2				
.11	3	3				
—— 3						
2-Jn						
v. 5	3	3				
—— 1						
Jd						
v. 5	5	5				

Study Three

A Catalogue of the New
Frequencies
effected
by
the Changes

NOTES

For an explanation of Study Three, see the Introduction, p. vii.

For Abbreviations, see pp. viii-xi.

1 . For each word entry—which is listed alphabetically—read straight across the page from "WORD" to "New Freq.".

2 . The word "TYPE" refers to the categorization of words in my vocabulary, "A Complete Categorized Greek-English New Testament Vocabulary". The edition referred to is the second, revised edition of 1980, issued by Baker Book House, Grand Rapids, Michigan, U.S.A.

3 . Frequencies are given "in toto" unless specified "in se". For an "in se" frequency, cf. αὐτά, one of not a few word forms which falls under αὐτός.

4 . Words are accented as they appear in Nestle-Aland's editions.

5 . Words or information in round brackets are of a secondary nature to the word in question (cf. ἔξω), except where there is reference to the code letters (L) and (S). Cf. ἄν, where the leading code letter is " + A"; all the references which follow are to be considered as simple additions except where marked (S), which indicates additions effected via the substitutions of words.

6 . A dagger (†) placed after a frequency in the right margin indicates that the frequency is exactly the same as previously, although arrived at through different means; e.g., as due to additions or subtractions, etc., in the text of N-A²⁶, or for various other reasons; cf. ἀκολουθέω. The phrase "various other reasons" embraces either lacunæ or errors in the source material used formerly (the Moulton-Geden Concordance and Morgenthaler's Statistik), or as due to my own oversight. As based on different calculations such frequencies must indeed be considered as new.

7 . "New word" indicates a word now used in N-A²⁶, not previously used in N-A²⁵. Such words must be added, according to their alphabetical ordering, to my Vocabulary. Cf. ἀναπτύσσω.

8 . Zero, as a frequency, signifies that the word is not to be found in N-A²⁶. Cf. ἀποδεκατεύω.

9 . The letter "c", or the word "common", refer to a word form which is neither specifically masculine, feminine, nor neuter. Cf. αὐτῶν (formerly, ἑαυτῶν) in Lk 19.36: πορευομένου δὲ αὐτοῦ ὑπεστρώννυον τὰ ἱμάτια αὐτῶν ἐν τῇ ὁδῷ. This is drawing a rather fine line of distinction which may be disputed. Others, therefore, are free to disagree. There is then no problem in shifting such a word under the alternative genders, according to one's divergent opinion.

10 . In the left margin, * and § indicate the 53 words whose old and new frequencies do not tally between N-A²⁵ and ²⁶. * refers to the basic word form; § indicates that the basic word form must be referred to. For critical notes concerning these, cf. p. 148f.

11 . In the INDEX below, "word form(s)" signify a count of the word entries which are found under each alphabetical letter, without distinguishing prepositions which may take more than one case as being separate word forms (e.g., παρά as gen. and dat.), nor pronouns of differing genders, having the same word form (e.g., αὐτῶν as mas., fem., neut., or even common).

INDEX

		PAGES			PAGES
α	75 word forms	94 — 95	ν	5 word forms	100
β	9 " "	95	ο	36 " "	101
γ	10 " "	95 — 96	π	45 " "	101 — 102
δ	11 " "	96	ρ	2 " "	102
ε	100 " "	96 — 98	σ	17 " "	102 — 103
η	18 " "	98	τ	33 " "	103 — 104
θ	6 " "	98 — 99	υ	13 " "	104
ι	11 " "	99	φ	6 " "	104
κ	29 " "	99 — 100	χ	7 " "	104 — 105
λ	10 " "	100	ψ	1 " form	105
μ	26 " "	100	ω	6 " forms	105

Inasmuch as this manuscript has been handlettered, notice that I have made a clear distinction between nū (ν, always pointed) and upsīlon (υ, always rounded), between nū and gamma (γ, always with a tail below the line), between delta (δ) and thēta (θ), between phi (φ) and psī (ψ), between zēta (ζ) and xī (ξ), and between ōmēga (ω) and the diphthongs οι and ου. Among upper case letters, distinguish Α (alpha) from Λ (lambda) and Δ (delta); Ζ (zēta) from Ξ (xī); Γ (gamma) from Τ (tau); Θ (thēta) from Ο (ŏmīkron) and Φ (phī); Κ (kappa) from Χ (chī), as well as κ from χ!; and finally, Υ (upsīlon) from Ψ (psī). Another significant lower case distinction is between ο (ŏmīkron) and σ (sigma, always with extender).

α

WORD	TYPE	Voice	Mood	Action,Case Tense	Person	Number	Gender	FROM / UNDER	REFERENCES	New Freq.
ἅ	pron.relat.			acc.		pl.	nt.	ὅς, ἥ, ὅ	+ s 1-C 2.9.	.1400
									– s Jn 4.29.	
ἁγιότητι	3 decl.			dat.		sg.	f.	ἁγιότης₂	– s 2-C 1.12.	1
§ αἱ	artic.defin.			nom.		pl.	f.	ὁ, ἡ, τό	+ A Ac 12.[3]. 1-Pt 3.[1].	19855
αἰώνων	3.19			gen.			m.	αἰών₁₂₄	– Sb Rm 16.27. 1-Pt 5.11.	122
ἀκαθάρτῳ	2,5					sg.	nt.	ἀκάθαρτος₃₁	+ A Rv 18.[2]	32
ἀκολουθεῖ	C-E	act.	ind.	pr.	3	"		ἀκολουθέω₉₀	– Sb Mk 9.38.	} 90 ⚹
ἀκολουθεῖν	"	"	inf.	"		"		"	+ s Mk 8.34.	
ἀλέκτωρ	3.22			nom.		sg.	m.	ἀλέκτωρ₁₁	+ A Mk 14.[68].	12
* ἀλλά	conj.coörd.								+ A Mk 9.8(S). Jn 11.[22].	636
ἀμήν₁₂₆	adv. M.							Heb.	+ A 1-Th 3.[13]. 2-Pt 3.[18].	128
ἀμφιάζει	D	act.	ind.	pr.	3	sg.		ἀμφιάζω₁	– s Lk 12.28.	0
ἀμφιέζει	"	"	"	"	"	"		ἀμφιέζω₀	+ s " " . new word.	1
* ἄν	particle								+ A Mt 10.23, 42(S). Lk 9.24(S). }	
									Jn 13.24. Ac 2.21(S). 2-C 10.9(S) }166	
									– Sb Jn 5.19(S);14.7. Ga 3.19(S).	
ἀνακεκύλισται	ω	pass.	ind.	pf.	3	sg.		ἀνακυλίω₁	– s Mk 16.4.	0
ἀναπείρους	2,5			acc.		pl.	m.	ἀνάπειρος₂	+ s Lk 14.13, 21. Spelling as in M-G.}	2 ⚹
ἀναπήρους	2,5			"		"	"	ἀνάπηρος	– s " "	
ἀναπτύξας	G-1	act.	pt.	aor.¹		nom.	sg.	m.	ἀναπτύσσω₀	+ s " 4.17. new word.	1
ἀναστάς	μι¹	"	"	aor.²	"	"	"	ἀνίστημι₁₀₇	+ A " 24.12.	108
ἀνεγνωρίσθε	D	pass.	ind.	aor.¹	2	pl.		ἀναγνωρίζομαι₀	+ s Ac 7.13. new word.	1
ἀνεξεραύνητα	2,5			nom.		"	nt.	ἀνεξεραύνητος₁	+ s Rm 11.33. Spelling as in M-G. }	1 ⚹
ἀνεξερεύνητα	"			"		"	"	ἀνεξερεύνητος	– s " "	
ἀνεφέρετο	L	pass.	ind.	im.	3	sg.		ἀναφέρω₁	+ A Lk 24.51.	10
ἀνήγγειλεν	L	act.	"	aor.¹	"	"		ἀναγγέλλω₁₃	+ s Jn 5.15.	14
ἄνθρωπον	2.7			acc.		"	m.	ἄνθρωπος₅₄₈	+ A Mt 9.32.	}
ἄνθρωπος	"			nom.		"	"	"	– Sb Jn 7.46.	550
ἀνθρώπῳ	"			dat.		"	"	"	+ A Mt 13.45; 19.3.	
ἀνοίξας	G	act.	pt.	aor.¹	nom.	"	"	ἀνοίγω₇₈	– s Lk 4.17.	77
ἀπαγγέλλει	L	"	ind.	pr.	3	"		ἀπαγγέλλω₄₆	– s Ac 17.30.	45
ἅπαντα	3-1,6			nom.		pl.	nt.	ἅπας₃₂	+ s " 4.32.	}
ἅπαντες	"			"		"	m.	"	+ s " 2.7; 5.12.	34
	"			"		"	"	"	– s " 16.33.	
ἀπέθανεν	+ισκ	act.	ind.	aor.²	3	sg.		ἀποθνῄσκω₁₁₃	– s 1-Pt 3.18.	112
ἀπειθείας	1.2			gen.			f.	ἀπειθεία₆	+ A Col 3.[6].	7
ἀπέναντι₄	impr.prep.			"					+ s Mt 27.24.	5
ἀπέπνιξαν	G	act.	ind.	aor.¹	3	pl.		ἀποπνίγω₃	– s " 13.7. Now only in Lk.	2
ἀπεστερημένος	C-E	pass.	pt.	pf.	nom.	sg.	m.	ἀποστερέω₅	+ s Jm 5.4.	6
ἀπῆλθεν	G in pr.dep.	act.	ind.	aor.²	3	"		ἀπέρχομαι₁₁₆	+ A Lk 24.12	117
ἁπλότητι	3 decl.			dat.		"	f.	ἁπλότης₇	+ s 2-C 1.12	8
* ἀπό	prep.			gen.					– s Lk 8.29. Rm 15.15.	645
ἀποδεκατεύω	ω	act.	ind.	pr.	1	sg.		ἀποδεκατεύω₁	– s " 18.12.	0
ἀποδεκατῶ	C-O	"	"	"	"	"		ἀποδεκατόω₃	+ s " "	4
ἀποκεκύλισται	ω	pass.	"	pf.	3	"		ἀποκυλίω₃	+ s Mk 16.4.	
ἀποκτείνει	N	act.	"	pr.	"	"		ἀποκτείνω₇₄	– s 2-C 3.6.	} 74 ⚹
ἀποκτέννει	ω	"	"	"	"	"		ἀποκτέννω	+ s " " . add form in Vocabul. }	
[ἀπο]λάβῃ	+αν+	"	subj.	aor.²	"	"		ἀπολαμβάνω₂	+ s Lk 18.30.	10
ἀποστέλλω	L							ἀποστέλλω₁₃₁	+ s " 24.49	132
ἀποστόλους	2.7			acc.		pl.	m.	ἀπόστολος₇₉	+ A Mk 3.[14].	80
ἀργύριον	2.8			acc.		"	nt.	ἀργύριον₂₁	– s 1-C 3.12.	20
ἄργυρον	2.7			"		sg.	"	ἄργυρος₄	+ s 1-C 3.12.	5
ἀσεβεῖν	C-E	act.	inf.	pr.				ἀσεβέω₂	– s 2-Pt 2.6.	1
ἀσεβεῖς	3,22			acc.		pl.	m.	ἀσεβής₉	– s Jd v.15.	} 9 ⚹
ἀσεβέ[σ]ιν	"			dat.	"	"		"	+ s 2-Pt 2.6.	
ἀσθενεῖς	"			acc.	"	"		ἀσθενής₂₅	+ A Lk 9.[2] subst.	26
αὐξάνει	+αν	act.	ind.	pr.	3	sg.		αὐξάνω₂₂	+ A " 12.27.	23
αὐτά₄₅	pron.pers.			acc.	"	pl.	nt.	αὐτός, ή, ό	+ A Rm 10.5. in se:	46
αὐταῖς₁₇	" "			dat.	"	"	f.	"	+ L Rv 9.3,4. in se:	19
* αὐτή	" "			nom.	"	sg.	"	"	+ s Lk 7.12; 8.42. in se:	8
* αὐτῇ	" "			dat.	"	"	"	"	– L Rm 10.5. in se:	94
αὕτη₇₅	" demonst.			nom.	"	"		οὗτος, αὕτη, τοῦτο	– s Lk 7.12; 8.42. in se:	73

α to γ

WORD	TYPE	Voice	Mood	Action, Tense	Case	Person	Number	Gender	FROM / UNDER	REFERENCES	New Freq.
αὐτήν [127]	pron.pers.				acc.	3	sg.	f.	αὐτός, ή, ό	+ A Mt 19.[7]. Ac 9.[37]. _in se:_	129
αὐτῆς [166]	" "				gen.	"	"	"	"	+ S Hb 12.15. _in se:_ ⎫ − L Mk 6.22. (1) ⎬	166 ⚹
* αὐτὸ	" "				acc.	3	sg.	nt.	"	− Sb 1-C 4.17. _in se:_	69
αὐτοὶ [87]	" "				nom.	"	pl.	m.	"	− S Mt 19.28. _in se:_	86
* αὐτοῖς	" "				dat.	"	"	"	"	+ A Mt 13.11; 20.8. Lk 24.36,40. _in se:_ ⎫ Jn 8.[28]. Rm 10.5 (L). ⎬ − L " 7.9. Rv 9.3,4. ⎭	556 (2)
αὐτόν [947]	" "				acc.	3	sg.	m.	"	+ A Mt 3.15(L); 14.[3]; 28.[14]. Lk _in se:_ ⎫ 24.52. Jn 2.24(S); 4.24; 14.7. ⎬ Ac 14.17(S). Jm 5.[14]. ⎪ − L Mk 5.6. ⎭	955
αὐτὸν	pron.refl.				acc.		sg.	m.	αὐτόν, ήν, ό [6]	− S Jn 2.24. Ac 14.17.	0
αὐτός [151]	" pers.				nom.	3	"	"	αὐτός, ή, ό	+ L " 7.9. Ac 3.10(S). _in se:_	153
* αὐτοῦ	" "				gen.	"	"	"	"	+ A Mt 3.7; 8.[13],[21]; 19. [10]; 25.[6]; 27.64. Mk 6.22(L) _lack of concord_; 6.[41];10.[77]; Lk 15.29; 20.[45]. Jn 2.[12]; 4.51; _in se:_ (2) ⎫ 6.[52]; 20.[30]. Ac 7.[25]; 8. ⎬ 1417 [33]. Hb 5.3. Jm 1.26 (bis). ⎪ − Sb Mt 15.6. Lk 15.16. Ac 7.34(L). ⎪ 2-Th 2.6 (S). Hb 1.8 (S). ⎭	1417 (2)
"	" "				"	3	"	m.	"	− S Lk 14.26. _in se:_	
* αὐτούς	" "				acc.	"	pl.	m.	"	+ S " 23.12. Jn 20.10. Rv 8.6. ⎬ − S Mk 1.27.	357
αὐτούς	pron.refl.				"	"	"	"	αὐτόν, ήν, ό [6]	− S Lk 23.12. Jn 20.10. Rv 8.6.	0
αὐτῷ [842]	" pers.				dat.	3	sg.	"	αὐτός, ή, ό	+ A Mt 3.[16]; 9.[27]; 22.21. Mk _in se:_ (2) ⎫ 5.6 (L); 8.[20]. Lk 17.[12]. Jn ⎬ 848 4.17; 13.[36]; 19.[11]. Ac 10.[19]. ⎪ − Sb Mt 3.15(L); 18.34. Jn 13.24. ⎪ 1-Jn 5.10 (S). ⎭	848 (2)
αὐτῷ	pron.refl.				dat.		sg.	m.	αὐτόν, ήν, ό [6]	− O Lk 12.21	0
αὐτῶν [555]	" pers.				gen.	3	pl.	"	αὐτός, ή, ό	+ A Mt 15.[2]. Lk 19.36(S). Ac 7.34 (L); 13.[33]; 14.14(S), 20.30 _in se:_ ⎫ (S); 25.[17]. Rv 21.[3]. ⎬ 564 − S Jd v.16. ⎭	564 (3)
"	" "				"	3	"	f.	"	+ A Mt 25.3. ⎫
"	" "				"	"	"	c.	"	+ S Lk 16.4. ⎭	
ἀφυστερημένος	C-E	pass.pt.		pf.	nom.		sg.	m.	ἀφυστερέω [1]	− S Jm 5.4.	0
ἄχρι [48]	conj.									− S Rv 2.25. ⎫ + S " " . ⎬	48 ⚹
ἄχρι[ς]											
βαπτίσματι	3.31					dat.		sg.	nt.	βάπτισμα [20]	− S Col 2.12.	19
βαπτισμῷ	2.7					"		"	m.	βαπτισμός [3]	+ S " " .	4
βαπτίσωνται	D	mid.	subj.	aor!			3	pl.		βαπτίζω [76]	+ S Mk 7.4.	77
[βεβαίαν]	2-1,2					acc.		sg.	f.	βέβαιος [9]	− Sb Hb 3.6.	8
Βεώρ ὁ [1]	indecl.					(gen.)		"	m.		− S 2-Pt 2.15.	0
βίον	2.7					acc.		"	"	βίος [9]	+ A Lk 8.[43].	10
βλέπει	LB	act.	ind.	pr.			3	"		βλέπω [132]	+ A " 24.12. ⎬	132 ⚹
βλέποντες	"		" pt.	"	nom.		pl.	m.			− S Ac 1.11.	
Βοσόρ ὁ [8]	indecl.					(gen.)		sg.	"		+ S 2-Pt 2.15. _new word._	1
γάμος [15]	2.7					nom.		sg.	m.		+ S Mt 22.10.	16
γάρ [1036]	conj. subord.										+ A Mk 3.[35]; 13.22(S). Lk 8.52. ⎫ Rm 5.6(S). 2-C 2.1 (S); 7. [8]. ⎬ 1041 − S 1-C 2.10. ⎭	1041
* γέ	particle enclitic									[_NOTE: Changes, via addition, concern the now unified forms_ εὖγε (_Lk_ 19.17), καίτοιγε (_Jn_ 4.2), _and_ μενοῦνγε (_Rm_ 9.20; 10.18. _Phl_ 3.8), _which in my Vocabulary of 1978 and 1980 were regarded as unit-phrases;_ M-G _have_ εὖγε, _which, therefore, is not listed under their entry for_ γέ]. − S Rm 5.6	26
γεγονός	dep.	dep. pt.		pf.[2]	acc.		sg.	nt.	γίνομαι [667]	+ A Lk 24.12 _intr., as a subst._	669

(1) This concerns a former αὐτῆς τῆς (under αὐτὸς ὁ, whose total frequency is now 40, instead of 41). (2) This frequency includes the word as both masculine and neuter. (3) This frequency includes αὐτῶν as masculine, feminine, and neuter.

γ to Ε

WORD	TYPE	Voice	Mood	Action, Tense Case	Person	Number	Gender	FROM / UNDER	REFERENCES	New Freq.
γεμίσαι	D	act.	inf.	aor.¹				γεμίζω ₉	– S Lk 15.16.	8
γενόμενον	dep.	dep(mid)	pt.	aor.² acc.		sg.	m.	γίνομαι ₆₆₇	+ A " 18.[24].	} 669
γενόμενος	"	" "	"	" nom.		"	"	"	+ A " 10.[32].	
γνώσεσθε	+σκ	mid.	ind.	fut.	2	pl.		γινώσκω ₂₂₁	+ S Jn 14.7.	222
γυναῖκα	cf. 3.9 f.			acc.		sg.	f.	γυνή ₂₁₃	+ A Mk 10.[7].	} 215
γυνή	"			nom.		"	"	"	+ A Jn 4.[11].	
* δὲ	conj. coörd.								+ A Mt 21.29; 22.39; 25.[22]. Mk 1.14; 13.[15]. Lk 17.33(δ'); 24.12. Jn 3.18; 5.29; 21.12. Ac 1.7. Rm 7.25. 1-C 2.10(S). Hb 12.[9], 11 (S). Jd v.23.	} 2790
									– Sb Mt 8.8; 20.9, 17(S). Mk 6.22; 13.22(S). Lk 17.1. Ac 2.43 (S); 8.28(S); 13.11(S); 16.23(S); 17.19 (S). 2-C 2.1. [δὲ]: 1-Pt 4.18 (S).	
δεῖ ₁₀₂	vb. impers.		ind.	pr.	3	sg.			– Sb Rv 13.10.	101
δευτέρῳ	2-1,2			dat.		"	nt.	δεύτερος ₄₄	– Sb Mt 21.30.	43
διελθεῖν	G in pr.dep.	act.	inf.	aor.²				διέρχομαι ₄₁	+ A " 19.24(S). Ac 11.[22].	43
διεστείλατο	L mid.	mid.	ind.	aor.¹	3	sg.		διαστέλλομαι ₇	+ S " 16.20.	8
δικαιοσύνην	1.1			acc.		"	f.	δικαιοσύνη ₉₁	+ A Rm 10.[3].	92
διότι ₂₄	conj. caus.								– S " 8.21	23
δυνάμεθα (pass.dep)	=μι¹	pass.dep.	ind.	pr.	1	pl.		δύναμαι ₂₀₉	+ S Jn 14.5.	210
δύο ₁₃₆	adj. 25			acc.		pl.	m.		+ A Lk 10.[1] distributive.	} 135
				nom		"	"		– Sb [δύο]: Mk 10.35. δύο: Ac 10.19(S)	
δυσβάστακτα	2,5			acc.		"	nt.	δυσβάστακτος ₁	+ A Mt 23.[4]. Previously only in Lk.	2
δώσουσιν	μι³	act.	ind.	fut.	3	"		δίδωμι ₄₁₅	+ S Mk 13.22.	416
ἐάν ₂₈₀	conj. subord.								+ S Jn 5.19.⁽¹⁾ 1-C 13.2.	}
									– S Mt 10.42. Lk 9.24. Ac 2.21. Hb 3.6.	277⁽²⁾
ἐάν[περ]₂	" "								+ S " " .	3
ἑαυτὸν	pron. refl.			acc.		sg.	m.	ἑαυτοῦ ₃₂₀	+ A Lk 24.12 (w/ πρὸς = "home").	}
ἑαυτοῦ	" "			gen.		"	"		+ S " 14.26. 2-Th 2.6.	
									– S Jn 10.34. Hb 5.3. Jm 1.26 bis.	
ἑαυτούς	" "			acc.		pl.	"		+ S Mk 1.27.	} 319
ἑαυτῷ	" "			dat.		sg.	"		+ O Lk 12.21. 1-Jn 5.10(S).	
ἑαυτῶν	" "			gen.		pl.	"		+ S Jd v.16.	
									– S Ac 14.14; 20.30.	
							c.		– S Lk 16.4 ; 19.36.	
ἔγειρε	L	act.	imv.	pr.	2	sg.		ἐγείρω ₁₄₄	+ A Ac 3.[6] intr.	145
ἐγενήθησαν	dep.	dep(pass)	ind.	aor.¹	3	pl.		γίνομαι ₆₆₇	– S Hb 11.12.	669
ἐγεννήθησαν	C-A	pass.	"	"	"	"		γεννάω ₉₆	+ S " " .	97
ἐγνωρίσθη	D	"	"	"		sg.		γνωρίζω ₂₆	– S Ac 7.13.	25
ἐγώ ₃₄₇	pron. pers.			nom.	1	"			+ A " 23.[6]; 27.[23]. in se: 349	
ἔδειξεν	μι⁴	act.	ind.	aor.¹	3	"		δείκνυμι ₃₂	+ A Lk 24.40.	33
ἐδράμομεν	G in pr.	"	"	aor.²	"	"		τρέχω ₁₉	+ A " 24.12.	20
ἐθεώρουν	C-E	"	"	im.	"	pl.		θεωρέω ₅₇	+ S Jn 6.2.	58
ἔθηκεν	μι²	"	"	aor.¹	"	sg.		τίθημι ₉₉	+ S Mk 15.46.	100
* εἰ	conj. subord.								+ S 1-C 7.13.⁽³⁾	} 277⁽⁵⁾
									– S Mk 9.8 (εἰ).⁽⁴⁾ Rm 5.6.	
§ εἰδέναι	spec.		inf.	pf.-pr.				οἶδα	+ S Jn 14.5.	} 318
§ εἰδὼς	"		pt.	" nom.		sg.	m.	"	– S Mt 9.4. Mk 12.28.	
εἴη	"		opt.	pr.	3	"		εἰμί : opt. forms ₁₁	+ L Jn 13.24. in se: 12⁽⁶⁾	
εἰμι ₁₃₈	"		ind.	"	1	"		" (enclitic rec'd.)	+ A 1-Pt 1.[16]. Rv 21.[6]. in se: 140	
εἶπαν	suppl.	act.	"	aor²	3	pl.		(λέγω)/ εἶπον ₉₂₉	– S Mt 27.49.	} 928
εἰπὲ	"	"	imv.	"	2	sg.		"	– S Jn 13.24. in se:	
εἶπεν	"	"	ind.	"	3	"		"	+ S Mt 19.18.	
									+ S Jn 5.15 ; 21.17.	

⁽¹⁾ ἐάν, here, belongs to the ἐὰν μή group of words, which now occurs 56 times. ⁽²⁾ This frequency concerns ἐάν as a subord. conjunction (164 times); as equal to ἄν (68 times); and as combined with τις, τι (ἐάν τις, 45 times), yielding a total of 277, not to be confused with the total for εἰ. ⁽³⁾ εἰ, here, belongs to the εἴ τις, τι group of words, occurring 84 times. ⁽⁴⁾ εἰ, here, belongs to the εἰ μή group of words, occurring 104 times. ⁽⁵⁾ Frequency excludes εἴ γε (5 times) and εἴ πως (4 times). ⁽⁶⁾ Formerly only in Lk-Ac.

ε

WORD	TYPE	Voice Mood Action Tense	Case	Person	Number	Gender	FROM / UNDER	REFERENCES	New Freq.
εἰπόντος	suppl.	act. pt. aor.²	gen.		sg.	m.	(λέγω)/ εἶπον₉₂₉	+ s Ac 23.7. _in se_ }	928
εἰπών	"	" " "	nom.		"	"	" "	+ A Lk 24.40.	
εἰρήνη₉₁	1.1		"		"	f.		+ A " 24.36.	92
* εἰς	prep.		acc.					+ A Mt 12.18; 18.[15]. Mk 9.[42].	
								Lk 24.51. Ac 3.19(s); 12.25 (S). }	1769⁽¹⁾
								– Sb Mt 20.18. Mk 4.8 (S). Lk 10.38.	
								Jn 16.13 (S). Ac 14.25 (S).	
εἰσελθεῖν	G in pr.dep.	act. inf. aor.²					εἰσέρχομαι₁₉₂	+ A Mt 19.24. } cf. texts.	
[εἰσ]ελθόντες	"	" pt. "	nom.		pl.	m.	"	– S " " . }	194
εἰσῆλθεν	"	" ind. "		3	sg.		"	+ s Ac 13.14.	
* εἰσίν	spec.	" pr. "			pl.		εἰμί	+ s " 18.7.	
								+ A Mt 11.8. _in se:_ }	157
								– S Mk 8.3.	
εἶτα₁₃	adv. T.							+ s " 4.28 _bis._	15
εἶτεν₂	adv. of transit.							– S " " .	0
* ἐκ	prep.		gen.					+ A Jn 6.[66]; 12.[4]. Ac 7.[3].	914
ἑκατοντα-									– S " 16.28.	
πλασίονα	< adv. S.		acc.		pl.	nt.	ἑκατονταπλασίων₂	+ s Mt 19.29.	3
ἐκδυσάμενοι	ω	mid. pt. aor.¹	nom.		"	m.	ἐκδύω₅	+ s 2-C 5.3.	6
ἔκρυψεν	LB	act. ind. "		3	sg.		κρύπτω₁₉	– S Lk 13.21.	18
§ ἔλεγον	G in pr.	" " im.			pl.		λέγω	+ s Mt 27.49. _in se:_ 1327	
ἐλθεῖν	G in pr.dep.	" inf. aor.²					ἔρχομαι₆₃₃	– S Mk 8.34. Ac 19.1.	
ἐλθόντες	"	" pt. "	nom.		pl.	m.	"	– S Ac 13.14. }	630
ἐλθών	"	" " "			sg.	"	"	+ s Mt 9.18.	
Ἕλληνας	3.18		acc.		pl.	"	Ἕλλην₂₆	– S Ac 11.20.	25
Ἑλληνιστὰς	1.4		"		"	"	Ἑλληνιστής₂	+ s " " .	3
[ἐμ]βλέποντες	LB	act. pt. pr.	nom.		"	"	ἐμβλέπω₁₁	+ s " 1.11.	12
ἐμέ₉₁	pron. pers.		acc.	1	sg.		ἐγώ	+ A Mk 9.[42]. Jn 6.37(L). _in se:_ }	90
								– L Ac 22.8, 13; 23.22.	
ἐμοὶ₉₃	"		dat.	1	"		"	+ L Jn 8.12. _in se:_	93 ?
								– L Ac 20.22.	
ἐμοῦ	" poss.		gen.	1	"		ἐμός₇₆	– L Mt 19.29.	75
ℵ ἐν	prep.		dat.					+ A Mk 1.8 ; 16.18. Lk 10.[21]; 22.[7].	
								Jn 4.[53]; 16.13(S). Ac 7.[22];	
								10.[39]; 14.25 (S). Rm 10.[20]. 1-C	
								14.[6]. Eph 5.[19]. Phl 1.[24]. }	2751⁽²⁾
								Gal a [13]. 1-Th 1 [5] [8]. 1-Ti 3.14.	
								– S Mk 4.8 _bis_, 20 _ter._ Rm 11.25.	
								2-C 8.19.	
ἕν	adj., 26		nom.		(sg)	nt.	εἷς, μία, ἕν₃₃₈	+ s Mk 4.8 _ter_, 20 _ter._ 1-C 14.[6](A).	
			acc.		"	"		+ A Jn 3.27 [aft. οὐδὲ : cf. Rm 3.10; }	345
								Bl-D, § 302 (2), § 431 (2)].	
			"					– Sb [ἕν]: Mk 14.20.	
ἐνδυσάμενοι	ω	mid. pt. aor.¹	nom.		pl.	m.	ἐνδύω₂₈	– S 2-C 5.3.	27
ἐνέβημεν	+v+	act. ind. aor.²		1	"		ἐμβαίνω₁₇	– S Ac 21.6.	16
ἐνεγκεῖν	L	" inf. "					φέρω₆₈	– S Mt 7.18 _bis._	66
[ἐν]έκρυψεν	LB	" ind. aor.¹		3	sg.		ἐγκρύπτω₁	+ s Lk 13.21.	2
ἐνοικοῦσα	C-E	" pt. pr.	nom.		"	f.	ἐνοικέω₆	– S Rm 7.17.	5
ἑνὸς	adj., 26		gen.		(sg)	nt.	εἷς, μία, ἕν₃₃₈	+ s Lk 10.42. }	345
								– Sb "	
§ ἐξ	prep.		gen.					ἐκ	– S Ac 12.25.	914
ἐξαποστέλλω₁₃	L	act. ind. pr.			sg.			– S Lk 24.49.	12
ἐξελθόντες	G in pr.dep.	" pt. aor.²	nom.		pl.	m.	ἐξέρχομαι₂₁₇	+ A Ac 15.[24].	218
ἐξηραύνησαν	C-A						ἐξεραυνάω₁	+ S 1-Pt 1.10. _(Spelling as in M-G)_ }	1 ?
ἐξηρεύνησαν	"	" " "	"		"	"	ἐξερευνάω	– S " " .	
ἔξω₆₂	adv. PL.₄₄						_(also, impr. prep. gen.)₁₉_	+ A Lk 24.[50].	63
ἔπαθεν	+σκ	" ind. "		3	sg.		πάσχω₄₀	+ S 1-Pt 3.18. Cf. also, πάσχει.	42
ἐπέθηκεν	μι²	" " aor.¹		"	"		ἐπιτίθημι₄₀	– S Jn 9.6.	39
ἐπειράσθησαν	D	pass. " "		"	pl.		πειράζω₃₉	– Sb Hb 11.37.	38
ἐπετίμησεν	C-A	act. " "		"	sg.		ἐπιτιμάω₃₀	– S Mt 16.20.	29
ἐπέχρισεν	ω	" " "		"	"		ἐπιχρίω₁	+ s Jn 9.6.	2
* ἐπί	prep.		acc.					cf. Ἐφ᾽, below.	+ A Lk 24.12. Col 3.[6] _in se:_ 482⁽³⁾

⁽¹⁾ Frequency includes εἰς τί; (5 times). ⁽²⁾ Frequency includes ἐν τίνι; (7 times). ⁽³⁾ ἐπί- gen. occurs 222 times; ἐπί-dat., 186 times. The three cases occur on the following pages of N-A²⁶: Mt, pp. 7, 21, 50, 68; Lk, pp. 165 (two cases in one verse), 204 (same); Ac, p. 405 (all three cases in one verse!); Col, p. 528; Rv, with two cases in same verse: pp. 641, 646, 656; finally, p. 677. At Rv 10.1, ἐπί changes cases from the acc. (N-A²⁵) to the genit. (N-A²⁶): see p. 75; thus, –L, +L.

Ε to Θ

WORD	TYPE	Voice	Mood	Action, Tense	Case	Person	Number	Gender	FROM / UNDER	REFERENCES	New Freq.
ἐπισκοποῦντες	C-E	act.	pt.	pr.	nom.		pl.	m.	ἐπισκοπέω₁	+ A 1-Pt 5.[2].	2
ἐπιστηρίζων	G-I	"	"	"	"		sg.	"	ἐπιστηρίζω₃	+ S Ac 18.23.	4
ἔπνιξαν	G	"	ind.	aor.¹		3	pl.		πνίγω₂	+ S Mt 13.7.	3
ἐραυνᾷ	C-A	"	"	pr.		"	sg.		ἐραυνάω₆ (in N-A '79)	+ S 1-C 2.10. ▸ spelling	
ἐραυνᾶτε	"	"	imv.	"		2	pl.		"	+ S Jn 5.39. in M-G;	
ἐραύνησον	"	"	"	aor.¹		"	sg.		"	+ S " 7.52. used in	6 ⚹
ἐραυνῶν	"	"	pt.	pr.	nom.		"	m.	"	+ S Rm 8.27. Rv 2.23. my Voca-	
ἐραυνῶντες	"	"	"	"	"		pl.	"	"	+ S 1-Pt 1.11. bulary.	
ἐρεῖς	cf. 3.12 f						"	f.	ἔρις (irr.)₉	+ L Tit 3.9.	9 ⚹
ἐρευνᾷ	C-A	act.	ind.	pr.		3	sg.		ἐρευνάω₆	– S 1-C 2.10. ▸ spelling	
ἐρευνᾶτε	"	"	imv.	"		2	pl.		"	– S Jn 5.39. in N-A '63;	
ἐρεύνησον	"	"	"	aor.¹		"	sg.		"	– S " 7.52. does not	0
ἐρευνῶν	"	"	pt.	pr.	nom.		"	m.	"	– S Rm 8.27. Rv 2.23. affect my	
ἐρευνῶντες	"	"	"	"	"		pl.	"	"	– S 1-Pt 1.11. Vocabulary.	
ἔρημος₄₇	2,5				"		sg.	"		+ A Mt 23.38.	48
ἔριν	cf. 3.12 f				acc.		"	f.	ἔρις (irr.)₉	– L Tit 3.9.	9 ⚹
ἔσται₁₈₅	spec.	mid.	ind.	fut.		3	"		εἰμί	– L " 20.26. in se:	186
ἔστηκεν	μι¹	act.	"	pf.		"	"		ἵστημι₁₅₂	+ S Jn 1.26. Cf. also, στήσητε.	154
* ἐστίν	spec.		"	pr.		"	"		εἰμί	+ A 1-Pt 1.[6].	
										– Sb 1-C 15.[17]. Rv 5.[13]. in se:	880 (1)
										– L Mt 20.26. Jn 13.24.	
ἑτέρῳ	2-1,2				dat.		sg.	m.	ἕτερος₉₇	+ S " 21.30.	98
Ἔτι₉₂	adv. S.						"			+ S Rm 5.6.	93
ἑτοιμάσαντες	D	act.	pt.	aor.¹	nom.		pl.	m.	ἑτοιμάζω₄₁	– S Mk 15.1.	40
εὖ₃	adv. M.						"			– S Lk 19.17. (not counted previously)	5 ⚹
εὖγε₁	" "						"			+ S " "	1 ⚹
εὐθέως₃₃	" T.						"			+ S Mt 21.2; 26.74. Mk 7.[35](A).	36
εὐθύς II₅₄	" "						"			– S " " " " (Sb).	51
εὔχεσθε	(G) dep.mid.	dep.	imv.	pr.		2	pl.		εὔχομαι₆	+ S Jm 5.16.	7
§ ἐφ'	prep.				acc.				cf. ἐπί, above.	+ A Ac 7.[10].	482
ἔφη	spec.		ind.	im.		3	sg.		φημί₆₆	– S Mt 19.18. Cf. also, φησίν.	66 ⚹
ἐφώνησεν	C-E	act.	"	aor.¹		"	"		φωνέω₄₂	+ A Mk 14.[68].	43
* ἔχει	G	"	"	pr.		"	"		ἔχω	– S Mt 17.15.	709 ⚹
▪ ἑώρων (Att.)	C-A spec.	"	"	im.		"	pl.		ὁράω₁₁₄	– S Jn 6.2. in se:	113
§ ἡ									ὁ, ἡ, τό	+ A Jn 4.[11]; 11.18; 19.[24]. 1-C 15.[10]. 2-C 7.14.	19855
										Sb Mk 16.[11]. 2-C 3.9 (L).	
* ἤ	particle									+ A Mt 20.[15]. Lk 17.[23].	341 (2)
										– Sb " 15.6. " 10.42	
§ ᾗ	pron. relat.				dat.		sg.	f.	ὅς, ἥ, ὅ	– Sb Rm 2.16.	1400
§ ᾔδειτε	spec.		ind.	plupf.		2	pl.		οἶδα	– S Jn 14.7.	318
ἤδη₆₀	adv. T.									+ A Rm 4.[19].	61
ἥκασιν	G pr.-pf.		ind.	pf.		3	pl.		ἥκω₂₅	+ S Mk 8.3.	26
ἦλθεν	G in pr. dep.	act.	"	aor.²		"	sg.		ἔρχομαι₆₃₃	– S Ac 18.7.	630
* ἡμᾶς	pron.pers.				acc.	1	pl.		(ἐγώ) / ἡμεῖς	+. S Eph 5.2. in se:	166
										– S Rm 15.7.	
ἡμέτερον	2-1,2				acc.		sg.	nt.	ἡμέτερος₈	– S Lk 16.12, subst.	7
ἡμῖν₁₆₈	pron.pers.				dat.	1	pl.		(ἐγώ) / ἡμεῖς	+ S Ac 7.38. in se:	168 ⚹
										– Sb Mk 9.38.	
ἡμίση	B-A-G: adj.				acc.		pl.	nt.	ἥμισυς₅ (cf. 3-1,13).	– L Lk 19.8.	5 ⚹
ἡμίσιά	" "				"		"	"		+ L " "	
ἡμιώριον₀	2.8				nom.		sg.	"	aft. ὡς, conj. tempor.	+ S Rv 8.1. new word.	1
ἡμίωρον₁	"				"		"	"		– S " "	
* ἡμῶν	pron.pers.				gen.	1	pl.		(ἐγώ) / ἡμεῖς	+ A Ac 7.[19]. 1-C 5.[4]. 2-C 4.17. 2-Th 1.[2]; 3.[6]. 2-Pt 2. [20]. 1-Jn 3.[21]. in se:	403
										– S Col 3.4.	
ἤπιοι	2-1,2				nom.		pl.		ἤπιος₂	– S 1-Th 2.7.	1
* ἦσαν	spec.		ind.	im.		3	"		εἰμί	+ A Ac 2.44. in se:	451
ἥτις	pron.relat.				nom.		sg.	f.	ὅστις, ἥτις, ὅτι₁₅₄	– S 1-C 7.13.	154 ⚹
Θαυμάζων	D	act.	pt.	pr.	nom.		sg.	m.	Θαυμάζω₄₂	+ A Lk 24.12, trans.	43

(1) This frequency does not include τοῦτ'ἔστιν, which occurs 18 times.   (2) This frequency includes ἤ as meaning "or" (298 times), as "than" (38 times, including the one occurrence of an "indeed" in 1-C 9.15), not the ἤ in ἀλλ' ἤ (twice), but in πρὶν ἤ (5 times).

Θ to Κ

WORD	TYPE	Voice	Mood	Action, Tense	Case	Person	Number	Gender	FROM / UNDER	REFERENCES	New Freq.
Θέλετε	L	act.	ind.	pr.		2	pl.		Θέλω 207	+ A Mk 15.[12].	208
Θεός	2.7				nom.		sg.	m.	Θεός 1311	+ A AC 3.[13]bis.Ga 1.[15].Rv 21.[3].	
										– S Mt 6.[8]. Rm 8.[28].	
Θεοῦ	"				gen.		"	"		+ A " 6.[33].Mk 1.[1]. AC 12.24 (S). Rm 15.[19].	1316
										– S AC 13.44; 16.32. Phl 1.14(Sb).	
Θεῷ	"				dat.		"	"		+ S " 20.32. 1-C 1.[14](A).	
Θηρίου	2.8				gen.		"	nt.	Θηρίον 45	+ A Rv 18.[2].	46
ἰατροῖς	2.7				dat.		pl.	m.	ἰατρός 6	+ A Lk 8.[43].	7
ἰδίαις	2-1,2				"		"	f.	ἴδιος 113	+ A 1-Th 4.[11], attrib.(1ˢᵗ type).	114
ἰδών	C-A spec.	act.	pt.	aor.²	nom.		sg.	m.	(ὁράω) / εἶδον 377	+ S Mt 9.4. Mk 12.28. in se:	339
Ἱεροσόλυμα	2.8; 1.3; τά, ἡ				acc.				ἀft. εἰς.	– S AC 15.4.	62
Ἱερουσαλήμ 63	indecl., ἡ				"					+ S " " .	77
* Ἰησοῦ	spec.decl.				gen.		"	"	Ἰησοῦς	+ A 2-C 4.[6].	
"	" " "				dat.		"	"	"	+ A 1-Pt 5.[10].	
"	" " "				gen.		"	"	"	– Sb Ga 6.[12].	910
Ἰησοῦν	" "				acc.		"	"	"	+ A Mt 27.[16],[17].⁽¹⁾	
										– Sb Rm 8.11.	
Ἰησοῦς	" "				nom.		"	"		+ S Jn 4.1; 5.[17](A).	
ἱκανῶν	2-1,1				gen.		pl.	nt.	ἱκανός 40	– S Rm 15.23.	39
ἰσχυρόν	2-1,2				acc.		sg.	m.	ἰσχυρός 28	+ A Mt 14.[30].	29
Ἰωάννης	1.4				nom.		"	"	I: the Baptist 90	+ A " 3.14. in se:	91
καθάπερ 17	adv. S.									– S Rm 3.4; 9.13; 10.15; 11.8	13
καθαρᾶς	2-1,2				gen.		sg.	f.	καθαρός 26	+ A 1-Pt 1.[22].	27
καθώς 178	adv. ως									+ S Rm 3.4; 9.13; 10.15; 11.8	182
* καί	conj.coörd.									+ A Mt 3.[2],[16]; 4.[24]; 8.7,8; 20.9,17(S); 21.28; 23.[4]. Mk 1.4,40; 3.[14]; 7.[4]; 10.[7]; 14.[68]; 15.[36]; 16.[18]. Lk 3.[20]; 6.[36]; 9.[20]; 11.11(S); 23.[11],[50]; 24.12bis,36,40bis,51. Jn [0.[11]], 14.7. AC 2.44; 3.[6]; 12.[21]. Rm 1.[11]; 8.34. 1-C.13.2(S); 15.[14]. 2-C 1.[12]. 1-Th 5.[15]. 1-Ti 2.[9]. Tit 1.[10]. Hb 5.[12]; 7.[4]; 13.[6]. 1-Jn 3.[13:C],[19:C]; 5.[1]. Rv 3.[20]; 18.[2]; 19.[5]; 21.[16].	9015
										– Sb Mt 12.[44]. Mk 1.14:C. Lk 17.33. Jn 13.24; 20.20. Rm 8.24.	
καίτοι 2	particle emph.									– S " 4.2. (not counted previously)	2 ☆
καίτοιγε 1	particle									+ S " " .	1 ☆
κἄν 18	contracted									– S 1-C 13.2.	17
κατά	prep.				gen. 73					(also, w. acc.) 399	+ A Jn 18.[29]. in se:	74 ⁽²⁾
καταμενῶ	N	act.	ind.	fut.¹		1	sg.		καταμένω 2	– S 1-C 16.6.	1
κατέθηκεν	mι²			aor.¹		3	"		κατατίθημι 3	– S Mk 15.46. Now only in Ac.	2
[κατ]ελθεῖν	G in pr. dep.	"	inf.	aor.²					κατέρχομαι 15	+ S AC 19.1.	16
κατέναντι 9	impr. prep. 7				gen.				(also, an adv. PL.) 1	– S Mt 27.24.	8
κατεσκαμμένα	LB	pass.	pt.	pf.	acc.		pl.	nt.	κατασκάπτω 1	+ S AC 15.16.	2
κατεστραμμένα	LB	"	"	"	"		"	"	καταστρέφω 3	– S " " .	2
καυθήσομαι	ω	"	ind.	fut.¹		1	sg.		καίω 12	– S 1-C 13.3.	11
καυχήσωμαι	C-A middep.	mid. dep.	subj.	aor.¹		"	"		καυχάομαι 36	+ S " " .	37
κλινῶν	1.1				gen.		pl.	f.	κλίνη 8	+ A Mk 7.[4].	9
κοιλίαν	1.2				acc.		sg.	f.	κοιλία 23	– Sb Lk 15.16.	22
κομισάμενοι	D	mid.	pt.	aor.¹	nom.		pl.	m.	κομίζω 11	+ S Hb 11.13.	10
κοπιᾷ	C-A	act.	ind.	pr.		3	sg.		κοπιάω 22	+ S Lk 12.27.	23
κόσμου	2.7				gen.		"		κόσμος 185	+ A Mt 13.[35].	186
κρείσσονα	3,21				acc.		"	f.	κρείσσων 19	– S Hb 10.34.	19 ☆
κρείττονα	"				"				κρείττων 19		

⁽¹⁾ These two references refer to the Ἰησοῦς who is called Barabbas, who becomes the fourth person to be included under Ἰησοῦς-II, which now occurs 6 times, previously, 4 times. ⁽²⁾ In toto, κατά has 473; the acc. includes κατά τί; (once: Lk 1.18).

K to V

WORD	TYPE	Voice	Mood	Action Tense	Case	Person	Number	Gender	FROM / UNDER	REFERENCES	New Freq.
κυμάτων	3.31				gen.		pl.	nt.	κῦμα 4	+ A Ac 27.[41].	5
κύριε	2.7				voc.		sg.	m.	κύριος 718	+ A Lk 9.[59].	
κύριον	"				acc.		"	"	"	− S 1-C 10.9.	
κύριος	"				nom.		"	"	"	− S Jn 4.1.	
κυρίου	"				gen.		"	"	"	+ S Ac 13.44 ; 16.32.	} 717
										− S " 12.24.	
κυρίῳ	"				dat.		"	"	"	− S " 20.32.	
λάβῃ	+αν+	act.	subj.	aor.¹		3	sg.		λαμβάνω 258	− S Lk 18.30.	} 258 ✢
λαβόντες	"	"	pt.	aor.²	nom.		pl.	m.	"	+ S Hb 11.13.	
λαλεῖ	C-E	"	ind.	pr.		3	sg.		λαλέω 298	− sb Jn 7.46.	} 296
λαλοῦντος	"	"	pt.	"	gen.		"	m.	"	− S Ac 23.7.	
λαμὰ	adv. interr.								Heb.	− S Mk 15.34.	0
§ λέγει	G in pr.	act.	ind.	pr.		3	sg.		λέγω	+ A Lk 24.36. Jn 21.17 (S).	
										− Sb Jn 13.24.	in se:} 1327
λέγουσα	"	act.	pt.	pr.	nom.		sg.	f.	"	+ A " 19.[24].	
λέγων	"	"	"	"	"		"	m.	"	+ A Lk 23.39.	
λεμα	adv. interr.								Aram., w/o. accent.	+ S Mk 15.34.	2
λόγου	2.7				gen.		sg.	m.	λόγος 331	− S Lk 22.61.	330
μαθητὰς	1.4				acc.		pl.	m.	μαθητής 260	+ A Mt 20.[17].	} 260 ✢
μαθητῶν	"				gen		"	"	"	− Sb " 26.[20].	
Μαρία	1.2				nom.		sg.	f.	I: mother of Jesus 19	− S Lk 2.19.	} 19 ✢
Μαριάμ	indecl.				"		"	"	"	+ S " "	
μαρτύριον	2.8				acc		"	nt	μαρτύριον 20	− S 1-C 2.1.	19
* μέ	pron. pers.				"	1	"		ἐγώ	+ A Mk 6.23. Jn 7.[34],[36]. Ac 22.8(L),13(L); 23.22(L).	in se: 291
										− L Jn 6.37.	
Μέλλων	L	act.	pt.	pr.	nom.		sg.	m.	μέλλω 110	− Sb Mt 20.17.	109
* μὲν	particle									+ A Ac 23.8 correlative.	} 179
										− sb 1-C 2.15. Hb 12.11 (S).	
μενοῦν γε	particle emph.									− S Rm 9.20; 10.18. Phl 3.8.	} 3 ✢
μενοῦνγε	"									+ S " " .	
μέχρι(ς) 18	prep. 14				gen.				(also, conj.) 3	− Sb Hb 3.[6].	17
* μή	particle neg.									+ A Mk 13.31.⁽¹⁾ Rm 11.[21]. Tit 2.3(S).	
										− 6 " 9.8.⁽³⁾ Lk 11.11; 14.29;⁽²⁾ 22.34(Sb) Jn 16.7 (Sb). Rv 2.10.	656
μηδὲ 57	conj. coörd.									− S Tit 2.3.	56
μηδὲν	adj., 26				acc.		sg.	nt.	μηδείς 88	+ S Rv 2.10: acc. of inner obj.	89
μήποτε 25	conj. subord.									+ S Lk 14.29.⁽⁴⁾	24
μητέρα	3.20 f.				acc.		sg.	f.	μήτηρ 84	− Sb Mt 15.6.	83
μνῆμα	3.31				"		"	nt.	μνῆμα 10	− S Mk 16.2.	} 8
μνήματι	"				dat.		"	"	"	− S " 15.46.	
μνημεῖον	2.8				acc.		"	"	μνημεῖον 37	+ S " 16.2. Lk 24.12 (A).	} 40
μνημείῳ	"				dat.		"	"	"	+ S " 15.46.	
μόγις 0	adv. M.									+ S Lk 9.39. new word.	1
μοί 225	pron. pers.				dat.	1	sg.		ἐγώ	− L Ac 20.22.	in se:} 225 ✢
										− L Jn 8.12.	
μόλις 7	adv. M.									− S Lk 9.39.	6
μόνα	2-1, 1				acc.		pl.	nt.	μόνος 47	+ A " 24.12.	48
μοῦ 559	pron. pers.				gen.	1	sg.		ἐγώ	+ L Mt 19.29. Mk 3.[33](A). 1-C 1.4(A). 2-C 12.9 (A).	in se: 563
μυστήριον	2.8				acc.		sg.	nt.	μυστήριον 27	+ S 1-C 2.1.	28
ναί, 34	partic. affirm.									− Sb Mk 7.28	33
νήπιοι	2.7; 2-1, 2				nom.		pl.	m.	νήπιος 14	+ S 1-Th 2.7.	15
νυμφῶν 4	3.19 m.				"		sg.	"		− S Mt 22.10.	3
νῦν 149	adv. T.									− S 1-C 12.18. Hb 8.6.	147
νυνὶ 18	"				"					− S " " . : Νυν[ὶ].	20

⁽¹⁾ μή, here, belongs to the οὐ μή group of words which occurs 96 times. ⁽²⁾ μή, here, belongs to the μή πως group of words which occurs 11 times. ⁽³⁾ μή, here, belongs to the εἰ μή group of words which occurs 104 times. ⁽⁴⁾ μήποτε, here, formerly written μή ποτε, has been left under the ἵνα μή group of words which occurs 111 times, and is not counted again under μήποτε which occurs 24 times.

O to π

WORD	TYPE	Voice	Mood	Action Tense	Case	Person	Number	Gender	FROM / UNDER	REFERENCES	New Freq.
§ ὁ	article def.				nom.		sg.	m.	ὁ, ἡ, τό	+ A Mt 14.[29]; 16.21; 20.17. Mk 12.[26] bis. Lk 9.50; 23.[28]; 24.12: C. Jn 1.47; 3.23, 24; 5.11 (S); 6.[29]; 7.[16]; 12.12; 13.10, [21], 27, [29]; 14.[6]; 16.[19]; 19.[38]; 21.1, [5], [17]. Ac 2.[34]; 3.[13] bis; 4.[4]; 16.[28]; 17.[22]. Ga 1.[15]. Jm 4.[12]. Jd v.[5]. — Sb Mt 6.[8]. Mk 14.[43]. Lk 7.[39]; 9.[9], 49; 11.[30]. Jn 7.[23], 46. Rm 8.[28].	}19855
ὅ	pron. relat.				acc.		sg.	nt.	ὅς, ἥ, ὅ	+ S Mk 6.23. — Sb " ".	}1400
ὀθόνια	2.8				acc.		pl.	nt.	ὀθόνιον₄	+ A Lk 24.12. Previously only in Jn.	5
§ οἱ	article def.				nom.	"		m.	ὁ, ἡ, τό	+ A Mt 25.[41]. Ac 26.[4]. Rv 12.[12]. — Sb Mk 6.2. Hb 12.15.	}19855
§ οἴδαμεν	spec.		ind.	pf.-pr.		1	pl.		οἶδα	— S Jn 14.5.	}318
§ οἴδατε	"		"	"		2	"		"	+ A Lk 12.56 (2ᵐᵒ).	
οἰκίαν	1.2				acc.		sg.	f.	οἰκία₉₄	— Sb " 10.38.	93
οἰκοῦσα	C-E	act.	pt.	pr.	nom.	"	"		οἰκέω₈	+ S Rm 7.17.	9
ὀλίγων	2-1, 1				gen.		pl.	nt.	ὀλίγος₄₁	— S Lk 10.42.	40
ὅλον	2-1, 1				acc.		sg.	m.	ὅλος₁₀₈	+ A " 8.[43].	109
ὁμοίως₃₁	adv. ως									— Sb Mk 4.16.	30
* ὀνόματα	3.31				nom.		pl.	nt.	ὄνομα	+ A Rv 21.[12].	230
ὄντα	spec.		pt.	pr.	acc.		sg.	m.	εἰμί : pr. pt.₁₅₂	+ A Ac 26.[21]. in se:	153
ὁπότε₁	partic. tempor.									— S Lk 6.3.	0
§ ὅς	pron. relat.				nom.		sg.	m.	ὅς, ἥ, ὅ	— Sb Mk 9.38. Jn 5.11 (S).	1400
ὅσα	2-1, 1				acc.		pl.	nt.	ὅσος₁₁₀	+ S Jn 4.29. — S 1-C 2.9.	}110 ⚹
* ὅτε	partic. tempor.									+ S Lk 6.3. Rm 2.16 (A).	103
* ὅτι	conj. caus. and various									+ A " 22.[18]. Jn 3.[28]. Rm 8.21 (S). Jd v.[18]. — S Mt 7.14. Mk 4.21 (Sb); 6.23. Jn 7.[40].	}1298 ⁽¹⁾
* οὐ	adv. S. neg.									+ S Lk 12.24, 27. Ac 5.[28] (A). Phl 3.13. — Sb Mt 11.19	}1478 ⁽²⁾
§ οὗ	pron. relat.				gen.		sg.	m.	ὅς, ἥ, ὅ	+ S Ga 3.19	1400
* οὐδὲ	neg. conj. coörd.₈₈									also as an adv.₅₅	+ S Lk 12.24, 27. Jn 3.27, as adv.	143⁽³⁾
οὐδὲν	adj. 26				acc.		sg.	nt.	οὐδείς, μία, -έν₂₂₈	— S Jn 3.27, as subst.	227
§ οὐκ	adv. S. neg.									οὐ	— Sb Mk 4.40; 9.38. Ga 2.14 (2ᵐᵒ)(S).	1478
οὐκέτι₄₈	adv. T.									— Sb Lk 22.16.	47
* οὖν	partic. inferent.									+ A Mk 12.[9]. Lk 13.[7]. Jn 8.[41], [52], 13.25; 21.11. Rm 9.[19]. — Sb Mt 14.15. Jn 13.26.	}499
οὔπω₂₆	adv. T.									+ S Mk 4.40. — S Phl 3.13.	}26 ⚹
οὐρανόν	2.7				acc.		sg.	m.	οὐρανός₂₇₂	+ A Lk 24.51.	273
§ οὕς	pron. relat.				"		pl.	"	ὅς, ἥ, ὅ	+ A Mk 3.[14]. Jd v.23.	1400
οὔτε₉₁	conj. coörd.									— S Lk 12.24 bis, 27 bis.	87
οὗτος₁₈₉	pron. demonst.				nom.		sg.	m.	οὗτος, αὕτη, τοῦτο	— Sb Jn 7.46. Ac 3.10 (S). in se:	187
* οὕτως	adv. ως									— S Mk 4.40.	208 ⚹
§ οὐχ	adv. S. neg.									οὐ	+ S Ac 2.7. — S Lk 17.17.	}1478
οὐχὶ₅₃	adv. S. neg.										+ S " ". Ga 2.14. — S Ac 2.7.	}54
ὄχλοι	2.7				nom.		pl.	m.	ὄχλος₁₇₄	+ A Mt 12.[15].	175
ὀψὲ₄	adv. T.₂									(also, prep. gen.)₁	— S Mk 11.11.	3
ὀψίας	1.2 < 2-1, 2				gen.		sg.	f.	ὀψία₁₄	+ S " ".	15
§ πάντα	3-1, 6				acc.		pl.	nt.	*πᾶς, πᾶσα, πᾶν	+ A Mt 13.44.	1242

⁽¹⁾This belongs to ὅστις because N-A²⁶ and UBS³ have it written ὅ τι, a conventional way of distinguishing it from ὅτι. Some say it may also be interpreted as ὅτι-recitative. 2-C 3.14 has been counted under ὅτι: in M-G under both. Ὅστις thus occurs 154 times. ⁽²⁾ This total does not include εἰ οὐ (33 times) nor οὐ μή (96 times). ⁽³⁾ Frequency includes οὐδὲ μή (once: Rv 7.16 b).

π to σ

WORD	TYPE	Voice	Mood	Action, Tense	Case	Person	Number	Gender	FROM / UNDER	REFERENCES	New Freq.
§ πάντα	3-1,6				nom.		pl.	nt.	* πᾶς, πᾶσα, πᾶν	− S **Ac** 4.32.	
§ πάντας	"				acc.		"	m.	"	+ A **Eph** 3.[9], subst?	} 1242
§ πάντες	"				nom.		"	"	"	+ S **Ac** 16.33.	
										− S " 2.7; 5.12.	
§ παντός	"				gen.		sg.	nt.	"	+ A **Rv** 18.[2].	
παρά	prep.				" 80				(also, acc.)59	+ S **Jn** 16.28. 2-**Pt** 2.11. in se:	82
					dat. 52					+ S **Rm** 11.25 [παρ']. in se	53
										− S 2-**Pt** 2.11.	
παραγγέλλει	L	act.	ind.	pr.		3	sg.		παραγγέλλω 30	+ S **Ac** 17.30.	31
(παραδιδοῖ	μι³	"	subj.	"		"	"		παραδίδωμι	− S 1-**C** 15.24 (HGrk).	} 119
*{παραδιδῶ	"	"	"	"		"	"		"	+ S	
παρακύψας	LB	"	pt.	aor.¹	nom.		"	m.	παρακύπτω 4	+ A **Lk** 24.12.	5
παραμενῶ	N	"	ind.	fut.		1	"		παραμένω 3	+ S 1-**C** 16.6.	4
πάσχει	+σκ	"	"	pr.		3	"		πάσχω 40	+ S **Mt** 17.15. Cf. also, ἔπαθεν.	42
πατήρ	3.20m				nom.		"	m.	πατήρ 412	+ A **Jn** 8.16.	413
περί	prep.				gen. 294				(also, acc.)38	+ S **Ac** 26.1. in se	294 ✝
					"					− S 1-**Th** 5.10.	
περιελθόντες	G in pr.dep.	act.	pt.	aor.²	nom.		pl.	m.	περιέρχομαι 4	− S **Ac** 28.13.	3
περιελόντες	C-E spec.	"	"	"	"		"	"	περιαιρέω 4	+ S "	5
περίλυπον	2,5				acc.		sg.	"	περίλυπος 4	+ A **Lk** 18.[24].	5
Πέτρος 154	2.7				nom.		"	"		+ A " 24.12.	155
πλήν	adv.S. 30								as conj. adversat. 27	+ A " 17.1	} 31
									(also, impr. prep.gen.)4		
πλοῖα	2.8				acc.		pl.	nt.	πλοῖον 66	+ S " 5.2.	67
πλοιάρια	2.8				"		"	"	πλοιάριον 6	− S " " .	5
πόδας	3.12m				"		"	m.	πούς 92	+ A " 24.40.	93
ποιεῖν	C-E	act.	inf.	pr.					ποιέω 565	+ S **Mt** 7.18 bis.	
ποιήσαντες	"	"	pt.	aor.¹	nom.		pl.	"	"	+ S **Mk** 15.1.	} 567
ποιήσουσιν	"	"	ind.	fut.		3	"		"	− S " 13.22.	
πολλά	Irr., 18				acc.		"	nt.	πολύς, -λλή, πολύ 354	+ A **Mt** 9.[14] adv. **Mk** 6.[23] not in	357
πολλαπλασίονα	3,19				"		"	"	πολλαπλασίων 2	− S " 19.29. Now only in Lk. B·A·G	1
πολλῶν	Irr., 18				gen.		"	"	πολύς,-λλή,πολύ 354	+ S **Rm** 15.23.	357
ποτε⁽¹⁾	partic.enclit.								> μήποτε 25	− S **Lk** 14.29. for μήποτε :	24
πραέος	3-1,13				gen.		sg.	nt.	πρᾶος (Attic)	− S 1-**Pt** 3.4. See p. 110, below.	} 4 ✝
πραέως	"				"		"	"	πραΰς 4	+ S " " .	
προβατά	2.8				acc.		pl.	"	πρόβατον 37	+ S **Jn** 21.16,17.	39
προβάτιά	"				"		"	"	προβάτιον 2	− S " " .	0
πρός	prep.				" 689				(also, gen. and dat.)	+ A **Mt** 3.15. **Mk** 1.27; 10.[7]. **Lk** 24.12.	} 692 (2)
										− S **Ac** 3.19.	
προσαναλώσασα	+ισκ	act.	pt.	aor.¹	nom.		sg.	f.	προσαναλίσκω 0	+ A **Lk** 8.[43]. new word.	1
προσελθών	G in pr.mid.dep.	"	"	aor.²	"		"	m.	προσέρχομαι 87	− S **Mt** 9.18.	86
προσεύχεσθε	G mid.dep.	mid.dep.	imv.	pr.		2	pl.		προσεύχομαι 86	− S **Jm** 5.16.	85
προσηνέχθη	L	pass.	ind.	aor.¹		3	sg.		προσφέρω 46	+ S **Mt** 18.24.	47
προσήχθη	G	"	"	"		"	"		προσάγω 5	− S " " .	4
προσκολλη-θήσεται	c-A pass.	pass.ind.		fut.¹		3	sg.		προσκολλάομαι 1	+ A **Mk** 10.[7]. Previously only in Eph.	2
προσκυνήσαντες	c-E	act.	pt.	aor.¹	nom.		pl.	m.	προσκυνέω 59	+ A **Lk** 24.52.	60
* πρῶτος	2-1,1				"		sg.			+ S **Mt** 21.31, subst.	95 ✝
πυθέσθαι	mid.dep.	mid.dep.	inf.	aor.²					πυνθάνομαι 11	+ S **Jn** 13.24.	12
πῶς 14	partic.enclit.								(only with εἰ and μή)	+ A **Rm** 11.[21].	15
πῶς 104	adv.interr.									− Sb **Mk** 4.40.	103
ῥαντίσωνται	D	mid.	subj.	pr.		3	pl.		ῥαντίζω 5	− Sb **Mk** 7.4. Now only in Hb.	4
ῥήματος	3.31				gen.		sg.	nt.	ῥῆμα 67	+ S **Lk** 22.61.	68
σέ 196	pron.pers.				acc.	2	sg.		σύ	+ A **Mt** 18.[15]. in se:	197
σεαυτοῦ 42	" reflex.				gen.		"	m.		+ S **Jn** 18.34.	43

(1) This is the only instance in N-A²⁵ where μήποτε has been written μή ποτε, and the only instance in the N.T. where ἵνα precedes. N-A²⁶ reads ἵνα μήποτε, as in M-G, which the latter place both under ἵνα μή and μήποτε; I have left it under the former. Under μήποτε, B·A·G say that it denotes purpose, often expressing apprehension, and that in Lk 14.19 it occurs after ἵνα. BI-D have nothing to say. On the other hand, I-G say that ἵνα is redundant. See p.100 above, footnote 4, for my frequencies. (2) This frequency includes πρὸς τί; (once).

σ to τ

WORD	TYPE	Voice	Mood	Action Tense	Case	Person	Number	Gender	FROM / UNDER	REFERENCES	New Freq.
σειραῖς	1.2				dat.		pl.	f.	σειρά₆	+ S **2-Pt** 2.4. new word.	1
σιροῖς	2.7				"		"	m.	σιρός (M-G:σει-)₁	– S " ".	0
σκότει	3.33				"		sg.	nt.	σκότος₃₀	+ S **Mt** 4.16.	31
σκότια	1.2				"		"	f.	σκοτία₁₇	– S " ".	16
* σοι	pron. pers.				"	2	"		σύ	+ A **1-Ti** 6.[13]. in se:	213 ?
* σου	" "				gen.	"			"	+ A **Mt** 20.21. **Jn** 5.10. **Ac** 4.[28], [30]. **Hb** 1.8 (S). in se:	481
σπέρμα	3.31				acc.		sg.	nt.	σπέρμα₄₄	– S **2-C** 9.10.	43
σπόρον	2.7				"		"	m.	σπόρος₅	+ S " ".	6
στεῖρα	1.2				nom.		"	f.		+ A **Hb** 11.11.	5
στήκει	G	act.	ind.	pr.		3	"		στήκω₁₁	– S **Jn** 1.26.	10
στηρίζων	D/G-1	"	pt.	"	nom.		"	m.	στηρίζω₁₄	– S **Ac** 18.23.	13
στήσητε	μι¹	"	subj.	aor.¹		2	pl.		ἵστημι₁₅₂	+ S **Mk** 7.9. Cf. also, ἕστηκεν.	154
σύν₁₂₈	prep.				dat.					+ S **2-C** 8.19. – Sb **Ac** 1.14.	128 ?
συνιστάνοντες +ν;=ω	act.	pt.	pr.	nom.			pl.	m.	συνιστάνω₇	– S **2-C** 6.4.	16 ?
συνιστάντες μι¹	"	"	"	"			"	"	συνίστημι₉	+ S " ".	
§ τά	article def.				nom.		pl.	nt.	ὁ, ἡ, τό	+ A **1-C** 15.[28]. **Col** 3.[11]. **Rv** 21.[12].	19855
	"				acc.		"	"	"	+ A **Mt** 17.[24]; 28.15. **Lk** 24.12. **Ac** 19.[8]; 23.[30]. **Rm** 10.[15]. **2-Ti** 3.[15]. **Rv** 3.2 (2ᴺᴰ). – Sb **Mk** 5.27. **Jn** 2.15 (L). **2-Pt** 1.3.	
§ ταῖς	"				dat.		pl.	f.	"	+ A " 16.[18].	"
§ τάς	"				acc.		"	"		+ A **Lk** 24.40. **Ac** 9.[12]; 19.[6].	"
ταύτην₈₂	pron. demonst.				"		sg.		οὗτος, αὕτη, τοῦτο	+ A **Mt** 15.[15]. in se:	53
ταύτης₃₄	"				gen.		"			– S **Hb** 12.15. in se:	33
τάχει	3.33				dat.		"	nt.	τάχος₇	+ S **1-Ti** 3.14.	8
τάχιον₃	adv. M.								comparative.	– S " ". M-G: τάχειον. in se:	4
* τε	partic. enclit.									+ S **Ac** 2.43; 8.28; 13.11; 16.23; 17.19. **Hb** 6.2 (A)	215
τέλους	3.33				gen.		sg.	nt.	τέλος₄₁	– Sb **Hb** 3.[6].	40
§ τῇ	article def.				dat.		"	f.	ὁ, ἡ, τό	+ L **Jn** 16.13. **2-C** 3.9. **Ga** 5.[7] (A). **1-Th** 1.[8] (A).	19855
§ τήν	"				acc.		sg.	f.	"	+ A **Mt** 3.[11]? **Lk** 17.[53]? [157] [54]. **Ac** 15.[41]; 19.22; 26.[4]. **Phl** 3.[10]. **2-Ti** 2.[18]. – Sb **Mt** 15.6. **Lk** 10.38; 15.16. **Jn** 16.13 (L). **Ac** 14.25. **2-C** 11.[18]. **Rv** 10.1 (L).	"
τηρήσητε	C-E	act.	subj.	aor.¹		2	pl.		τηρέω₇₁	– S **Mk** 7.9.	70
§ τῆς	article def.				gen.		sg.	f.	ὁ, ἡ, τό	+ A **Ac** 16.[9]. **Rm** 3.[25]. **Col** 3.[6]. **Rv** 10.1 (L). – Sb **Mk** 6.22. **Ga** 4.23.	19855
§ τι	pron. indef.				nom.		sg.	nt.	τις	+ A **Ac** 26.[26].	524[1]
					acc.		"	"		**2-C** 12.[6].	
					nom.		"	"		– Sb **Mk** 4.22.	
*{ τί	exclamative₁								how! = Heb מָה.	+ S **Mt** 7.14. (in se: 2)	555[2]
"	pron. interr.								why? (as adv).	– Sb **Rm** 8.24.	
* τις	" indef.				nom.		sg.	m.		+ A **Lk** 20.[9].	524[1]
					"		"	f.		+ S **1-C** 7.13.	
					"		"	c.		– Sb **Rm** 8.24.	
* τίς	pron. interr.				"		"	m.		+ S " ". – Sb **Lk** 19.15.	555[2]
§ τό	article def.				"		"	nt.	ὁ, ἡ, τό	+ A " 2.12.	19855
§ "					acc.		"	"		+ A **Mt** 3.[16]; 26.[45] adv.; **Lk** 24.12 bis. **Jn** 2.15 (L); 7.[50] adv. **Ac** 4.18 adv. w. καθόλου: Bl-D, § 399 (3), § 160. **Jm** 4.14, periphr., impers. – Sb **Ac** 17.[11].	
§ τοῖς	"				dat.		pl.	m.		+ A **Mt** 19.[21].	"

(1) This frequency includes τις, τι (401 times), ἐάν τις (45 times), and εἴ τις (78 times). (2) This frequency includes τίς. τί interrogative, and also exclamatory (512 times), and διὰ τί; (26 times), εἰς τί; (5 times), ἐν τίνι; (7 times), κατὰ τί; (once), πρὸς τί; (once), τίς τί; (once, but with two words), and χάριν τίνος; (once).

τ to χ

WORD	TYPE	Voice	Mood	Action, Tense	Case	Person	Number	Gender	FROM / UNDER	REFERENCES	New Freq.
§ τοῖς	article def.				dat.		pl.	m.	ὁ, ἡ, τό	– L Rv 11.18 bis.	} 19855
§ τὸν	"				acc.		sg.	"	"	+ A Mt 14.[10]. Mk 9.2. Lk 8.[43]; 24.51. Jn 11.21. 2-C 11.3. Hb 6. [18]. Rv 16.12.	"
τόπον	2.7				acc.		sg.	m.	τόπος 95	– S Jn 20.25.	94
τότε 159	adv. T.									+ A Lk 11.[24].	160
§ τοῦ	article def.				gen.		sg.	m.	ὁ, ἡ, τό	+ A Mt 3.[16]; 6.[33]. Lk 1.[15]; 8. [41]. Ac 7.[13]; 9.27; 13.[20]; 16. 14. Rm 10.[5]. 1-Pt 3.[22]. – Sb Phl 1.14.	} 19855
§ "					"		"	nt.		+ A Ac 15.20, reference to πνικτοῦ [2-1,1]; here, used as a neuter substantive (πνικτόν) ?	"
§ τούς	"				acc.		pl.	m.	"	+ A Mk 7.[37]. Lk 9.[2]; 24.40. Ac 9.[22]. Col 3.[6]. Rv 11.18 bis (L). – Sb Jd v.15.	"
* τοῦτο	pron. demonst.				acc.		sg.	nt.	οὗτος, αὕτη, τοῦτο	+ A Lk 24.40.	in se: 318 ⚹
* τοῦτον	"				"		"	m.	"	– Sb Mt 19.[22].	in se: 60
τρεῖς 68	adj, 25				nom.		(pl)			+ S Ac 10.19.	69[1]
τρήματος	3.31				gen.		sg.	nt.	τρῆμα 2	– S Mt 19.24. Now only in Lk.	1
τρυπήματος	"				"		"	"	τρύπημα 0	+ S " ". new word.	1
τύπον	2.7				acc.		"	m.	τύπος 14	+ S Jn 20.25.	15
§ τῷ	article def.				dat.		"	"	ὁ, ἡ, τό	+ A Ac 16.[29]. 1-C 1.[14]. Eph 4.[26]. 1-Pt 2.[5].	} 19855
§ "					"		"	nt.	"	+ A Lk 23.31.	
§ τῶν	"				gen.		pl.	m.	"	– Sb Rm 16.27. 1-Pt 5.11.	
§ "					"		"	nt.	"	+ A Ac 27.[41]. Phl 3.[10]. – Sb " 9.[15].	"
υἱοῦ	2.7				gen.		sg.	m.	υἱός 375	+ A Mk 1.[1].	} 377
υἱούς	"				acc.		pl.	"		+ A Col 3.[6].	
ὑμᾶς 432	pron. pers.				"	2	"		(σύ) / ὑμεῖς	+ A Lk 13.[27]. Rm 12.[14]; 15.7(S). Eph 5.2(S). Jd v.[5].	in se: 437
ὑμεῖς 235	pron. pers.				nom.	2	pl.		(σύ) / ὑμεῖς	+ S Mt 19.28.	in se: 236
ὑμέτερον	" poss.				acc.		sg.	nt.	ὑμέτερος 10 (2-1,2)	+ S Lk 16.12, subst.	11
ὑμῖν 608	" pers.				dat.	2	pl.		(σύ) / ὑμεῖς	+ A " 24.36. – S Ac 7.38.	in se: 608 ⚹
ὑμῶν 557	" "				gen.	2	pl.		(σύ) / ὑμεῖς	+ A " 3.22(1ᵉ); 7.[43]. Col 3.4(S). 1-Pt 1.[9]. – Sb Lk 12.[22].	in se: 560
ὑπέρ I	prep.				gen. 130				(also, with acc.) 19	+ S 1-Th 5.10. – S Ac 26.1.	in se: 130 ⚹
ὑπερεκπερισσοῦ	adv. M. 1								(also, prep. gen.) 1	+ S 1-Th 5.13.	in se: 3
ὑπερεκπερισσῶς 1	" "								"	– S " "	0
ὑπό	prep.				gen. 167				(also, prep. acc.) 51	+ S Lk 8.29. Rm 15.15.	in se: 169
ὕστερος 2	2-1,2				nom.		sg.	m.		– S Mt 21.31, subst. Now only in 1-Ti.	1
ὑφαίνει	N	act.	ind.	pr.		3	"		ὑφαίνω 1	– S Lk 12.27.	0
φαρμακεῖων	1.2				gen.		pl.	f.	φαρμακ(ε)ία 3	– S Rv 9.21.	2
φαρμάκων	2.8				"		"	nt.	φάρμακον 0	+ S " ". new word.	1
φέγγος	3.33				acc.		sg.	nt.	φέγγος 3	– S Lk 11.33.	2
φησίν	spec.		ind.	pr.		3	"		φημί 66	+ A Ac 2.[38]. Cf. also, ἔφη.	66 ⚹
φυλακή 46	1.1				nom.		"	f.		+ A Rv 18.[2].	47
φῶς	3.32				acc.		"	nt.	φῶς 72	+ S Lk 11.33.	73
χεῖρας	3.24				acc.		pl.	f.	χείρ 175	+ A Lk 24.40.	} 177
χερσίν	"				dat.		"	"	"	+ A Mk 16.[18].	
χορτασθῆναι	D	pass.	inf.	aor.¹					χορτάζω 15	+ S Lk 15.16.	16
* Χριστόν	2.7				acc.		sg.	m.	Χριστός	+ S 1-C 10.9.	529

[1] This frequency includes Τρεῖς ταβέρναι, as in M-G.

χ to ω

WORD	TYPE	Voice	Mood	Action	Case	Person	Number	Gender	FROM / UNDER	REFERENCES	New Freq.
Χριστός	2.7				nom.		sg.	m.		— Sb Mt 16.21.	529
χρυσίον	2.8				acc.		"	nt.	χρυσίον,,	— S 1-C 3.12.	12
χρυσόν	2.7				"		"	m.	χρυσός,	+ S " "	10
* ψυχήν	1.1				acc.		sg.	f.	ψυχή	+ S Jd v.15.	103
ὧδε₆₀	adv. PL.									+ A Mk 13.2.	61
ὠνόμασεν	D	act.	ind.	aor.		3	sg.		ὀνομάζω,	+ A " 3.14.	10
* ὡς I	adv. ως									+ S 2-C 10.9; previously counted as M-G.	
										— Sb Jn 7.46.	
										+ A Rv 14.[3] here, as combined w. a subst. as obj.: Semitic influence: "They were singing something like a new song." (B-A-G, p.906); 19.[12](A). }	411
* ὡς II	conj.S.									+ S Lk 9.52.	93?
ὡσὰν	conj.compar.								"as if"	— S 2-C 10.9: N-A '63 has this form; since it is not in M-G, it did not appear in my Vocabulary. }	0
ὥστε₈₄	conj.subord.									— S Lk 9.52.	83

How the new Greek text (N-A '79) affects the Frequencies in my Categorized Vocabulary (1978/1980)

WORD	FREQUENCIES OLD	NEW	NOTES
10 ts. or more.			Pages refer to my Vocabulary.
ἄ,			Cf. ὅς, ἥ, ὅ.
αἱ			Cf. ὁ, ἡ, τό.
αἰών	124	122	
ἀκάθαρτος	31	32	
ἡμαρτεῖν (2 forms)	+1	−1	=; i.e., 90
ἀλέκτωρ	11	12	= French Concordance.
* ἀλλά	635	636	W/o. ἀλλ' ἤ, a separate entry.
ἀμήν	126	128	
* ἄν	165	166	Includes ὅπως ἄν (quater).
ἀναγγέλλω	13	14	
ἀναφέρω	9	10	On p.15 of Vocabulary under French Concordance frequency.
ἄνθρωπος	548	550	3 forms counted together.
ἀνίστημι	107	108	
ἀνοίγω	78	77	
ἀπαγγέλλω	46	45	
ἅπας	32	34	2 forms counted together.
ἀπέρχομαι	116	117	
* ἀπό	648	645	
ἀποθνῄσκω	113	112	= French Concordance.
ἀποκτείνω	74	74	Add ἀποκτέννω in Vocabul.
ἀπολαμβάνω	9	10	Add to +αν+ verbs on p.15.
ἀποστέλλω	131	132	
ἀπόστολος	79	80	= French Concordance.
ἀργύριον	21	20	
ἀσθενής	25	26	
αὐξάνω	22	23	= French Concordance.
αὐτά acc.			Cf. αὐτός, ἡ, ό.
αὐταῖς			" "
αὐτή			" "
αὐτῇ			" "

WORD	FREQUENCIES OLD	NEW	NOTES
αὕτη			Cf. οὗτος, αὕτη, τοῦτο.
αὐτήν			Cf. αὐτός, ἡ, ό.
αὐτῆς			" "
αὐτό acc.			" "
αὐτοί			" "
αὐτοῖς			" "
αὐτόν			" "
αὐτόν, ἡν, ό			Words falling under:
1. αὐτόν	2	0	
2. αὐτούς	3	0	
3. αὐτῷ	1	0	
αὐτός, ἡ, ό			Words falling under:
1. αὐτά acc.	45	46	
2. αὐταῖς	17	19	
* 3. αὐτή	7	8	
* 4. αὐτή	96	94	
5. αὐτήν	127	129	
6. αὐτῆς			+1, −1, =; i.e., 166
* 7. αὐτό acc.	71	69	
8. αὐτοί	87	86	
* 9. αὐτοῖς	551	556	
10. αὐτόν	947	955	
11. αὐτόν	151	153	
* 12. αὐτοῦ	1400	1417	
* 13. αὐτούς	354	357	
14. αὐτῷ	842	848	
15. αὐτῶν	555	564	
αὐτός			Cf. αὐτός, ἡ, ό.
αὐτοῦ			" "
αὐτούς			" αὐτόν, ἡν, ό.
αὐτῷ			" αὐτός, ἡ, ό.
αὐτῶ			" αὐτόν, ἡν, ό.
αὐτῶν			" αὐτός, ἡ, ό.
ἄχρι, ἄχρι[ς]			−1, +1, =; i.e., 48

NOTE: For the new frequency for αὐτὸς ὁ, see footnote one on p.95.   For the meaning of the symbols * and §, see p. 93, num. 10.

10 ts. or more.

WORD	FREQUENCIES OLD	NEW	NOTES	WORD	FREQUENCIES OLD	NEW	NOTES
βαπτίζω	76	77		* εἰ	295	286	Without εἰμή,[2] εἰ οὐ,[3] εἴ τις.[4]
βάπτισμα	20	19		εἰδέναι			Cf. οἶδα.
βίος	9	10	On p. 4 of Vocabulary under	εἰδώς			" "
			French Concordance frequency.	εἴη			" εἰμί.
βλέπω	(2 forms)		+1, −1, =; i.e., 132	εἰμί (in se) [5]	138	140	Words falling under :
			♦♦♦	1. εἴη	11	12	Total embraces all opt. forms.
				2. εἰμί			+2.
γάμος	15	16	= French Concordance.	* 3. εἰσίν	156	157	
γάρ	1036	1041		4. ἔσται	185	186	Total embraces all fut. forms.
* γέ	27	26	My Vocabulary has 31: the	5. ἐστίν	895	898	Total here includes τοῦτ' ἐστιν.
			γέ in the "unit phrases",	* 6. ἦσαν	449	451	Total embraces all impf. forms.
			i.e., καίτοι γε, and μενοῦν	7. ὄντα	152	153	Total embraces all pr.pt.forms.
			γέ (all now united), were	εἶπαν			Cf. λέγω / εἶπον.
			mistakenly not subtracted;	εἶπέ			" " "
			Morgenthaler, too, has 31.	εἶπεν			" " "
			Cf. γίνομαι.	εἰπόντος			" " "
γεγονός				εἰπών			" " "
γεννάω	96	97		εἰρήνη	91	92	= French Concordance.
γενόμενον			Cf. γίνομαι.	* εἰς	1757	1769	Total includes εἰς τί; (5 times).
γενόμενος			" "	εἷς, μία, ἕν	338	345	Words falling under :
γίνομαι	667	669	Words falling under:	1. ἕν			+8, −1.
1. γεγονός			+1.	2. ἑνός			+1, −1, =.
2. γενόμενον			+1.	εἰσελθεῖν			Cf. εἰσέρχομαι.
3. γενόμενος			+1.	[εἰσ]ελθόντες			" "
4. ἐγενήθησαν			−1.	εἰσέρχομαι	192	194	Words falling under :
γινώσκω	221	222		1. εἰσελθεῖν			+1, −1, =.
γνωρίζω	26	25		2. [εἰσ]ελθόντες			+1.
γυνή	213	215	2 forms counted together.	3. εἰσῆλθεν			+1.
			♦♦♦	εἰσῆλθεν			Cf. εἰσέρχομαι.
* δέ	2771	2790		εἰσίν			" εἰμί.
δεῖ	102	101		εἶτα	13	15	
δείκνυμι	32	33	= French Concordance.	* ἐκ, ἐξ	911	914	
δεύτερος	44	43		ἔλεγον			Cf. λέγω.
δίδωμι	415	416		ἐλθεῖν			" ἔρχομαι.
διέρχομαι	41	43		ἐλθόντες			" "
δικαιοσύνη	91	92		ἐλθών			" "
διότι	24	23		Ἕλλην	26	25	
δύναμαι	209	210		ἐμβαίνω	17	16	
δύο	136	135		ἐμβλέπω	11	12	
			♦♦♦	ἐμέ			Cf. ἐγώ.
ἐάν	280	277	Here only without ἐὰν μή.[1]	ἐμοί			" "
ἑαυτόν			Cf. ἑαυτοῦ.	ἐμός	76	75	
ἑαυτοῦ	320	319	Words falling under :	ἐμοῦ			" ἐμός.
1. ἑαυτόν			+1.	* ἐν	2711	2751	Total includes ἐν τίνι; .
2. ἑαυτοῦ			+2, −4.	ἕν			Cf. εἷς, μία, ἕν.
3. ἑαυτούς			+1.	ἐνδύω	28	27	
4. ἑαυτῷ			+2.	ἑνός			Cf. εἷς, μία, ἕν.
5. ἑαυτῶν			+1, −4.	ἐξ			" ἐκ.
ἑαυτούς			Cf. ἑαυτοῦ.	ἐξαποστέλλω	13	12	
ἑαυτῷ			" "	ἐξέρχομαι	217	218	
ἑαυτῶν			" " .	ἔξω	62	63	
ἐγείρω	144	145		ἔπαθεν			Cf. πάσχω.
ἐγενήθησαν			Cf. γίνομαι.	* ἐπί, ἐφ' (acc.)	476	482	See p. 97, footnote 3.
ἐγώ (in se; cf. p.114,	347	348	Words falling under:	ἐπιτίθημι	40	39	
within, for in toto)				ἐπιτιμάω	30	29	
1. ἐμέ	91	90		ἔρημος	47	48	= French Concordance.
2. ἐμοί			+1, −1, =; i.e., 93	ἔρχομαι	633	630	Words falling under :
* 3. ἡμᾶς	167	166		1. ἐλθεῖν			− 2.
4. ἡμῖν			+1, −1, =; i.e., 168	2. ἐλθόντες			− 1.
* 5. ἡμῶν	393	403		3. ἐλθών			+1.
* 6. με	287	291		4. ἦλθεν			− 1.
7. μοι			+1, −1, =; i.e, 225	ἔσται			Cf. εἰμί.
8. μου	559	563		ἕστηκεν			Cf. ἵστημι.

(1) ἐὰν μή now occurs 56 times; previously, 62 times. (2) εἰ μή now occurs 104 times; previously, 105. (3) εἰ οὐ remains at 33 times. (4) εἴ τις now occurs 78 times; previously, 83 times. (5) In toto, εἰμί now occurs 2452 times as including τοῦτ' ἐστιν (18 times), but as excluding ὁ ὤν καὶ ὁ ἦν (10 times for εἰμί forms); previously, 2441 times.

10 ts. or more.

WORD	FREQUENCIES OLD	NEW	NOTES
ἐστίν			Cf. εἰμί.
ἕτερος	97	98	= French Concordance.
ἔτι	92	93	
ἑτοιμάζω	41	40	
εὐθέως	33	36	
εὐθύς II (i.e., adv.)	54	51	
ἐφ'			Cf. ἐπί.
ἔφη			" φημί.
* ἔχω	709	709	
ἑώρων			Cf. οἶδα.

ἥ			Cf. ὁ, ἡ, τό.
* ἤ	340	341	Total includes πρὶν ἤ.
ἥ			Cf. ὅς, ἥ, ὅ.
ᾔδειτε			" οἶδα.
ἤδη	60	61	
ἥκω	25	26	= French Concordance.
ἦλθεν			Cf. ἔρχομαι.
ἡμᾶς			" ἐγώ.
ἡμῖν			" " .
ἡμῶν			" " .
ἦσαν			" εἰμί.
ἥτις			" ὅστις, ἥτις, ὅ τι.

θαυμάζω	42	43	= French Concordance.
θέλω	207	208	
θεός masc.	1311	1316	3 forms counted together.
θεωρέω	57	58	
θηρίον	45	46	

ἴδιος	113	114	
ἰδών			Cf. (ὁράω) εἶδον.
Ἱεροσόλυμα, τά, ἡ	63	62	
Ἱερουσαλήμ	18	17	" ὁ τοῦ Ἱεροσόλυμα.
* Ἰησοῦς I (1)	909	910	3 forms counted together.
ἱκανός	40	39	
ἵστημι	152	154	Words falling under:
1. ἕστηκεν		+1.	
2. στήσητε		+1.	
ἰσχυρός	28	29	= French Concordance.
Ἰωάννης I	90	91	I: the Baptist.

καθάπερ	17	13	
καθαρός	26	27	= French Concordance.
καθώς	178	182	
* καί	8956	9015	
καίω	12	11	
κἄν	18	17	
κατά (gen.)	73	74	
κατέρχομαι	15	16	= French Concordance.
καυχάομαι	36	37	
κοιλία	23	22	
κομίζω	11	10	
κοπιάω	22	23	= French Concordance.
κόσμος	185	186	= " "
κρείττων under κρείσσων		+1, – κρεισσων, =; i.e., 19	
κρύπτω	19	18	
κύριος	718	717	5 forms counted together.

WORD	FREQUENCIES OLD	NEW	NOTES
λάβῃ			Cf. λαμβάνω.
λαβόντες			" " .
λαλεῖ			" λαλέω.
λαλέω	298	296	Words falling under:
1. λαλεῖ		–1.	
2. λαλοῦντος		–1.	
λαλοῦντος			Cf. λαλέω.
λαμβάνω			–1, +1, =; i.e., 258 Words falling under:
1. λάβῃ		–1.	
2. λαβόντες		+1.	
λέγει			Cf. λέγω.
λέγουσα			" " .
λέγω / εἶπον (2)	1322	1327	Words falling under:
1. εἶπαν		–1.	
2. εἶπέ		–1.	
3. εἶπεν		+1, –2.	
4. εἰπόντες		+1.	
5. εἰπών		+1.	
6. ἔλεγον 3pl.		+1.	
§ 7. λέγει		+2, –1.	
8. λέγουσα		+1.	
9. λέγων		+1.	
λόγος	331	330	

μαθητής (2 forms)		+1, –1, =; i.e., 260	
Μαρία, Μαριάμ,13		–1, +1, =; i.e., 19 I: mother of Jesus.	
μαρτύριον	20	19	
με			Cf. ἐγώ.
μέλλω	110	109	
* μέν	181	179	
μέχρι(ς)	18	17	
* μή (3)	680	683	
μηδέ	57	56	
μηδείς	88	89	= French Concordance.
μήποτε	25	24	Lk 14.29 counted under ἵνα μή.
μήτηρ	84	83	
μνῆμα (2 forms)	10	8	Place word under 8 times.
μνημεῖον (2 forms)	37	38	= French Concordance.
μοι			Cf. ἐγώ.
μόνος	47	48	= French Concordance.
μου			Cf. ἐγώ.
μυστήριον	27	28	= French Concordance.

ναί	34	33	
νήπιος	14	15	= French Concordance.
νῦν	149	147	
γυνί	18	20	

ὁ			Cf. ὁ, ἡ, τό .
ὅ			" ὅς, ἥ, ὅ .
* ὁ, ἡ, τό	19756	19855	Forms falling under:
§ 1. αἱ		+2.	
§ 2. ἡ		+5, –2.	
§ 3. ὁ		+34, –9.	
§ 4. οἱ		+3, –2.	
§ 5. τά nom.		+3.	
§ 6. τά acc.		+8, –3.	

---

(1) For information about Ἰησοῦς II, see the footnote on p. 99, above. (2) εἶπον now occurs 928 times; previously, 929. (3) The frequency, here, includes μή (656 times), μή που (once), μή πως (11 times), ὅπως μή (5 times), οὐδὲ μή (once), and ὥστε μή (9 times).

10 ts. or more.

WORD	OLD	NEW	NOTES
ὁ, ἡ, τό, cont'd.			Forms falling under:
§ 7. ταῖς			+1.
§ 8. τάς			+3.
§ 9. τῇ			+4.
§ 10. τήν			+9,-7.
§ 11. τῆς			+4,-2.
§ 12. τό nom.			+1.
§ 13. τό acc.			+8,-1.
§ 14. τοῖς masc.			+1,-2.
§ 15. τόν			+8.
§ 16. τοῦ masc.			+10,-1.
§ 17. τοῦ neut.			+1.
§ 18. τῷ masc.			+4.
§ 19. τῷ neut.			+1.
§ 20. τῶν masc.			-2.
§ 21. τῶν neut.			+2,-1.
οἱ			Cf. ὁ, ἡ, τό.
* οἶδα	321	318	Words falling under:
§ 1. εἰδέναι			+1.
§ 2. εἰδώς			-2.
§ 3. ἤδειτε			-1.
§ 4. οἴδαμεν			-1.
§ 5. οἴδατε			+1.
οἴδαμεν			Cf. οἶδα.
οἴδατε			″ ″
οἰκία	94	93	= French Concordance.
ὀλίγος	41	40	
ὅλος	108	109	
ὁμοίως	31	30	
* ὄνομα	228	230	N·A²⁵ has 229 frequencies.
ὀνομάζω	9	10	On p.14 of Vocabulary under French Concordance frequency.
ὄντα			Cf. εἰμί.
ὁράω	114	113	Words falling under:
1. ἑώρων (Attic)			-1.
2. ἰδών < εἶδον	337	339	+2.
ὅς			Cf. ὅς, ἥ, ὅ.
ὅς, ἥ, ὅ	1369	1400	Words falling under:
1. ἅ			+1,-1.
§ 2. ἥ			-1.
3. ὅ			+1,-1.
§ 4. ὅς			-2.
§ 5. οὗ			+1.
§ 6. οὕς			-2.
ὅσος			+1,-1, =; i.e., 110
ὅστις	154	154	Words falling under:
1. ἥτις			-1.
2. ὅ τι			+1.
* ὅτε	102	103	
* ὅτι	1286	1298	
* οὐ	1525	1478	+4,-1. Words falling under:
§ 1. οὐκ			-3.
§ 2. οὐχ			+1,-1, =.
οὗ			Cf. ὅς, ἥ, ὅ.
* οὐδέ	139	143	
οὐδείς, οὐδεμία, οὐδέν	228	227	
οὐδέν			Cf. οὐδείς, οὐδεμία, οὐδέν.
οὐκ			″ οὐ.
οὐκέτι	48	47	
* οὖν	491	499	
οὔπω			+1,-1, =; i.e., 26
οὐρανός	272	273	
οὕς			Cf. ὅς, ἥ, ὅ.
οὔτε	91	87	

WORD	OLD	NEW	NOTES
οὗτος			Cf. οὗτος, αὕτη, τοῦτο.
οὗτος, αὕτη, τοῦτο⁽¹⁾	1388	1386	Words falling under:
1. αὕτη	75	73	
2. οὗτος	189	187	
3. ταύτην	52	53	
4. ταύτης	34	33	
* 5. τοῦτο acc.	318	318	In toto, includes nom., also.
* 6. τοῦτον	58	60	
* οὕτως	208	208	
οὐχ			Cf. οὐ.
οὐχί	53	54	
ὄχλος	174	175	
ὀψία	14	15	
•◆•			
πάντα nom., acc.			Cf. πᾶς, πᾶσα, πᾶν.
πάντας			″ ″
πάντες			″ ″
πάντος gen. nt.			″ ″
παρά⁽²⁾ gen.	80	82	
dat.	52	53	New form is παρ'.
παραγγέλλω	30	31	= French Concordance.
* παραδίδωμι	120	119	2 forms counted together.
* πᾶς, πᾶσα, πᾶν	1238	1242	Words falling under:
§ 1. πάντα nom.			-1.
§ 2. πάντα acc.			+1.
§ 3. πάντας			+1.
§ 4. πάντες			+1,-2.
§ 5. πάντος gen. nt.			+1.
πάσχει			Cf. πάσχω.
πάσχω	40	42	Words falling under:
1. ἔπαθεν			+1.
2. πάσχει			+1.
πατήρ	412	413	
πειράζω	39	38	
περί gen.			+1,-1, =; i.e., 294
Πέτρος	154	155	
πλήν	30	31	
πλοῖον	66	67	
ποιέω	565	567	3 forms counted together.
πολλά acc.			Cf. πολύς, πολλή, πολύ.
πολλῶν gen. nt.			″ ″
πολύς, πολλή, πολύ	354	357	Words falling under:
1. πολλά acc.			+2.
2. πολλῶν gen. nt.			+1.
πούς	92	93	
πρόβατον	37	39	
πρός acc.	689	692	Frequency includes πρὸς τί;.
προσέρχομαι	87	86	
προσεύχομαι	86	85	
προσκυνέω	59	60	= French Concordance.
προσφέρω	46	47	
* πρῶτος	93	95	
πυνθάνομαι	11	12	
πῶς enclitic	14	15	Used only with εἰ and μή.
πῶς adv. interr.	104	103	
•◆•			
ῥῆμα	67	68	
•◆•			
σέ			Cf. σύ.
σεαυτοῦ	42	43	
σκοτία	17	16	
σκότος	30	31	
σοί			Cf. σύ.

⁽¹⁾ τοῦτ' ἔστιν (18 ts.) is included here. ⁽²⁾παρά in toto: 194 ts., previously, 191 ts.

10ts. or more. / 9ts. / 8ts.

WORD	FREQUENCIES OLD	NEW	NOTES
σοῦ			Cf. σύ.
σπέρμα	44	43	
στήκω	11	10	
στηρίζω	14	13	
στήσητε			Cf. ἵστημι.
σύ / ὑμεῖς in toto:	2889	2905	Words falling under:
1. σέ	196	197	
* 2. σοί	213	213	
* 3. σοῦ	474	481	
4. ὑμᾶς	432	437	
5. ὑμεῖς	235	236	
6. ὑμῖν			+1, −1, =; i.e., 608
7. ὑμῶν	557	560	
σύν			+1, −1, =; i.e., 128
συνιστάνω and συνίστημι,			−1, +1, =; i.e., 16

◆◆◆

τά			Cf. ὁ, ἡ, τό.
ταῖς			" " .
τάς			" " .
ταύτην			" οὗτος, αὕτη, τοῦτο.
ταύτης			" "
*τέ	205	215	
τέλος	41	40	
τῇ			Cf. ὁ, ἡ, τό.
τήν			" "
τηρέω	71	70	
τῆς			Cf. ὁ, ἡ, τό.
τι	pron. indef.		" τις
τί	" interr.		" τίς .
τίθημι	99	100	
*τις	nom. masc. 518	525	+1.
	" fem.		+1.
	" common		−1.
			Word falling under:
§ 1. τι	nom.		+1, −1, =.
	acc.		+2.
*τίς	nom. masc. 553	555	−1.
	" common		+1.
			Word falling under:
1. τί	exclamative		+1.
	adverbial		−1.
τό			Cf. ὁ, ἡ, τό.
τοῖς	masc.		" "
τόν			
τόπος	95	94	
τότε	159	160	
τοῦ	masc., nt.		Cf. ὁ, ἡ, τό.
τοῦς			" "
τοῦτο	acc.		" οὗτος, αὕτη, τοῦτο.
τοῦτον			" "
τρεῖς	68	69	
τρέχω	19	20	= French Concordance.
τύπος	14	15	=
τῷ	masc., nt.		Cf. ὁ, ἡ, τό .
τῶν	" , "		" "

◆◆◆

υἱός	375	377	2 forms counted together.
ὑμᾶς			Cf. (σύ) / ὑμεῖς.
ὑμεῖς			" " "
ὑμέτερος	10	11	

WORD	FREQUENCIES OLD	NEW	NOTES
ὑμῖν			Cf. (σύ) / ὑμεῖς.
ὑμῶν			" " "
ὑπέρ I gen.			+1, −1, =; i.e., 130
ὑπό "	167	169	

◆◆◆

φέρω	68	66	
φημί	66	66	Words falling under:
1. ἔφη			−1.
2. φησίν			+1.
φησίν			Cf. φημί.
φυλακή	46	47	
φωνέω	42	43	= French Concordance.
φῶς	72	73	

◆◆◆

χείρ	175	177	2 forms counted together.
χορτάζω	15	16	
*Χριστός	528	529	2 forms counted together.
χρυσίον	13	12	
χρυσός	9	10	On p.5 of Vocabulary, under French Concordance frequency.

◆◆◆

| *ψυχή | 101 | 103 | = French Concordance. |

◆◆◆

ὧδε	60	61	
*ὡς I adv.	410	411	
* II conj.	93	93	
ὥστε	84	83	Frequency includes ὥστε μή.

9ts.

Former Words

ἀναφέρω	occurs 10 ts.; eliminate from this list.
ἀπολαμβάνω	" 10 " ; " " " " .
βέβαιος	" 8 " ; " " " " .
βίος	" 10 " ; " " " " .
γεμίζω	" 8 " ; " " " " .
κατέναντι	" 8 " ; " " " " .
ὀνομάζω	" 10 " ; " " " " .
χρυσός	" 10 " ; " " " " .

Present Words

ἀσεβής	− 1, +1, = ; remains here.
κλίνη	formerly, 8 ts.; add to this category.
οἰκέω	" 8 " ; " " " .

8ts.

Former Words

ἡμέτερος	occurs 7 ts.; eliminate from this list.
κλίνη	" 9 " ; " " " " .
οἰκέω	" 9 " ; " " " " .

Present Words
(cf. over).

8ts. to 3ts.

8ts. cont'd.

ἁπλότης	formerly,	7 ts.;	add to this category.
βέβαιος	"	9 ";	"	"	"	"
γεμίζω	"	9 ";	"	"	"	"
διαστέλλομαι	"	7 ";	"	"	"	"
κατέναντι	"	9 ";	"	"	"	"
μνῆμα	"	10 ";	"	"	"	"
τάχος	"	7 ";	"	"	"	"

7ts.

Former Words

ἁπλότης	occurs	8 ts.;	eliminate from this list.
διαστέλλομαι	"	8 ";	"	"	"	"
μόλις	"	6 ";	"	"	"	"
τάχος	"	8 ";	"	"	"	"

Present Words

ἀπειθεία	formerly,	6 ts.;	add to this category.
εὔχομαι	"	6 ";	"	"	"	"
ἡμέτερος	"	8 ";	"	"	"	"
ἰατρός	"	6 ";	"	"	"	"

6ts.

Former Words

ἀπειθεία	occurs	7 ts.;	eliminate from this list.
αὐτοῦ : 3 forms	"	0 ";	"	" vocabulary.
ἐνοικέω	"	5 ";	"	this list.
εὔχομαι	"	7 ";	"	"	"	"
ἰατρός	"	7 ";	"	"	"	"
πλοιάριον	"	5 ";	"	"	"	"

Present Words

ἀποστερέω	formerly,	5 ts.;	add to this category.
ἐκδύω	"	5 ";	"	"	"	"
ἐραυνάω; N-A'63. -ευ-	M-G have former spelling; no change.
Ἰησοῦς II	formerly,	4 ts.;	add to this category.
μόλις	"	7 ";	"	"	"	"
σπόρος	"	5 ";	"	"	"	"

5ts.

Former Words

ἀποστερέω	occurs	6 ts.;	eliminate from this list.
ἐκδύω	"	6 ";	"	"	"	"
ἡμίση	now read as ἡμίσιά (Lk 19.8): no change.
προσάγω	occurs	4 ts.;	eliminate from this list.
ῥαντίζω	"	4 ";	"	"	"	"
σπόρος	"	6 ";	"	"	"	"
τάχιον	"	4 ";	"	"	"	"

Present Words

ἀπέναντι	formerly,	4 ts.;	add to this category.
ἄργυρος	"	4 ";	"	"	"	"

ἐνοικέω	formerly,	6 ts.;	add to this category.
ἡμίσιά	formerly read as ἡμίση; thus, no change.
κῦμα	formerly,	4 ts.;	add to this category.
ὀθόνιον	"	4 ";	"	"	"	"
παρακύπτω	"	4 ";	"	"	"	"
περιαιρέω	"	4 ";	"	"	"	"
περίλυπος	"	4 ";	"	"	"	"
πλοιάριον	"	6 ";	"	"	"	"
στεῖρα	"	4 ";	"	"	"	"

4ts.

Former Words

ἀπέναντι	occurs	5 ts.;	eliminate from this list.
ἄργυρος	"	5 ";	"	"	"	"
Ἰησοῦς II	"	6 ";	"	"	"	"
κῦμα	"	5 ";	"	"	"	"
νυμφών	"	3 ";	"	"	"	"
ὀθόνιον	"	5 ";	"	"	"	"
ὀψέ	"	3 ";	"	"	"	"
παρακύπτω	"	5 ";	"	"	"	"
περιαιρέω	"	5 ";	"	"	"	"
περιέρχομαι	"	3 ";	"	"	"	"
περίλυπος	"	5 ";	"	"	"	"
στεῖρα	"	5 ";	"	"	"	"

Present Words

ἀποδεκατόω	formerly,	3 ts.;	add to this category.
ἀποκυλίω	"	3 ";	"	"	"	"
βαπτισμός	"	3 ";	"	"	"	"
ἐπιστηρίζω	"	3 ";	"	"	"	"
παραμένω	"	3 ";	"	"	"	"
under πραΰς :	at 1-Pt 3.4, N-A '63 has πραέος from πρᾶος (Attic), which was counted under πραΰς, as in M-G, who have πραέως, which is the reading now in N-A '79.
προσάγω	formerly,	5 ts.;	add to this category.
ῥαντίζω	"	5 ";	"	"	"	"
τάχιον	"	5 ";	"	"	"	"

3ts.

Former Words

ἀποδεκατόω	occurs	4 ts.;	eliminate from this list.
ἀποκυλίω	"	4 ";	"	"	"	"
ἀποπνίγω	"	2 ";	"	"	"	"
βαπτισμός	"	4 ";	"	"	"	"
ἐπιστηρίζω	"	4 ";	"	"	"	"
καταστρέφω	"	2 ";	"	"	"	"
κατατίθημι	"	2 ";	"	"	"	"
μενοῦν γε	now, μενοῦνγε; the three occurrences have been counted already as "unit-phrases".
παραμένω	occurs	4 ts.;	eliminate from this list.
φαρμακ(ε)ία	"	2 ";	"	"	"	"
φέγγος	"	2 ";	"	"	"	"

Present Words

ἐάνπερ	formerly,	2 ts.;	add to this category.
ἑκατονταπλασίων	"	2 ";	"	"	"	"
Ἑλληνιστής	"	2 ";	"	"	"	"
μενοῦνγε	for N-A '63 μενοῦν γε; counted already as "unit-phrases"; thus, no change.

3 ts. to 1 t.

νυμφών	formerly, 4 ts; add to this category.
ὀψέ	" 4 "; " " " .
περιέρχομαι	" 4 "; " " " " .
πνίγω	" 2 "; " " " .
ὑπερεκπερισσοῦ	" 2 "; " " " .

2 ts.

Former Words

ἁγιότης	occurs 1 t.; eliminate from this list.
ἀσεβέω	" 1 "; " " " .
ἐάνπερ	" 3 ts.; " " " .
εἶτεν	eliminated from vocabulary, via substitution.
ἑκατονταπλασίων	occurs 3 ts.; eliminate from this list.
Ἑλληνιστής	" 3 "; " " " .
ἤπιος	" 1 t.; " " " .
καταμένω	" 1 "; " " " .
πολλαπλασίων	" 1 "; " " " .
πνίγω	" 3 ts.; " " " .
προβάτιον	eliminated from vocabulary, via substitution.
τρῆμα	occurs 1 t.; eliminate from this list.
ὑπερεκπερισσοῦ	" 3 ts.; " " " .
ὕστερος	" 1 t.; " " " .

Present Words

ἀνάπειρος	N-A '63 has ἀνάπηρος; M-G have the former spelling; thus, no change.
ἀποπνίγω	formerly, 3 ts.; add to this category.
δυσβάστακτος	" 1 t.; " " " .
ἐγκρύπτω	" 1 "; " " " .
ἐπισκοπέω	" 1 "; " " " .
ἐπιχρίω	" 1 "; " " " .
κατασκάπτω	" 1 "; " " " .
κατατρέχω	" 3 ts.; " " " .
κατατίθημι	" 3 "; " " " .
λεμα w/o. accent	" 1 t.; " " " .
Μαθθάτ, ὁ [1]	" 1 "; " " " .
προσκολλάομαι	" 1 "; " " " .
φαρμακ(ε)ία	" 3 ts.; " " " .
φέγγος	" 3 "; " " " .

1 t.

Former Words

ἀμφιάζω	Lk 12.28	eliminated, via substitution.
ἀνακυλίω	Mk 16. 4	" " " .
ἀποδεκατεύω	Lk 18.12	" " " .
ἀφυστερέω	Jm 5. 4	" " " .
Βεώρ	2-Pt 2.15	" " " .
δυσβάστακτος	Lk 11.46	occurs 2 ts.; to be eliminated.
ἐγκρύπτω	Mt 13.33	" 2 "; " " " .
ἐπισκοπέω	Hb 12.15	" 2 "; " " " .
ἐπιχρίω	Jn 9.11	" 2 "; " " " .
εὖ γε	Lk 19.17	now, εὖγε; counted already as a "unit-phrase"; thus, no change.
ἡμίωρον	Rv 8. 1	eliminated, via substitution.
καίτοι γε	Jn 4. 2	now, καίτοιγε; counted already as a "unit-phrase"; thus, no change.
κατασκάπτω	Rm 11. 3	occurs 2 ts.; to be eliminated.
λαμά	Mk 15.34	eliminated, via substitution.

λεμα w/o. accent	Mt 27.46	occurs 2 ts; to be eliminated.
Μαθθάτ, ὁ	Lk 3.29	" " " .
ὁπότε	Lk 6. 3	eliminated, via substitution.
ποτέ[2] partic.enclit.	Lk 14.29	formerly counted under μήποτε, as in M-G (25 ts); now, μήποτε.
προσκολλάομαι	Eph 5.31	occurs 2 ts; to be eliminated.
σιρός or -ει-(M-G)	2-Pt 2. 4	eliminated, via substitution.
ὑπερεκπερισσῶς	1-Th 5.13	" " " .
ὑφαίνω	Lk 12.27	" " " .
ὡσάν	2-C 10. 9	in N-A '63 but not in M-G; formerly counted under ὡς and ἄν; form now eliminated in N-A '79, not in Morgenthaler, but cf. B-A-G,[2] p. 899.

Present Words

ἁγιότης	Hb 12.10	formerly, 2 ts; add to this list.
ἀμφιέζω (D)	Lk 12.28	new word; formerly, ἀμφιάζω.
ἀναγνωρίζομαι (D pass.)	Ac 7.13	" " ; in Vocabulary, on p. 97.
ἀναπτύσσω (G-I)	Lk 4.17	" " ; " " " .
ἀνεξεραύνητος (2,5)	Rm 11.33	" " , for ἀνεξερεύνητος in N-A '63; M-G have the former spelling; thus, no change.
ἀσεβέω	Jd v.15	formerly, 2 ts; add to this list.
Βοσόρ, ὁ indecl.	2-Pt 2.15	new word; formerly, Βεώρ; in Vocabulary, on p. 97.
ἐξεραυνάω (C-A)	1-Pt 1.10	new word, for ἐξερευνάω in N-A '63; M-G have the former spelling; thus, no change.
εὖγε	Lk 19.17	for εὖ γε in N-A '63; already counted as a "unit-phrase"; thus, no change.
ἡμιώριον (2.8)	Rv 8. 1	new word; not in M-G; found in Menander; the suffix of this noun is adjectival, making it more abstract and attributive: "a half hour (period)".
ἤπιος	2-Ti 2.24	formerly, 2 ts; add to this list.
καίτοιγε	Jn 4. 2	for καίτοι γε in N-A '63; already counted as a "unit-phrase"; thus, no change.
καταμένω	Ac 1.13	formerly, 2 ts; add to this list.
μόγις (adv.M)	Lk 9.39	new word; in Vocabulary, on p. 97.
πολλαπλασίων	Lk 18.30	formerly, 2 ts; add to this list.
προσαναλίσκω (+ ισκ)	Lk 8.[43]	new word; in Vocabulary, on p. 97.
σειρά (1.2)	2-Pt 2. 4	new word; v.l. in M-G; means "cord, rope, chain"; the former σειρός (2.7), better spelled σιρός as in N-A '63 (σιροῖς), means "pit, cave".
τρῆμα	Lk 18.25	formerly, 2 ts; add to this list.
τρύπημα (3.31)	Mt 19.24	new word; in Vocabulary, on p.97.
ὕστερος	1-Ti 4. 1	formerly, 2 ts; add to this list.
φάρμακον	Rv 9.21	new word; in Vocabulary, on p. 97.

NOTE: Of the ten "new" words to enter the Vocabulary, only two—ἡμιώριον and σειρά—are not found already, in some way, therein.
On the other hand, there are fifteen words which drop out of the present Vocabulary.
Therefore, in general, of the 5480 words which originally comprised the Vocabulary, there are now 5475 words.

---

[1] The added Μαθθάτ at Lk 3.24 replaces Ματθάτ, which drops out of the Vocabulary. [2] See p. 100, footnote (4).

Appendix
a Study of particles
and
Other Small Words

Exact Statistics

NOTES

For an explanation of the Appendix, see the Introduction, p. vii,
the remarks on this page under Summary of Contents, as well
as the description given on p. 119, within.

For Abbreviations, see pp. viii-xi.

SUMMARY OF CONTENTS

Pages 114-119 contain the new frequencies of approximately 223 important particles and other small words, for each book and letter of the New Testament, as found in the 26th edition of Nestle-Aland (1979). The frequencies of many such words are usually the most difficult of all to establish, so that the task of forming another complete "Statistik" for the 26th edition of Nestle-Aland in the manner of Morgenthaler has been greatly facilitated. Note carefully that this list of words gives the "totals of words" in the right margin,—a phrase which signifies that double words (e.g., διὰ τί;) have been counted not only as units, but also as composed of two words. Such words have a "times two" (X2) in the small column immediately following the word entries and immediately preceding the frequencies. Cf. ἀλλ' ἤ which occurs only twice, but which is counted as four words. The asterisk (*) in the same small column indicates that suchlike words have been counted under their respective components. Cf. διὰ τοῦτο, which as a unit occurs 32 times, but which is counted as 64 words, under both διὰ-acc. and οὗτος. Suchlike words have their totals in square brackets, indicating that they are not to be counted into the general total of words given on p. 119, i.e., 70,894, because, obviously, they have already been counted into the grand total. Circled frequencies (⓪) indicate that such word forms are unique in their occurrence in the entire New Testament. Cf. the paragraph "Unique Forms" on p. 120. An example is ἅμα used as an adverb of place only in Romans. "Unique" is used here as unique for a particular NT writing; it may occur more than once therein.

This list of particles and other small words preserves a respect for certain grammatical, orthographical, and syntactical features usually completely obscured in other lists of a like nature. E.g., ἅμα used as an adverb of place, of time, and as an improper preposition with the dative; ἐάν used as a subordinate conjunction, and as used to express the contingency of the particle ἄν; the diverse forms of a negative particle (οὐ, οὐκ, οὐχ), etc. The total of such particles and small words (70,894) has been carefully subtracted from the grand total of words in N·A²⁶ (137,977 – excluding Mark's shorter ending of 34 words), leaving a remainder of 67,083 words, which in general, is a total comprising adjectives, adverbs, nouns, and verbs. Such subtractions have also been made for the individual books and letters as well. In time, such frequencies shall be more precisely delineated for the grammatical types in question, a task which goes beyond the scope of the present Studies.

The list within, of course, cannot satisfy the desires or requirements of everyone interested. Every such list has its own inherent limitations. For example, no distinction has been made between the frequencies of ἐγώ and ἡμεῖς, nor σύ and ὑμεῖς. However, since such distinctions concern the personal as opposed to the communal, the statistics for these are as follows:

	MT	MK	LK	JN	AC	RM	1-C	2-C	GA	EPH	PHL	COL	1-TH	2-TH	1-TI	2-TI	TIT	PHM	HB	JM	1-PT	2-PT	1-JN	2-JN	3-JN	JD	RV		Totals
ἐγώ	212	107	213	465	185	90	76	55	38	16	52	11	1		6	33	4	17	35	14	2	5	1	2	1		78		1719
ἡμεῖς	49	23	69	49	125	58	54	108	21	28	6	13	49	26	9	9	15	4	31	8	·4	15	56	4	5	7	19		864
σύ	209	89	225	153	139	47	8	3	5	3	1			14	20	7	20	29	8			5	10	1	69				1065
ὑμεῖς	248	75	221	256	124	83	146	153	47	45	51	57	84	40	1	1	1	4	31	39	5	21	34	3		11	11		1840

The two lines within, for πέραν and πώς enclitic, which have only a zero in the right margin of totals, indicate only the lexical character of the words in question, and should not be counted among the zeros on p. 119, which represent how many blank spaces are had under each NT book and letter. For example, in Luke there are the least blank spaces (121), which means that Luke contains 102 words of the 223 which are listed.

Pages 120-147 are described on pp. 120 and 121, within. For a description of the word "daggers", found in the right margin of pp. 121-147, see p. 93 above, note 6.

Page 148f. contains critical notes concerning the frequencies of the 53 words in my Categorized Vocabulary which do not tally perfectly with the additions and subtractions for such words as found in N·A²⁶, as well as the reasons for the discrepancies.

GREEK ENTRY						NEW TESTAMENT BOOKS AND LETTERS																					TOTALS of words
	Mt	Mk	Lk	Jn	Ac	Rm	1-C	2-C	Ga	Eph	Phl	Col	1-Th	2-Th	1-Ti	2-Ti	Tit	Phm	Hb	Jm	1-Pt	2-Pt	1-Jn	2-Jn	3-Jn	Jd	Rv	
ἄγε (only w. νῦν) interj.																			(2)									2
ἀλλ᾽ mostly: adversat. particle	12	18	15	50	8	15	25	26	6	3	2	1	2	2	3	2		1	5	1	4	1	10	1		2	5	219
ἀλλά(1) " " "	25	27	19	52	22	54	47	41	17	10	13	2	11	3	9	10	4	1	11	4	12	5	3	4	1	2	8	417
ἀλλ᾽ ἤ " " " x2	1				1																							4
ἀλλήλων reciprocal pron.	3	5	11	15	8	14	4	1	7	4	1	2	5	1					1	1	4	4	6	1			2	100
ἅμα adv.PL.				(1)																								1
" T.				2								1	1			1		1										5
impr. prep. dat.	2												2															4
ἄν contingent particle	42	20	31	25	13	7	7	3	2	1									6				3				2	162
ἀνά prep. acc.	2	3	1		1																						1	8
adv1.																											(1)	1
ἀνὰ μέσον w. gen. x2	1	1				1																					1	8
ἄνευ prep. "	1																				2							3
ἄνθ᾽ (only w. ὧν) " "			3	1									1															5
ἀντί " "	5	1	1	1		1	1			1						1			2	1	2							17
ἄντικρυς impr. " "					(1)																							1
ἀντιπέρα " "			(1)																									1
ἄνω adv.PL.				2	1				1			1																5
adj.						(1)																						1
nt. subst.												1	2															3
ἀπ᾽ prep. gen.	22	12	33	16	12	2		1	1		2	1		1					1	1	1		15	2			3	125
ἅπας adj., 3-1, 6.	3	4	11	1	12		1		1										1									34
ἀπέναντι impr. prep. gen.	2				2	1																						5
ἀπό " " "	92	35	83	20	96	22	8	14	6	3	4	7	3	7	3	7	2	1	18	4	3	1	4	1		2	32	478
ἄρα(2) inferent. particle	7	2	6		5	11	5	3	5	1		1	1						2									49
ἆρα(3) interrog. "			1		1				1																			3
	(2)																											2
ἄτερ prep. gen.			2																									2
αὐτός oft. as pers. pron.	922	758	1086	769	703	158	85	62	26	67	31	45	24	17	6	16	8	3	142	43	34	29	102	7	4	7	441	5595
αὐτὸς ὁ the...himself *	1	2	11	5	2	3	3	2					3	2					4					1		1		[40]
αὐτοῦ adv. PL.	1	1	2																									4
ἀφ᾽ prep. gen.	1	9	6	6		1	2	1	1		2	4							4	2	1	1					1	42
ἄχρι(ς) subord. conj.	1		1		1		1		2		1								1								6	13
impr. prep. gen.	1		3		14	3	1	3	1										2		2						5	35
γάρ subord. conj.	124	66	97	64	80	144	105	77	36	11	13	6	23	5	13	14	6	3	91	15	10	15	3	1	2	1	16	1041
γε(4) enclit. particle	4		8		4	1	2	1			1																	20
δέ, δ᾽(5) coörd. conj.	494	161	542	213	554	148	211	73	58	20	27	5	15	11	30	24	8	6	71	37	28	21	11		2	13	7	2790
δή emphat. particle	1		1		2		1																					5
δι᾽ prep. gen.	5	2	4	8	8	15	9	10	7	1		4		3	2	1			15	6	3	2						105
" acc.	1		1	6	3	4	5	3	1		3	2	2		2	1			6		1	2						43
διά " gen.	21	9	9	6	45	54	13	24	10	13	6	6	4	6	2	7	2	2	25	1	8	2	1	1		1	2	280
" (6) " acc.	25	18	20	34	17	17	13	7	1	7	5	2	4	1	2	2		2	11	1	3	3	1	1			15	212
διὰ τί; for what reason? x2	7	3	5	5		1	1	2	1																		1	52
διὰ τοῦτο oft.: because *	10	3	4	15	1	5	3	3		3		1	3	1	1	1		1	3		2		1	1			3	[64]
διό inferent. conj.	1		2		8	6	2	9	1	5	1		2						1	9	2	1		3				53
διόπερ emph. " "							(2)																					2
διότι " "			3		5	4	1						1						3		2	1					3	23
ἔα interj.			(1)																									1
ἐάν subord. conj.	27	13	16	24	2	18	30	5	3		1	1		2					5	3	1		12			1		164
as = to ἄν	23	12	6	1	3		6	2	3		2	1		1					1	4	1						3	68
ἐὰν μή(7) if not, unless x2	8	5	2	19	3	2	8	1					1	1					2	1							3	112
ἐάνπερ subord. conj.																			(3)									3
ἐάν τις, τι if some... x2	4	3	4	15	2		3		1				1	1	2				1		5					3		90
ἑαυτοῦ(8) reflex. pron.	32	24	57	27	20	22	16	29	7	14	6	2	6	4	5	3	2		13	5	4	1	4	1		7	8	319
ἐγώ, etc. pers. "	261	130	282	514	310	148	130	163	59	44	58	24	50	26	15	42	19	21	66	22	6	20	57	6	6	7	97	2583
εἰ(9) mostly: subord. conj.	35	12	29	31	27	31	26	20	14	3	3	1		5	4	1			13	5	11	1		5				277
εἴ γε if indeed x2								1		1	2	1																10
εἰ μή except, if not, but x2	16	15	16	15	2	7	11	5	3	1	1		1						1		2						8	208
εἵνεκεν impr. prep. gen.			1		1																							2
εἰ οὐ(10) if not, unless x2	2	1	5	3	1	2	10						2	2			1	2	1	1							1	66
εἴπερ if indeed, since						3	2						1															6
εἴ πως if perhaps x2					1	2					1																	8

(1) ἀλλά γε Lk 24²¹ 1-C 9². (2) ἄρα γε Mt 7²¹ 17²⁶ Ac 17²⁷. (3) ἆρά γε Ac 8³⁰. (4) See also εἴ γε, μήτι γε. (5) 24 ts., always bef. ἄν, exc. Mt 27⁴⁴. (6) διά γε Lk 11⁸ 18⁵. (7) Includes ἐὰν μή τις / ἐάν τις μή as M-G (6 ts.). (8) 17 ts. as reciprocal: cf. M-G. (9) Excludes εἰ μήν (Hb 6.14), bec. εἰ represents classical ἦ; includes here εἰ-interr. and juridic (= Heb. אִם): 17 ts. (10) Includes εἰ...οὐδέν (Ac 25. 11b) and εἴ τις οὐ by analogy w. ἐάν τις μή: 8 ts. ∮ SIGNS: x2 (multiplied by two). *(counted under components). O (unique).

GREEK ENTRY   NEW TESTAMENT BOOKS AND LETTERS   TOTALS of words

Greek Entry	Mt	Mk	Lk	Jn	Ac	Rm	1-C	2-C	Ga	Eph	Phl	Col	1-Th	2-Th	1-Ti	2-Ti	Tit	Phm	Hb	Jm	1-Pt	2-Pt	1-Jn	2-Jn	3-Jn	Jd	Rv	Totals
εἰς(1) prep.acc.	216	166	226	187	301	119	38	78	30	39	23	19	26	14	19	18	2	2	74	15	42	11	9	3	1	6	80	1764
εἰς τί; for what purpose? x2	2	2	1																									10
εἴτε if-if; whether-or						4	27	14		2	6	6	2	2							2							65
εἴ τις, τι whoever, whatever x2	2	7	3	4	2		17	10	2	1	8				5		1	1	3	4	1						7	156
ἐκ prep.gen.	52	42	50	139	63	40	28	17	24	4	6	8	4	1	1	7	1		11	9	7	2	28	1	2	2	131	680
ἑκατονταπλασίων adv.	1	1	1																									3
ἐκεῖνος demonst.pron.	54	23	33	70	22	3	4	5	1				1			6	1		8	2		1	7				2	243
ἐκτός adv.PL.	①																											1
impr.prep.gen.			1				2	1																				4
subord.conj.							2								1													3
ἐμαυτοῦ reflex.pron.	1		2	16	4	1	6	4	1		1							1										37
ἐμός pronom.adj.	2	2	2	35		2	9	3	2		2	1				1		3		1		1					1	67
nt.subst.	2	1	5																									8
ἔμπροσθεν adv.PL.			2										1														1	4
impr.prep.gen.	18	2	8	5	1		1		1				4							1							2	44
ἐν(2) dat.	291	133	359	226	278	173	172	160	41	120	66	88	55	26	44	37	13	10	65	38	50	43	79	8	3	8	158	2744
ἔναντι gen.		1	1																									2
ἐναντίον			3		2																							5
ἕνεκα	1		1		2																							4
ἕνεκεν	6	5	3		1	2		3																				20
ἐν τίνι, with what? thr. whom? x2	2	2	2		1																							14
ἐντός adv.PL. as nt.subst.	①																											1
impr.prep.gen.		①																										1
ἐνώπιον			22	1	13	3	1	4	1						6	2			2	1	1	1			1		35	94
ἐξ	30	25	37	26	21	20	6	13	11	4	4	3	2		1			3	10	4	1	3	6				4	234
ἔξω adv.PL.	6	5	7	13	3		1																				2	37
impr.prep.gen.	3	4	3	6															3									19
m.subst.; 2-C is for adj.	1			2				①			1	1																6
f.subst.					①																							1
ἔξωθεν adv.PL.	2		1					1														1						5
impr.prep.gen.	1																										2	3
m.subst.; 1-Pt is for adj.													1								①							2
nt.subst.	1																										2	3
ἐπ' prep.gen.	1	3	4	3															3	1	1					1	5	22
" dat.	5	2	4	3	5	7	2	2	1						1	1	1	1	1		1						2	39
" acc.	7	9	17	10	16	2		1	1						1		1		1	1	1						17	85
ἐπάν tempor.conj.	1		2																									3
ἐπάνω adv.PL.		①																										1
adv.w.num.		1					1																					2
impr.prep.gen.	8		4	2																							2	16
ἐπεί caus.conj.	3	1	1	2		3	5	2											9									26
ἐπειδή tempor.			1		3		4	1																				9
ἐπειδήπερ caus.			①																									1
ἐπέκεινα impr.prep.gen.					①																							1
ἐπί	34	19	22	9	25	3	5	2	2	5	4	1	2						1	3	2						54	193
" dat.	13	13	29	4	21	1	4	9	4	4	1	3			3	1			1	9	1						10	132
" acc.	52	20	65	9	82	12	7	5	2	1	1	1	1		2		4		12	2	5	1					53	337
ἔσω adv.PL.	1	1		1	1																							4
impr.prep.gen.		①																										1
m.subst.(for adj.)						1	1	1		1																		4
ἔσωθεν adv.PL.	4	2	1					1																			2	10
nt.subst.		②																										2
ἐσώτερος adj.,2-1,2					①																							1
impr.prep.gen.																			①									1
ἐφ' " "		1	4			1	1																					7
" dat.		2	1	4	4	2	1																					15
" acc.	10	6	17	1	12	2	1		1	1				2		1			1	1	1	1	1				2	60
ἕως I(3) tempor.conj.	14	5	8	3	1	1										1	1				2	1					1	38
ἕως II impr.prep.gen.	35	10	20	7	21	2	5	3							1				1	1			1				1	108

(1) A complete frequency count of εἰς would include the εἰς in εἰς τί; . (2) For a complete frequency count of ἐν, cf. the ἐν in ἐν τίνι;. (3) In following BI-D, §216 (3), and B·A·G, sub voce (II, 1, b, α), and even M·H, Grammar vol. II, p. 330, the ἕως in ἕως οὗ and ἕ. ὅτου has been considered a preposition w. the gen., and not a conj. M·G, Concordance, p. 415, place the phrases under ἕως-conjunction. The phrases in full represent ἕως τοῦ χρόνου (ἐν) ᾧ and ἕως τοῦ χρόνου ᾧτινι, respectively.

GREEK ENTRY — NEW TESTAMENT BOOKS AND LETTERS — **TOTALS** of words

Greek Entry	Mt	Mk	Lk	Jn	Ac	Rm	1-C	2-C	Ga	Eph	Phi	Col	1-Th	2-Th	1-Ti	2-Ti	Tit	Phm	Hb	Jm	1-Pt	2-Pt	1-Jn	2-Jn	3-Jn	Jd	RV	Total
ἤ(1) _or_	60	28	36	10	27	26	45	13	7	7	1	4	3	1	4		2	1	3	8	7						5	298
ἤ(1) _than;(indeed:1·C 9^15)_	7	4	7	2	6	1	4		1						1	1			1		1	1	1					38
ἡμέτερος _pronom. adj._				2	1											①					2							6
m. subst.															①													1
ἡνίκα _particle of T._								②																				2
ἤπερ _compar. particle._				①																								1
ἤτοι _disjunct. "_						①																						1
ἴδε(2) _look! see! listen!_	1	4	9						1																			15
here is, or, are	3	5	6																									14
ἰδού _demonst. particle_	62	7	57	4	23	1	1	6	1										4	6	1					1	26	200
ἵνα _conj._	31	58	37	127	12	28	45	32	15	22	11	11	6	7	12	5	10	2	13	2	13	1	17	4	2		30	553
ἵνα μή(3) _that not, lest x2_	8	6½	9½	18	3	2	12	12	2	1	1	2	1		3	3	2		7	2	1	2	1				12	222
ἱνατί(4) _interr. conj._	2	1			2	1																						6
κἀγώ _contracted_	9		5	27	2	2	8	9	2	1	2			1					1		2						5	76
κἀμέ _"_			2				1																					3
κἀμοί _"_		1	1	2	1																							5
καθ' _prep. gen._	3	1		3			3	1							1				1									13
" acc.	1	1	6	2	13	3	4	3	1	2		1							8	2							1	48
καί _conj._	1177	1088	1469	828	1110	276	279	198	72	137	107	101	102	50	93	68	37	18	257	110	71	63	132	16	11	21	1124	9015
καίπερ _concessive "_											1								3	1								5
καίτοι _emphat. particle._					1														1									2
καίτοιγε _" "_				①																								1
κἀκεῖ _contracted adv. PL._	3	1		1	5																							10
κἀκεῖθεν _" "_		1	1		7																							9
_" " T._				①																								
κἀκεῖνος _" demonst. pron._	2	4	4	5	3	1	1								1				1									22
κἄν _" subord. conj._	2	3	3	4	1		1												1	1							1	17
κατ' _prep. gen._	2	3	2	1	6		1												1	1					1			18
" acc.	12	8	4	2	8	6	2	4	3	3	2		1	2	1	3	1	4			1							70
κατά _" gen._	11	3	1	1	7	2	3	3	4										1		1	1	1		1	1	3	43
" acc.	8	7	26	4	53	38	15	16	9	19	8	10	3	3	6	5	2		26	1	9	3	1	1		2	5	280
κατὰ τί; _how? x2_		①																										2
κατέναντι _adv. PL._		①																										1
impr. prep. gen.	1	3			1		2																			1		7
κατενώπιον _" " "_										1		1														1		3
κυκλόθεν _adv. PL._																									①			1
impr. prep. gen.																									②			2
κύκλῳ _adv. PL._		2			1																							3
adj.	1	1																										2
impr. prep. gen.																									③			3
μεθ' _" "_	9	3	4	7	1	1	2	1		1	1	1	1	1	1		1		3		2						1	41
" acc.	1			1																								
μέν _affirm. particle_	20	6	10	8	48	18	20	8	3	1	5	1			3				19	1	4						3	179
μενοῦν _emphat. "_			①																									1
μενοῦνγε _"_			2			1																						3
μέντοι _adversat. "_				5												1				1							1	8
μέσος(5) _adj., 2-1, 1_	1		2	1	2																							6
nt. subst. (-ον)	5	4	12	4	8	1	1		1	1	1								1								7	46
impr. prep. gen.				1								1																2
μετ' _" "_	19	17	21	23	10	2	1		1			1	1	1			1			2							25	125
" acc.		1		4																								
μετά _" gen._	33	24	26	10	25	5	4	5	6						3	2	8	2			12	1					14	199
" acc.	9	11	11	14	25	1	2										1		9	1	1						11	96
μεταξύ _adv. T._			1	1																								2
impr. prep. gen.	2	2	2	1																								7
μέχρι(ς)(6) _" " "_	2	1		2			2								1	1												14
conj.			1							1	1																	3
μή(7) _negat. particle_	75	38	95	49	51	67	60	28	14	14	4	9	10	10	20	3	12		27	20	13	4	15	4	2	3	10	657
μηδ'(8) _negat. disjunct. "_																					①							1
μηδέ _" " "_	11	6	7	2	2	4	6	1							2	1	2		3	1			2	2				55

(1) See also πρὶν ἤ. (2) Mt 25.25 is simply, _here!_. Mk 13.21: _here is... there is._ (3) The fraction represents the two passages (Mk 4.12 and Lk 8.10) in which one ἵνα is aligned with two μή s. (4) Counted as one word: M-G have two forms: ἱνατί at Mt 9.4, ἵνα τί elsewhere. (5) See also ἀνὰ μέσον, the latter as a nt. subst. (6) Μέχρι occurs in the N.T. only before consonants; with movable ς, only before vowels with rough breathings, namely before οὖ (Mk 13.30, Ga 4.19) and αἵματος (Hb 12.4), the former two being conjs., the latter, a prep. w. gen. (7) Compare the various combinations w. μή: ἐὰν μή, εἰ μή, ἵνα μή, μή που, μή πως, ὅπως μή, οὐδὲ μή, οὐ(χὶ) μή, and ὥστε μή. (8) Once only, before ὡς (1-Pt 5.3).

GREEK ENTRY   NEW TESTAMENT BOOKS AND LETTERS   TOTALS of words

Greek entry	Mt	Mk	Lk	Jn	Ac	Rm	1-C	2-C	Ga	Eph	Phl	Col	1-Th	2-Th	1-Ti	2-Ti	Tit	Phm	Hb	Jm	1-Pt	2-Pt	1-Jn	2-Jn	3-Jn	Jd	RV	Total
μήν II(1) intensive particle x2																		(1)										2
μήποτε(2) subord.conj.	7	2	5		2														3									19
interrog. particle			1	1													1											3
never																		(1)										1
perhaps	(1)																											1
μή που conj. x2						(1)																						2
μή πως " x2					1	2	5	2			1																	22
μήτε negat.copula	6	6	8										3	2					2	3						4		34
μήτι(3) interrog.particle > no	4	2	1	3	1		2																					14
μήτι γε not to speak of x2							(1)																					2
ναί affirm.particle	9		4	3	2	1		6										1		1	2						4	33
νή emphat. " "							(1)																					1
ὁ αὐτός the same *	5	1	7		7	6	17	9			1		7	1					8	2	3	1						[75]
ὅδε demonst.pron.	1	1																		1						7		10
ὁ, ἡ, τό	2788	1508	2646	2186	2709	1105	869	552	277	432	193	262	193	112	158	151	61	36	698	232	200	123	359	33	29	55	1888	19855
οἷος relat. "	1	2				1	2	3			1		1			2											1	14
ὄπισθεν adv.PL.	1	1	1																								2	5
impr.prep.gen.	1																		1									2
ὀπίσω adv.PL.	1	1	3	3							1																	9
impr.prep.gen.	5	5	4	4	2						1								1							1	3	26
ὁποῖος correl.pron.			1		1		1						1							1								5
ὅπως(4) adv.																												1
subord.conj.	16	1	4	1	10	2		2	1				1						1	2	1	1						43
ὅπως ἄν " " x2		1	2	1																								8
ὅπως μή negat. " " x2	1		1		2	1																						10
ὅς relat.pron.	110	83	186	154	222	85	57	40	24	34	15	37	4	12	22	18	9	5	74	7	31	19	30	3	5	3	71	1360
demonst. "	15	4	3					5	4	2										3								40
ὅστις indefin.relat. "	30	5	21	7	24	10	3	2	7	4	4	4			1	3	3	1	10	2	1	1				9		154
ὅταν tempor.particle	19	21	29	17	2	2	12	3					2	1	1		1		1	1			1			9		123
ὅτε " "	12	12	12	21	10	4	3					6	1	1	1				1	1		2		1		1	13	103
ὅτι conj.: causal, non-caus al, recitative, ambiguous	140	102	174	271	123	56	60	51	29	13	21	6	13	11	12	7	1	4	18	16	16	5	75	2	1	4	64	1295
οὐ negat.adv.	72	34	47	90	40	59	61	52	10	2	4	3	9	2	5	8			28	5	4	7	12	1	1		14	570
οὔ " "	4	1	2	3		1		4											2									17
οὖ adv.PL.	3		5	8	3	1	1				1								1								1	24
οὐά interj.		(1)																										1
οὐαί "	13	2	15																						1		10	41
f. subst.																											(4)	4
indecl. "					(1)																							1
οὐδ' negat.conj.	1																		1									2
adv.		1	1	1	1	1															2							7
οὐδέ negat.conj.	19	2	10	12	8	4	3	1	6		1		3	1	2					1	1	1					9	85
adv.	7	8	10	4	3	2	6		3								1		2		1							48
οὐδὲ μή " conj. x2																											(1)	2
οὐκ adv.	97	65	96	150	60	49	76	34	25	8	4	4	6	3	2	4	1		27	16	6	3	29	3	2	2	33	805
οὐ μή strengthened neg. x2	19	11	18	16	3	1	1		2				2						5		1	1					16	192
οὖν mostly: inferent particle	56	6	33	200	61	48	19	10	6	7	5	5	2	1	4		3		1	13	5	6	1				6	499
οὔτε negat.adv.	6	4	4	9	14	10	13		5				5								1						15	87
οὗτος(5) demonst.pron.	146	77	229	239	234	46	68	43	18	15	8	10	4	18	11	5	2		37	8	10	22	39	5	4	9	49	1368
οὐχ negat.adv.	8	6	7	20	8	10	7	7		1	5		1	1	1				5	2	2		7	1	1		3	103
ὄφελον(6) pt. as particle							1	1	1																		1	4
ὀψέ adv.T.		(2)																										2
impr.prep.gen.	(1)																											1
παρ'	2	4	5	5	4	1		1			2	1	2														1	28
" dat.	2		2	5	6	2	1	1			1		1						1								1	23
" acc.		1			3			2											3									9
παρά " gen.	3	3	4	21	9			1				2							2	2		3					1	54
" dat.	4	3	5	4	2	3	2		1								1		1	2	1							30
" acc.	7	7	12		8	4	3	2									1		7									50

---

(1) With εἰ (= classical ἤ) preceding. (2) Lk 14.29 has been placed under ἵνα μή(ποτε): in M-G, in both places. (3) Lk 9.13 has been placed under εἰ μή(τι): in M-G, in both places. (4) Division follows B·A·G; other instances of possible advbl.use (Z-G): Mt 12.14, 22.15, Mk 3.6; in Lk, the advbl. use = πως (BI-D, § 436), in an indir. ques. (BI-D, § 300.1); the conj. have only final (purpose) sense (cf. BI-D, § 369.4). (5) See also τοῦτ' ἔστιν, which is not counted here under οὗτος but separately. (6) The opinion of BI-D, § 67(2) and B·A·G (sub voce) is followed here as to the designation of ὄφελον.

GREEK ENTRY		Mt	Mk	Lk	Jn	Ac	Rm	1-C	2-C	Ga	Eph	Phl	Col	1-Th	2-Th	1-Ti	2-Ti	Tit	Phm	Hb	Jm	1-Pt	2-Pt	1-Jn	2-Jn	3-Jn	Jd	Rv	TOTALS of words
παρεκτός	nt.subst.<adv.								①																				1
	impr. prep. gen.	1			1																								2
πᾶς	adj., 3-1, 6	129	67	158	65	171	70	112	52	15	52	33	39	18	16	23	18	14	2	53	12	18	7	27	2	2	8	59	1242
πέραν	adv. PL.:																												0
	as impr. prep. gen.	3	2			8																							13
	as latter and nt.subst.	1	1																										2
	as " "	4	4																										8
περί	prep. gen.	20	13	40	67	65	6	10	2		2	3	4	8	4	1	1	2	1	23		5	2	10			1	4	294
	" acc.	8	9	5		7					1					3	2	1									1	1	38
πλήν	adv. as conj.	5		15		1		1		1	3																		27
	impr. prep. gen.	1		3																									4
πλησίον (1)	as m. subst.	3	2	3		1	3			1	1									2									16
	impr. prep. gen.			①																									1
ποτέ (2)	indefin.enclit.particle		1	1		3	1		4	6	1	2	1			1	1	2											29
πρίν	(Att.)tempor. conj.	2	1	1	3	1																							8
πρὶν ἤ (Ion.) " " x2		1	1	1		2																							10
πρό	prep. gen.	4		5	9	6	1	2	1	3	1		1		2	1		1	2	2							1		42
πρὸ προσώπου w. " x2		1	1	2		1																							10
πρός	prep. "				1																								1
	" dat.		1	1	4																							1	7
	" acc.	42	64	165	97	132	17	24	33	9	16	4	6	13	4	5	7	5	3	19	2	3	2	8	3	1		7	691
πρὸς τί; why? x2				①																									2
πῶς (3)	enclit.particle																												0
σεαυτοῦ	reflex. pron.	5	3	6	9	3	6		2							4	2	1	1		1								43
σός	pronom.adj.	6	1	1	6	3		2									1												20
	m. subst.	1	1																										2
	nt. "	2		2	1																								5
σύ, etc.	pers. pron.	457	164	446	409	263	130	154	156	52	48	52	57	84	40	15	21	8	24	60	47	53	21	34	8	10	12	80	2905
σύν	prep. dat.	4	6	23	3	51	4	7	7	4	2	4	7	4						1		1							128
τέ	enclit.particle	3		9	3	151	18	3	2		1	1								20	2						1	1	215
τηλικοῦτος	demonst.pron.						1													1	1							1	4
τίς (4)	interrog.	79	63	105	74	52	42	28	10	5	9	2	2	3		1	1			10	4	3		3				14	510
	as exclamative	1	1																										2
τις (5)	indefin.pron.	15	23	73	37	109	13	35	15	7	2	2	4	4	6	12	1	1		21	11	2	4	1		1	1	2	402
τίς τί what each one x2				①																									2
τοιγαροῦν	inferent.particle													1						1									2
τοίνυν	" "			1			1													1									3
τοιοῦτος (6)	correlat. adj.	3	6	2	3	4	4	10	10	3	1	1		1			1	1	5	1				1					57
τοσοῦτος (7)	" "	3		2	4	2		1	1										5								2		20
τοὐναντίον	contracted adv.							1	1											1									3
τοὔνομα	contracted nt.noun	①																											1
τοῦτ' ἔστιν that is to say x2		1	1			2	6													1	6		1						36
ὑμέτερος	pronom. adj.			1	3	1	1	2	1	1																			10
	nt. subst.			①																									1
ὑπ'	prep. gen.	3	3	6		3		2		2	1					1				1									22
	" acc.	1		2																									3
ὑπέρ I	" gen.	1	2	3	13	6	17	8	30	3	8	6	7	2	3	3		1	1	10	1	2		2		1			130
	" acc.	4		2		1		2	3	1	2	1								2	1								19
ὑπέρ II (8)	adv.								2											1									3
ὑπεράνω impr. " gen.							①																						1
ὑπερέκεινα " " "																			②										1
ὑπερεκπερισσοῦ adv. M.										①																			2
	impr. prep. gen.																												1
ὑπό	" "	20	6	18	1	34	5	11	7	2	2	2	1	4	1		8	5	1	5		2	2	2					139
	" acc.	4	3	5	1	3	7	7		10	1		1		1		2	1											47
ὑποκάτω impr. " gen.		1	3	1	1																						4	11
ὄφ' " " "						1	1	1	5																				8
	" acc.					①																							1
χάριν	" gen.			1				1	2			1		2								1							8
χάριν τίνος; why? x2																				①									2
χωρίς	adv. M.			①																									1

(1) As m. subst. w/o.the article: Lk 10.29,36; w/o.a possessive gen.: Mk 12.33, Ac 7.27, Rm 13.10, 15.2, Jm 4.12. (2) To be distinguished from πότε when? (3) Used only w. εἰ and μή (εἴ πως, μή πως). (4) Cf. also διὰ τί;/εἰς τί;/ἐν τίνι;/κατὰ τί;/πρὸς τί;/τίς τί (only 15.24)/χάριν τίνος;/. (5) Cf. also ἐάν τις and εἴ τις. (6) Designation from B·A·G (sub voce); strictly correl.: Mk 13.19(pleonastic), Ac 26.29, 1-C 5.1 (clarified by relat. cl.), 15.48 (bis), 2-C 10.11b, Phm 9: since I am the sort of person in my character as Paul (who presumes to give you orders); otherwise, as an adj. and subst. (7) Strictly correl.: Hb 1.4, 7.22, 10.25; cf. Rv 18.7. Otherwise as adj. and subst.; of time: Jn 14.9 (now dat.!), Hb 4.7 (acc.); M·G lack. clause at Mt 15.33 (read bis). (8) *Even moreso*; M·G accent ὑπέρ.

GREEK ENTRY			Mt	Mk	Lk	Jn	Ac	Rm	1-C	2-C	Ga	Eph	Phl	Col	1-Th	2-Th	1-Ti	2-Ti	Tit	Phm	Hb	Jm	1-Pt	2-Pt	1-Jn	2-Jn	3-Jn	Jd	Rv	TOTALS of words
χωρίς	impr. prep. gen.		3	1	1	2		6	3	2		1	1				2			1	13	4								40
ʼΩ	interj.		2	1	2			4	4		1						2					1								17
ὡς I	adv.		40	20	25	12	29	19	37	29	9	16	5	6	7	4	4	4	2	4	21	5	27	10	2	1		2	71	411
ὡς II	conj.			2	26	19	34	2	1	2			2	1	2			1		1										93
ὥστε	subord. "		14	10	4	1	8	5	11	6	5		3		2	2			1		2									74
ὥστε μή	" "	x2	1	3				3	1				1																	18

	Mt	Mk	Lk	Jn	Ac	Rm	1-C	2-C	Ga	Eph	Phl	Col	1-Th	2-Th	1-Ti	2-Ti	Tit	Phm	Hb	Jm	1-Pt	2-Pt	1-Jn	2-Jn	3-Jn	Jd	Rv	TOTALS
Totals of Words in the Above List for each New Testament Book or Letter.	9319	5759	10123	8301	9191	3754	4596	2510	1320	1316	878	811	464	662	591	277	186	201	2401	824	799	492	1220	132	—	204	5073	→ 70894
Totals of Words in each New Testament Book or Letter. (Mark: minus Short Ending of 34 Words).	18345	11269	19482	15643	18441	7101	6827	4477	2230	2424	1629	1581	1481	823	1591	1238	659	335	4953	1742	1684	1099	2141	245	219	461	9851	137977
Totals of Words Remaining in each N.T. Book or Letter after Subtraction of Above List.	9026	5510	9355	7330	9250	3350	3358	1958	—	1106	758	703	670	359	927	647	382	149	2518	918	885	607	921	113	108	257	4778	67083

Number of Zeros (representing blank spaces): | 121 | 149 | 102 | 160 | 124 | 169 | 162 | 180 | 201 | 221 | 218 | 231 | 225 | 236 | 232 | 238 | 254 | 257 | 181 | 212 | 227 | 246 | 243 | 273 | 264 | 263 | 191 |

From greater to lesser, the ordering of the N.T. Books and Letters using the above words is as follows:
Lk (102 zeros), Mt (121), Ac (124), Mk (149), Jn (160), 1-C (162), Rm (169), 2-C (180), Hb (181), Rv (191), Ga (201), Jm (212), Phl (218), Eph (221), 1-Th (225), 1-Pt (227), Col (231), 1-Ti (232), 2-Th (236), 2-Ti (238), 1-Jn (243), 2-Pt (246), Tit (254), Phm (257), Jd (263), 3-Jn (264), and 2-Jn (273).

In general, the above list comprises "particles"——in the sense of small controlling words. These include adverbs (but only when used in multiple ways, e.g., ἄνω, or for comparative reasons, e.g., αὐτοῦ as an adverb of place), affirmative and negative particles, e.g., ναί, νή, οὔ, some common adjectives, e.g., ἅπας, πᾶς, the article, conjunctions, contracted words, e.g., κἀκεῖθεν, correlatives, e.g., τοιοῦτος (also used as an adjective and substantive), enclitics, e.g., γό, interjections, e.g., οὐαί (used also as a substantive), other negative particles, e.g., μή, prepositions, pronouns, words governing the genitive [illegible] ... words have been delineated according to their various uses, e.g., ἅμα, while others have only their frequencies, e.g., ἵνα, ὅτι. A separate study is planned to capture all the nuances of meaning involved in such words. A unique feature among the prepositions is the separation of the various forms, e.g., ἀπ', ἀπό, ἀφ'. Many interrogative particles are included, with some exceptions, as well as combined forms, e.g., διὰ τί; . Words which could have been placed in the above list, but which have been counted into the general total of frequencies, are for example: ἄνωθεν, ἄρτι, οὐκοῦν, οὐχί, πόθεν, πότε, ποσάκις, τότε, etc.

Among the above words, those which occur in all the books and letters are thirteen: ἀλλά, αὐτός, γάρ, the combined forms of ἐγώ, εἰς, ἐν, καί, the article (ὁ, ἡ, τό), ὅς as relative, ὅτι under one of its various uses, οὗτος, πᾶς, and σύ in one of its forms. Words lacking in one book or letter are: ἀπό as such (2-Jn), δέ (2-Jn), διά-gen. (1-Jn), ἐκ (Phm), ἵνα (Jd), μή (Phm), οὐκ (Phm), πρός-acc.(Jd), and ὡς-I (3-Jn); thus, nine words. Words lacking in two NT writings are three: ἑαυτοῦ (Phm, 3-Jn), κατά-acc. (1-Th, 3-Jn), and τις (Phm, 2-Jn). Those lacking three writings are three: ἀλλ' (Tit, 2-Jn, Jd), διά-acc.(Tit, 2-Pt, Jd), and οὐ (Tit, Phm, Jd). Those lacking four are two: οὖν (Tit, 1-Jn, 2-Jn, Jd), and περί-gen. (Ga, Jm, 2-Jn, Rv). Words lacking five writings are four: ἵνα μή (2-Th, 2-Ti, 1-Pt, 3-Jn, Jd), μετά-gen.(Jm, 2-Pt, 2-Jn, 3-Jn, Jd), ὅστις (1-Th, Phm, 2-Jn, 3-Jn, Jd), and ὑπέρ-gen. (2-Ti, 2-Pt, 2-Jn, Jd, Rv). All other words are lacking in six or more books and letters; 6: ἀλλήλων, ἐξ as such, ἤ meaning or, and ὑπό-gen. (4 words); 7: εἰ as such, ἐπί-acc., κατ'-acc., οὐχ, and τίς as interrogative (5 words); 8: διὰ τοῦτο, and ἐπί-dat. (2 words); 9: δι'-gen., ἐάν as conj., μεθ'-gen., μέν, ὅτε, and οὐδέ conj. (6 words); 10: εἴ τι(ς), ἐκεῖνος, ἐπί-gen., μηδέ, ὅταν, παρά-acc., and τοιοῦτος (7 words); 11: ἀπ', δι'-acc., ἐπ'-dat., and ἐφ'-acc. (4 words); 12: ἀφ', διό, εἰ μή, ἐμός as adj., ἐνώπιον, κατά-gen., πρό, and σύν (8 words); 13: ἐάν as equal to ἄν, ἐπ'-acc., ἤ meaning than, ἰδού, κἀγώ, καθ'-acc., μετ'-gen., ὁ αὐτός, παρά-gen., ποτέ, ὑπό-acc., and ὥστε (12 words); 14: ἄν, αὐτὸς ὁ, ἐὰν μή, ἐάν τι(ς), εἰ οὗ, ἕως II impr.prep.gen., ὅπως conj., ὅπως ἄν, οὐ μή, παρά-dat., τέ, and χωρίς as impr.prep.gen. (12 words); 15: ἄρα, μέσον nt.subst. < adj.μέσος, μετά-acc., οὐδέ as adv., οὔτε, παρ'-gen., περί-acc., σεαυτοῦ, and ὡς II conj. (9 words); 16: ἀντί, ἕως I conj., and παρ'-dat. (3 words); 17: ἄχρι(ς) as impr.prep.gen., ἐμαυτοῦ, ἔμπροσθεν as impr.prep.gen., ναί, and ὑπέρ-acc.(5 words); 18: διὰ τί / διότι, εἴτε, ἐπ'-gen., κἀκεῖνος, κἄν, κατ'-gen., οἷος, ὀπίσω as impr.prep.gen., ὅς demonstrative, οὗ adv. PL., and ὑπ'-gen. (12 words); 19: ἅπας, ἐπεί, μέχρι(ς) as impr.prep.gen., μήτε, πλησίον as m. subst., τοσοῦτος, and ʼΩ interj. (7 words); 20: ἄχρι(ς) as conj., ἔξω as adv. PL., ἐφ'-dat., καθ'-gen., μήτι, οὐ meaning no, πλήν as conj., σός as adj., τοῦτ' ἔστιν, and ὑμέτερος as adj. (10 words); 21: γέ, ἕνεκεν, οὐδ' as adv., ὑπο-

κάτω, χάριν (5 words); **22:** ἀνά as prep.acc., ἔξω as impr.prep.gen., ἔξω as m.subst., ἔσωθεν as adv. PL, μήποτε conj., μή πως, ὀπίσω adv. PL, ὁποῖος, οὐαί interj., πρίν, ὥστε μή (11 words); **23:** ἅμα adv. T, ἀνὰ μέσον w.gen., ἄνω adv. PL, δή, εἴ γε, ἐν τίνι; / ἔξωθεν adv. PL, ἐπάνω as impr.prep.gen., ἐπειδή as caus.conj., ἔσω as adv. PL, ἔσω as m.subst.for adj., ἐφ'-gen., ἡμέτερος as adj., ἴδε in the sense of see! listen!, ἱνατί, κἀμοί, κἀκεῖ, κατέναντι as impr. prep.gen., μέντοι, μέσος as adj., μεταξύ as impr.prep.gen., ὅδε, ὄπισθεν as adv. PL, ὅπως μή, ὄφειλον, παρ'-acc., πρὶν ἤ, πρὸ προσώπου w.gen., πρός-dat., τηλικοῦτος, and ὑφ'-gen. (31 words); **24:** ἀνθ'-gen., ἀπέναντι, ἄρα, αὐτοῦ adv. PL, εἴπερ, εἴ πως, εἰς τί; / ἑκατονταπλασίων, ἐκτός as impr.prep.gen., ἐμός as nt.subst., ἔμπροσθεν as adv. PL., ἕνεκα, ἴδε meaning here (is), καίπερ, κἀκεῖθεν as adv. PL, κατενώπιον, μέχρι(ς) as conj., μήποτε as interrogative, πέραν as impr.prep.gen., σός as nt.subst., τοίνυν, and τοὐναντίον (22 words); **25:** ἀλλ' ἤ, ἅμα impr.prep.gen., ἄνευ, ἄνω as nt.subst., εἵνεκεν, ἐκτός as conj., ἔναντι, ἐναντίον, ἔξωθεν as impr.prep.gen., ἔξωθεν as m.subst., ἔξωθεν as nt.subst., ἐπάν, ἐπάνω as adv. w.num., καίτοι, κἀμέ, κύκλῳ as adv. PL, κύκλῳ as adj., μεθ'-acc., μενοῦνγε, μέσος as impr.prep.gen., μετ'-acc., μεταξύ as adv. T, ὄπισθεν as adv. PL, ὄπισθεν as impr.prep.gen., οὐδ' as conj., παρεκτός as impr.prep.gen., πέραν as combined impr.prep.gen. and nt.subst., πέραν as nt.subst. alone, πλήν as impr. prep.gen., σός as m.subst., τίς as exclamative, τοιγαροῦν, ὑπ'-acc., and ὑπεράνω (34 words); **26:** ἄγε, ἅμα as adv. PL, ἀνά as adverbial, ἄντικρυς, ἀντιπέρα, ἄνω as adj., ἄτερ, διόπερ, ἔα, ἑάνπερ, εἰ μήν (see under εἰ and μήν II), ἐκτός as adv. PL, ἐντός as nt.subst., ἐντός as impr.prep.gen., ἔξω as f.subst., ἐπάνω as adv. PL, ἐπειδή as tempor.conj., ἐπειδήπερ, ἐπέκεινα, ἔσω as impr.prep.gen., ἔσωθεν as nt.subst., ἐσώτερος as adj., ἐσώτερος as impr.prep.gen., ἡμέτερος as m.subst., ἡνίκα, ἤπερ, ἤτοι, καίτοιγε, κἀκεῖθεν as adv. T, κατὰ τί; / κατέναντι as adv. PL., κυκλόθεν as adv. PL, κυκλόθεν as impr.prep.gen., κύκλῳ as adv. PL, μηδ', μήποτε meaning never, μήποτε meaning perhaps, μή που, μήτι γε, νή, ὅπως as adv., οὐά, οὐαί as f.subst., οὐαί as indecl.subst., οὐδὲ μή, ὀψέ as adv. T, ὀψέ as impr.prep.gen., παρεκτός as nt.subst. < adv., πλησίον as impr.prep.gen., πρός-gen., πρὸς τί; / τίς τί, τοὔνομα, ὑμέτερος as nt.subst., ὑπέρ II (adv.), ὑπερέκεινα, ὑπερεκπερισσοῦ as adv. M, ὑπερεκπερισσοῦ as impr. prep.gen., ὑφ'-acc., χάριν τίνος; / χωρίς as adv. M. (62 words).

Unique Forms in the Above List of Words as Contained in the Various New Testament Books and Letters

Mt has 5 : ἐκτός as an adverb of place (23.26); ἐντός, an adverb of place used as a neuter substantive (23.26); μήποτε, used in the sense of perhaps (25.9); ὀψέ as an improper preposition with the genitive (28.1); and τοὔνομα, a contracted neuter noun (27.57). **Mk** has 4: ἔσω as an improper preposition with the genitive (15.16); οὐά, interjection (15.29); ὀψέ as an adverb of time (bis: 11.19, 13.35); and τίς τί (15.24). **Lk** has 13 : ἀντιπέρα, an improper preposition with the genitive (8.26); ἄτερ, a preposition with the genitive (bis: 26.6,35); ἔα, an interjection (4.34); ἐντός as an improper preposition with the genitive (17.21); ἐπάνω as an adverb of place (11.44); ἐπειδή as a temporal conjunction (7.1); ἐπειδήπερ, a causal conjunction (1.1); ἔσωθεν as a neuter substantive (bis: 11.39,40); κατὰ τί; / (1.18); κατέναντι as an adverb of place (19.30); μενοῦν, an emphatic particle (11.28); ὅπως as an adverb (24.20); and ὑμέτερος as a neuter substantive (16.12). **Jn** has 5 : ἤπερ, a comparative particle (12.43); καίτοιγε, an emphatic particle (4.2); πλησίον as an improper preposition with the genitive (4.5); πρὸς τί; / (13.28); and χωρίς as an adverb of manner (20.7). **Ac** has 6: ἄντικρυς, an improper preposition with the genitive (20.15); ἔξω as a feminine substantive used as an adjective (26.11); ἐπέκεινα, an improper preposition with the genitive (7.3); ἐσώτερος as an adjective (16.24); κἀκεῖθεν as a contracted adverb of time (13.21); and μή που (27.29). **Rm** has 3 : ἅμα as an adverb of place (3.12); ἤτοι, a disjunctive particle (6.16); and ὑφ' with the accusative (3.9). **1-C** has 4: διόπερ, an emphatic inferential conjunction (bis: 8.13, 10.14); μήτι γε (6.3); νή, an emphatic affirmative particle (15.31); and οὐαί as an indeclinable substantive (9.16). **2-C** has 5: ἔξω as a masculine substantive used as an adjective (4.16); ἡνίκα, a particle of time (bis: 3.15,16); παρεκτός as a neuter substantive from the adverb (11.28); ὑπέρ II, an adverb meaning even moreso (11.23); and ὑπερέκεινα, an improper preposition with the genitive (10.16). **Ga** has 1: ἄνω as an adjective (feminine) (4.26). **Eph** has 1: ὑπερεκπερισσοῦ as an improper preposition with the genitive (3.20). **1-Th** has 1 : ὑπερεκπερισσοῦ as an adverb of manner (bis : 3.10, 5.13). **Tit** has 1 : ἡμέτερος as a masculine substantive (3.14). **Hb** has 4: ἑάνπερ, a subordinate conjunction (ter: 13.6 lacking in M-G, 14, 6.3); εἰ μήν, an intensive particle meaning surely, certainly (6.14); ἐσώτερος as an improper preposition with the genitive (6.19); and μήποτε with the meaning never (9.17). **Jm** has 1: ἄγε (νῦν), an interjection (bis: 4.13, 5.1). **1-Pt** has 2: ἔξωθεν as a masculine substantive used as an adjective (3.3); and the form μηδ', a negative disjunctive particle (5.3). **1-Jn** has 1: χάριν τίνος; (3.12). Finally, **Rv** has 6: ἀνά used adverbially (21.21); κυκλόθεν as an adverb of place (4.8); κυκλόθεν as an improper preposition with the genitive (bis: 4.3,4); κύκλῳ as an improper preposition with the genitive (ter: 4.6, 5.11, 7.11); οὐαί as a feminine substantive (quater: 9.12 bis, 11.14 bis; 9.12a is singular, as is 11.14, but 9.12b is plural); and οὐδὲ μή, a negative conjunction (7.16).

A Statistical Analysis of Nestle-Aland 26

In the 26th edition of Nestle-Aland there are exactly 137,977 separate words, excluding the 34 words comprising Mark's short ending (p.147); if this shorter ending is also counted, there are 138,011 words. This grand total takes into consideration the artificial separation of ὅ τι < ὅστις which, of course, has been counted as one word. This occurs nine times : Mk 6.23 (p.107), Lk 10.35 (p.193), Jn 2.5 (p.251), 8.25 (p.275), 14.13 (p.298), 15.16 (p.301), Ac 9.6 (p.345), 1-C 16.2 (p.470), Col 3.17 (p.529), or ten times with the addition of 1-Jn 3.20 (p.620), which acquires a better sense as ὅ τι than as ὅτι. Cf. Zerwick-Grosvenor, An Analysis of the Greek New Testament (Biblical Institute Press) Rome, 1979, p. 731. Other unit phrases (e.g. ἵνα μή), although inseparable syntactically, have been counted initially as two words, since the one phrase is indeed composed of two words. There are many such combinations; e.g., ἀλλὰ γε, ἀλλ' ἤ, ἀνὰ μέσον, ἄρα γε, ἆρά γε, αὐτὸς ὁ, διά γε, διὰ τί; , διὰ τοῦτο, ἐὰν μή, ἐάν τι(ς), εἴ γε, εἰ μή, εἰ μήν, εἰ οὐ, εἰ πως, etc. Even some proper names involve such combinations of two words; e.g., Ἀππίου φόρου (Ac 28.15), Καλοὺς λιμένας (Ac 27.8), Νέαν πόλιν (Ac 16.11), Τριῶν ταβερνῶν (Ac 28.15), and the new form Κρανίου Τόπος (Mt 27.33, Mk 15.22, Jn 19.17).
The twenty-seven New Testament books and letters have the following grand totals of words:

Mt	— 18345	Rm	— 7111	Col	— 1581	Tit	— 659	1-Jn	— 2141
Mk	— 11269	1-C	— 6829	1-Th	— 1481	Phm	— 335	2-Jn	— 245
Lk	— 19482	2-C	— 4477	2-Th	— 823	Hb	— 4953	3-Jn	— 219
Jn	— 15631	Ga	— 2230	1-Ti	— 1591	Jm	— 1742	Jd	— 461
Ac	— 18449	Eph	— 2422	2-Ti	— 1238	1-Pt	— 1684	Rv	— 9851
		Phl	— 1629			2-Pt	— 1099		

From greater to lesser, the sequence among the books and letters is as follows:

Lk	— 19482	Rv	— 9851	Ga	— 2230	1-Ti	— 1591	Tit	— 659
Ac	— 18449	Rm	— 7111	1-Jn	— 2141	Col	— 1581	Jd	— 461
Mt	— 18345	1-C	— 6829	Jm	— 1742	1-Th	— 1481	Phm	— 335
Jn	— 15631	Hb	— 4953	1-Pt	— 1684	2-Ti	— 1238	2-Jn	— 245
Mk	— 11269	2-C	— 4477	Phl	— 1629	2-Pt	— 1099	3-Jn	— 219
		Eph	— 2422			2-Th	— 823		

For the interest of scholars and students, as well as for the sake of correct statistics, the number of words on each of the 680 pages of Nestle-Aland's 26th edition is as follows. And in consideration of the *combined* forms of words (e.g., $εἰ$ $οὐ$ at Lk 18.4 on pp. 218 and 219, as well as $ἵνα$ $μή$ at Ga 6.12 on pp. 502 and 503a), the latter words in each case (i.e., $οὐ$ and $μή$) have been counted with the former pages (i.e., 218 and 502). As the text stands in N·A²⁶, p. 218 has 195 words, p. 219 has 228, p. 502 has 220, and p. 503a (the end of Galatians) has 99 words (the beginning of Ephesians on p. 503b has 38). Whereas, with the two changes which I have made, p. 218 has 196 words (with $οὐ$), p. 219 has 227, p. 502 has 221 (with $μή$), and p. 303a has 98 words. On pages where one writing ends and another begins, the page has been divided into *a* and *b*, and in effect, is considered to be *two* pages. This division occurs on the following *twelve* pages :

1 — 472 a	end of 1-C	41 words.		7 — 556 a	end of 2-Ti	102 words
b	beginning of 2-C	115 "		b	beginning of Tit	38 "
2 — 503 a	end of Ga	98 "		8 — 560 a	end of Tit	74 "
b	beginning of Eph	38 "		b	beginning of Phm	57 "
3 — 531 a	end of Col	31 "		9 — 608 a	end of 1-Pt	59 "
b	beginning of 1-Th	116 "		b	beginning of 2-Pt	52 "
4 — 538 a	end of 1-Th	31 "		10 — 615 a	end of 2-Pt	19 "
b	beginning of 2-Th	127 "		b	beginning of 1-Jn	129 "
5 — 542 a	end of 2-Th	55 "		11 — 625 a	end of 1-Jn	70 "
b	beginning of 1-Ti	109 "		b	beginning of 2-Jn	60 "
6 — 550 a	end of 1-Ti	69 "		12 — 628 a	end of 3-Jn	66 "
b	beginning of 2-Ti	63 "		b	beginning of Jd	51 "

Hyphenated words, distributed between lines, are counted with the *former* line (cf. Mt 1.2); likewise, hyphenated words, distributed between two pages, are counted with the *former* page (cf. Mt 2.10). A hyphenated word running onto a subsequent line, and being the only word (in part) on that line, is counted with the *previous* line, and the subsequent line on which part of the word stands is not considered to be a line at all (cf. Mt 5.6). Whereas, when a whole (unhyphenated) word stands alone on a line, that line is counted *as such* (cf. Mt 1.1).

WRITING	PAGE	WORDS	δέ	καί	ARTICLE	PARTICLES	LINES	WORDS REMAINING	1ST line of numbers: total of words on each line. 2ND " " " " " " remaining on line after subtraction of others.	QUES MARKS	DAGGERS
Mt	1	159	25	2	34	5	22 → 93→		7,1,7,8,8,9,8,7,7,9,10,7,2,9,7,8,8,7,8,7,7,8 / 7,1,5,4,4,4,5,4,4,5,5,4,1,4,4,5,5,4,5,4,4,5	0	0
	2	213	18	5	32	42	28 → 116→		8,5,7,7,6,8,9,8,7,8,10,4,9,8,6,6,9,7,9,8,7,7,8 / 4,2,4,4,4,4,6,5,4,5,5,3,4,4,3,4,6,3,5,5,4,2,6,5,3,6,3,3	0	0
	3	235	7	12	37	60	31 → 119→		8,1,9,6,8,10,8,9,5,8,8,6,9,9,8,8,7,14,8,5,7,5,7,7,8,7,8,9,8,9,10 / 4,1,5,3,4,4,4,3,3,4,4,5,5,4,4,1,3,3,5,4,3,5,2,3,6,3,5,4,3,3,5,5	1	0
	4	235	4	19	35	53	33 → 124→		7,9,8,7,5,9,4,6,8,10,11,9,9,9,9,1,6,8,8,10,8,9,3,4,4,5,4,3,7,8,9,9,9 / 4,5,4,4,2,6,1,3,6,4,6,4,4,5,4,1,3,5,5,2,4,5,2,3,3,2,1,4,5,4,5,5	0	0
	5	211	7	11	36	49	30 → 108→		9,7,8,9,7,8,3,7,8,8,1,9,1,5,4,5,10,9,9,8,8,8,2,7,8,8,7,9,11,8 / 4,4,5,4,5,4,2,3,4,4,1,4,1,3,3,3,4,4,6,3,3,3,1,4,4,4,5,4,5,4	1	3
	6	214	5	12	32	60	27 → 105→		10,8,1,14,8,8,12,9,8,2,8,9,8,9,9,8,7,8,9,7,8,9,9,7,5,6,12 / 5,5,1,3,3,5,5,4,3,2,4,3,4,3,5,5,4,4,4,4,1,3,4,4,4,4,6	1	6
	7	200	2	12	27	52	30 → 107→		8,10,4,8,9,11,3,6,5,7,8,4,8,8,10,8,8,8,4,6,8,6,8,5,5,5,3,6,3 / 5,5,3,4,4,6,1,2,2,3,5,2,5,3,3,5,5,4,4,2,4,4,1,3,5,3,4,3,2,3	0	1
	8	226	4	28	38	43	32 → 113→		8,3,8,7,7,8,6,9,8,8,8,9,7,10,1,8,8,8,3,9,8,6,5,6,8,6,10,7,7,5,7 / 4,2,5,4,3,6,4,4,4,4,7,3,4,2,5,0,4,3,4,1,4,4,4,2,3,4,2,5,2,4,3,3	0	1

WRITING	PAGE	WORDS	δέ	καί	ARTICLE	PARTICLES	LINES	WORDS REMAINING	1ST line of numbers: total of words on each line. 2ND " " " : " " " remaining on line after subtraction of others.	QUES. MARKS	DAGGERS
Mt	9	177	1	7	33	53	30	→ 83→	3,3,3,5,7,3,3,3,5,5,3,5,5,7,2,7,6,7,8,5,11,9,6,9,7,14,9,8,10,3 2,1,2,2,4,1,2,1,3,2,2,3,3,3,2,3,2,3,4,1,5,4,3,5,5,3,4,3,4,1	1	0
	10	275	7	8	44	92	31	→ 124→	8,7,11,12,14,8,7,9,6,10,7,6,7,11,9,11,10,9,8,12,7,8,8,12,9,14,7,7,14,9,10 4,1,4,1,7,3,4,4,4,3,3,3,3,4,5,3,5,6,4,3,5,3,5,4,4,4,5,4,3,4,3,4	0	0
	11	239	7	13	28	87	28	→ 104→	11,11,9,10,12,1,9,14,7,7,1,7,8,11,11,8,9,9,11,6,7,9,10,8,9,9,10,7 4,5,4,3,5,1,4,3,4,3,1,4,4,4,5,3,5,6,3,3,4,4,4,2,5,3,5,3	0	0
	12	196	4	11	34	66	24	→ 81→	8,9,8,8,9,8,8,9,9,2,7,7,13,8,7,8,9,7,12,10,5,8 3,4,3,3,4,4,4,4,5,3,2,3,2,3,4,3,5,3,4,4,2,3	4	0
	13	166	2	8	31	58	24	→ 67→	9,6,7,9,9,12,5,7,8,8,9,4,6,4,4,4,6,8,6,7,6,6,7,9 3,4,4,3,4,4,2,4,3,3,3,2,2,2,2,2,4,2,2,2,2,2,3,3	0	1
	14	243	5	11	40	67	30	→ 120→	10,4,8,7,7,8,9,8,12,4,8,8,8,9,6,9,10,10,12,4,8,9,8,2,9,11,10,8,7 3,2,3,3,5,4,3,4,3,2,4,6,4,6,3,5,4,6,5,5,3,5,6,5,1,3,4,6,4,3	1	0
	15	250	6	9	40	87	30	→ 108→	10,10,7,7,9,9,10,9,8,6,9,9,8,9,7,9,7,10,7,10,11,9,12,7,8,8,10,6,8,1 4,3,4,4,5,3,6,6,3,3,4,3,4,1,4,3,4,4,3,3,6,3,4,5,3,5,2,3,0	9	1
	16	218	2	13	27	63	28	→ 113→	7,9,8,11,9,8,8,10,4,9,8,6,8,10,8,10,8,6,8,7,8,7,8,7,6,8,9,3 4,4,4,5,3,6,5,2,3,3,3,4,5,3,5,4,3,3,4,3,6,6,6,5,6,3,1	3	3
	17	213	1	19	37	59	26	→ 97→	9,9,8,11,7,7,8,7,9,7,8,11,8,10,8,8,8,8,8,8,10,3,7,7,9 4,4,4,1,4,4,4,3,2,5,3,5,4,2,4,3,5,4,4,4,3,4,1,3,4,6	1	0
	18	206	4	23	27	46	25	→ 106→	7,8,9,9,6,6,7,9,7,6,14,14,9,7,9,7,9,8,8,14,8,14,8,14,6,10 4,5,5,5,3,3,4,5,4,3,5,5,4,4,4,5,4,5,4,4,5,4,5,4,3	0	3
	19	230	7	23	37	46	31	→ 117→	9,7,9,5,6,8,6,7,5,4,8,8,8,8,8,8,8,9,7,8,8,10,6,6,8,9,7,9,2,9 5,3,4,2,4,4,4,4,2,2,4,4,5,4,6,4,5,3,4,3,4,4,3,4,6,5,5,3,1,2	2	1
	20	192	4	15	29	54	25	→ 90→	7,8,9,10,9,7,7,9,8,14,14,7,8,9,7,1,8,3,7,9,8,8,8,7,8 4,5,3,5,4,5,4,3,4,3,4,4,1,1,5,3,10,4,2,3,5,5,2,4,3,5	3	1
	21	227	7	18	34	50	29	→ 118→	8,10,9,14,9,9,5,7,7,7,1,8,7,9,9,7,9,7,8,14,3,6,8,9,10,9,10,5,9,8 4,5,6,5,4,4,1,5,4,4,0,3,5,3,3,4,5,5,6,2,4,3,4,5,4,5,4,5,4	4	2
	22	208	4	18	29	51	27	→ 106→	10,10,7,4,8,8,9,7,5,7,7,9,8,9,8,9,7,8,9,9,3,6,8,8,9,8 5,5,5,3,4,4,4,4,1,5,3,4,4,5,3,4,4,4,3,5,4,1,4,5,5,4,4	1	3
	23	209	6	19	38	38	30	→ 108→	8,7,8,7,6,7,5,9,8,8,2,9,8,8,3,8,8,9,8,9,1,6,5,8,2,8,9,9,7,9 5,5,5,3,4,4,4,4,1,5,3,4,4,5,3,5,4,1,4,5,5,3,6	0	1
	24	219	6	8	26	72	28	→ 107→	7,4,7,9,7,8,7,6,5,7,9,9,10,10,8,11,12,14,8,8,8,8,5,8,9,3,6,10 4,1,4,4,5,5,4,5,5,5,4,5,3,5,4,4,5,2,4,3,4,6,2,2,5,1,3,3	0	0
	25	220	7	14	30	74	27	→ 95→	7,8,7,14,9,10,7,8,7,10,1,9,10,11,8,8,11,6,5,8,8,10,14,8,8,9,7 2,2,3,3,4,3,4,5,3,3,1,1,3,4,5,4,3,4,3,4,3,4,4,4,5,6	1	2
	26	242	2	13	36	86	31	→ 105→	11,9,7,2,8,8,9,6,8,1,8,8,9,9,8,8,11,9,14,8,7,9,7,8,8,9,7,7,7,7,7 4,2,5,1,1,3,2,2,1,1,4,6,4,3,1,4,5,3,4,3,2,3,4,5,7,4,6,2,6,4,4,3	0	0
	27	218	5	11	31	57	30	→ 114→	9,8,9,7,7,6,8,7,2,8,9,6,6,10,6,7,4,9,7,8,8,9,9,7,9,7,7,8,8,7,3 4,4,4,5,5,5,4,6,3,0,4,5,3,5,4,4,3,2,2,2,5,4,5,4,3,4,6,4,4,3	8	1
	28	254	0	22	28	85	31	→ 119→	5,4,9,7,9,7,6,8,8,10,9,8,9,8,9,9,9,6,8,9,8,8,6,9,12,8,8,8,10,9,10 2,2,5,5,5,5,2,5,3,3,5,4,6,2,5,3,5,3,5,4,4,4,2,4,3,4,3,10,4,4,5	1	0
	29	234	8	14	35	62	28	→ 115→	8,8,7,9,8,10,14,9,12,14,9,14,11,8,7,8,8,7,7,9,9,8,6,9,8,7,4,8 3,3,5,4,4,4,4,3,4,5,5,6,4,4,4,5,4,2,5,4,5,4,6,4,4,1,5	4	0
	30	193	3	13	24	68	27	→ 85→	6,7,8,3,6,9,6,5,4,9,4,5,7,6,6,8,10,9,7,8,9,8,8,14,9,8 3,2,4,2,2,3,2,3,2,3,3,3,4,4,5,3,4,4,3,4,2,5,3,4,2	3	4
	31	250	4	12	41	72	30	→ 121→	9,11,9,9,10,9,8,8,8,10,8,9,9,9,9,6,8,9,7,7,10,8,10,11,6,7,9,8,8,11 5,5,3,5,3,3,3,4,3,4,3,2,4,5,4,6,4,5,5,5,4,4,3,1,3,4,6,5,17	2	0
	32	229	3	20	36	56	28	→ 114→	10,14,8,6,10,8,9,9,2,9,6,10,7,8,8,7,8,8,9,9,8,9,11,10,8 6,7,4,2,6,4,3,5,2,4,5,5,4,5,3,4,3,4,3,4,3,3,4,4,4	1	1
	33	216	9	18	26	63	27	→ 100→	9,6,8,9,1,7,14,14,9,8,9,8,10,10,14,7,9,8,9,8,14,7,7,6,6,7 4,3,3,4,1,4,4,3,5,6,5,4,5,4,5,4,3,4,4,3,3,3,3,4,3,3	1	2
	34	238	10	21	43	52	31	→ 112→	7,5,5,4,4,4,5,9,9,8,14,7,7,9,14,9,8,10,8,14,9,10,10,10,1,6,7,14,8,9 3,3,2,2,2,2,2,4,6,4,3,5,3,5,4,5,3,5,3,1,5,5,3,5,3,3,3,4,3,3	0	0
	35	204	6	7	32	47	27	→ 112→	10,7,9,10,7,8,7,7,10,8,14,4,6,9,8,8,9,9,1,6,9,9,9,7,6,6,5 6,4,5,6,4,3,4,4,4,5,4,1,5,6,4,3,6,4,0,5,6,5,4,4,3,3,4	3	2
	36	216	8	10	53	25	26	→ 120→	9,7,9,9,11,11,14,9,8,7,9,8,9,8,11,9,8,7,8,10,6,8,5,7,5,8 6,4,5,6,4,3,4,4,4,5,4,0,5,6,5,4,4,3,3,4	0	2
	37	202	3	18	33	60	26	→ 88→	9,7,8,9,7,8,10,5,7,8,8,7,2,8,9,8,7,10,10,8,10,7,10,11,8,1 4,3,4,5,4,3,5,2,2,2,3,6,3,1,4,4,3,3,3,5,4,4,1,5,2,5,0	6	0
	38	188	3	15	35	44	25	→ 91→	8,7,8,9,2,7,9,7,8,9,2,7,9,8,8,9,8,7,7,9,9,8,7,7,9 4,4,4,3,0,4,4,4,3,3,5,1,4,3,5,3,5,4,4,3,4,4,4,4,4,5	0	2

WRITING	PAGE	WORDS	δέ	καί	ARTICLE	PARTICLES	LINES	WORDS REMAINING	1ST line of numbers: total of words on each line. 2ND " " " : " " " remaining on line after subtraction of others.	QUES. MARKS	DAGGERS
Mt	39	191	8	15	31	33	24	104 →	8,8,5,7,10,7,7,8,21,11,7,9,8,9,7,8,8,4,7,10,8,9,8,8 / 4,5,2,4,7,3,4,5,4,6,4,4,5,5,3,5,6,2,4,2,5,5,6,4	0	1
	40	182	8	11	28	41	23	94 →	9,9,8,5,9,9,7,12,14,9,8,6,9,9,9,7,3,8,7,8,7,7,7 / 6,4,3,4,5,5,4,4,5,4,5,5,5,4,3,4,3,1,3,3,3,4,4	1	2
	41	185	5	7	35	49	25	89 →	6,7,7,8,10,8,11,9,14,8,9,6,2,7,8,4,4,7,9,8,4,6,8,7,8 / 4,3,4,3,3,4,5,5,5,3,4,3,2,3,3,2,4,4,4,3,2,4,5,3,4	3	2
	42	202	10	8	33	45	27	106 →	7,7,1,8,8,9,9,8,8,6,6,7,8,1,8,9,7,9,8,7,8,10,7,8,10,9,9 / 6,4,1,4,3,4,3,4,4,3,6,4,1,1,4,5,5,6,3,4,2,4,4,5,6,3,4	2	2
	43	192	3	22	28	38	25	101 →	8,10,9,3,9,8,8,7,9,7,6,7,2,7,8,8,8,9,8,14,8,8,9,8 / 4,6,3,1,5,4,5,3,4,5,4,2,3,5,4,4,4,4,6,4,5,4,3	2	1
	44	191	7	15	28	37	26	104 →	6,7,3,9,5,6,6,8,8,7,8,9,7,9,3,8,9,8,8,7,8,8,6,8,9,9 / 5,4,2,4,3,3,3,4,6,5,4,5,5,3,2,3,5,4,3,5,4,5,3,6,4,4	5	0
	45	208	8	11	38	49	25	102 →	7,14,2,10,7,9,9,9,9,11,8,9,10,12,9,7,10,10,8,7,3,8,8,8,8 / 4,4,1,5,4,4,5,5,4,6,5,6,2,4,5,3,4,3,6,3,2,5,3,4,5	2	2
	46	224	5	12	34	72	27	101 →	6,10,9,9,6,9,8,9,10,8,8,10,8,9,9,9,8,10,2,8,7,9,7,10,14,7,9 / 3,5,4,4,2,4,4,2,4,3,4,5,4,4,4,4,4,1,1,4,4,4,2,4,4,3,7	2	0
	47	213	4	19	24	56	27	110 →	9,9,7,11,6,8,8,8,9,2,8,10,8,8,8,9,6,10,8,8,9,4,7,7,7,10,8,7 / 7,6,3,5,3,4,4,5,3,2,3,5,5,3,6,4,4,4,5,4,2,3,5,5,4,2,4	1	1
	48	193	5	11	28	57	24	92 →	8,9,9,9,3,8,9,9,9,3,8,8,8,6,7,9,8,9,10,10,7,10,8 / 5,4,4,3,1,5,3,3,6,5,2,3,5,3,5,3,5,3,5,4,4,3,5,3	7	1
	49	248	2	11	39	87	28	109 →	7,8,8,8,9,6,9,11,8,9,11,7,9,8,8,9,8,9,11,10,11,10,9,7,7,14,10 / 5,5,2,3,5,4,3,4,3,3,5,2,3,4,3,3,4,3,3,4,5,7,4,4,6,4,3,4	1	0
	50	230	4	8	23	87	27	108 →	9,9,8,10,8,8,4,9,14,8,11,9,10,8,14,14,4,8,10,8,14,8,8,9,9,6 / 5,5,5,4,4,4,2,3,3,3,6,5,4,1,6,5,3,5,2,3,5,3,6,3,4,3	4	1
	51	213	5	12	29	68	27	99 →	8,8,6,7,8,14,8,7,7,8,9,8,8,7,9,8,8,7,7,7,8,9,8,8,9,9,7 / 4,5,3,5,4,4,4,3,3,3,5,4,5,2,4,4,3,3,4,4,3,3,3,4,4,2	1	3
	52	195	4	14	23	59	25	95 →	8,8,9,6,1,6,8,8,10,7,9,11,10,8,6,7,7,8,11,5,7,10,8,9,8 / 4,3,4,3,1,3,5,3,5,3,5,4,6,6,4,5,2,4,4,2,4,3,5,3,4,5	3	3
	53	199	7	10	31	49	25	102 →	6,8,7,7,8,10,14,8,2,7,10,11,8,9,9,9,9,8,9,8,8,8,3,9,8 / 5,5,4,4,4,3,4,2,4,6,6,4,5,4,4,1,2,4,6,5,3,3,5,4	4	5
	54	203	8	9	23	59	26	104 →	7,6,8,6,9,7,5,8,8,10,8,9,8,9,10,7,6,7,8,6,6,9,9,8,9,10 / 4,5,4,4,5,4,2,4,6,5,4,4,5,2,5,5,4,3,4,3,6,3,4	2	6
	55	193	6	15	30	44	23	98 →	9,7,9,9,8,8,7,8,9,8,8,7,8,10,8,11,11,8,8,7,9 / 6,4,6,5,3,5,4,3,4,5,4,3,5,4,3,4,5,4,4,5,4	4	6
	56	188	4	13	23	61	23	87 →	6,4,6,5,3,5,4,3,4,5,4,3,5,4,3,4,5,4,4,5,4 / 7,8,6,8,8,8,2,7,8,4,8,11,10,6,4,6,4,7,10,8,8,7,11,8,8	2	3
	57	135	3	11	14	32	18	75 →	3,4,3,3,5,5,3,4,5,4,6,5,3,3,3,1,3,4,5,2,4,4,5 / 9,8,6,8,8,7,9,7,9,8,6,8,3,8,8,7,8,8	1	2
	58	184	7	16	34	39	27	88 →	5,4,3,5,5,5,4,6,4,5,2,5,1,3,5,5,3,5 / 11,8,9,1,4,6,5,5,8,9,9,8,11,10,6,4,6,4,7,10,8,2,8,9,8,7,1	1	0
	59	245	6	21	31	63	31	124 →	3,4,4,1,3,2,3,3,5,4,3,3,6,4,3,3,4,2,3,5,4,1,4,3,4,3,1 / 6,6,9,9,9,8,8,2,7,8,4,8,11,10,9,2,3,7,10,10,9,10,6,3,8,9,9,8,9,10,10	6	2
	60	203	10	12	26	54	26	101 →	4,3,4,3,4,4,4,1,5,3,3,4,6,5,4,2,5,5,5,4,5,3,3,3,5,4,4,4,4,6 / 8,9,8,8,8,10,2,9,8,6,6,10,14,8,8,9,9,7,3,6,6,8,7,9,8	4	5
	61	216	5	13	32	61	31	105 →	3,3,3,4,5,3,1,5,7,3,5,5,4,4,5,4,3,4,3,4,5,4,4,4,6 / 8,9,7,7,7,14,8,7,8,8,7,7,6,5,8,1,5,5,4,6,10,8,9,7,7,8,7,5,8,7,7	2	0
	62	241	8	17	41	49	29	126 →	3,3,6,4,3,5,4,2,4,3,4,4,3,2,4,1,3,3,2,3,3,5,3,2,3,3,4,2,5,4,5 / 7,9,7,8,14,9,11,8,8,7,8,10,9,9,8,9,7,7,7,10,7,10,9,7,6,7,8,9,10	1	2
	63	238	6	14	40	64	28	114 →	3,4,6,4,3,3,4,2,4,3,3,5,3,2,3,3,5,5,5,3,3,3,5,5,5,3,3,5 / 8,9,10,8,8,8,10,5,7,7,7,9,9,9,10,14,9,9,8,9,9,8,9,11,12,7,4	5	1
	64	182	4	8	28	54	24	88 →	4,5,4,4,4,3,4,5,3,5,4,5,4,5,5,3,4,4,4,4,3,4,5,7,4,1 / 8,6,7,11,12,12,8,9,9,6,10,8,9,5,4,6,4,8,8,1,8,7,7	5	1
	65	171	10	11	26	50	22	74 →	4,2,4,6,5,4,5,1,6,4,5,6,3,2,2,1,5,5,3,1,4,4,3 / 9,11,6,8,10,8,6,6,8,5,10,8,10,8,8,9,8,6,6,7,8,8,2	0	1
	66	236	5	21	45	65	28	100 →	4,4,4,3,3,3,4,2,3,2,3,4,4,4,4,5,3,3,3,3,3,3,2 / 7,8,8,2,10,13,9,11,10,10,9,12,10,12,4,7,9,10,9,8,4,7,8,8,7,7,7	2	1
	67	226	2	15	31	72	31	106 →	3,5,5,1,4,6,5,4,5,3,5,3,2,2,5,1,3,4,4,4,5,2,3,3,4,4,2,3 / 6,7,8,8,3,7,8,10,8,8,8,8,1,8,8,8,10,10,7,8,5,6,6,7,8,9,9,10,4,6	1	1
	68	248	5	20	38	62	31	123 →	3,5,2,5,2,3,4,5,3,3,4,4,5,1,2,3,3,3,5,5,4,4,1,4,2,4,4,4,3,2,4 / 8,7,9,10,7,9,8,10,4,8,9,9,6,8,9,9,7,7,8,6,6,6,7,8,7,9,9,9,10,7,10	2	0

WRITING	PAGE	WORDS	δέ	καί	ARTICLE	PARTICLES	LINES	WORDS REMAINING	1ST line of numbers: total of words on each line. 2ND " " " : " " " remaining on line after subtraction of others.	QUES. MARKS	DAGGERS
Mt	69	234	4	16	42	65	30	→	12,9,8,1,9,7,11,9,9,4,11,6,7,8,14,9,8,9,9,2,8,3,8,7,6,9,11,8,7	0	0
								107→	3,2,3,1,4,5,4,3,3,2,5,3,5,3,3,4,4,6,6,1,3,2,3,3,3,5,4,6,4,4		
	70	199	4	12	34	54	24	→	8,8,9,10,9,8,11,9,8,9,12,1,9,9,8,7,9,8,9,9,8,3,9,9	0	1
								95→	3,4,4,6,4,4,4,3,3,4,4,1,5,4,3,3,5,4,5,6,6,2,5,3		
	71	219	6	11	36	62	27	→	7,9,10,6,10,8,9,8,9,9,9,9,9,11,9,9,2,7,6,8,9,8,9,7,8,8,6	1	2
								104→	6,3,3,4,5,3,4,5,3,4,3,5,4,4,2,6,1,5,3,4,5,3,5,2,4,5,3		
	72	216	9	14	31	47	26	→	9,9,8,9,7,7,14,8,8,9,8,3,7,7,13,7,9,8,14,8,9,9,8,8,8,10	0	0
								115→	3,4,3,3,4,3,4,4,6,5,3,1,5,3,6,4,5,5,7,4,5,3,7,6,5,7		
	73	259	6	17	42	66	29	→	9,9,9,9,10,8,14,9,7,11,9,9,8,9,10,10,7,10,9,9,11,10,6,9,9,11,9,7,6	1	1
								128→	5,4,1,7,6,6,4,6,6,4,5,4,6,4,4,3,5,3,3,5,5,4,4,2,3,4,4,5,4,3		
	74	255	3	27	27	71	31	→	8,8,7,10,8,7,9,8,10,8,9,7,11,7,9,8,9,8,8,12,6,10,6,9,8,7,14,6,7,9,6	4	1
								127→	5,4,4,5,5,4,5,4,4,5,4,4,4,3,3,4,4,3,6,5,4,5,2,5,3,4,5,3,4,4,3		
	75	229	9	8	35	62	29	→	7,10,9,7,8,7,8,7,9,9,9,9,9,14,7,1,8,7,9,7,4,8,8,11,9,11,8,6,7	4	1
								115→	4,4,1,5,5,4,5,2,5,5,4,4,3,4,5,3,0,6,4,3,1,4,2,4,6,4,5,5,3,3,4		
	76	199	5	8	29	65	25	→	9,8,8,10,10,8,14,9,8,7,7,8,9,7,10,8,11,9,9,8,1,8,8,3,6	2	0
								92→	5,4,5,4,3,4,4,4,4,4,5,5,5,2,5,3,3,4,3,1,4,2,2,3		
	77	200	3	13	18	69	25	→	10,8,6,9,8,11,9,1,9,6,8,8,7,10,8,7,8,11,8,8,7,9,7,8,9	1	0
								97→	3,3,3,4,5,4,3,1,5,4,4,5,5,6,4,3,4,2,4,6,2,4,6,4,3		
	78	205	2	14	30	50	26	→	8,6,8,7,8,9,6,5,9,8,9,8,9,7,8,8,7,9,9,9,7,8,8,8,7,10	2	1
								109→	5,3,5,5,4,4,5,2,5,4,4,4,4,5,4,5,2,5,4,5,3,3,4,5,5,5		
	79	196	6	10	36	43	24	→	9,9,7,9,7,7,9,6,9,8,8,7,6,5,10,7,8,10,12,10,9,9,7	2	0
								101→	5,4,3,5,3,5,3,4,4,3,4,4,3,6,5,5,4,3,6,5,5,4,5		
	80	199	7	14	27	46	26	→	8,8,4,8,6,7,14,9,7,8,14,8,8,9,11,8,8,8,8,4,6,9,8,5,8,6	3	1
								105→	6,3,4,1,3,3,4,5,2,4,5,5,3,6,3,5,5,5,4,3,4,3,4,3,5,4		
	81	229	8	10	36	54	29	→	6,10,9,7,9,7,9,9,9,8,8,9,4,8,9,10,8,7,8,9,1,9,9,4,9,8,8,7,11	3	2
								121→	5,4,4,4,5,5,4,5,5,5,4,4,3,3,5,4,3,5,4,4,1,5,7,4,4,4,4,3,4		
	82	211	8	12	35	54	28	→	8,1,8,9,7,11,8,6,9,4,9,8,9,8,11,8,3,7,9,6,7,10,6,7,8,9,8,7	3	1
								102→	4,0,3,5,3,4,4,3,4,5,6,5,4,3,4,2,4,4,4,4,4,2,4,4,3,3,2		
	83	169	4	12	19	40	23	→	6,8,7,7,8,5,7,7,6,7,9,7,6,10,9,8,7,7,8,8,10,9,3	0	0
								94→	5,4,4,6,5,3,4,3,3,5,5,4,4,5,5,4,4,5,5,4,6,2,1		
	84	203	8	15	28	38	26	→	9,10,5,4,10,8,9,9,5,8,12,7,6,9,7,9,8,7,8,10,4,7	2	2
								114→	4,6,4,4,3,5,4,6,5,6,4,3,6,4,4,4,4,2,5,6,6,3,4,4,3,5		
	85	193	4	12	36	34	25	→	7,8,8,8,9,9,7,14,4,6,8,7,8,9,7,14,9,6,7,5,7,8,8,8,8	0	1
								107→	3,4,6,4,4,4,5,6,2,3,4,4,7,4,3,5,6,5,4,2,3,5,5,5,4		
	86	199	6	12	28	54	26	→	11,9,7,8,8,9,8,9,4,8,7,7,8,7,7,9,7,8,7,6,8,6,9,7,7	0	2
								99→	4,4,4,4,4,6,7,3,3,2,4,5,3,4,3,5,3,2,4,3,5,4,4,3,2,4		
	87	91	2	6	17	26	12	→	8,2,8,10,7,8,8,7,12,6,9,6	0	0
								40→	3,2,4,4,3,4,4,4,3,5,4,1,3		
	87	**18345**	**494**	**1177**	**2788**	**4860**	**2347**	**9026**		**166**	**114**
Mk	88	130	1	9	19	33	19	→	7,7,8,5,5,4,5,9,6,9,8,6,8,9,3,6,10,7,8	0	3
								68→	6,4,2,2,3,3,3,5,4,3,2,4,5,5,2,4,4,3,4		
	89	189	1	22	37	36	25	→	8,9,8,8,7,12,1,9,8,9,4,8,7,9,8,3,7,8,8,10,7,6,8,9,8	0	2
								93→	4,4,4,4,4,4,1,1,4,5,3,2,3,4,4,5,1,3,6,4,4,5,4,4,3,4		
	90	166	1	20	20	45	23	→	9,2,6,7,7,10,1,9,7,8,12,7,8,7,7,8,6,8,6,6,7,9,7,8	3	1
								80→	4,0,3,4,3,3,1,4,4,5,5,3,4,1,2,4,4,4,3,4,4,5,3		
	91	144	1	21	14	37	19	→	7,6,9,8,8,6,7,8,8,7,8,8,8,9,7,8,7,9,6	0	2
								71→	4,2,5,3,4,5,5,4,6,4,2,2,4,4,3,4,3,4,3		
	92	181	2	17	19	48	23	→	8,9,6,8,9,7,8,8,8,6,7,7,14,8,7,7,8,7,9,9,7,8,10	2	0
								95→	5,4,3,5,4,4,4,4,4,3,4,4,3,4,3,4,3,4,5,5,5,4,4,6		
	93	174	1	19	27	45	22	→	8,9,8,8,9,8,8,10,9,7,8,8,8,9,3,8,7,9,7,8,7	2	0
								82→	4,2,5,4,4,5,4,5,5,2,6,3,3,5,3,2,3,4,4,3,4,2		
	94	187	4	16	29	43	24	→	8,8,8,3,8,9,8,7,10,9,8,7,9,6,11,8,8,12,6,1,7,8,8,8	3	0
								95→	5,4,5,2,4,3,5,2,5,4,4,4,3,6,4,5,6,5,4,1,3,3,5,3		
	95	189	1	20	34	45	24	→	7,9,9,8,9,9,8,9,9,8,7,7,7,9,8,8,7,8,8,7,6,5,8,9	3	2
								89→	4,5,3,4,4,3,3,3,5,4,5,3,3,4,5,4,4,3,5,3,4,1,3,4		

WRITING	PAGE	WORDS	δέ	καί	ARTICLE	PARTICLES	LINES	WORDS REMAINING	1ST line of numbers: total of words on each line. 2ND " " " : " " " remaining on line after subtraction of others.	QUES. MARKS	DAGGERS
Mk	96	169	0	29	19	41	22	80	7,8,8,6,8,8,7,8,7,11,8,8,7,7,8,6,7,9,8,7,7,9 / 2,2,5,4,4,2,3,5,3,5,4,3,2,4,3,4,4,4,5,4,4	0	4
	97	171	1	15	23	51	23	81	7,4,8,8,7,5,7,10,4,6,6,6,9,9,7,10,8,8,9,9,4,8,8,8,10 / 4,1,4,4,3,2,3,4,3,3,5,4,3,3,4,5,4,5,2,4,4,2,5	1	2
	98	177	0	23	23	54	22	77	6,3,9,7,8,10,8,10,7,10,10,6,7,8,8,10,8,5,7,11,9,10 / 5,3,3,3,3,2,3,4,1,4,4,3,4,3,4,4,4,1,4,4,5,6	1	3
	99	203	2	26	29	48	26	98	9,10,9,8,10,7,8,7,9,8,8,9,1,6,6,5,8,8,9,9,9,9,8,7,8,8 / 4,5,5,3,5,5,6,5,3,3,3,2,1,3,3,2,3,4,3,6,5,2,4,4,5,4	1	2
	100	196	1	20	29	48	25	98	8,9,10,6,9,8,7,5,8,12,10,8,8,9,7,14,2,9,9,9,7,9,7,1 / 4,4,3,5,3,5,4,4,3,3,5,4,5,5,2,4,0,5,5,5,4,7,4,4,1	2	5
	101	200	2	22	26	51	26	99	7,9,9,9,8,7,8,6,8,9,2,9,8,9,9,9,9,7,8,7,8,8,8,8,10,1 / 4,4,5,2,5,4,4,3,5,4,1,4,3,4,6,4,4,3,3,4,5,5,6,3,4,0	5	1
	102	207	1	23	30	57	25	96	10,7,8,7,8,9,8,8,9,9,8,7,11,9,10,8,9,9,9,6,8,8,8,9,5 / 3,2,5,4,4,4,4,3,5,4,4,5,4,5,5,3,6,4,2,3,4,4,2	2	1
	103	212	0	31	28	55	27	98	7,11,9,5,8,7,8,7,7,10,10,9,8,9,3,8,9,9,7,8,9,9,9,1,9,8,8 / 3,4,4,4,4,4,3,3,3,3,3,4,5,1,4,3,5,4,4,5,4,4,0,6,5,3	0	0
	104	228	4	23	36	58	28	107	8,8,9,8,11,8,9,8,9,8,8,8,9,10,7,7,8,7,7,8,8,8,8,7,8,7,8,9 / 4,4,3,4,5,3,5,3,4,4,4,3,5,3,4,4,4,5,3,4,4,5,3,3,4,2	4	1
	105	170	0	23	21	42	21	84	9,8,7,9,7,9,2,8,8,7,5,10,9,9,8,10,9,10,10,8,8 / 5,6,4,6,5,5,1,4,2,5,4,3,3,4,1,4,3,4,2,5,5	3	1
	106	181	3	17	17	51	24	93	7,7,6,9,7,10,7,8,10,9,6,10,5,6,5,8,9,8,9,8,3,7,8 / 2,4,3,5,4,5,3,5,5,4,4,3,3,4,4,5,4,3,5,5,4,2,3,4	0	1
	107	211	2	23	36	47	27	103	8,9,10,8,8,9,8,1,7,7,8,7,7,9,9,8,8,9,7,9,8,9,6,6,7,9,10 / 3,4,4,4,5,4,1,4,4,3,3,4,4,4,3,1,4,4,6,4,4,3,5,4,3,4	1	5
	108	180	2	24	14	44	24	96	7,10,4,8,8,8,9,9,7,8,4,7,9,5,6,14,8,7,8,8,6,8,7 / 3,4,2,3,5,3,5,5,4,4,2,5,4,3,5,5,5,3,3,4,5,4,6	2	1
	109	182	2	24	25	43	24	88	8,7,8,7,8,8,8,7,7,8,2,7,10,7,7,9,10,9,6,8,9,7,6,9 / 4,4,5,3,5,4,4,2,5,4,2,4,3,3,3,5,4,4,4,3,3,5,2,3	0	2
	110	183	0	20	23	54	24	86	9,10,7,9,8,5,7,9,6,9,9,8,8,3,8,6,8,8,9,7,8,8,7,7 / 4,4,3,4,4,2,4,4,5,4,4,2,4,2,2,3,4,3,4,4,3,5,5,3	0	2
	111	181	4	7	33	47	25	90	10,7,4,7,7,7,8,4,4,8,7,8,9,10,9,12,7,10,6,2,7,7,8,8,5 / 3,3,3,4,2,3,3,2,4,5,4,3,5,5,5,5,5,2,2,4,4,3,3,3	1	1
	112	196	4	19	20	18	24	93	9,8,9,9,6,11,6,9,7,6,6,7,6,6,7,8,8,7,9,6,8,10,7,9,9 / 4,3,4,3,2,3,4,2,3,5,5,3,6,3,2,5,5,5,5,2,2,4,4,3,3	?	1
	113	201	1	23	29	49	26	99	8,8,9,8,9,6,9,8,7,8,8,10,8,8,6,10,8,7,5,7,6,8,6,7,9,8 / 3,4,4,3,4,3,5,3,4,3,3,4,4,4,1,4,4,4,4,5,3,3,5,4	0	4
	114	173	2	22	18	44	22	87	9,7,9,8,8,11,7,8,8,7,6,5,9,6,7,8,6,10,8,8,9,9 / 3,3,4,5,5,6,4,4,4,4,2,4,3,4,3,3,6,3,4,5,3	3	1
	115	151	0	15	16	39	22	81	8,7,8,8,8,1,4,5,8,6,7,7,6,5,7,8,7,10,8,7,7,9 / 4,4,3,4,6,0,3,3,4,4,4,5,4,3,3,3,4,4,4,3,4,6,3	8	1
	116	194	4	21	30	53	25	86	6,9,2,10,9,8,9,9,8,10,9,3,9,7,8,7,8,7,8,10,5,7,9,8,9 / 3,3,2,3,5,3,4,5,3,5,4,1,4,4,3,3,4,4,2,3,3,3,3	2	1
	117	195	1	19	26	53	24	96	9,8,7,9,8,10,9,9,6,9,8,8,2,9,8,9,7,10,8,7,10,9,10,6 / 4,2,4,4,3,3,4,4,2,4,4,4,1,5,3,5,2,6,5,4,7,6,6,4	2	1
	118	186	1	20	19	55	25	91	9,9,7,3,7,9,10,8,2,7,9,7,9,9,8,3,7,8,8,6,6,9,9,8,9 / 4,4,5,1,3,3,5,3,2,3,6,4,4,6,4,1,4,3,4,2,1,5,5,3,5	3	1
	119	224	5	18	24	76	27	101	10,9,8,10,8,7,10,9,11,8,9,8,10,6,9,9,8,8,8,8,3,8,8,8,6,8,10 / 3,4,4,2,4,5,4,4,4,3,4,6,5,4,5,1,5,5,4,1,3,3,3,4,3,3,3	4	0
	120	198	3	14	17	78	25	86	7,6,8,2,9,8,8,8,10,7,7,9,11,8,7,8,9,9,9,9,9,10,3,9,8 / 5,3,4,1,4,3,2,5,5,4,2,3,3,3,4,4,3,5,4,2,4,5,1,3,4	1	2
	121	185	3	11	25	53	24	93	8,7,10,10,8,9,10,7,9,8,10,3,7,10,8,9,6,9,1,6,7,8,7 / 4,3,5,6,3,3,5,5,3,5,5,4,2,4,4,3,5,2,5,0,3,5,4,5	2	1
	122	205	5	14	24	66	26	96	9,8,8,7,8,10,11,13,9,8,8,8,3,7,9,8,9,11,10,6,4,6,7,8,10,10 / 4,3,5,3,2,5,7,2,3,3,4,2,3,3,4,4,5,2,5,4,3,1,3,4,5,6,5	2	1
	123	175	6	8	27	43	23	91	8,9,8,8,10,9,8,8,1,7,10,6,9,7,7,7,9,6,7,8,8,8,7 / 4,3,4,3,7,5,3,6,1,4,5,3,4,6,4,4,5,3,3,4,3,4,3	1	0
	124	220	8	23	24	61	27	104	9,10,8,9,8,10,8,3,8,10,6,8,7,7,7,7,7,6,6,7,11,9,11,9,9,10,10 / 6,5,2,4,4,4,6,2,4,4,4,5,2,4,3,3,2,4,3,5,3,3,5,4,5,4,4	2	1
	125	206	5	18	23	56	26	104	11,7,10,1,7,6,9,8,7,10,10,9,7,6,7,9,6,9,8,8,9,8,7,9,7,11 / 4,4,3,1,4,3,5,3,3,4,4,4,3,3,1,5,4,7,4,7,4,4,4,4,5	1	0

WRITING	PAGE	WORDS	δέ	καί	ARTICLE	PARTICLES	LINES	WORDS REMAINING	1st line of numbers : total of words on each line. / 2nd " " " : " " " remaining on line after subtraction of others.	QUES MARKS	DAGGERS
Mk	126	177	2	21	23	46	23	→	7,10,8,7,8,8,9,8,7,10,8,8,9,9,10,8,9,9,8,9,1,1,6	2	0
								85→	3,5,4,3,4,4,3,4,5,3,5,6,3,4,5,4,3,3,5,3,1,1,4		
	127	192	1	20	28	50	29	→	7,1,4,8,7,6,7,7,11,11,8,10,1,7,8,9,7,8,9,2,6,3,6,7,7,9,1,8,7	1	1
								93→	4,1,2,3,5,3,3,5,4,5,4,6,0,3,4,4,3,4,3,1,4,1,3,3,4,3,0,3,5		
	128	199	1	17	20	72	24	→	7,8,8,11,9,10,9,7,6,14,5,9,7,8,9,8,8,10,9,6,8,8,7,8	5	0
								89→	4,4,5,5,4,4,4,4,3,3,2,4,3,3,3,5,4,5,3,4,2,3,5		
	129	162	2	19	17	41	23	→	8,10,2,7,5,8,6,10,8,8,6,6,8,7,8,8,9,7,7,9,7,7,1	1	1
								83→	4,5,1,4,4,5,3,4,4,5,3,3,4,6,4,2,5,2,3,4,4,3,1		
	130	209	4	21	23	60	28	→	5,5,4,6,8,8,4,7,7,6,12,8,7,11,9,9,11,8,9,2,7,7,7,8,10,7,9,8	5	0
								101→	3,3,2,3,4,3,2,2,3,4,5,4,6,3,5,3,4,4,0,3,4,3,5,5,5,5,4		
	131	168	1	10	24	47	20	→	7,8,9,9,8,9,8,9,8,11,11,9,2,7,6,7,8,9,12,11	4	2
								86→	4,4,4,4,3,4,4,3,5,6,6,2,4,4,5,6,6,5,3		
	132	194	0	17	32	51	27	→	8,9,8,9,11,11,9,7,8,9,4,8,9,8,2,5,4,6,4,8,2,7,9,7,7,7,8	2	0
								94→	4,3,5,5,4,4,3,3,4,5,3,4,6,5,1,3,2,2,1,4,2,4,3,4,3,3,4		
	133	194	3	14	21	55	26	→	5,1,6,9,7,9,6,11,6,8,14,3,8,7,8,9,8,9,8,8,10,7,7,10,6,8	2	1
								101→	4,1,3,5,6,7,3,5,3,2,5,1,3,4,5,4,4,3,4,5,4,3,4,4,3,6		
	134	209	6	14	28	70	26	→	9,7,4,6,9,7,8,7,8,11,9,8,7,7,10,8,10,10,8,9,10,8,2,7,9,11	0	2
								91→	5,5,3,2,4,3,3,3,3,4,3,6,4,2,4,4,5,4,3,3,2,3,1,4,3,5		
	135	169	2	14	26	46	24	→	10,9,5,11,6,7,8,5,8,1,3,8,8,8,10,8,6,10,1,8,9,8,8,4	0	2
								81→	4,3,3,4,4,4,3,2,2,0,2,3,4,3,6,5,3,5,1,3,5,6,3,3		
	136	186	5	7	28	57	23	→	10,10,8,10,11,1,8,6,9,9,8,9,7,9,10,9,6,9,10,7,5,6,9	0	1
								89→	4,3,3,4,3,1,5,4,4,4,4,5,4,5,4,4,4,4,6,5,3,2		
	137	231	4	21	30	54	29	→	8,7,8,8,9,8,10,8,8,9,4,8,7,8,7,9,9,9,7,8,8,7,8,10,8,7,9,9,7,8	4	0
								122→	4,4,3,5,5,3,6,4,4,4,2,5,2,4,5,4,6,4,4,4,4,5,5,4,5,4,5,4,4		
	138	189	3	12	29	66	24	→	10,8,10,9,9,11,8,3,6,8,8,9,10,7,11,10,8,8,2,3,4,10,9,8	1	1
								79→	4,4,4,3,5,2,4,1,4,4,5,3,4,4,4,4,3,1,2,2,3,3,2		
	139	209	3	23	24	56	25	→	10,10,8,7,8,9,7,8,7,10,8,10,8,11,8,9,6,10,7,8,7,7,9,8,9	2	0
								103→	4,6,3,3,4,5,3,3,4,5,5,4,5,2,3,6,4,4,5,5,4,2,5,5,4		
	140	171	4	21	24	41	24	→	6,1,7,9,8,8,8,7,7,5,9,7,7,5,9,7,10,8,7,5,8,4,8,7,9	1	1
								81→	3,1,5,4,3,3,4,4,5,3,3,4,2,4,4,4,3,3,3,3,3,3,4		
	141	207	5	19	33	52	27	→	9,7,3,9,9,6,9,6,8,8,8,8,7,9,7,11,11,8,9,9,6,8,7,8,6,6,2,9	4	0
								98→	2,4,1,4,3,3,4,2,4,4,5,3,5,2,5,5,5,5,4,6,3,4,3,3,3,1,5		
	142	169	3	17	27	34	22	→	8,7,9,10,7,7,9,9,9,8,9,7,10,8,2,7,5,8,3,9,9,9	1	3
								86→	4,4,4,3,4,3,5,4,5,5,2,5,2,5,2,4,4,4		
	143	196	11	10	30	40	27	→	7,8,6,9,8,7,7,8,8,7,8,8,8,9,8,8,2,9,6,5,8,8,6,6,7,8,7	4	1
								105→	5,4,5,4,4,5,4,5,2,4,4,5,4,4,4,1,5,3,3,3,5,3,4,4,4,3		
	144	172	2	18	21	47	25	→	7,6,6,6,8,5,8,6,7,8,10,9,3,4,9,5,6,8,8,7,8,7,7,9,5	0	1
								84→	3,2,2,4,5,2,3,5,3,3,5,4,2,2,5,2,3,5,3,3,5,5,3,2		
	145	157	4	13	17	33	20	→	8,10,4,9,8,7,7,8,9,9,9,8,6,7,10,9,9,8,8	2	2
								90→	6,6,3,4,4,2,5,5,6,6,5,5,4,4,4,4,4,5		
	146	139	2	13	27	22	19	→	7,7,7,10,7,7,6,7,8,8,9,8,2,7,7,6,10,7,9	0	4
								75→	5,4,4,4,5,4,3,4,4,4,4,3,4,5,4,3		
	147	90	1	7	12	20	13	→	7,6,7,7,8,6,8,8,9,6,7,9,2	0	2
								50→	4,4,4,5,3,4,5,4,3,4,4,5,1		
	148	111	5	6	13	30	17	→	7,7,7,5,8,8,7,6,1,6,8,6,7,8,8,5,7	0	0
								57→	6,4,3,3,4,3,4,3,1,3,4,2,3,4,4,3,3		
	149	60	1	4	8	15	9	→	5,9,8,3,9,9,7,8,2	0	1
								32→	4,5,4,2,3,4,4,4,2		
	62	**11269**	**161**	**1088**	**1508**	**3002**	**1472**	**5510**		**111**	**83**
Lk	150	173	4	9	29	40	23	→	5,6,9,6,7,7,2,7,8,10,7,9,8,8,5,11,9,9,9,9,8,7,8	0	0
								91→	4,2,5,4,5,4,1,4,6,4,4,4,4,6,2,3,3,5,5,4,5,5,2		
	151	222	2	25	24	66	33	→	3,5,8,6,6,7,6,7,4,5,6,5,5,5,5,5,4,9,10,8,8,9,8,8,8,4,9,9,8,9,8,9,6	1	1
								105→	2,2,4,3,3,3,3,3,4,2,1,3,4,3,4,4,4,3,4,4,2,4,3,1,5,3,4,4,4,4,2		
	152	210	3	18	26	54	28	→	8,8,8,10,10,6,10,7,10,7,5,9,8,6,7,10,2,9,7,9,8,2,5,5,8,9,9,8	1	0
								109→	4,5,5,5,5,4,6,4,3,4,2,5,4,3,5,5,1,4,3,5,4,1,3,3,5,3,5,3		

WRITING	PAGE	WORDS	δέ	και	ARTICLE	PARTICLES	LINES	WORDS REMAINING	1ST line of numbers : total of words on each line. 2ND " " " : " " " remaining on line after subtraction of others.	QUES MARKS	DAGGERS
Lk	153	201	2	15	38	57	30		10,9,4,8,8,8,8,7,10,6,4,7,11,10,10,9,7,3,6,8,3,7,1,9,1,6,5,8,3,5	1	0
								89→	5,4,1,4,4,4,4,4,5,4,2,3,4,3,4,3,4,2,3,3,1,3,0,2,1,3,2,3,1,3		
	154	196	4	19	29	48	28		5,4,3,3,4,4,2,6,9,9,5,9,8,9,7,10,9,8,8,9,11,6,7,8,8,7,8,9	0	0
								96→	4,3,2,3,3,3,2,3,3,4,2,4,4,4,2,5,4,4,4,4,4,4,3,4,3,4,3		
	155	149	1	9	14	48	27		10,7,7,4,6,7,1,5,5,7,3,8,3,6,5,8,7,1,6,6,7,6,1,7,4,5,7	1	0
								77→	4,3,4,3,4,4,0,3,3,4,2,3,1,3,3,4,4,1,3,1,4,4,0,4,2,3,3		
	156	204	4	16	26	55	27		8,8,7,9,3,8,6,6,6,6,10,8,10,6,9,9,7,10,3,9,7,8,7,8,8,9	0	0
								103→	5,4,4,4,1,4,3,5,3,3,5,4,5,3,5,4,3,4,1,4,3,4,5,4,4,5		
	157	218	2	18	38	54	30		6,9,7,1,4,4,3,9,8,10,8,10,8,8,7,8,9,8,8,7,7,9,10,8,8,6,9,9,9,1	0	2
								106→	4,5,5,1,3,2,2,3,4,4,4,3,5,2,3,2,4,3,3,4,4,1,3,3,4,4,6,5,6,1		
	158	223	1	23	29	62	30		8,9,7,8,10,10,10,8,9,6,6,6,8,6,1,4,5,9,8,8,9,8,8,5,7,8,8,8,8,8	0	0
								108→	4,5,5,2,5,4,5,3,2,3,4,2,3,2,1,3,3,4,2,4,4,3,3,4,5,6,4,5,4		
	159	190	3	18	27	59	24		9,3,9,8,6,8,9,7,8,8,7,9,9,8,6,8,9,6,10,6,9,9,8,11	2	1
								83→	3,3,3,4,3,5,4,3,4,4,4,3,6,2,4,4,3,3,2,3,3,4,2,4		
	160	201	2	20	27	44	30		10,9,9,8,9,4,7,5,6,8,7,6,8,9,6,8,2,5,4,5,3,6,6,6,8,6,7,8,8,8	2	1
								108→	4,3,4,2,5,2,4,4,4,4,4,6,3,4,6,1,3,3,3,2,3,3,4,4,4,3,3,4,5,4		
	161	217	9	15	33	58	28		11,11,8,5,8,7,10,7,8,9,7,7,7,3,6,9,7,9,10,8,11,7,9,1,7,8,8,9	3	0
								102→	5,5,5,3,3,4,5,5,3,4,3,3,4,1,3,2,4,4,5,3,5,4,4,1,4,4,3,3		
	162	175	1	7	62	16	22		7,4,8,6,8,9,11,1,8,7,9,9,9,9,9,9,9,8,10,8,8	0	1
								89→	2,2,3,4,1,4,5,1,6,5,4,5,4,5,4,5,4,5,4,5,4		
	163	209	3	12	44	53	26		9,9,9,8,9,7,10,6,8,8,11,8,9,8,8,8,9,9,7,4,8,12,7,6,3	0	1
								97→	4,5,4,4,5,5,4,4,3,3,6,4,5,3,4,3,2,3,4,4,2,3,6,4,2,1		
	164	177	1	16	24	51	29		2,4,7,8,6,7,4,9,8,8,6,8,10,8,7,8,4,4,2,2,3,3,4,4,8,9,8,8,8	0	1
								85→	0,2,3,4,3,4,1,4,4,2,2,4,4,4,4,5,2,1,2,1,3,2,3,4,5,4,3,3,2		
	165	249	3	20	29	76	30		8,9,8,7,8,9,9,9,10,11,9,8,10,9,8,7,10,7,7,7,8,10,2,8,6,9,11,7,10,8	3	0
								121→	4,5,4,5,3,5,5,5,5,6,4,4,6,4,1,2,4,3,2,4,3,4,1,5,5,4,5,4,2,4		
	166	177	8	15	21	50	25		7,10,6,7,3,8,8,7,7,7,1,8,7,8,7,10,10,2,7,10,8,10,8,8,3	1	0
								83→	2,4,4,2,2,3,6,3,3,4,0,5,3,5,3,5,5,1,5,4,2,3,4,3,2		
	167	175	9	12	26	36	21		9,9,9,9,11,8,8,9,9,7,8,8,6,8,8,8,8,8,7,11,7	0	2
								92→	3,5,6,3,6,5,4,5,3,5,4,5,3,4,5,5,5,4,3,4		
	168	210	3	22	24	56	27		9,10,8,5,11,9,7,8,6,7,8,8,6,9,7,8,2,10,6,8,7,9,8,7,7,9,9	0	0
								105→	5,5,4,3,4,6,4,5,5,3,4,4,4,4,4,3,1,5,4,4,4,4,5,2,3,4,2		
	169	227	2	21	28	60	29		9,7,7,8,10,7,8,7,10,10,7,7,9,7,9,8,8,2,8,8,7,6,11,8,8,9,7,9,7,6	5	0
								116→	5,3,4,4,4,5,4,2,5,4,6,5,4,1,4,4,5,2,4,4,4,4,5,4,2,3,4,5,4,4		
	170	181	9	14	27	43	23		9,7,8,9,10,7,9,2,8,8,11,9,9,12,7,7,9,1,7,8,8,9,7	2	0
								88→	4,4,1,3,3,4,4,4,1,3,6,3,4,4,6,4,4,5,7,1,3,4,3,5,3		
	171	168	7	13	27	45	20		8,9,10,9,9,8,8,9,10,9,7,9,10,9,8,7,6,10,6,7	2	1
								76→	4,2,5,3,4,5,4,5,5,3,3,4,5,4,4,3,2		
	172	184	1	29	21	42	29		8,9,8,7,6,9,7,7,6,8,1,8,9,8,8,10,5,9,5,8,3,3,7,4,2,4,2,7,6	0	0
								91→	3,4,5,2,4,4,3,4,4,5,1,4,5,3,5,3,3,4,2,2,2,2,3,3,1,3,1,3,1,4,2		
	173	186	0	13	37	62	28		7,5,9,11,6,5,5,5,2,4,4,7,1,7,3,8,7,6,8,10,8,10,8,8,9,7,7,9	2	1
								71→	3,8,1,3,3,1,8,2,1,1,2,1,1,1,1,1,4,4,1,3,3,4,5,4,4,4,2,4,3		
	174	206	4	15	27	50	28		8,6,7,7,10,8,1,8,8,7,6,6,7,4,7,8,6,8,10,11,7,10,10,8,10,3,8,7	5	1
								110→	5,4,4,4,6,3,1,5,3,2,4,5,2,3,3,7,3,3,4,5,4,4,2,6,6		
	175	218	7	11	31	58	29		8,7,8,8,9,7,1,10,9,9,6,9,7,9,9,6,10,9,1,8,6,7,10,6,8,7,8,9,7	1	0
								111→	5,3,5,5,4,4,0,4,3,4,6,4,5,3,3,6,4,5,1,2,4,5,5,3,4,1,3,5,3,3		
	176	222	5	26	25	59	26		10,7,10,8,10,8,8,9,9,8,6,9,9,7,9,6,11,10,8,8,9,9,9,8,10	0	1
								107→	3,5,4,3,5,4,4,4,4,3,5,5,3,4,4,5,5,3,4,5,5,4,5,3		
	177	176	2	12	17	49	26		10,4,7,8,7,9,7,11,7,8,6,6,5,4,5,4,9,7,8,7,7,7,7,7,6,3	8	0
								96→	4,1,3,3,3,6,3,5,3,5,5,4,3,4,4,4,1,3,5,3,5,4,4,4,4,3,1		
	178	208	3	19	33	52	28		8,7,7,8,5,9,7,10,6,8,9,7,5,4,8,7,9,8,8,9,9,9,9,6,8,8,7	1	0
								101→	2,2,5,4,3,4,4,5,1,3,5,4,2,2,5,5,6,3,1,3,4,4,4,4,4,3,4		
	179	234	10	13	30	68	28		10,9,9,7,9,8,8,7,7,6,9,8,8,10,10,9,8,9,7,9,8,8,9,7,9,7,10	3	2
								113→	4,4,4,4,6,6,3,4,5,3,4,5,4,4,3,4,4,4,3,6,3,3,4,4,1,3,4,4		
	180	245	8	21	41	56	31		7,6,9,7,7,7,9,6,9,11,7,9,9,8,9,7,6,9,10,9,1,7,10,8,10,8,9,10,8,9,9	0	0
								119→	4,4,6,5,2,5,3,3,4,3,5,4,4,4,4,5,3,5,4,0,2,2,5,4,5,3,4,4,4,4,5		
	181	212	10	21	24	60	27		7,10,7,2,8,7,8,8,8,9,11,2,9,9,9,9,8,10,9,10,8,7,8,6,6,9,8	0	0
								97→	2,5,5,1,5,4,3,5,3,5,4,0,3,3,3,4,3,5,4,3,3,4,4,4,4,4,4		
	182	197	7	16	27	55	25		7,10,6,7,8,9,8,9,7,10,9,7,8,6,8,8,9,7,9,9,8,6,14,9,3	4	2
								92→	4,3,2,3,3,4,6,3,4,5,4,4,4,4,4,3,4,4,3,6,3,3,4,3,2		

WRITING	PAGE	WORDS	δέ	καί	ARTICLE	PARTICLES	LINES	WORDS REMAINING	1ST line of numbers : total of words on each line. 2ND " " " : " " " remaining on line after subtraction of others.	QUES.MARKS	DAGGERS
Lk	183	193	8	14	30	47	24	94→	9,8,11,8,6,7,8,8,7,6,10,7,9,14,5,7,8,10,8,8,9,8,8,8 5,3,5,4,3,3,5,3,4,3,4,3,4,6,3,3,3,5,4,4,5,2,4,6	0	3
	184	186	9	12	25	52	23	88→	7,5,7,10,9,7,9,8,8,8,10,9,7,7,8,7,9 4,3,4,4,4,4,3,4,5,3,4,4,4,4,5,4,3,3,3,4,3,5	1	1
	185	192	9	17	20	53	26	93→	8,6,9,4,7,8,7,8,9,9,11,8,8,8,7,4,7,10,8,9,7,9,2,6,6,8 4,4,3,3,4,3,4,4,4,6,4,3,3,3,4,3,3,5,4,3,1,3,4,4	1	2
	186	220	13	16	27	49	28	115→	6,9,5,8,8,7,9,9,11,7,8,8,6,6,9,7,7,8,6,7,8,9,8,9,10,10,6,9 4,3,4,4,5,3,6,3,6,3,4,4,4,3,5,3,4,4,3,4,4,5,5,4,5,4,5	2	2
	187	225	7	19	30	69	29	100→	6,8,1,9,7,7,9,10,7,8,9,8,11,9,9,3,8,8,7,9,7,7,9,8,9,7,9,9,7 3,4,1,2,4,2,4,2,4,4,2,4,4,3,2,4,5,4,3,4,3,6,4,3,4,4,3,4	1	0
	188	206	8	20	23	55	26	100→	9,10,8,8,8,9,9,8,5,7,8,8,9,9,7,8,8,8,9,9,7,7,9,8,3,8 6,6,4,2,5,4,5,3,3,4,4,5,4,4,3,4,2,5,4,5,3,4,4,2,2,3	1	1
	189	195	7	9	25	74	25	80→	10,9,8,9,8,2,9,9,6,9,10,10,7,6,9,8,10,5,8,7,7,6,7,9,7 3,4,4,3,3,1,3,4,4,2,3,4,3,5,4,2,3,1,3,3,4,3,3,4,4	0	3
	190	172	11	10	24	42	22	85→	8,7,7,1,9,8,8,9,8,10,7,9,8,8,9,9,9,6,8,6,10,8 7,3,3,1,3,4,4,6,5,4,4,4,5,4,4,3,4,4,3,3,3	1	3
	191	222	5	13	27	83	26	94→	9,9,7,8,9,8,10,10,14,9,8,9,8,10,11,8,9,7,8,9,5,8,9,9,6,9 5,4,3,4,5,4,6,2,4,3,3,4,3,3,4,4,3,2,4,4,1,2,2,5,4,4,3	0	0
	192	191	4	13	32	60	22	82→	8,9,10,7,8,9,7,8,10,10,8,7,9,9,9,7,9,15,8,8,7 4,3,4,4,4,4,3,4,3,3,3,3,6,3,4,3,4,5,4,4,4	1	2
	193	216	8	24	19	62	27	103→	8,10,5,8,6,10,7,11,14,10,10,8,3,7,7,7,6,10,6,8,9,5,9,9,7,8,8 4,5,2,4,5,3,5,4,5,2,5,3,1,5,4,3,4,4,4,5,4,5,4,5,3,5,2	4	2
	194	161	9	6	18	51	21	77→	9,8,11,7,7,9,7,8,8,7,11,7,8,8,8,2,10,7,7,8,4 3,3,4,4,2,5,4,3,4,5,5,3,5,5,4,1,4,3,4,4,2	2	3
	195	152	0	14	14	58	22	66→	1,4,4,8,2,6,6,1,6,10,8,8,10,8,10,9,10,9,9,7,9,7 1,2,2,3,1,2,2,0,2,3,4,5,3,4,4,5,3,4,5,4,3,4	0	0
	196	184	9	7	24	55	23	89→	10,8,8,6,9,6,8,6,10,7,7,9,7,7,9,9,9,8,7,9,10,7,8 4,4,4,5,5,4,5,4,3,4,5,3,3,4,3,5,3,3,3,3,4,3,4	4	2
	197	206	3	14	32	48	27	109→	6,10,12,3,8,6,9,7,5,6,7,8,4,9,10,9,9,2,7,8,9,7,10,7,8,10,7,8 3,4,3,1,4,5,5,5,4,5,5,2,3,6,3,5,1,4,6,4,5,5,4,3,5,5,4	0	2
	198	210	7	12	37	61	26	93→	8,7,7,10,3,8,10,10,10,10,9,6,8,8,7,10,10,8,9,7,6,7,10,8,6,8 2,5,5,3,2,4,5,5,3,5,6,3,3,3,5,4,1,3,3,3,4,2,2,4,3,3	1	1
	199	176	4	12	33	55	25	72→	7,2,10,7,8,5,10,7,7,8,8,8,9,9,7,7,7,7,8,4,9,7,1,6 2,1,3,3,4,2,3,4,3,3,3,4,2,4,3,3,4,3,3,4,1,3,3,1,3	0	0
	200	191	5	8	30	63	27	85→	7,6,5,7,5,7,8,7,6,10,14,3,9,9,7,7,8,6,9,9,6,2,10,8,7,8,5 4,3,1,3,3,3,4,4,2,5,4,1,3,3,3,4,4,5,5,3,3,2,2,4,2,3,2	1	0
	201	222	9	11	29	75	27	98→	10,9,2,8,9,9,9,8,9,9,9,9,1,7,7,10,8,7,10,10,8,11,8,8,8,10 4,4,1,2,4,4,4,4,3,4,3,2,4,4,4,5,4,3,4,7,7,5,3,3,2,4	3	1
	202	207	4	11	26	63	26	103→	9,8,8,9,8,9,7,7,10,9,9,7,9,8,10,6,8,7,7,5,7,10,7,8,6 5,4,3,5,4,4,3,4,4,6,3,4,3,4,2,4,3,4,3,5,6,3,4,4	2	3
	203	236	6	15	38	69	28	108→	8,6,9,7,6,10,8,11,8,9,5,9,9,9,9,10,7,9,8,8,10,8,8,10,11,5,10,9,9 4,4,4,5,3,3,5,6,4,4,3,4,2,5,4,4,5,3,3,4,4,4,4,2,4,3,4	2	0
	204	194	5	15	20	53	25	101→	9,8,3,11,8,7,9,9,9,7,10,9,1,9,6,8,8,8,8,1,10,10,8,9,9 6,4,2,6,6,4,4,5,6,4,5,3,1,4,4,5,6,4,1,1,2,3,5,3,4	3	3
	205	215	7	12	24	76	26	96→	10,2,8,7,8,8,8,9,8,5,9,8,8,11,9,9,11,9,9,10,7,8,9 4,2,3,3,3,4,3,3,3,4,3,4,4,4,4,5,3,4,4,4,2,5,5,5,4	3	2
	206	228	8	18	32	57	29	116→	7,8,6,7,9,10,7,9,11,8,9,10,7,8,8,2,9,8,9,5,8,8,8,7,5,10,8,8 4,3,4,3,6,5,3,4,4,4,5,5,3,2,4,0,5,5,5,4,2,4,7,5,4,3,4,3,6	5	1
	207	208	1	28	22	51	27	106→	9,7,7,9,7,9,9,9,8,9,9,9,9,9,4,8,7,7,8,9,9,6,2,6,6,8,9 3,3,5,4,6,3,5,5,4,4,3,4,4,5,3,4,4,4,6,4,4,1,4,2,5,3	0	1
	208	199	3	14	20	69	26	93→	8,10,6,10,6,5,7,9,7,7,8,11,7,5,7,7,8,6,10,10,8,8,9,8,7,5 4,3,4,3,5,2,3,4,5,2,3,5,3,2,4,4,3,2,3,6,5,4,6,4,2,2	2	0
	209	242	3	23	30	57	31	129→	9,9,8,8,7,6,7,7,7,8,2,8,8,8,8,8,8,9,7,8,9,7,8,14,8,8,10,9,8,14,5 4,3,3,3,4,5,4,2,3,4,1,4,5,4,5,4,6,6,5,5,4,4,5,5,4,6,6,4,4,4,3	0	0
	210	220	4	16	21	75	28	104→	7,9,11,9,10,7,9,8,9,7,6,8,7,7,7,8,10,7,9,8,10,8,9,2,8,6,9,5 4,2,4,3,4,3,4,4,6,2,4,4,5,3,5,2,4,4,2,6,2,3,3,3,3	3	1
	211	234	4	16	30	59	29	125→	8,8,8,10,9,8,8,9,10,8,3,8,9,9,8,8,9,2,9,10,10,8,8,7,9,6,9,8,8 3,4,4,4,4,4,4,6,4,3,5,7,5,4,5,5,2,6,5,4,4,6,4,4,3,5,3,4	2	1
	212	239	10	23	29	58	28	119→	9,8,7,9,9,10,8,9,8,8,9,10,7,8,10,8,10,7,7,9,7,10,11,7,10,7,9,8 4,6,5,4,4,5,4,4,4,3,3,7,4,4,3,5,5,5,3,5,4,4,4,4,4,4,3,5	0	1

WRITING	PAGE	WORDS	ὁ δέ	καί	ARTICLE	PARTICLES	LINES	WORDS REMAINING	1st line of numbers : total of words on each line. 2nd " " " : " " " remaining on line after subtraction of others.	QUES. MARKS	DAGGERS
Lk	213	228	9	13	35	63	27	108→	8,11,7,11,9,11,3, 8,8,8,9,9,9,9,7, 8,7,8,10,10,6,10,9, 7,8,9,9 3,3,5,4,3,5,2,3,5,3,3,4,4,3,5,4,2,5,5,5,5,6,6,4,4,4,3	4	1
	214	218	5	17	33	55	29	108→	9,8,3,9,10,10,9,8,7,10,8,3,7,7,8,11,5,8,10,7,9,9,7,1,7,6,7,7,8 4,3,2,5,5,4,3,3,6,5,5,2,3,3,3,4,3,3,4,4,6,4,4,1,4,4,5,3,3	2	0
	215	232	10	15	27	74	28	106→	8,9,8,9,9,8,7,9,8,9,8,12,9,8,9,7,11,7,10,7,8,9,7,8,5,7,8,8 4,5,4,3,5,4,4,5,4,4,5,5,3,3,4,4,4,4,2,4,3,5,2,3,3,3,3,4	0	0
	216	186	2	17	15	60	26	92→	8,8,3,8,9,8,4,9,9,7,7,2,9,8,7,8,11,8,7,8,2,8,7,7,7,7 3,3,2,3,4,3,3,5,5,4,3,0,4,4,5,4,4,5,2,5,2,3,3,3,5,5	2	1
	217	227	6	13	35	57	28	116→	7,9,7,8,9,7,8,7,10,7,10,7,10,4,8,8,9,8,9,10,9,7,9,9,7,9,6 4,4,3,5,4,4,5,4,4,5,4,5,3,4,2,4,5,4,4,3,5,4,4,5,4,5,5,4	3	2
	218	196	7	12	26	58	23	93→	8,8,9,9,8,11,11,7,7,8,9,8,6,8,9,8,6,10,9,8,10,11 6,5,6,3,3,4,5,3,3,3,5,5,4,3,5,5,4,5,3,5,4,4,3,2	1	3
	219	227	8	8	40	68	28	103→	7,8,9,11,9,8,9,10,5,9,7,6,10,7,8,8,10,8,7,9,8,8,9,3,8,9,7,10 3,4,4,5,4,4,3,5,2,2,4,4,5,3,4,6,4,5,4,4,1,3,2,2,2,4,5,2	2	2
	220	207	9	6	29	53	25	110→	10,10,3,7,7,10,10,9,10,8,10,8,8,5,7,10,6,7,8,9,9,9,8,10,9 5,4,1,4,6,5,5,5,3,4,7,4,4,4,4,6,4,5,4,4,5,4	3	1
	221	220	8	22	28	54	29	108→	8,10,7,6,9,7,4,7,8,9,4,9,9,6,8,9,8,7,8,8,10,8,7,9,2,8,7,7,11 3,5,3,3,3,4,2,3,4,3,2,4,5,4,3,6,4,6,3,3,5,4,4,5,1,4,5,3,4	1	1
	222	220	6	14	23	63	28	114→	8,9,8,8,10,8,6,7,9,9,6,9,9,8,7,8,8,7,7,7,8,9,6,8,9,7,6,9 4,4,4,5,4,4,5,3,6,3,4,3,5,5,5,4,4,4,5,4,5,4,3,3,4,3,3,5	0	2
	223	204	2	16	18	65	25	103→	7,9,8,9,9,11,7,10,8,9,10,9,9,8,10,9,11,8,8,4,6,2,8,7,8 5,7,5,7,3,5,4,6,3,5,5,3,4,3,6,5,4,2,4,1,3,1,4,4,4	2	0
	224	190	6	9	28	55	26	92→	7,7,8,10,7,8,10,10,9,7,8,8,8,8,6,3,5,3,4,9,7,7,3,9,10,9 5,4,3,5,5,4,3,5,3,4,2,4,4,4,6,3,2,1,2,2,3,3,4,2,4,3,4	2	1
	225	198	5	17	26	65	25	85→	8,8,8,10,10,1,8,4,7,6,11,8,10,7,8,7,9,7,11,8,8,9,8,8,9 3,3,3,4,3,0,4,3,4,3,4,4,4,4,3,4,3,4,3,5,3,3,5,3,3,4	3	0
	226	203	9	14	28	51	29	101→	6,9,9,2,8,7,7,8,9,6,7,6,8,8,8,7,7,7,6,9,6,5,8,8,5,5,8,7,7 4,5,4,1,4,4,4,4,4,4,4,4,4,4,4,3,3,2,4,3,3,4,3,3,3,2,3,2,3	3	1
	227	188	5	16	26	47	25	94→	11,8,3,5,5,9,7,7,8,7,9,6,9,8,9,7,8,7,6,6,9,9,10,7,8 4,3,1,4,3,3,4,5,3,5,4,3,5,2,4,3,4,3,4,3,6,5,5,5,3	2	0
	228	170	5	10	21	42	25	92→	8,10,10,9,7,8,8,8,9,2,10,9,4,7,6,7,8,9,1,6,4,6,4,8,2 5,4,5,4,3,3,6,6,4,6,6,1,4,5,1,4,6,1,3,2,2,2,4,2	3	1
	229	207	7	11	24	62	28	103→	8,7,6,8,7,8,4,8,6,7,11,8,9,9,9,7,9,3,6,10,8,9,8,8,8,2,6,8 4,3,4,3,3,3,4,3,6,5,2,4,4,4,4,4,5,1,4,3,4,3,4,4,1,4,5	2	1
	230	206	3	21	24	69	27	89→	8,7,8,8,7,6,9,7,8,7,9,7,10,9,3,6,8,10,10,7,8,8,10,10,8,8,7,2 5,4,1,4,4,2,3,4,4,2,4,3,3,3,1,3,5,4,2,3,3,3,5,5,3,4,2	0	2
	231	208	6	17	30	53	27	102→	9,9,6,7,8,9,8,7,4,8,7,9,8,9,11,9,5,7,8,9,7,9,7,8,2,9,9 5,5,4,4,4,5,5,3,2,4,4,5,4,6,2,4,2,2,5,3,3,3,4,4,1,4,5	0	0
	232	204	6	16	34	45	27	103→	8,5,9,7,8,7,9,5,8,6,8,1,10,8,8,10,7,6,8,9,9,7,6,8,9,8,10 3,2,5,3,4,4,5,3,3,4,4,0,5,5,4,5,3,5,2,5,5,4,5,5,4,5,4,3,3	2	1
	233	208	4	9	38	79	25	78→	11,8,6,10,11,7,8,9,8,9,8,9,10,7,8,11,1,9,9,8,8,10,10,9,4 3,4,4,2,4,5,4,3,3,5,2,2,3,3,3,2,1,2,5,3,3,4,3,3,2	2	2
	234	225	10	17	29	68	27	101→	9,7,9,10,7,1,8,10,10,8,10,9,7,8,7,10,9,8,8,9,11,9,9,8,8,7,9 2,4,4,3,4,1,4,3,4,3,4,5,5,3,3,4,5,5,3,3,4,6,4,3,4,3,5	1	1
	235	197	5	13	28	57	26	94→	6,10,9,7,7,8,8,8,7,3,8,7,7,8,8,8,10,9,9,1,7,8,7,10,10,7 5,2,3,1,4,4,5,4,4,1,5,3,5,1,4,4,5,0,3,4,3,4,3,3	4	0
	236	184	7	19	19	45	24	94→	7,8,9,6,9,10,8,11,9,9,10,6,8,8,7,7,1,8,5,8,6,7,8 3,4,4,3,4,3,4,5,5,7,3,5,5,4,4,4,1,3,3,4,4,4,4	1	1
	237	217	13	7	33	61	26	103→	11,10,7,11,10,12,10,8,7,4,7,7,6,8,10,10,9,8,8,5,7,8,8,7,10,9 4,3,3,5,4,5,5,3,3,1,4,4,1,5,4,5,5,3,5,2,4,4,5,2,6,5	3	0
	238	179	11	10	21	56	23	81→	10,8,7,6,9,6,7,11,8,6,8,7,8,9,6,9,7,6,9,9,8,7,8 4,3,4,3,3,4,4,3,3,3,3,2,5,2,3,4,4,4,4,4,5	0	1
	239	194	8	13	21	62	26	90→	8,8,7,7,7,8,8,3,6,7,6,8,7,8,8,9,10,9,9,6,8,1,9,7,11 3,4,5,3,4,4,4,1,3,4,3,4,4,4,2,3,4,5,4,3,3,4,1,4,3,4	2	2
	240	153	7	11	18	40	20	77→	8,7,7,7,10,7,5,9,6,5,6,9,8,12,9,6,9,8,9,4 4,4,4,5,4,3,3,4,2,2,4,5,3,5,4,3,5,4,2,7	2	1
	241	152	4	11	25	29	22	83→	10,7,8,10,1,7,9,8,6,2,8,6,4,7,9,7,6,8,8,8,9,4 6,3,6,4,1,4,6,3,3,2,3,2,2,5,5,2,4,4,5,4,6,3	0	1
	242	189	7	16	31	44	25	91→	6,7,8,9,4,9,6,8,8,8,8,6,9,9,8,10,7,8,4,6,9,8,9,7,8 3,3,4,4,2,4,5,4,4,3,3,4,4,3,5,6,5,1,2,3,3,4,3,2,4	0	0

WRITING	PAGE	WORDS	δέ	καl	ARTICLE	PARTICLES	LINES	WORDS REMAINING	1ST line of numbers: total of words on each line. 2ND " " " : " " " remaining on line after subtraction of others.	QUES. MARKS	DAGGERS
Lk	243	223	6	20	25	78	28		9,8,4,14,6,7,7,9,6,8,14,6,6,7,11,8,8,9,9,8,7,9,9,8,7,9,7,10	3	1
								94→	4,5,2,3,5,3,2,3,3,3,2,3,5,4,3,3,5,4,3,3,2,4,3,2,4,4,5,2		
	244	204	3	23	26	68	26		10,9,9,8,8,8,7,1,8,5,8,9,9,7,7,7,8,10,9,8,7,8,10,9,8,7	2	1
								84→	5,3,4,5,3,3,1,0,3,3,3,6,3,3,3,2,3,5,3,4,3,4,3,2,3		
	245	187	5	16	21	60	24		7,9,7,11,7,9,9,9,7,8,3,9,10,6,8,9,7,9,7,8,6,8,9,3	2	2
								85→	5,3,4,3,4,5,4,4,4,5,1,2,5,3,4,4,4,5,3,4,1,3,3,2		
	246	49	1	5	5	19	7		7,8,9,5,5,8,7	0	3
								19→	2,3,3,2,2,4,3		
	97	**19482**	**542**	**1469**	**2646**	**5466**	**2538**	**9359**		**1521**	**95**
Jn	247	206	1	14	27	69	24		12,12,9,13,10,5,5,8,8,10,2,9,9,11,10,8,8,9,7,9,8,7,9,8	0	1
								95→	6,6,2,7,4,2,4,4,3,3,1,5,4,4,4,5,4,3,4,4,4,5,4,3		
	248	185	0	13	21	67	24		9,9,10,6,10,2,9,7,9,7,9,7,9,11,11,8,1,6,4,5,6,9,11,8,9,9	7	1
								84→	3,3,5,6,6,1,4,3,3,3,3,6,4,3,1,3,3,4,3,3,4,4,3		
	249	213	2	13	29	65	27		8,8,2,7,12,8,9,10,9,5,8,9,10,10,8,9,1,8,9,8,7,9,7,7,7,10,8	2	0
								104→	3,5,2,4,5,3,3,4,4,3,5,2,4,4,4,4,1,4,5,4,4,4,3,5,5,5		
	250	209	1	13	28	52	27		9,6,1,8,8,6,9,8,1,7,9,9,7,9,9,7,9,9,8,9,7,10,7,11,9,8,9	3	1
								115→	6,3,0,5,4,3,6,5,1,4,5,3,5,4,6,3,5,6,2,5,5,4,5,6,4,4,6		
	251	237	5	23	46	46	28		9,7,9,9,12,8,8,12,10,14,9,6,9,9,8,9,10,8,7,8,9,7,9,7,8,10,6,9,4	1	1
								117→	5,3,5,5,4,5,3,5,4,7,4,5,4,4,4,6,5,3,5,5,4,4,2,2,3,4,5,2		
	252	253	4	18	38	77	30		9,7,6,11,8,7,9,8,9,8,7,10,8,8,9,9,8,10,3,11,8,9,8,9,10,8,7,9,8,12	2	1
								116→	4,4,3,4,4,4,5,4,5,3,4,4,5,5,3,3,4,4,2,3,5,3,2,3,4,5,3,4,5,5		
	253	243	0	14	35	65	28		9,10,7,8,8,6,10,8,10,7,8,9,10,7,8,9,9,9,9,11,7,11,7,9,9,9,10,9	5	0
								129→	6,5,3,7,4,5,4,4,4,6,7,3,5,5,5,4,3,5,4,4,4,6,4,4,4,5		
	254	244	5	12	42	75	28		10,10,10,10,11,9,10,10,11,9,8,9,10,1,9,10,8,2,8,8,10,8,7,9,9,10,8,10	0	5
								110→	4,4,4,4,5,5,4,5,3,5,4,3,4,1,5,6,5,1,4,4,3,3,3,5,3,4,3,6		
	255	225	4	7	44	58	26		10,9,4,9,14,7,7,8,9,11,9,10,11,9,8,7,8,4,8,7,9,11,8,10,9	0	1
								112→	5,3,2,4,5,4,3,4,5,5,3,7,4,4,5,3,4,2,4,4,4,6,4,7,6		
	256	263	1	12	31	87	28		9,9,9,6,6,12,12,8,11,11,11,9,10,12,11,8,9,10,7,9,9,9,11,10,7,9,11	3	2
								132→	3,5,6,4,4,5,5,5,7,5,3,4,4,4,4,4,6,5,5,5,6,6,5,4,3,6,5		
	257	236	1	14	32	76	28		7,7,10,9,8,8,8,7,9,7,8,9,8,10,11,8,8,7,8,10,9,8,10,9,9,8,8	4	3
								113→	3,3,4,6,4,3,3,5,6,3,3,3,4,4,5,5,2,3,6,3,3,5,3,6,3,5,6		
	258	214	2	10	30	71	26		9,9,10,7,9,8,9,9,9,8,9,9,9,2,9,7,10,7,8,8,8,5,10,8,8,10	0	0
								101→	5,4,5,3,4,3,4,3,3,6,3,4,5,5,1,4,4,5,3,4,4,4,5,4,3,5		
	259	159	3	5	25	49	19		9,8,8,9,9,9,6,11,9,9,12,10,8,9,8,3,8,6,8	0	2
								77→	3,4,4,5,5,4,3,4,4,5,4,4,5,4,4,2,3,5,5		
	260	181	5	11	24	48	22		7,8,7,10,7,10,10,8,8,9,1,8,8,9,9,7,9,10,9,10,9,8	2	3
								93→	5,5,4,7,5,5,3,5,4,4,1,4,4,3,4,4,4,4,5,4,5,4		
	261	246	1	14	40	70	28		8,9,5,8,8,8,9,7,7,10,9,11,11,10,10,9,9,11,5,10,10,8,10,9,9,11,8	0	2
								121→	4,4,2,3,3,4,6,4,3,6,4,4,4,4,4,6,4,1,6,2,5,5,4,6,5,5,5,5		
	262	250	4	9	33	97	29		8,10,9,8,7,8,8,12,10,8,9,10,7,8,8,10,8,9,10,12,8,7,8,9,8,9,9,5,7,10	0	1
								107→	5,3,4,1,4,4,4,6,3,2,5,5,3,2,4,4,4,4,4,4,1,3,3,3,3,4,4,2,4,3		
	263	202	5	5	27	65	26		10,10,7,9,4,8,8,7,11,7,1,8,6,10,9,9,6,8,8,7,9,7,7,9,8,9	3	1
								100→	3,5,5,2,3,2,4,4,1,4,1,3,3,5,4,5,3,4,4,5,3,5,4,5,6,7		
	264	185	4	9	28	45	25		8,8,10,7,6,9,6,8,7,9,6,9,7,8,7,1,8,8,8,8,7,8,6,6,8	1	0
								99→	2,6,5,3,4,4,4,4,4,5,3,5,4,4,4,1,4,4,4,4,5,5,3,5,3		
	265	217	0	8	37	66	26		9,9,9,11,10,8,8,7,11,8,8,7,3,8,10,8,9,9,8,11,11,10,8,9	4	1
								106→	4,4,4,6,3,5,6,4,5,3,5,3,3,4,4,4,3,5,5,3,4,5,0,4,3,6		
	266	227	1	9	41	83	25		9,10,10,9,10,9,9,11,9,5,10,10,9,9,9,11,8,9,11,9,4,8,11,9,9	1	1
								93→	5,6,3,4,4,5,5,5,2,2,3,3,2,4,2,4,2,4,4,4,4,2,3,5,4,6		
	267	217	1	8	41	69	24		7,8,10,9,7,9,9,12,8,10,10,9,9,12,11,11,3,7,8,9,10,10,11,8	2	1
								98→	4,3,4,3,4,4,3,5,6,5,4,2,5,4,4,4,2,3,4,6,4,4,5,5		
	268	209	1	8	31	76	24		10,9,11,10,9,10,9,5,7,8,8,9,9,8,7,10,9,9,10,9,10,7,8,8	3	1
								93→	5,5,3,5,3,5,4,3,4,4,4,4,2,4,5,6,5,3,4,3,4,3,3,2		
	269	200	4	8	30	68	24		10,7,7,9,9,8,7,8,1,9,8,5,9,8,10,9,10,8,9,11,8,11,9,10	3	1
								90→	4,5,5,4,3,4,4,5,3,1,3,3,3,5,3,4,4,5,3,3,4,5,4,4,3		

WRITING	PAGE	WORDS	δέ	καί	ARTICLE	PARTICLES	LINES	WORDS REMAINING	1ST line of numbers: total of words on each line. 2ND " " " : " " " remaining on line after subtraction of others.	QUES. MARKS	DAGGERS
Jn	270	225	5	10	32	74	27		8,6,9,10,10,9,9,9,9,1,9,8,7,9,10,9,10,11,9,5,8,10,8,7,7,9,9	5	3
								104 →	3,3,3,4,4,5,4,5,3,1,5,5,5,3,3,5,3,5,4,2,4,5,5,5,3,3,4		
	271	217	2	12	20	78	26		6,9,8,8,8,7,8,9,8,9,9,9,9,7,10,8,14,6,8,8,8,9,10,9,8	4	3
								105 →	4,5,5,5,2,4,5,3,5,6,5,4,3,3,4,4,3,6,3,3,4,5,3,4,4,3		
	272	196	4	8	29	61	23		8,7,11,9,10,9,10,9,9,7,6,8,7,10,9,10,11,9,8,9,6,5	6	4
								94 →	3,4,5,4,5,5,4,5,4,5,3,5,4,4,7,3,4,3,3,4,3		
	273	176	7	10	25	59	21		9,9,10,7,11,9,9,11,6,7,9,9,8,7,7,8,7,7,9,8,9	5	1
								75 →	2,3,4,4,4,4,4,3,3,5,3,4,3,4,3,3,4,3,4,4		
	274	157	5	7	20	45	19		7,8,7,8,8,9,8,10,8,1,8,11,10,8,8,9,10,10,9	2	2
								80 →	4,4,4,5,3,5,5,5,4,1,4,5,5,2,5,3,6,6,4		
	275	256	2	12	32	104	28		11,11,11,8,9,10,8,10,8,10,2,8,10,9,9,9,11,10,10,8,10,10,9,7,10,10	4	2
								106 →	4,4,4,5,2,6,3,3,4,5,1,4,4,4,4,3,2,4,3,4,4,4,4,3,5,5		
	276	204	2	6	31	67	24		10,10,7,10,8,7,7,7,8,10,11,11,4,8,11,10,6,9,10,8,8,8,9	1	2
								98 →	3,5,3,3,3,5,3,5,5,5,5,4,4,4,5,3,3,4,5,5,5,5,4,3,4		
	277	255	2	11	34	98	28		8,10,11,9,10,8,9,8,9,10,11,10,10,12,9,5,8,8,7,10,11,10,8,8,9,10,10,7	5	2
								110 →	5,5,4,2,3,3,3,5,5,4,5,3,5,4,4,3,5,4,4,4,5,4,4,1		
	278	216	2	13	23	69	26		8,9,11,10,9,10,8,10,7,8,8,9,2,7,7,10,7,11,9,9,9,8,9,5,7	3	1
								109 →	4,5,4,3,4,5,3,4,6,5,5,4,1,5,3,4,4,4,4,7,5,5,3,5,3,4		
	279	208	4	14	26	64	26		9,9,7,8,9,7,8,9,9,7,2,7,10,8,8,9,8,10,8,7,10,9,7,9,8,6	5	0
								100 →	3,5,4,5,4,6,5,5,4,1,5,3,4,4,4,4,6,5,2,4,3,4,2		
	280	208	3	9	16	75	25		10,7,9,10,10,7,8,8,8,5,8,10,7,10,9,8,8,8,8,8,7,9,8,10	6	0
								105 →	4,6,3,5,5,4,3,4,3,3,4,3,4,6,4,5,6,4,4,4,4,4,4,5,2,5		
	281	202	3	15	24	66	25		7,11,8,8,9,7,9,7,10,7,9,9,8,1,10,8,8,10,9,4,9,4,9,8,7,9	4	1
								94 →	4,4,4,4,6,3,3,5,3,4,2,5,0,4,3,3,2,2,5,6,2,4,4,4,5		
	282	215	2	19	34	62	25		8,9,9,8,7,8,8,9,5,9,9,9,10,8,8,11,4,11,8,10,9,8,10,11,9	0	0
								98 →	3,5,4,3,1,3,2,3,4,2,6,4,4,4,4,5,3,1,5,4,5,5,4,4,4		
	283	217	1	10	30	76	26		9,9,10,8,2,11,8,9,9,8,8,8,7,8,5,7,11,8,9,9,9,11,9,10,9,6	3	2
								100 →	4,4,4,5,2,4,4,2,6,3,4,4,4,5,4,5,4,5,3,4,2,3,4,3		
	284	184	1	9	24	66	21		11,11,9,9,7,7,10,6,9,8,7,11,8,9,9,9,10,11,9,10,7,4	3	1
								84 →	3,3,5,5,5,4,5,3,4,4,4,4,5,5,4,5,4,4,3,4,1		
	285	228	6	11	32	63	27		8,8,9,7,9,5,8,8,9,10,6,8,10,10,12,8,11,8,9,9,7,10,9,11,3,8,8	2	1
								116 →	3,6,5,4,5,3,4,4,5,4,4,4,5,2,6,5,5,6,7,4,4,4,1,3,4		
	286	209	5	7	33	66	25		8,7,10,9,6,9,9,7,1,8,9,7,8,7,9,8,8,10,11,10,10,10,11,9	0	3
								98 →	3,4,3,5,4,4,4,3,0,5,5,4,3,3,4,4,4,5,6,5,4,4,5,4,3		
	287	204	4	12	27	61	25		9,12,7,7,8,9,12,9,9,8,8,3,9,8,11,8,6,7,8,9,9,9,3,7,10	3	1
								100 →	3,6,4,4,3,5,5,4,3,5,4,2,6,3,6,3,4,4,5,5,2,4,1,4,5		
	288	215	4	14	30	63	26		10,7,9,9,10,8,10,9,8,7,9,7,9,7,6,9,7,9,6,8,8,7,8,9,9,8,8,10	2	1
								104 →	5,6,5,4,5,4,3,4,4,5,5,4,4,4,3,2,3,4,1,3,5,3,3,4,4,4,5		
	289	198	5	7	32	58	25		9,7,7,11,8,5,8,8,9,7,4,9,10,8,9,11,9,5,10,8,8,10,2,7,8,10	2	0
								96 →	3,4,2,4,3,3,4,5,4,2,5,4,4,1,4,4,4,3,5,6,4,6,0,5,5,4		
	290	181	5	9	32	48	25		9,9,9,7,10,9,9,8,9,1,9,10,9,8,8,5,10,7,9,3,1,6,5,9,2	1	1
								87 →	5,4,3,5,2,6,3,4,3,1,4,5,4,3,4,2,5,1,1,4,2,5,2		
	291	209	3	10	33	64	27		4,5,4,8,7,9,11,8,8,7,7,9,1,8,7,8,8,8,8,8,9,11,9,10,10,8,9	0	0
								99 →	3,2,3,3,4,3,4,3,3,3,3,3,1,3,3,4,6,5,3,5,5,6,5,6,4,4,3,4		
	292	204	2	8	28	66	25		9,1,10,11,8,10,8,7,8,10,9,8,7,4,8,12,9,10,9,10,11,7,2,6	4	0
								100 →	3,1,6,2,5,5,4,6,3,5,5,2,3,4,3,6,4,4,7,4,5,6,5,0,2		
	293	222	1	14	32	85	29		9,5,6,6,8,1,4,5,5,4,5,9,9,8,6,8,4,10,11,9,11,10,10,10,10,8,10,10,11	2	0
								90 →	3,3,3,3,4,1,2,2,2,2,2,4,3,3,14,2,4,3,3,4,3,3,5,4,3,3,4,5		
	294	202	2	10	30	61	23		10,3,10,2,9,9,8,8,6,10,10,10,9,8,8,9,8,11,10,10,8,11,8,9	1	2
								99 →	5,3,4,4,3,4,5,4,4,4,5,6,4,5,5,5,4,3,5,5,2,3,4		
	295	220	1	10	26	81	27		9,8,5,9,8,8,9,11,7,8,10,8,7,4,9,9,10,9,10,9,2,8,10,8,6,11,8	1	2
								102 →	5,3,3,3,5,3,4,4,5,5,3,2,2,1,3,5,3,5,4,1,4,6,3,4,4,5		
	296	179	2	8	20	60	21		9,10,6,10,8,7,10,8,8,9,10,5,8,11,10,8,10,10,7,8	1	5
								89 →	4,5,3,5,5,4,3,5,3,4,5,4,4,5,4,4,5,5,4,5,3		
	297	164	2	9	13	57	21		7,9,1,8,8,6,9,8,7,10,3,8,10,10,8,7,7,9,8,7,12	5	3
								83 →	2,4,0,7,5,4,4,4,3,5,2,3,4,4,4,4,3,5,6,5,5		
	298	212	2	10	29	89	23		11,9,5,8,9,10,8,10,12,7,1,11,12,10,9,9,9,11,4,8,8,10,11,7	3	6
								82 →	4,3,2,5,4,4,5,3,4,4,3,3,5,4,2,4,3,2,3,5,3,5,2		
	299	235	3	16	26	101	27		9,9,10,9,12,11,9,9,2,7,8,9,12,8,9,11,5,8,10,9,6,8,10,7,10,8,10	1	0
								89 →	3,4,4,4,1,3,4,4,3,0,4,3,5,4,3,3,4,2,2,5,3,1,4,5,3,4,3,5		

WRITING	PAGE	WORDS	δέ	καί	ARTICLE	PARTICLES	LINES	WORDS REMAINING	1ST line of numbers: total of words on each line. 2ND " " " : " " " remaining on line after subtraction of others.	QUEST-MARKS	DAGGERS
Jn	300	241	0	12	30	96	26	→	7,10,11,8,7,11,9,9,8,9,10,11,11,11,8,12,9,9,10,9,6,8,9,9,10,10	0	2
								103→	4,5,4,4,6,4,5,4,6,3,5,3,3,4,4,3,4,3,4,4,3,4,4,3		
	301	251	4	12	29	107	28	→	10,9,9,9,10,10,8,9,9,9,9,3,9,10,11,9,10,9,7,9,9,9,9,11,8,9	0	1
								99→	4,4,4,4,5,3,3,3,3,4,3,1,4,4,4,3,4,4,4,1,2,4,5,2,4,6,3		
	302	232	7	7	24	105	28	→	10,6,8,11,6,9,6,5,9,8,9,9,10,3,10,9,9,9,8,9,8,8,9,9,10,9,8,8	1	2
								89→	3,3,3,4,2,3,2,3,5,3,2,3,3,1,4,4,3,4,3,2,4,3,2,4,4,6,3,3		
	303	209	3	19	19	78	24	→	8,8,9,12,5,8,10,10,10,9,8,8,9,10,7,9,11,8,9,10,10,3,9	4	3
								90→	4,3,2,5,2,5,3,3,4,4,4,4,3,4,6,3,4,5,5,4,5,4,1,3		
	304	215	0	10	24	79	26	→	10,10,9,4,7,8,9,11,9,8,8,9,7,8,8,11,8,7,8,11,8,7,8,11,8,9,3,7,7,11	1	2
								102→	5,5,3,3,4,4,3,3,3,3,3,5,3,4,6,4,4,5,4,5,3,5,2,4,4,5		
	305	221	2	13	22	96	25	→	9,8,10,7,10,10,14,2,8,9,9,10,9,8,3,9,11,11,11,8,10,9,9,11,10	0	0
								88→	4,4,6,4,5,4,4,0,4,3,4,4,4,3,1,3,2,2,4,5,3,4,2,4,5		
	306	232	2	10	24	111	26	→	10,8,9,11,9,9,10,10,7,8,9,2,10,9,12,11,8,10,10,9,4,9,9,9,9,11	0	3
								85→	4,2,3,4,4,2,5,4,4,2,3,1,2,2,4,3,4,4,2,5,3,3,5,3		
	307	230	4	15	35	73	27	→	8,12,7,8,9,9,8,10,7,9,9,7,8,9,9,10,6,8,11,10,7,8,9,9,10,12,10	3	0
								103→	3,3,4,4,3,4,3,5,3,4,5,4,3,4,3,4,3,5,4,5,3,5,4,6,5,4,1,1,3		
	308	202	7	14	37	44	25	→	7,8,8,7,8,9,8,9,10,8,9,2,10,9,7,7,10,1,8,8,7,10,8,8,9,8	2	0
								100→	4,5,4,4,5,5,5,3,4,5,4,4,3,5,4,1,3,3,3,4,5,4,4,3,5		
	309	207	3	10	27	66	26	→	8,6,10,8,2,8,11,10,8,11,7,9,10,8,9,7,9,7,9,9,8,8,2,8,8,7	6	1
								101→	6,4,4,4,1,6,3,5,5,4,5,3,3,4,4,3,4,3,4,4,6,2,4,3,5		
	310	224	3	12	36	73	25	→	10,9,10,8,10,10,10,10,8,9,10,10,7,8,3,9,9,7,8,9,5,8,7,8,6,10	6	2
								100→	3,4,3,4,3,4,4,5,4,4,4,4,4,4,4,4,4,4,5,3,4,3,4,4,3		
	311	199	3	9	24	64	25	→	9,8,8,3,9,5,8,8,9,8,7,8,11,9,9,7,8,10,9,7,9,8,7,9,6	3	1
								99→	4,4,4,1,3,5,3,3,3,3,6,2,5,6,4,5,4,4,4,4,4,6,2,4,3,4,5		
	312	197	5	9	33	44	25	→	10,8,7,8,8,7,6,8,6,8,9,11,7,8,10,7,7,9,7,5,7,8,10,8,8	1	0
								106→	6,4,4,4,4,3,3,4,5,4,3,6,4,4,6,6,3,4,5,3,3,5,6,5,2		
	313	207	2	9	46	52	26	→	8,2,5,7,6,8,9,8,10,10,11,7,9,7,7,7,9,7,9,11,7,8,9,8,9,9	0	1
								98→	3,1,2,3,2,3,4,4,5,6,3,3,4,5,5,5,5,4,4,5,3,4,4,3,4,3,4		
	314	226	5	19	37	44	27	→	8,8,8,8,8,8,4,8,7,11,9,9,8,9,9,9,7,11,8,8,7,8,8,8,9,10,9	0	2
								121→	5,5,5,3,4,4,5,2,3,5,4,5,5,5,4,6,5,6,3,5,4,6,5,4,5,5,4		
	315	231	2	17	26	67	28	→	9,8,9,7,8,9,11,7,10,9,9,7,2,2,8,8,7,11,8,10,8,10,8,9,11,9,6,6,8	3	0
								119→	4,5,5,4,4,5,3,3,6,5,4,4,1,4,3,6,5,4,4,5,3,6,4,5,5,4,4,4		
	316	197	3	15	34	54	23	→	9,9,9,7,6,9,8,10,10,9,8,8,9,8,8,2,9,9,10,11,14,14,9	0	2
								91→	3,4,4,4,2,5,5,5,2,5,4,5,3,5,2,5,4,5,3,4,4,5		
	317	223	3	19	35	59	26	→	10,9,10,11,11,7,11,8,3,9,8,9,10,8,7,7,7,7,9,10,8,8,10,8,8,10,7	2	5
								107→	3,4,6,5,4,5,3,4,2,5,3,3,5,4,5,3,3,6,4,4,5,4,3,6,4,5,5,4		
	318	233	3	10	34	58	27	→	10,9,9,10,10,9,9,10,8,7,8,9,8,8,7,7,10,7,9,7,11,8,10,9	3	3
								128→	4,4,5,4,6,6,4,5,4,4,5,4,6,5,5,4,5,4,5,4,5,5,5,5,5,5		
	319	215	5	10	27	73	25	→	8,11,9,9,8,9,9,9,1,7,9,10,9,10,10,9,8,9,9,8,9,9,9,9,8	6	5
								100→	5,5,4,4,6,5,4,6,5,0,4,4,5,4,4,3,3,3,3,3,3,3,5,4,5		
	73	15631	213	828	2186	5074	1861	7330		71	114
Ac	320	159	2	10	18	55	21	→	8,9,6,6,7,8,8,5,7,7,9,6,8,7,8,10,9,8,9,7,7	1	1
								74→	3,5,3,4,2,5,3,3,3,3,4,3,4,3,4,3,5,6,3,3,3,3		
	321	196	0	16	26	49	27	→	7,8,7,9,7,3,7,7,8,9,7,5,8,6,8,4,8,9,8,8,8,6,9,8,7	1	2
								105→	3,4,3,5,3,3,5,1,4,6,4,5,4,4,4,4,1,3,5,6,4,5,4,4,3,4		
	322	188	0	16	26	51	27	→	8,6,8,6,4,5,7,1,5,9,9,7,8,7,7,6,8,9,8,9,8,5,8,7,8,9,6	0	0
								95→	3,3,4,4,2,3,2,0,3,4,4,3,4,2,5,4,5,4,4,5,5,3,3,3,2,6,6,4		
	323	194	6	20	23	42	27	→	8,7,8,16,9,7,9,7,8,6,8,9,6,8,10,6,7,7,7,8,4,8,7,7,8,8	3	3
								103→	5,4,7,0,4,4,3,6,4,3,4,4,4,3,4,4,4,5,3,4,4,3,4,3,4,3		
	324	216	0	19	32	65	31	→	10,4,9,8,8,1,6,6,12,3,7,7,6,6,5,5,8,10,6,7,9,10,8,7,8,8,8,6,6,7,8,6,6,5	0	1
								100→	5,2,5,3,3,0,3,3,2,1,3,3,3,4,3,2,5,5,4,4,3,4,6,4,5,2,2,3,2,2		
	325	211	4	10	31	68	26	→	9,8,7,4,7,7,9,11,7,10,7,8,9,10,8,9,9,10,8,9,9,4,6,9,7	1	2
								98→	4,3,4,3,3,5,3,4,3,5,4,3,4,4,4,5,4,4,4,2,4,3,4		
	326	202	5	17	34	46	26	→	5,9,8,9,9,7,7,9,7,7,7,9,8,8,10,8,8,6,9,6,9,8,4,9,9,7	0	3
								100→	4,4,4,4,3,4,5,2,4,4,4,3,5,4,3,4,3,4,3,4,5,4,5,4,4,5		

WRITING	PAGE	WORDS	δέ	καί	ARTICLE	PARTICLES	LINES	WORDS REMAINING	1ST line of numbers: total of words on each line. 2ND " " " : " " " remaining on line after subtraction of others.	QUES. MARKS	DAGGERS
Ac	327	230	8	18	37	58	28		10,7,8,8,7,10,8,9,9,7,8,7,7,8,10,7,9,9,5,8,10,7,8,10,7,11,9,7	1	3
								109→	4,4,4,6,3,4,4,4,4,4,5,2,4,3,5,3,3,5,2,3,3,5,5,3,4,6,4,3		
	328	223	5	14	33	71	27		6,8,7,10,9,8,11,6,8,7,8,6,8,8,7,9,10,10,8,10,7,9,10,10	0	3
								100→	3,5,3,5,4,4,3,1,5,3,4,4,2,5,3,5,4,4,5,2,4,3,3,4,4,4,4		
	329	219	3	17	37	60	29		7,8,8,2,8,9,6,9,8,10,8,8,1,7,8,9,7,9,6,8,6,7,9,9,10,6,9,9	1	2
								102→	3,4,1,3,1,3,3,3,4,3,5,5,4,1,3,3,4,5,2,6,4,4,3,4,4,4,2,4,4		
	330	239	6	13	37	69	31		9,9,3,8,6,7,9,7,7,6,8,7,7,8,9,4,9,8,7,9,9,6,8,9,8,7,8,8,7,10,12	1	1
								114→	6,3,2,4,4,3,4,5,3,3,3,3,4,5,2,4,4,3,5,3,3,4,4,5,3,4,3,5,4,3		
	331	209	1	17	33	54	27		8,4,3,4,5,7,8,9,10,8,10,9,9,9,11,8,9,7,5,8,9,9,7,8,11,7,7	1	4
								104→	4,3,2,3,3,2,2,3,5,6,5,4,4,3,5,4,5,3,3,4,4,5,5,5,3,5,4		
	332	233	12	12	40	54	28		8,9,7,5,7,9,9,7,8,9,9,10,8,10,10,9,7,8,6,9,8,9,9,9,10,8,8,8	5	0
								115→	4,5,4,5,5,4,5,3,5,4,4,5,4,4,4,5,3,3,4,3,3,4,4,4,3,5		
	333	215	10	18	38	47	29		8,9,1,8,10,8,7,7,10,7,9,8,7,5,1,9,7,8,7,9,6,11,8,8,8,8,8,7,6	0	2
								102→	4,3,0,4,5,4,3,5,4,4,5,2,6,3,0,2,5,3,4,6,3,5,3,4,2,4,2,3,3,3		
	334	212	7	12	36	54	28		6,9,9,9,7,10,10,9,8,3,8,7,7,7,9,7,7,9,7,7,9,8,7,11,11,7,8,5,8	0	1
								103→	4,4,4,4,2,3,5,4,3,3,4,3,2,4,3,7,4,3,5,3,5,0,4,3,4,5		
	335	194	4	11	27	61	26		7,7,8,7,8,7,9,7,7,7,9,11,8,6,6,7,8,7,5,11,5,8,6,8,7,8	0	0
								91→	4,2,4,4,4,4,3,3,4,2,5,4,3,2,4,3,4,2,5,3,3,3,4,3,5		
	336	193	4	27	30	29	26		8,6,6,9,7,8,7,8,7,6,6,10,8,5,7,10,7,8,8,7,7,8,6,9,7	0	1
								103→	5,3,5,2,4,3,5,5,3,3,5,5,3,4,5,5,4,4,3,4,4		
	337	236	3	21	34	70	27		9,8,8,9,8,7,9,8,11,8,12,11,8,7,10,9,8,9,10,9,9,9,8,7,10,8,7	1	1
								108→	4,4,3,5,2,5,4,5,6,3,4,4,5,3,3,3,4,2,6,4,5,4,2,5,4,5,4		
	338	212	5	19	31	50	26		10,8,7,7,9,9,8,7,8,7,8,7,8,7,8,7,9,9,8,8,9,8,8,6,7,10,8,10,8	0	4
								107→	4,2,4,4,4,5,5,4,4,4,1,3,5,5,4,5,4,4,3,4,5,5,4		
	339	232	10	14	28	57	28		7,7,10,6,7,8,6,7,9,10,7,7,8,8,8,10,8,9,6,10,8,6,11,8,8,22,10,10,9	3	3
								123→	4,1,4,4,3,5,4,4,4,4,1,3,5,3,3,5,1,6,5,5,5,5,4,6,5,4,5,7,4,5		
	340	215	1	16	35	60	27		6,8,8,9,8,10,9,11,10,10,9,8,8,7,9,10,7,9,10,7,5,6,7,6,7,6,5	2	3
								103→	3,3,5,4,5,5,5,4,4,4,5,4,3,4,3,5,2,4,5,4,5,4,3,3,5,3,3,3,2		
	341	236	5	15	43	53	31		9,9,9,9,9,9,9,7,8,2,4,7,6,6,7,6,10,9,7,8,7,7,7,8,8,9,7,10,8,7,8	3	3
								120→	4,6,3,4,4,5,4,4,4,2,2,3,5,2,3,1,3,3,1,3,4,4,3,3,6,6,4,5,5,3,4		
	342	210	12	9	35	42	29		8,6,8,9,8,1,7,9,8,8,7,7,8,7,1,6,0,7,0,0,7,0,5,7,0,0,8,2,2	0	0
								112→	4,4,5,6,3,1,4,4,3,3,4,4,4,5,1,3,4,4,3,1,5,6,4,2,5,5,3,5,4		
	▓▓▓	▓▓▓	▓	10	37	69	31		7,8,8,9,7,7,11,7,8,7,7,8,8,8,8,9,6,10,8,11,7,11,9,9,9,8,9,8,9,6,8,1	0	0
								123→	4,4,5,3,5,5,1,3,5,3,4,5,4,4,5,5,4,3,5,3,5,4,4,5,3,4,4,5,3,1,1		
	344	213	8	10	30	65	29		7,7,7,8,6,9,7,7,7,8,7,7,10,9,8,6,5,8,6,7,1,5,8,8,10,9,8,8,10	5	3
								100→	5,3,4,4,6,3,5,2,4,5,3,4,4,3,3,4,3,3,3,2,1,2,3,5,2,4,3,2,5		
	345	217	12	13	27	55	26		8,10,8,8,9,7,8,8,10,7,8,8,7,9,8,8,10,10,9,10,8,8,7,7,9,8	3	0
								110→	5,4,3,5,4,4,4,5,5,5,4,4,4,5,5,4,4,4,5,5,4,3,5,5		
	346	237	8	15	31	65	29		10,10,8,8,7,7,7,8,8,8,8,9,9,9,9,8,10,10,8,8,7,3,8,8,10,9,7,9,7	1	2
								118→	4,3,5,6,3,5,4,4,5,5,3,5,3,4,4,5,5,5,3,4,3,4,3,5,3,4,3,4		
	347	198	10	16	28	45	28		6,7,2,6,9,8,7,9,4,6,7,7,7,10,8,9,5,9,7,8,6,9,6,9,4,7,7,9	0	2
								99→	3,4,1,4,4,4,3,4,2,4,2,5,3,4,4,1,4,3,3,3,3,3,5,4,3,4,3,6		
	348	221	12	15	23	51	29		7,9,7,8,8,9,7,7,7,8,9,8,7,7,8,7,9,10,8,9,7,8,8,8,9,1,7,6,8	0	1
								120→	5,5,4,4,3,5,6,4,3,6,4,6,4,4,2,5,5,4,5,4,4,4,4,5,5,1,4,4,3		
	349	218	8	19	23	54	27		9,8,9,7,9,9,7,8,7,9,9,8,6,7,8,7,8,6,8,7,9,9,7,9,7,9,8,10,10	1	0
								114→	6,4,6,3,4,4,5,2,2,4,4,6,5,2,2,4,4,5,4,4,5,5,4,6,4,5,4		
	350	216	9	9	34	58	28		7,12,9,6,8,7,7,8,8,6,10,9,6,9,6,9,5,9,9,8,6,8,8,8,7,7,7,7	1	2
								106→	3,4,4,4,4,4,4,5,2,5,3,5,4,5,5,3,2,3,3,4,4,3,4,4,3,4,4,5		
	351	211	1	10	25	66	28		6,8,6,8,8,9,9,8,7,8,7,6,8,7,7,8,7,9,6,7,7,9,7,7,9,7,9,7,8,8	1	0
								109→	3,7,4,3,4,4,4,4,4,5,3,4,3,2,5,4,3,4,5,4,3,5,3,4,2		
	352	200	3	13	38	52	25		10,9,8,9,6,7,8,8,9,7,7,8,9,8,11,7,6,7,8,9,7,5,9,9,9	1	1
								94→	3,5,4,4,2,2,4,3,4,5,2,5,3,5,4,5,4,5,2,3,5,3,4,3,5		
	353	263	11	18	30	75	31		7,7,6,8,7,8,10,9,10,8,10,7,11,9,8,9,7,8,10,8,10,9,7,6,11,9,11,9,7,9,8	0	1
								129→	3,4,4,5,5,6,3,4,5,5,6,4,5,3,3,5,4,4,3,4,5,4,4,3,3,4,5,3,5,3,5		
	354	204	7	16	28	42	27		7,9,5,9,7,9,8,6,6,9,9,9,8,8,8,8,7,7,7,5,8,7,7,8	1	3
								111→	4,4,3,3,4,5,4,3,3,5,5,4,3,4,5,4,6,4,5,4,5,3,3,4,4,6		
	355	234	12	13	38	49	30		7,8,7,7,5,8,8,7,8,7,9,5,6,11,8,5,8,9,8,7,8,9,10,9,8,8,9,9,2,7,9	0	1
								122→	3,5,4,3,3,3,3,5,5,4,5,5,3,4,5,1,3,6,5,4,5,5,4,4,4,3,5,5,5,3		
	356	227	12	14	38	43	30		7,9,8,9,9,8,9,7,6,6,8,8,8,9,9,8,8,8,8,1,8,8,9,7,3,7,7,8,9	0	0
								120→	4,6,3,6,3,4,5,2,5,5,4,4,3,5,5,3,5,4,4,1,5,4,4,4,2,5,3,4,3		

WRITING	PAGE	WORDS	δέ	καί	ARTICLE	PARTICLES	LINES	WORDS REMAINING	1ST line of numbers : total of words on each line. 2ND " " " : " " " remaining on line after subtraction of others.	QUESMARKS	DAGGERS
Ac	357	185	9	15	26	33	26	102	7,7,8,7,10,4,8,7,4,4,8,6,9,6,8,8,10,5,6,8,6,7,9,7,9,7 / 5,4,4,3,5,3,4,4,3,3,4,3,5,4,3,5,4,3,3,3,4,4,4,6,5	0	4
	358	229	7	14	37	49	30	122	8,5,9,8,7,8,8,8,7,9,10,8,7,7,2,9,7,7,7,8,8,8,7,9,7,8,8,10,8,7 / 5,4,5,4,4,5,4,5,4,4,6,3,6,4,1,4,4,2,4,3,4,4,3,5,4,5,5,4,5,2	1	2
	359	201	3	10	30	55	26	103	7,8,7,8,6,10,6,9,9,9,8,5,7,9,9,11,7,10,8,7,7,6,5,7,6,10 / 3,6,3,4,3,7,4,4,5,2,4,5,3,4,5,4,6,3,4,2,3,4,4,4,2,5	1	1
	360	184	2	8	21	66	26	87	8,8,8,7,7,6,9,4,4,8,7,11,10,9,8,8,9,6,8,7,8,3,4,8,8,1 / 4,3,4,1,4,3,4,2,2,4,5,5,5,6,4,4,4,3,4,3,3,2,2,3,3,0	0	1
	361	170	7	9	37	28	23	89	7,7,7,8,6,7,7,9,6,5,8,7,9,8,7,5,9,8,8,9,8,7,8 / 2,4,4,3,3,3,5,5,4,3,4,5,4,3,4,4,6,5,4,3,4	0	1
	362	184	6	14	32	42	24	90	9,8,8,5,9,7,8,7,8,6,14,9,8,11,9,8,7,6,3,8,8,6,9,7 / 4,3,3,4,3,3,5,4,4,4,5,3,3,4,4,3,2,4,5,4,4,5	0	1
	363	197	4	16	33	44	26	100	9,8,7,7,10,10,8,7,7,8,7,6,8,11,10,8,6,7,6,7,5,7,6,8,6,8 / 4,6,5,3,5,4,4,5,4,4,3,5,2,4,3,5,4,3,2,4,3,4,3,4	1	1
	364	191	4	15	30	49	26	93	7,7,8,7,7,8,7,5,7,8,8,5,10,6,8,8,7,7,7,7,9,7,9,6,8,8 / 4,3,3,4,3,5,3,4,2,4,5,3,5,3,5,5,3,3,2,5,4,4,2,3,2,4	0	2
	365	195	5	12	34	49	25	95	7,6,7,7,8,8,6,6,7,9,6,8,10,9,6,9,10,8,10,8,7,8,7,10,8 / 4,4,3,3,4,2,4,4,3,5,4,4,1,4,1,4,5,3,4,1,2,5,3,5,3	1	1
	366	161	0	11	29	40	26	81	6,8,8,6,3,7,5,3,8,1,10,2,7,9,7,7,8,9,8,1,7,8,8,7,7,1 / 5,6,4,4,1,4,2,1,3,1,3,0,5,3,3,3,3,5,3,1,4,4,4,5,4,0	0	2
	367	176	3	17	23	44	25	89	9,8,8,5,8,5,9,6,8,8,8,9,6,8,4,7,7,6,9,7,5,8,7,6,5 / 3,4,3,4,3,5,3,3,5,3,5,3,4,3,4,4,5,4,3,4,3,3	0	2
	368	188	9	10	29	48	27	92	8,6,9,6,6,8,8,6,7,7,6,8,8,1,8,8,7,8,8,7,9,8,6,8,8,6,3 / 4,3,4,1,5,3,3,3,3,1,5,5,4,3,1,1,3,5,6,3,4,3,3,3,4,3,3,2	0	1
	369	186	8	9	27	40	25	102	8,7,9,8,8,7,9,8,8,6,5,6,8,7,9,8,8,5,8,9,8,7,8,7 / 5,4,4,3,5,3,6,5,4,4,2,3,4,4,5,4,4,4,5,4,6,3,3,5,3	0	3
	370	202	8	10	31	47	28	106	7,7,7,5,7,8,7,7,8,7,9,7,10,6,7,6,8,8,7,7,6,7,8,7,7,8,8,6 / 3,5,4,3,3,5,3,5,3,4,3,4,3,3,5,4,3,4,3,4,5,4,4,2,2,5,4,5,3	0	1
	371	206	8	13	33	47	27	105	9,8,6,6,8,7,7,8,9,9,10,11,9,8,8,7,6,6,5,8,7,9,7,5,9,6,8 / 4,5,4,4,6,4,5,5,3,3,3,2,5,4,4,1,3,2,4,5,4,4,1,3,4	2	4
	372	184	7	19	28	38	25	92	7,6,8,7,4,7,6,9,8,6,9,6,9,11,8,8,7,7,6,7,8,9,9,5,8,6,8 / 4,4,3,4,2,3,5,4,3,3,5,4,2,3,5,4,4,1,3,2,6,4	0	0
	373	216	8	15	41	55	27	97	7,8,9,8,7,8,8,8,7,7,10,9,7,8,9,8,9,7,8,7,9,8,8,8,9,8 / 4,3,4,4,3,4,3,5,2,4,4,2,5,4,4,1,4,4,4,3,3,3,3,3,5	1	1
	374	182	2	11	19	62	24	88	8,6,8,8,8,7,9,8,9,7,6,9,2,7,11,10,6,6,10,7,8,7,9,6 / 4,2,6,4,3,4,4,4,4,1,3,4,2,3,3,5,4,4,5,3,2,4	1	2
	375	199	5	14	24	57	27	99	8,8,5,8,8,7,10,6,7,9,6,7,9,9,8,7,3,7,7,7,7,9,5,9,7,7,8,8 / 3,2,2,5,5,5,5,4,5,5,3,4,4,3,3,1,3,4,5,4,3,4,3,4,3	0	2
	376	217	7	12	36	54	27	108	11,6,6,6,9,9,7,9,6,10,6,8,9,10,11,8,5,7,6,9,7,8,10,9,8,9,8 / 5,4,3,3,3,4,5,6,3,5,4,4,3,5,5,2,5,3,3,4,5,5,4,4,3,4	0	1
	377	175	7	12	24	36	25	96	6,6,8,8,8,7,8,7,7,7,6,8,8,7,7,6,7,3,6,7,8,10,7,8,7,6 / 2,3,4,5,4,4,4,3,4,4,4,5,1,4,5,5,5,4,5,3,3	0	1
	378	161	8	3	27	40	22	83	7,7,7,6,8,6,3,9,6,8,8,10,9,8,9,8,7,8,10,8,3,6 / 4,3,4,4,4,2,4,5,4,4,4,3,5,6,1,4,4,5,3,3,3	2	2
	379	188	7	9	34	47	24	91	9,8,7,8,8,8,9,8,10,6,8,6,7,7,8,8,8,8,8,8,10,6,7,8 / 4,3,4,4,4,3,5,4,4,3,3,3,3,4,5,5,5,5,3,3,4,3,4,3	1	1
	380	229	6	17	35	52	30	119	8,8,7,5,8,6,8,8,4,9,7,9,10,7,6,8,8,6,7,7,2,9,8,10,9,8,7,8,6 / 4,3,4,3,4,3,4,5,3,3,5,4,5,4,3,3,4,6,4,2,4,4,4,6,5,3,6,3,4,4	0	1
	381	207	7	9	26	52	28	113	7,8,7,5,9,8,8,9,10,7,6,7,7,10,5,7,9,7,6,7,8,5,11,7,8,7,5,7 / 5,5,4,4,4,3,4,4,5,2,4,4,4,6,4,4,5,5,3,5,5,2,2,5,3,5,3,4	1	1
	382	191	11	10	25	39	26	106	8,7,7,6,6,7,9,7,8,6,6,7,7,8,7,9,5,9,7,8,10,6,7,8,8,8 / 4,3,3,3,5,2,6,4,5,3,5,4,3,4,3,3,5,5,4,6,4,5,4,5,4	0	0
	383	197	8	9	27	57	27	96	7,10,8,8,2,7,7,8,8,5,6,9,8,7,9,7,8,7,4,9,9,7,9,6,8,6,8 / 3,4,5,5,1,3,4,6,3,2,4,4,5,3,2,4,4,3,1,4,4,4,1,3,4,3	0	0
	384	190	0	8	31	63	24	88	8,8,8,9,9,7,9,7,8,9,8,9,8,8,10,7,8,8,9,7,6,6,7,7 / 4,4,2,4,5,4,4,4,4,3,1,4,4,5,5,4,4,3,4,4,3,3,4,5	0	2
	385	226	8	11	33	63	31	111	11,7,7,6,10,7,6,9,6,10,7,7,8,7,5,6,7,10,7,6,7,8,7,9,8,6,7,9,5,9,2 / 4,3,4,3,4,4,5,4,4,4,3,4,5,1,3,3,3,6,3,4,5,4,4,4,4,3,3,3,3,1	0	3
	386	196	9	10	27	50	27	100	8,6,9,6,9,8,4,8,7,9,11,10,7,8,8,8,8,7,9,7,2,7,7,8,6,6,3 / 4,3,5,3,5,4,3,5,3,5,5,6,4,2,3,5,3,4,5,4,3,2,3,3,3,5,3,1	1	0

WRITING	PAGE	WORDS	δέ	καί	ARTICLE	PARTICLES	LINES	WORDS REMAINING	1ST line of numbers: total of words on each line. 2ND " " " : " " " remaining on line after subtraction of others.	QUES MARKS	DAGGERS
Ac	387	185	4	8	27	58	25 →		9,6,7,14,7,8,8,6,8,8,8,7,9,6,8,8,8,7,5,9,7,7,8,8,3	1	0
								88 →	3,3,4,4,3,6,3,3,3,4,3,1,6,3,2,2,3,3,3,4,3,5,4,4,4,1		
	388	254	6	14	48	60	32 →		8,9,8,6,11,9,9,7,10,10,8,10,5,8,6,6,8,8,6,9,10,8,8,8,7,9,7,1,8,9,10,9,7	2	0
								126 →	4,4,3,5,4,4,4,5,3,5,5,5,2,5,5,3,3,6,4,5,5,3,3,4,4,4,0,4,4,4,3,4		
	389	223	10	10	29	57	29 →		9,8,7,8,9,7,2,7,6,7,7,7,9,6,7,8,7,9,9,6,8,6,8,8,9,9,11,12,7	3	0
								117 →	4,6,4,3,5,5,2,4,3,4,5,5,3,4,4,4,5,3,3,5,3,4,5,4,5,4,6,4,3		
	390	246	7	18	27	85	31 →		10,9,8,9,7,7,6,8,8,9,9,9,8,8,7,7,8,8,14,7,8,8,8,9,7,9,1,9,9,7,9	2	0
								109 →	5,4,2,4,3,3,4,5,3,4,4,3,5,4,3,3,4,4,3,4,4,3,4,0,3,4,3,4		
	391	215	12	9	36	49	29 →		7,7,8,8,8,6,7,8,7,10,8,7,8,9,9,2,7,8,7,8,1,8,6,9,7,9,10,9,7	4	0
								109 →	4,4,4,3,4,4,4,5,4,5,4,3,4,3,4,2,4,3,3,4,0,5,4,3,4,5,6,4,3		
	392	203	10	6	26	49	27 →		9,9,11,8,8,7,7,8,8,7,7,7,6,9,6,9,7,9,8,9,6,6,6,8,7,5,6	2	3
								112 →	6,5,5,6,5,5,3,4,5,4,4,3,6,3,4,4,4,2,6,3,3,4,4,4,3,3,4		
	393	220	5	7	30	73	30 →		6,8,7,7,9,8,7,7,7,8,9,7,8,8,8,9,9,7,9,6,9,8,8,6,2,6,5,6,8	1	2
								105 →	3,4,2,3,3,3,5,4,4,4,2,4,4,4,1,4,3,5,4,4,4,4,0,3,4,4,5		
	394	165	4	7	25	46	23 →		6,6,6,7,7,7,7,8,8,8,6,8,7,8,7,7,7,8,7,8	0	1
								83 →	3,4,4,6,3,3,5,4,6,4,4,1,2,4,4,3,3,3,4,3		
	395	188	4	8	22	63	26 →		7,2,8,6,7,7,7,9,7,8,8,8,8,8,7,8,7,7,3,8,8,8,6,8,10,8	0	0
								91 →	4,1,5,3,2,4,5,3,5,2,5,3,4,3,4,3,2,3,2,4,5,4,3,5,3,4		
	396	212	5	9	26	78	26 →		8,7,10,8,10,8,6,9,8,7,8,11,9,9,9,9,10,6,7,9,7,8,6,7,8,8	0	0
								94 →	3,3,3,6,3,3,5,3,4,3,1,4,3,3,3,4,4,3,4,4,3,5,3,3,6,2		
	397	187	6	7	24	49	27 →		6,8,7,7,8,8,5,7,8,3,8,6,8,8,7,7,9,8,7,8,1,8,8,7,7,6,7	0	1
								101 →	4,3,5,6,3,3,3,6,5,2,5,4,2,4,2,4,5,5,4,4,4,4,4,4,2,5,4		
	398	229	6	5	28	67	30 →		9,9,8,8,9,9,8,8,9,5,7,5,7,6,7,10,7,8,7,7,8,7,8,6,7,8,7,8,8,8	1	3
								123 →	4,3,5,6,3,5,6,4,3,4,4,4,4,5,5,4,3,3,5,3,4,4,4,5,4,4,3		
	399	217	6	10	26	68	29 →		7,9,7,6,7,8,8,6,8,7,8,8,9,7,9,10,7,7,7,9,9,7,10,2,7,8,7,6,7	0	1
								107 →	5,3,3,3,4,3,2,5,3,4,4,6,3,3,4,5,3,5,3,5,3,2,4,4,3,4,5		
	400	220	0	9	29	77	28 →		7,8,9,10,6,8,6,9,8,7,8,7,8,10,8,10,6,7,7,6,9,8,7,7,10,8,9	2	2
								105 →	3,5,2,3,4,3,4,4,5,2,5,5,4,3,6,4,3,4,3,4,2,4,2,5,4,2,5,5		
	401	253	5	13	33	78	31 →		11,8,11,8,9,10,7,10,9,7,7,8,9,8,7,7,7,8,10,7,8,8,7,9,9,6,7,7,9,7,8	2	2
								124 →	6,4,3,4,2,3,4,4,4,4,5,3,3,5,3,5,3,5,4,5,5,4,3,6,5,4,3,4,2,5,4		
	402	194	5	9	30	52	26 →		8,7,12,8,8,8,8,6,9,7,7,9,7,5,6,8,6,7,8,6,8,9,5,7,7,8	0	1
								98 →	4,4,4,3,2,3,3,3,5,5,3,3,5,5,4,4,4,4,4,4,3,4,5,3		
	403	212	9	10	31	37	30 →		8,8,6,8,2,8,9,6,10,10,8,8,7,6,7,7,4,6,6,6,9,6,8,6,5,7,8,6,7,8,8	0	2
								125 →	4,4,3,6,2,6,4,4,4,5,4,5,4,4,5,2,4,5,4,3,5,4,5,5,3,5,4,4,5		
	404	246	5	9	27	71	33 →		7,7,1,8,9,8,10,8,9,10,8,9,9,9,6,6,9,8,7,6,8,7,7,8,7,8,7,8,9,8,6,8,6,6,5,5	0	1
								134 →	4,5,0,6,4,3,4,4,5,2,5,6,3,4,4,1,3,4,3,4,5,6,3,7,3,4,5,4,3,5,3,4,5,5,3		
	405	212	11	9	36	47	29 →		8,8,8,7,7,8,6,8,3,9,8,7,8,7,7,10,8,7,7,5,7,7,11,9,3,7,8,6	0	1
								109 →	3,4,5,3,3,4,5,5,1,4,5,4,4,4,4,5,3,5,3,4,3,5,2,4,1,4,4,4		
	406	216	8	11	31	49	29 →		8,8,8,8,9,9,9,11,6,8,6,4,9,8,7,8,7,7,10,6,7,5,8,6,5,6,8,6	0	2
								117 →	3,3,4,5,4,4,4,4,6,4,4,3,3,5,5,5,3,4,4,3,5,5,2,4,1,3,5,6,4		
	407	201	7	3	26	68	28 →		7,8,8,9,6,8,7,1,7,7,8,10,7,6,8,6,9,6,9,9,7,8,8,9,8,1,8,6	0	0
								97 →	4,4,3,5,5,4,2,1,4,4,4,6,3,4,4,4,4,2,3,3,3,3,4,2,4,1,3,4		
	408	159	3	15	29	37	24 →		10,9,9,7,8,9,6,7,6,7,7,5,5,4,4,4,5,8,8,8,6,8,8,1	0	0
								75 →	4,3,4,3,5,5,3,3,3,3,3,2,2,2,2,2,4,3,5,2,4,4,1		
	89	**18449**	**554**	**1110**	**2709**	**4818**	**2437**	**9258**		**71**	**122**
Rm	409	219	2	9	22	83	26 →		6,6,9,8,8,7,9,8,14,7,8,7,9,8,10,11,7,10,8,9,8,8,10,8,11,9	0	0
								103 →	6,4,3,4,5,6,4,3,4,4,5,5,5,2,5,4,4,4,3,4,2,2,3,4,4,4		
	410	238	1	13	38	70	30 →		8,9,7,8,8,8,6,7,8,8,9,7,8,9,7,7,8,6,7,9,8,6,7,9,10,7,10,8,8,9	0	0
								116 →	5,3,3,5,4,5,3,4,4,4,4,4,3,5,2,5,5,5,3,4,3,2,4,4,1,5,4,4,3		
	411	216	4	11	36	51	28 →		6,9,6,7,9,6,6,5,5,4,9,7,7,9,8,10,10,9,9,9,8,10,8,7,7,10,7,9	2	0
								114 →	4,3,3,4,5,5,6,5,5,4,3,5,3,4,3,4,4,4,4,4,4,5,5,4		
	412	253	4	15	43	60	33 →		9,7,9,9,8,3,10,8,9,5,7,8,9,2,8,9,7,9,6,9,8,9,6,9,11,5,7,9,7	4	1
								131 →	5,3,5,5,4,1,5,5,4,3,6,4,5,2,2,4,3,2,4,4,3,4,4,5,4,5,4,5,4,3		
	413	232	4	7	39	76	30 →		9,7,8,9,10,9,14,7,10,10,9,6,7,6,9,10,8,12,9,7,8,10,1,6,8,4,5,4	11	1
								106 →	4,4,3,4,5,4,4,1,3,4,3,3,6,4,2,2,4,5,5,4,4,4,4,5,1,3,3,3,3,2		

WRITING	PAGE	WORDS	δέ	καί	ARTICLE	PARTICLES	LINES	WORDS REMAINING	1st line of numbers : total of words on each line. 2nd " " " : " " " remaining on line after subtraction of others.	QUES-MARKS	DAGGERS
Rm	414	205	3	7	36	57	31	102→	6,4,5,4,5,4,6,7,6,7,5,7,1,12,9,9,8,1,7,7,8,8,8,8,9,8,7,10,9,2 3,2,3,2,3,2,3,4,4,3,3,4,0,6,4,5,3,1,5,3,5,3,4,4,4,3,3,4,4,3,2	0	1
	415	217	4	8	31	65	28	109→	8,8,6,14,9,8,9,1,7,9,9,9,9,9,8,7,10,4,5,5,8,9,8,9,10,5,9,9 5,5,4,6,5,4,4,1,4,4,3,6,3,3,4,4,5,3,3,2,5,2,4,5,4,4,3,4	11	0
	416	244	3	13	41	76	30	111→	7,7,10,5,10,8,9,7,8,8,9,9,14,7,8,8,8,9,7,7,9,8,8,8,8,10,7,9,7 2,3,4,3,3,4,4,4,3,4,4,3,4,5,4,4,3,5,4,5,4,4,5,4,4,3,3,4,2	0	2
	417	244	7	8	36	79	29	114→	7,9,9,9,10,9,14,9,7,7,8,8,10,7,9,8,9,6,14,9,6,9,9,8,14,8,8,8 4,4,3,4,4,4,5,4,3,5,3,5,3,4,5,2,5,5,3,4,3,4,4,4,4,5,4,2	0	1
	418	253	3	8	47	67	31	128→	8,8,10,10,9,8,10,8,8,9,7,7,8,7,8,9,6,8,8,6,10,8,8,9,7,10,7,7,8,10,7 5,2,5,5,5,4,4,4,3,5,3,4,4,3,4,5,4,4,5,3,5,4,5,4,4,5,4,6,3,3,4,4,5	4	0
	419	238	6	5	35	73	30	119→	8,7,6,9,7,8,7,7,7,11,9,3,9,8,8,9,9,10,8,8,8,10,3,6,6,8,8,9,8 2,4,3,5,3,3,4,6,4,5,5,2,3,3,5,5,5,3,3,4,5,3,4,4,4,4,4,4,5,4	3	0
	420	282	11	3	50	80	33	138→	9,9,7,8,14,8,14,3,7,9,10,9,9,9,9,6,9,10,7,10,14,7,7,8,9,12,9,9,7,9,7,9,8,11,8 5,5,4,3,5,5,6,1,5,5,7,4,5,5,5,4,3,3,4,3,4,4,4,4,4,9,5,2,5,3,4,4	4	0
	421	251	8	5	36	94	28	108→	8,12,8,9,7,6,8,8,9,12,9,9,9,9,11,9,11,8,9,8,9,7,10,10,8,9,9,10 3,6,4,4,4,3,4,4,3,5,4,3,5,4,3,4,4,3,5,3,1,4,6,2,7	2	2
	422	253	9	4	44	77	29	119→	8,9,9,9,14,8,9,9,10,9,9,9,11,9,9,11,9,11,10,9,9,7,2,8,10,8,6,8,8 5,4,4,3,5,5,3,4,4,4,6,4,4,4,4,4,4,5,3,0,4,5,4,5,5,6	0	2
	423	219	8	8	39	62	28	102→	8,9,7,7,3,9,7,8,8,9,8,8,8,9,10,8,5,8,9,9,6,8,8,8,9,7,9,7 4,5,4,4,1,4,4,3,4,4,1,3,3,4,1,3,3,3,3,3,4,5,4,3,3,4,5,4,4	1	3
	424	228	3	8	24	94	29	99→	10,7,7,7,1,10,14,9,9,6,7,14,8,9,9,6,4,8,7,9,8,8,9,7,7,9,8,9,8 4,4,2,2,1,2,3,3,2,5,5,4,2,9,5,3,3,2,2,5,3,5,4,5,3,5,4,3,3	7	1
	425	284	5	10	47	103	31	119→	10,10,11,6,10,10,8,9,9,8,10,10,7,10,9,9,8,2,10,10,14,9,10,12,12,8,8,10,9,10,10 4,3,3,4,3,1,3,5,4,4,5,5,4,4,1,4,4,5,2,4,5,2,2,5,3,3,1,3,5,3,3,4,1,5,4	7	2
	426	193	4	12	21	59	30	97→	10,7,7,9,8,14,7,5,8,4,5,6,11,1,3,7,3,4,7,9,6,7,10,8,2,8,1,7 5,4,4,5,3,3,2,3,2,1,5,3,5,1,2,5,1,3,4,4,4,3,5,3,4,2,5,1,2	3	0
	427	233	5	5	32	87	28	104→	9,8,9,8,6,7,8,7,9,9,10,7,9,11,12,8,9,9,7,9,7,9,7,9,7,9,7,7 3,3,4,4,4,4,4,1,3,4,4,4,3,4,5,3,3,4,5,4,4,2,4,2,4,3,5,3,5	7	4
	428	214	4	6	30	70	28	104→	7,8,10,9,2,8,9,8,1,6,5,5,6,6,5,7,5,9,9,8,12,9,8,8,8,10,9,9 2,5,4,4,1,3,3,5,1,2,3,3,2,3,2,4,3,4,4,5,5,5,4,4,3,5,5,5,5	7	2
	429	248	9	13	38	78	31	110→	8,6,6,9,4,3,9,7,7,7,8,9,8,8,8,10,7,11,6,12,10,8,8,8,9,8,6,10,10,8,8 4,1,4,4,2,2,4,2,3,2,4,3,2,5,4,5,3,4,2,5,3,1,3,5,3,5,3,4,5,4,3,4	2	2
	430	201	4	10	27	69	30	91→	8,8,6,10,9,7,6,8,9,9,8,2,5,4,7,5,10,6,10,9,8,8,9,2,3,5,5,5,5,5 3,2,4,4,4,4,4,3,4,5,2,3,3,1,2,1,2,3,2,2,3	2	1
	431	222	3	6	48	62	30	103→	4,3,10,1,7,7,8,7,8,8,10,2,9,11,9,8,11,9,9,8,9,9,8,8,6,7,6,9,6,5 1,1,0,0,3,3,5,5,2,4,4,1,3,4,5,6,5,6,4,4,3,3,4,4,4,3,3,6,4,3	1	1
	432	209	4	2	30	66	27	107→	7,7,6,8,5,8,6,9,5,9,6,14,9,10,3,5,9,9,7,7,9,10,9,10,10,8,8 5,3,4,2,3,4,4,3,3,3,5,5,1,5,5,5,4,6,5,4	0	1
	433	220	5	8	44	61	27	102→	10,8,7,12,6,8,9,8,14,8,8,9,9,8,9,8,6,9,8,8,1,7,7,9,10,8,10 2,4,3,5,3,4,4,4,4,1,4,4,5,3,5,4,4,4,5,4,1,3,4,4,4,3,7	1	0
	434	207	3	10	22	76	26	96→	8,8,10,8,8,10,10,10,7,8,9,8,10,8,1,9,6,8,2,7,8,8,10,10,8,8 4,3,5,6,4,5,4,4,3,4,4,3,4,0,5,3,3,1,3,4,5,4,4,5,4,3	2	0
	435	217	4	10	40	70	26	93→	8,9,10,9,7,8,8,9,7,10,8,10,7,11,8,7,8,9,7,9,7,8,9,7,8 3,5,4,5,2,2,4,3,5,4,4,3,4,3,4,4,2,3,4,3,4,4,3,4,5	0	0
	436	179	4	11	30	47	27	87→	7,8,6,9,9,6,5,3,6,2,6,6,4,5,5,4,9,8,8,8,8,6,6,9,9,8,9 3,4,5,4,6,2,2,2,3,1,3,2,3,3,2,4,3,4,2,4,2,3,4,3,5,5	0	3
	437	188	4	10	19	64	26	91→	6,9,8,9,8,8,7,5,8,4,6,5,8,14,9,8,7,7,6,6,8,8,8,8,6,6 4,4,3,5,5,2,4,3,5,3,2,2,3,5,4,4,2,4,4,4,4,1,3,4,2,3	0	3
	438	160	4	9	22	58	22	67→	9,6,7,9,7,10,9,7,6,9,1,7,8,7,10,7,2,6,9,9,8,7 3,4,3,4,2,3,4,4,3,2,1,3,4,3,4,3,0,4,3,4,2,4	0	0
	439	192	1	15	31	53	27	92→	8,7,6,7,8,7,7,8,7,6,8,7,7,8,8,6,8,5,9,7,7,2,7,9,6,9,8 4,5,4,2,3,4,4,3,5,3,4,4,4,5,3,3,3,2	0	1
	440	152	5	7	27	38	19	75→	7,9,10,14,9,8,7,8,8,9,8,6,6,8,5,8,8,8,8 4,2,5,4,4,3,3,4,4,4,5,3,3,4,5,4,4,6,4	0	1
	32	7111	148	276	1105	2225	909	3357		81	34

WRITING	PAGE	WORDS	δέ	καί	ARTICLE	PARTICLES	LINES	WORDS REMAINING	1st line of numbers: total of words on each line; 2nd " " " : " " remaining on line after subtraction of others.	QUES. MARKS	DAGGERS
1-C	441	233	6	8	29	83	27	107	6,8,9,7,8,9,8,9,10,10,7,9,6,8,9,8,8,8,9,11,11,10,10,11,6,9,9 / 5,5,5,4,4,3,5,3,5,2,5,3,3,4,5,4,4,3,4,4,1,3,1,4,5,4,4,4	2	2
	442	233	5	11	48	48	30	121	11,7,9,6,9,2,9,7,4,5,6,8,9,10,10,7,7,7,6,8,8,9,6,8,9,9,9,9,9,10 / 3,4,4,4,4,1,3,4,3,3,7,5,3,5,4,4,5,4,3,5,5,4,3,6,5,4,4,5,4	4	0
	443	241	5	12	36	84	29	104	8,10,7,8,9,7,9,8,10,10,8,10,6,9,9,6,8,10,8,8,1,8,6,7,9,10,10,11,11 / 2,5,4,5,4,4,3,3,5,2,4,4,4,4,3,4,4,3,4,1,4,3,3,3,4,4,4,3	1	3
	444	202	8	6	20	63	25	105	9,10,8,6,6,9,8,6,9,8,1,8,7,8,9,9,10,8,10,7,8,8,9,11,9 / 4,4,4,4,4,5,2,4,4,1,4,3,5,6,6,3,5,3,5,5,4,4,6,6	5	1
	445	218	7	3	27	64	28	117	6,10,6,8,8,8,7,7,8,8,8,7,8,11,4,11,3,7,11,8,9,9,7,8,7,9,7,2 / 5,5,5,6,5,3,7,4,5,4,4,4,3,6,4,6,1,4,5,4,4,5,4,2,4,4,3,1	1	2
	446	240	8	16	18	86	30	112	7,6,8,10,7,9,10,11,9,9,7,12,9,11,11,6,8,8,6,7,9,7,18,7,7,4,5,5,9,6 / 5,5,4,3,3,4,4,5,5,2,3,3,4,5,4,1,4,4,4,4,3,4,4,4,5,4,3,3,3,4	3	0
	447	217	3	6	30	80	25	98	10,7,7,9,9,9,8,7,10,9,10,10,8,8,9,10,9,10,7,8,8,9,9,10,7 / 5,3,3,5,4,4,3,3,4,3,4,5,4,2,5,4,4,5,3,3,4,3,5,5,5	4	2
	448	201	2	7	21	76	24	95	10,8,10,6,7,8,8,9,7,7,9,9,10,8,9,9,11,8,8,8,7,9,7,8,8 / 7,4,5,3,4,3,3,5,4,5,1,3,4,5,3,4,6,4,3,4,3,5,3,3,4	9	0
	449	233	5	11	31	77	27	109	10,8,6,9,6,7,8,6,7,8,7,8,8,10,11,11,10,9,9,9,10,10,7,8,10,10,11,10 / 5,4,3,5,3,3,4,4,3,5,2,2,2,4,3,4,4,3,6,5,7,5,5,4,5,4,5	6	0
	450	203	12	9	29	60	25	93	7,4,8,8,8,9,11,11,8,9,10,9,8,9,14,2,9,8,7,5,9,9,6,11,8 / 4,1,4,3,6,5,5,5,4,2,4,3,3,3,6,1,4,2,5,2,4,4,4,4,5	1	1
	451	220	5	6	26	64	28	119	10,8,9,11,9,9,10,10,12,11,8,9,5,7,7,8,9,9,7,8,6,6,6,8,2,9,8,7 / 4,3,5,4,5,5,3,4,6,1,4,5,3,4,4,5,4,5,7,5,5,4,1,4,6,4,5	2	2
	452	235	11	17	43	53	27	111	8,9,8,10,7,8,10,9,9,8,8,10,9,14,10,9,14,8,8,7,9,7,8,10,8,9,9 / 6,4,4,3,4,4,1,3,1,4,5,6,4,5,3,4,4,4,3,2,6,5,3,6,4,4,4	0	0
	453	182	8	7	17	62	23	88	5,11,8,9,7,8,8,9,9,8,9,14,14,8,3,6,8,5,8,14,9,6,14,6 / 4,6,6,4,5,3,5,6,4,2,5,5,6,2,3,1,0,4,0,2,4,5,3,4	0	0
	454	233	2	9	30	83	27	109	9,10,7,7,9,9,8,5,9,10,8,9,10,10,8,8,8,10,9,2,6,8,14,8,9,8,9,11,10 / 3,4,4,4,4,5,3,3,4,4,6,3,5,4,4,6,4,4,4,1,4,3,4,3,4,5,5	13	0
	455	210	3	3	31	78	26	95	9,7,9,8,8,9,7,9,8,8,9,9,7,8,8,6,8,7,7,11,9,8 / 4,3,4,3,3,4,3,4,3,4,4,3,4,4,3,4,4,2,3,3,4,4,4,4,6	4	0
	456	224	6	10	26	75	29	107	6,8,10,4,9,8,6,7,8,9,9,4,9,9,9,9,7,9,8,8,7,10,6,6,9,7,8,6,7 / 4,3,4,2,6,3,3,3,5,4,3,4,2,4,2,3,5,5,2,3,4,4,4,6,3,7,3,3	1	2
	457	199	4	5	26	63	26	101	7,6,8,9,7,10,7,9,7,7,8,8,8,11,8,9,7,10,8,6,6,8,6,2,7,8 / 3,3,2,5,4,4,3,4,5,4,6,6,5,4,4,3,5,4,5,6,3,1,2,3	7	0
	458	231	8	9	34	72	29	108	9,7,10,9,7,9,9,7,10,8,6,14,7,9,8,8,3,9,6,10,9,8,7,7,6,12,8,6,7 / 3,5,3,4,4,3,3,4,3,4,2,4,5,4,2,4,2,3,4,4,5,5,4,4,3,4,4,4,4	2	0
	459	260	9	12	30	96	30	116	10,10,10,9,9,11,10,7,8,9,11,8,8,3,9,8,7,14,9,8,8,10,11,9,8,6,9,10,6 / 7,5,4,4,3,5,5,2,5,4,1,4,5,4,3,2,2,4,4,1,2,5,4,5,3,2,3,4,4	6	0
	460	195	5	9	30	63	24	88	9,8,9,9,8,10,6,3,10,9,7,11,8,14,7,8,8,6,7,14,7,8,9,8 / 3,3,4,4,4,4,1,4,5,4,5,4,3,5,3,2,3,2,3,5,3,3,5,4	0	0
	461	209	12	11	23	51	25	112	8,7,6,8,8,8,10,8,9,8,10,7,7,6,11,4,9,10,10,8,8,7,10,12,10 / 5,6,3,4,4,4,5,3,3,5,5,4,4,4,6,1,6,6,5,3,6,5,3	1	0
	462	261	9	9	34	65	32	144	10,11,11,10,11,11,9,11,8,7,8,7,6,9,7,11,9,8,7,10,8,6,5,7,7,7,7,2,7,8,8,8 / 5,3,8,6,6,5,7,5,6,4,6,4,4,4,4,4,5,3,6,5,3,4,6,6,5,2,2,5,3,1,4,3,6,4	11	2
	463	203	13	5	23	52	27	110	10,9,9,9,6,7,8,9,8,8,3,8,5,6,8,7,8,8,8,8,7,9,4,7,8,8,8 / 3,5,5,3,4,4,4,4,4,2,3,5,3,3,5,2,4,1,4,4,5,5	0	1
	464	211	8	9	24	62	26	108	6,8,6,7,11,5,9,10,10,8,8,9,7,9,7,9,9,9,9,8,4,7,8,9,8,11 / 4,4,3,5,4,3,5,3,4,4,5,5,3,5,6,5,4,6,3,4,3,4,4,4,4,5	5	1
	465	218	6	7	26	67	29	112	8,10,9,7,8,9,7,8,8,4,8,2,7,9,9,7,9,8,7,8,7,8,9,1,7,7,7,10,10 / 4,4,4,4,4,5,5,4,5,2,4,1,4,4,3,2,4,4,3,4,2,6,4,1,4,7,5,5,4	3	0
	466	180	7	10	15	59	24	89	7,10,7,8,7,5,7,2,9,7,5,11,7,11,7,8,8,7,8,8,8,9,7,9 / 4,5,4,5,2,4,4,1,3,3,3,5,5,4,4,5,4,3,4,4,2,2,3,4	1	0
	467	247	10	10	28	84	30	115	9,8,10,10,6,9,7,7,7,8,9,13,8,12,6,8,8,9,8,10,7,8,9,7,9,10,9,7,1,8 / 3,3,4,5,5,3,6,3,3,5,5,5,2,2,4,4,4,4,5,3,1,4,3,4,4,4,4,3,6,1,5	1	3
	468	224	4	10	27	80	28	103	7,8,8,7,9,8,9,8,7,9,9,9,8,9,11,8,8,8,7,8,7,10,6,5,7,7,9,8 / 3,4,4,3,5,4,5,5,3,5,2,4,1,4,2,3,4,2,1,2,5,3,4,4,5,5	6	1
	469	234	7	15	30	48	29	134	10,7,10,8,10,9,8,10,9,8,6,8,7,6,7,9,8,8,8,8,8,10,7,6,9,8,6,6,9 / 3,5,4,6,4,7,5,5,6,7,4,4,4,5,6,5,5,6,5,4,5,3,3,4,3,5,4,4,2,5	0	0
	470	188	9	5	30	50	25	94	8,8,6,7,7,6,5,5,5,10,14,9,7,7,10,10,7,6,8,9,7,7,9,7,8 / 4,4,3,3,4,4,4,3,3,3,4,5,4,5,4,5,4,3,4,3,5,3,3,4,3,4,3,4	2	1

WRITING	PAGE	WORDS	δέ	καί	ARTICLE	PARTICLES	LINES	WORDS REMAINING	1ST line of numbers: total of words on each line. 2ND " " " : " " " remaining on line after subtraction of others.	QUES. MARKS	DAGGERS
1-C	471	203	7	12	20	74	27		7,10,9,9,8,3,8,9,8,10,7,9,10,3,7,5,7,9,8,7,8,7,7,7,7,7,7	0	0
								90→	2,4,4,4,5,2,5,3,2,3,3,3,7,1,5,2,4,5,3,1,4,3,3,1,4,4,3		
	472a	41	0	0	7	15	6		8,1,10,9,9,4	0	0
								19→	3,1,4,6,3,2		
	32	**6829**	**211**	**279**	**869**	**2137**	**847**	**3333**		**101**	**24**
2-C	472b	115	1	7	22	32	14		6,9,10,11,5,9,8,8,9,7,9,9,9,6	0	0
								53→	5,5,4,6,3,5,4,3,2,3,4,4,2,3		
	473	191	2	12	24	78	24		7,9,9,7,8,10,5,10,9,9,7,8,9,8,2,8,8,10,8,10,8,7,8,7	0	2
								75→	3,2,4,4,3,4,3,2,4,3,3,4,2,4,0,3,3,4,4,3,3,4,3,3		
	474	210	3	14	27	95	24		6,8,9,8,8,8,11,11,11,10,9,9,12,9,9,8,3,8,9,7,9,7,10,11	3	2
								71→	3,4,4,2,2,5,1,3,4,2,3,4,2,2,4,3,1,3,5,2,5,2,3,2		
	475	244	5	9	28	108	29		8,10,10,8,9,5,9,9,9,6,8,8,10,9,10,7,7,7,9,10,7,1,9,9,9,9,10,11,9	1	0
								94→	3,4,3,5,4,2,2,3,2,3,3,3,2,3,3,3,5,4,3,1,4,4,4,3,4,3,5		
	476	213	3	4	26	76	28		10,3,7,8,8,6,7,7,8,5,7,10,10,8,7,8,7,8,9,7,9,8,7,9,8,8,6,8	3	2
								104→	3,2,4,2,3,1,4,4,5,3,3,4,1,5,3,3,5,4,5		
	477	198	6	1	39	60	26		9,8,8,9,7,7,7,8,11,6,7,7,2,8,6,7,9,6,9,7,8,9,8,8,6,11	0	1
								92→	3,4,3,4,4,3,3,4,5,3,4,4,2,4,2,3,4,3,4,3,3,4,4		
	478	244	4	10	42	82	31		9,8,4,7,10,9,5,5,7,10,9,9,9,11,6,8,7,9,10,7,6,10,6,8,7,7,9,6,10,6,8	0	2
								106→	5,4,3,3,5,2,3,2,4,4,3,4,5,3,3,4,3,4,1,4,3,2,2,4,4,4,3,3,4,5,3		
	479	210	4	10	28	78	28		8,6,10,7,7,9,7,8,7,8,8,7,7,8,9,1,8,9,5,7,8,9,8,8,8,7	0	1
								90→	3,3,4,4,3,2,4,4,3,4,4,3,4,2,4,2,3,1,5,4,2,4,2,3,4,3,2,4,2		
	480	238	3	12	19	85	31		10,8,9,8,9,8,9,7,7,7,7,8,7,8,7,4,6,8,5,9,9,7,7,8,8,10,8,9,2,6,8,7	0	1
								119→	4,6,4,3,3,3,6,2,3,3,4,4,3,3,4,3,3,6,4,3,5,3,4,4,5,5,4,4,5,3,3,4		
	481	197	5	13	11	70	32		7,2,8,7,7,8,1,7,8,7,9,9,6,5,9,5,4,4,3,5,8,3,7,6,6,6,5,6,8,8,7,2	3	0
								98→	4,1,3,3,2,4,0,4,4,4,4,6,4,2,4,1,3,2,1,2,3,3,4,2,5,5,3,4,4,3,3,1		
	482	236	3	7	28	108	29		7,9,8,9,11,8,8,9,9,8,10,7,10,7,8,8,6,7,7,9,8,7,9,6,7,8,10,7,9	0	2
								90→	3,4,3,5,2,3,2,3,2,3,5,3,5,2,4,3,3,4,2,2,1,2,4,3,2,2,4		
	483	249	2	19	36	85	30		7,7,8,6,9,7,9,9,8,7,8,9,8,8,13,8,8,8,7,7,9,10,8,8,14,8,10	0	0
								107→	3,3,4,1,4,3,5,3,4,4,3,4,2,4,4,3,4,3,4,4,4,5,4		
	484	223	6	8	36	84	28		9,8,8,10,2,10,9,6,8,10,7,8,7,9,7,9,6,8,6,8,8,7,9,6,5,9,8,10,8,8,8	0	2
								89→	3,3,4,4,1,4,3,5,2,3,2,3,2,3,3,3,2,7,2,4,4,3,3,3,3,3,4		
	485	220	4	11	34	68	29		8,11,8,9,5,8,6,6,7,4,8,9,8,10,10,6,6,4,7,9,8,8,6,9,7,8,8,9,8	0	2
								103→	3,3,4,4,2,3,3,3,4,1,4,4,4,6,4,4,4,1,4,5,3,5,5,2,4,3,2,3,5		
	486	235	4	11	30	94	30		9,8,10,3,9,7,10,9,8,7,8,9,6,8,7,3,8,8,9,7,10,9,7,9,7,9,7,10,6,8,7	0	0
								96→	1,3,4,2,3,4,4,2,4,4,4,4,5,1,3,4,1,3,3,4,4,1,4,3,3,1,1		
	487	224	5	6	28	90	28		7,8,10,9,7,9,8,9,8,7,8,8,8,6,9,8,9,8,8,10,8,10,2,6,10,9,6,9	0	1
								95→	2,3,3,2,3,4,4,3,2,4,3,4,4,6,3,4,3,3,5,5,2,4,3,2,3,5		
	488	255	3	8	17	106	33		5,8,8,6,9,8,10,11,9,8,5,8,9,6,8,10,11,9,8,7,7,9,10,8,1,11,7,7,5,6,6	7	1
								121→	4,3,3,4,3,4,3,4,4,3,3,4,3,4,3,5,3,4,1,5,3,3,3,1,4,5,6,3,4,4,5		
	489	215	2	11	26	65	28		8,5,6,9,6,9,7,9,9,7,8,10,9,7,8,8,2,6,7,8,10,8,9,10,8,8,9,5	2	0
								111→	6,5,5,6,4,5,4,2,3,3,4,6,4,4,4,4,1,4,4,4,4,5,3,5,4,4,1,3		
	490	212	2	8	20	90	27		9,11,9,8,8,8,11,7,7,10,8,7,1,1,8,7,9,8,9,10,8,1,8,10,9,9,7,5	2	3
								92→	5,3,2,5,3,4,3,5,3,4,4,1,1,4,3,5,3,4,3,3,0,4,2,4,4,3,4		
	491	192	2	11	13	82	26		8,8,7,7,8,2,6,8,9,9,9,5,9,8,7,2,7,8,8,8,9,10,9,10,8,3	4	0
								84→	3,3,3,3,3,1,3,4,3,3,6,4,3,4,3,1,3,6,4,3,4,3,3,5,2,1		
	492	156	4	6	18	60	21		9,7,9,8,10,9,10,8,9,8,7,10,3,5,8,8,7,1,9,9,2	1	0
								68→	4,3,3,4,4,4,3,3,3,4,4,1,5,3,4,4,0,5,4,0		
	21	**4477**	**73**	**198**	**552**	**1696**	**576**	**1958**		**26**	**22**
Ga	493	179	0	8	20	67	23		8,7,9,7,9,8,9,8,10,7,8,10,6,10,6,8,8,1,9,7,7,8,9	2	1
								84→	4,4,2,4,4,4,3,4,4,5,4,3,3,2,6,3,1,5,6,3,3,3		

WRITING	PAGE	WORDS	δέ	καί	ARTICLE	PARTICLES	LINES	WORDS REMAINING	1st line of numbers: total of words on each line. 2nd " " " : " " " remaining on line after subtraction of others.	QUES MARKS	DAGGERS
Ga	494	241	8	10	32	77	31 →		7,5,9,7,8,7,5,10,8,8,7,8,8,7,7,8,9,10,8,8,9,8,8,6,7,6,8,10,10,8,7	0	1
								114→	3,3,3,4,3,4,3,3,3,3,4,3,4,6,4,4,3,4,4,4,4,2,5,4,3,4,4,5,3		
	495	204	4	12	28	63	27 →		6,7,10,8,8,7,7,7,7,7,10,6,8,10,8,3,8,7,9,7,6,9,8,7,8,9,5	1	1
								97→	3,3,4,3,4,4,3,4,4,4,4,6,2,4,1,4,3,4,3,3,4,2,4,3,7,3		
	496	221	6	7	14	76	27 →		9,8,7,7,10,7,7,8,6,9,9,13,8,9,9,8,5,8,9,7,9,8,8,7,9,7,10	6	1
								118→	4,4,4,4,5,3,4,4,4,5,5,6,4,3,5,3,5,4,6,7,3,4,4,5,3,4,6		
	497	235	7	4	40	73	30 →		7,10,1,9,8,10,8,11,10,7,8,7,10,7,4,6,6,9,9,10,6,10,8,8,7,2,8,8,9,12	1	2
								111→	2,4,1,6,3,4,3,5,5,2,4,4,4,2,5,5,4,3,4,5,4,3,4,1,3,4,5,5		
	498	225	7	4	30	61	28 →		9,9,7,9,3,9,6,7,8,7,2,7,9,9,10,7,8,7,8,9,7,9,8,9,7,10,9,9	1	0
								123→	5,5,3,5,2,4,4,3,4,4,6,5,5,4,5,5,6,3,5,4,4,5,3,5,4,6,4		
	499	217	6	8	18	81	27 →		8,9,9,8,7,8,2,9,8,7,10,6,9,8,6,7,9,7,10,9,6,9,8,10,9,10	4	2
								104→	4,7,5,6,5,4,0,3,3,4,3,3,5,2,3,4,4,3,4,4,2,5,5,5,3,4		
	500	189	5	4	24	53	26 →		7,9,9,8,8,7,5,6,6,6,7,9,10,10,9,7,4,6,7,8,6,6,8,7,7,7	1	0
								103→	4,6,5,4,3,4,3,3,4,6,4,4,4,4,2,4,4,3,4,4,6,4,4		
	501	200	7	4	24	67	26 →		8,1,7,8,9,8,10,9,7,6,7,9,9,8,9,6,9,8,9,10,9,7,5,6,8,8	2	1
								98→	4,1,4,3,6,4,4,5,4,2,4,3,3,4,2,3,5,3,3,5,5,5,6,4,3		
	502	221	7	8	33	60	30 →		7,7,5,10,7,6,6,4,8,6,7,8,8,10,8,10,4,8,7,8,10,10,9,7,7,9,2,8,7,8	0	0
								113→	4,6,5,3,4,3,4,2,4,2,3,4,4,5,4,4,3,4,3,3,3,5,6,4,4,3,1,5,5,3		
	503a	98	1	3	14	35	13 →		6,6,7,10,9,7,8,8,7,8,9,8,5	0	1
								45→	3,3,3,3,4,3,5,3,3,4,4,4,3		
	11	**2230**	**58**	**72**	**277**	**713**	**288**	**1110**		**18**	**10**
Eph	503b	38	0	4	4	7	5 →		6,9,8,7,8	0	0
								23→	5,5,4,5,4		
	504	213	0	7	45	80	27 →		8,8,7,8,8,8,8,8,7,8,7,9,6,9,11,6,7,10,8,8,7,8,7,5,9,10	0	1
								81→	4,5,3,3,4,2,4,3,3,2,3,3,2,4,2,2,2,3,4,2,4,2,5,3,2,2,3		
	505	237	1	17	50	73	28 →		7,9,9,8,5,11,8,9,9,7,8,9,7,7,10,9,8,10,8,8,11,10,8	0	1
								96→	4,3,6,4,3,4,3,3,2,3,4,3,3,4,2,3,3,1,3,2,5,2,3,4,5,6,3		
	506	241	1	11	41	68	29 →		5,6,8,7,8,8,10,9,8,9,9,7,9,6,9,10,10,9,9,10,8,9,8,8,8,8,9,9,8	0	0
								120→	4,4,4,3,3,5,3,2,6,4,3,4,4,4,5,5,5,3,5,4,5,5,5,3,5,3,4,5,5		
	507	213	0	7	48	59	28 →		7,6,7,9,5,8,8,8,8,8,8,7,8,8,8,3,8,6,7,7,10,9,7,9,10	0	1
								99→	3,4,4,3,3,3,3,4,2,4,4,5,4,4,4,4,3,1,4,3,3,3,3,4,4,4		
	508	216	1	13	34	73	29 →		8,8,7,9,9,9,7,8,9,5,11,8,8,3,7,9,9,10,2,9,7,6,6,8,10,4,6,5,9	0	0
								95→	4,3,2,3,3,4,3,4,3,4,4,3,2,2,4,2,4,2,4,3,4,3,4,7,2,6,3,0		
	509	212	6	9	45	51	28 →		10,6,5,4,11,9,8,7,9,7,8,8,8,9,7,6,8,8,9,7,7,7,8,7,2,8,9,6,9	1	0
								101→	5,3,4,3,4,4,3,2,3,3,4,3,3,6,5,3,3,4,3,3,3,5,4,1,4,5,3,5		
	510	201	4	10	32	58	27 →		9,5,8,9,8,8,7,6,8,7,6,7,8,8,7,7,8,7,9,8,10,9,7,9,8,6,8,1	0	1
								97→	3,2,4,3,4,3,5,3,3,4,5,3,2,5,4,4,4,4,3,1,0		
	511	210	4	15	24	62	28 →		8,8,7,8,8,8,7,7,9,7,7,14,9,10,8,8,6,8,9,8,7,7,3,5,5,7,7,9	0	1
								105→	5,4,2,5,3,5,4,4,4,5,4,5,4,4,4,3,5,3,3,4,2,2,2,4,4,4		
	512	193	0	13	34	54	25 →		8,9,6,8,7,8,6,5,9,9,7,8,7,8,7,8,7,8,7,8,11,8,9,7,8,8,7	0	1
								92→	4,4,3,5,4,3,4,3,4,5,4,4,2,4,4,3,3,4,4,4,3,3,4,4,3		
	513	236	2	17	39	73	28 →		8,7,9,10,10,10,8,8,9,10,8,8,7,9,8,8,8,9,8,9,9,4,8,7,10,9,10	0	0
								105→	4,2,6,3,4,4,4,4,5,5,3,3,4,4,4,5,3,5,3,3,4,1,3,4,4,3,4		
	514	212	1	14	36	69	28 →		6,8,9,8,5,9,6,8,8,8,7,8,7,9,8,10,8,8,6,10,8,9,10,2,7,9,8,3	0	0
								92→	2,3,4,3,4,4,3,4,4,3,5,3,3,3,3,4,3,3,2,4,4,2,1,4,6,3,2		
	12	**2422**	**20**	**137**	**432**	**727**	**310**	**1106**		**1**	**6**
Phl	515	199	1	11	24	70	25 →		7,9,7,9,9,9,8,10,9,6,8,11,9,7,9,7,9,8,7,5,8,3,8,7,8	0	0
								93→	5,5,3,6,3,2,4,4,3,5,4,3,3,4,5,3,3,4,5,2,3,4,4		
	516	220	5	16	28	77	27 →		10,8,7,12,7,7,8,7,9,7,7,9,9,9,10,8,10,8,8,9,8,10,2	1	2
								94→	3,5,5,5,3,3,4,3,5,2,4,3,3,4,3,3,4,5,4,4,4,3,2,4,4,0		

WRITING	PAGE	WORDS	δέ	καί	ARTICLE	PARTICLES	LINES	WORDS REMAINING	1ST line of numbers : total of words on each line. 2ND " " " : " " " remaining on line after subtraction of others.	QUES. MARKS	DAGGERS
Phl	5 1 7	1 6 7	1	8	1 8	6 4	2 4 →		7,9,10,8,8,7,9,10,8,6,9,7,7,9,7,6,7,6,9,5,3,4,3,3	0	1
								7 6 →	5,4,5,4,3,3,3,2,4,2,3,3,4,4,4,2,3,3,3,2,3,1,3		
	5 1 8	2 0 8	3	1 7	1 9	6 9	3 2 →		4,5,2,4,3,6,5,4,5,3,5,5,3,4,6,11,10,7,11,6,6,7,9,9,9,9,10,5,8,9,9,9	0	1
								1 0 0 →	3,3,1,3,2,2,2,1,2,2,3,2,3,3,4,5,3,5,3,3,4,5,5,4,4,4,2,2,6,3,4,2		
	5 1 9	2 1 7	6	1 1	1 8	7 8	2 8 →		7,9,10,10,1,6,8,7,8,7,7,11,7,8,9,8,7,8,9,9,7,8,8,8,9,7,7,7	0	0
								1 0 4 →	3,4,3,4,1,4,3,3,3,3,4,2,4,6,2,4,4,3,4,3,5,4,5,3,5,5,5,5		
	5 2 0	1 9 3	4	1 0	2 7	6 5	2 5 →		7,7,8,8,10,7,9,9,8,5,9,3,9,9,7,7,6,10,6,11,7,6,8,8	0	3
								8 7 →	3,4,3,4,4,4,4,3,4,2,3,3,1,5,3,4,2,3,4,4,4,2,4,6,4		
	5 2 1	2 4 9	2	2 0	3 7	6 8	3 0 →		9,11,9,10,6,7,8,8,7,8,7,9,7,8,7,7,8,9,8,11,8,5,8,10,10,8,10,9,9,9	0	0
								1 2 2 →	5,4,4,3,5,4,3,2,4,5,4,5,3,3,6,4,4,4,3,3,7,8,4,3,4,5,3,3		
	5 2 2	1 7 6	5	1 4	2 2	5 3	2 3 →		8,9,8,6,6,8,8,7,9,10,10,8,5,8,9,10,12,1,7,7,10,8,2	0	0
								8 2 →	5,3,4,2,3,3,5,4,3,4,5,3,3,5,4,4,5,1,5,2,4,4,1		
	8	1 6 2 9	2 7	1 0 7	1 9 3	5 4 4	2 1 4	7 5 8		— 1	— 7
Col	5 2 3	1 7 4	0	1 3	2 5	5 2	2 3 →		6,8,9,5,8,6,8,10,8,8,10,7,10,8,8,8,3,9,6,8,6,9,6	0	0
								8 4 →	5,4,5,3,5,4,3,4,3,3,4,3,5,5,4,2,2,2,3,3,4,4		
	5 2 4	1 8 9	0	1 1	4 1	6 7	2 8 →		8,9,6,9,10,9,8,3,7,3,6,7,5,4,4,8,5,6,8,1,9,8,8,8,10,5,7,8	0	0
								7 0 →	3,4,3,4,3,4,3,2,4,2,1,2,2,2,2,1,1,1,3,1,5,2,3,2,2,1,3,4		
	5 2 5	2 0 8	2	1 1	3 8	6 9	2 6 →		9,8,7,7,8,9,4,8,7,12,7,9,7,10,9,9,10,6,7,7,8,7,8,9,9,7	0	1
								8 8 →	3,4,2,4,3,3,3,4,4,3,4,4,4,3,5,3,3,4,3,2,5,3,4,2		
	5 2 6	1 8 3	0	1 4	3 6	5 3	2 3 →		7,9,7,8,9,9,8,8,6,7,5,9,8,9,9,9,9,9,9,7,8	0	2
								8 0 →	4,4,4,3,3,4,3,4,3,3,4,3,4,3,3,4,3,4,4,3,4,3,3		
	5 2 7	2 2 5	1	1 2	3 6	7 7	2 9 →		7,7,8,9,7,6,10,10,9,5,8,9,11,6,4,7,9,10,7,8,6,8,1,10,8,11,11,9,4	1	1
								9 9 →	2,2,4,3,4,2,3,5,5,3,5,3,4,4,2,3,4,5,3,5,3,3,1,3,5,3,4,4,2		
	5 2 8	1 8 4	2	1 5	2 5	5 4	2 4 →		9,7,9,10,8,8,6,7,7,8,9,6,8,8,5,4,8,8,10,8,9,7,9,6	0	0
								8 8 →	4,5,4,3,4,3,4,3,3,4,5,5,2,4,5,3,2,5,2,4,3,4,4,4		
	5 2 9	1 5 6	0	6	2 5	5 0	2 1 →		8,10,10,6,7,8,8,8,9,2,7,7,7,9,8,6,7,6,9,8,6	0	1
								7 5 →	5,3,5,3,4,4,3,3,4,1,2,4,4,4,4,3,4,3,5,4,3		
	5 3 0	2 3 1	0	1 7	3 1	7 8	2 9 →		7,10,9,8,8,8,5,9,8,9,9,9,6,6,9,8,9,8,8,6,9,6,10,8,7,6,8,9,9	0	0
								1 0 5 →	2,5,4,4,3,6,4,3,5,2,2,5,2,2,5,3,5,3,4,3,5,4,3,3,3,4,3,3,3,4		
	5 3 1a	3 1	0	2	5	1 0	5 →		7,9,1,7,7	0	0
								1 4 →	3,4,1,4,2		
	9	1 5 8 1	5	1 0 1	2 6 2	5 1 0	2 0 8	7 0 3		— 1	— 7
I-Th	5 3 1b	1 1 6	0	1 2	1 6	3 2	1 5 →		7,7,5,7,7,7,9,8,7,9,10,8,9,7,9	0	1
								5 6 →	4,5,3,3,4,3,4,4,4,3,3,4,4,2,6		
	5 3 2	2 2 4	0	6	2 9	8 8	2 8 →		7,9,10,10,10,14,7,9,7,14,8,1,8,8,7,8,9,9,8,7,7,8,6,8,10,7,9,7	0	2
								1 0 1 →	4,3,4,2,4,3,3,5,4,4,3,1,3,3,5,2,5,2,5,4,4,3,4,5,4,4,4		
	5 3 3	2 4 4	2	2 2	3 3	7 5	3 1 →		9,5,9,7,9,10,6,9,5,9,8,8,7,9,10,9,6,9,9,9,7,7,7,8,10,10	0	1
								1 1 2 →	3,3,4,3,3,4,4,5,2,4,3,2,4,6,4,4,4,4,3,3,4,3,4,4,3,2,2,6,4,3,4,5		
	5 3 4	2 4 9	3	2 1	3 4	9 5	3 1 →		9,9,2,5,7,9,8,9,9,8,8,9,9,7,9,8,8,9,8,9,9,8,9,7,8,3,11,10,8,9,9,9	2	0
								9 6 →	2,3,1,4,4,4,3,3,3,2,5,4,3,3,3,5,3,2,4,4,2,3,3,4,1,3,3,4,1,4		
	5 3 5	2 0 2	2	1 4	2 9	6 6	2 7 →		9,8,2,7,6,10,7,8,1,9,7,9,11,8,8,9,8,8,6,8,9,8,7,7,7,7	0	0
								9 1 →	3,3,1,4,4,5,5,3,1,4,4,4,5,3,4,3,3,3,3,2,4,3,1,4,4,4,4		
	5 3 6	2 2 6	4	1 3	2 6	7 4	2 9 →		8,2,8,9,8,9,9,10,8,8,8,8,7,8,9,7,1,9,7,9,7,8,9,11,8,8,9,6,8	0	0
								1 0 9 →	3,2,3,4,4,5,2,5,3,3,5,4,4,3,5,3,0,3,4,6,5,5,3,5,4,5,3,4,4		
	5 3 7	1 8 9	4	1 3	2 0	6 2	3 0 →		7,7,9,7,8,6,9,7,9,5,9,5,5,6,9,8,2,2,2,7,5,4,3,6,5,9,10,9,8,1	0	3
								9 0 →	6,4,4,3,3,4,2,5,4,3,1,3,3,3,3,4,0,2,2,3,2,2,2,3,3,4,5,4,1		
	5 3 8a	3 1	0	1	6	9	6 →		5,6,7,4,8,1	0	0
								1 5 →	2,3,4,2,4,0		
	8	1 4 8 1	1 5	1 0 2	1 9 3	5 0 1	1 9 7	6 7 0		— 2	— 9

WRITING	PAGE	WORDS	δέ	καί	ARTICLE	PARTICLES	LINES	WORDS REMAINING	1ST line of numbers : total of words on each line / 2ND " " " : " " " remaining on line after subtraction of others.	QUES.MARKS	DAGGERS
2-Th	5 3 8b	1 2 7	0	1 0	1 8	3 9	1 6 →		7,8,9,4,7,8,9,8,9,10,6,9,9,8,8,8	0	1
								6 0→	4,5,5,3,4,6,4,1,3,3,4,3,4,3,3,5		
	5 3 9	2 2 1	1	1 2	3 3	8 2	2 7 →		7,9,7,9,8,8,9,7,10,7,8,10,9,8,7,9,9,10,4,8,9,9,6,10,7,8,9	1	0
								9 3→	4,4,5,4,3,3,2,3,3,4,4,2,5,3,4,2,3,3,2,3,4,4,5,3,4,4,3,4		
	5 4 0	2 0 1	2	1 4	3 2	6 0	2 6 →		9,9,7,8,8,8,8,7,10,8,8,8,4,7,8,9,8,8,4,8,8,8,11,8,8,3	0	1
								9 3→	4,4,4,5,3,4,4,3,3,3,4,3,2,4,4,5,3,3,3,4,3,3,4,6,3,2		
	5 4 1	2 1 9	7	1 3	2 1	8 8	2 8 →		8,8,9,8,9,9,8,9,8,7,7,8,6,9,9,8,10,10,8,9,5,7,6,7,7,4,11,5	0	2
								9 0→	3,5,2,4,4,3,3,4,3,3,4,3,2,5,3,5,2,4,1,3,3,4,2,4,3,3,3,2		
	5 4 2a	5 5	1	1	8	2 2	7 →		8,9,11,3,9,7,8	0	0
								2 3→	3,4,4,0,5,4,3		
	5	8 2 3	1 1	5 0	1 1 2	2 9 1	1 0 4	3 5 9		1	4
1-Ti	5 4 2b	1 0 9	2	5	6	3 1	1 5 →		7,8,9,8,7,6,6,5,10,8,6,5,8,7,9	0	0
								6 5→	6,4,7,5,5,2,4,4,4,6,3,4,4,3,4		
	5 4 3	2 1 6	3	1 3	2 4	5 7	3 1 →		9,6,5,5,8,9,1,7,10,6,8,8,8,9,7,9,8,6,8,8,7,6,8,8,7,8,7,1,6,6,7	0	1
								1 19→	5,4,4,4,4,5,0,5,5,4,4,4,4,5,5,3,4,4,3,6,4,1,3,3,5,3,5,3,5,1,4,4,2		
	5 4 4	1 9 1	3	1 5	8	4 9	2 9 →		9,7,8,7,3,6,3,6,4,8,8,1,7,8,5,6,8,8,5,8,8,9,9,6,10,3,7,8,6	0	1
								1 16→	5,4,4,4,5,0,5,5,4,4,4,4,5,5,3,4,4,3,6,5,3,5,3,5,5,1,4,4,2		
	5 4 5	2 0 4	5	8	1 5	4 9	3 2 →		7,6,7,11,7,8,10,5,7,6,7,6,6,7,6,8,7,6,8,10,7,7,6,4,3,2,3,3,3,10,5,6	1	1
								1 27→	4,5,4,6,4,4,4,3,5,4,4,4,5,5,6,4,5,3,3,6,6,4,4,2,2,2,2,2,2,6,3,4		
	5 4 6	2 1 9	3	1 2	2 5	6 0	3 0 →		5,6,8,7,8,7,7,7,6,7,7,8,7,10,8,8,5,6,8,10,7,9,8,9,9,5,7,6,6	0	0
								1 19→	4,4,5,3,6,4,5,5,3,4,2,5,5,5,3,5,4,3,5,5,4,3,4,3,4,3,2,4,4,3		
	5 4 7	2 2 8	7	1 4	2 4	4 8	3 1 →		9,8,7,8,9,8,8,9,8,4,7,7,6,8,6,7,7,6,10,7,5,7,8,9,6,6,7,8,8,6,9	0	0
								1 35→	5,6,5,3,5,4,4,4,5,3,6,6,3,5,5,4,3,1,4,4,5,5,2,5,4,5,4,5,4,3,4		
	5 4 8	1 8 7	3	1 4	2 3	3 6	2 7 →		9,5,8,7,6,5,8,7,7,10,2,8,9,8,7,8,4,7,7,9,5,8,5,6,7,8	0	0
								1 11→	4,2,4,5,5,4,5,3,3,6,1,6,4,4,5,5,2,5,4,4,5,4,5,5		
	5 4 9	1 6 8	4	1 1	2 3	3 2	3 0 →		6,5,5,2,7,8,6,9,7,6,7,5,3,6,7,5,3,7,7,6,6,8,8,4,4,4,4,3,7,6	0	1
								9 8→	3,2,3,1,4,5,3,4,3,4,3,4,3,4,4,1,3,2,3,3,4,4,4,5,1,2,2,3,3,5,4		
	5 5 0a	6 9	0	1	1 0	1 9	1 2 →		8,6,9,6,4,8,3,6,7,7,1,4	0	0
								3 9→	4,4,3,5,4,4,2,4,4,3,1,1		
	9	1 5 9 1	3 0	9 3	1 5 8	3 8 1	2 3 7	9 2 9		1	4
2-Ti	5 5 0b	6 3	0	2	6	1 6	8 →		6,8,8,7,10,8,8,8	0	0
								3 9→	5,5,7,4,6,4,4,4		
	5 5 1	2 2 7	3	1 4	2 9	7 5	3 3 →		7,9,11,8,10,10,8,9,7,2,3,4,5,6,6,3,3,7,1,4,8,9,9,8,7,6,10,7,6,9,9,8,8	0	0
								1 06→	4,5,3,4,3,5,3,3,2,2,1,3,1,3,3,2,2,3,1,2,4,4,3,4,3,5,3,3,2,6,5,3		
	5 5 2	1 9 0	1	8	1 7	6 5	2 7 →		8,10,8,1,11,8,7,6,6,7,9,7,7,7,9,6,7,9,9,9,9,5,4,5,5,5,5,8	0	0
								9 9→	5,4,5,1,4,3,5,4,6,3,4,4,5,4,5,3,3,4,3,6,2,2,2,1,2,2,5		
	5 5 3	2 3 1	8	1 0	2 6	5 2	3 2 →		5,6,8,6,8,9,6,7,8,8,8,10,11,10,7,7,8,6,8,7,9,6,5,8,8,6,8,6,5,6,5,6	0	1
								1 35→	3,5,4,4,4,4,5,2,6,4,4,6,4,2,5,4,5,4,4,3,3,5,4,1,4,4,5,6,5,5		
	5 5 4	2 2 2	6	1 7	3 0	5 5	3 0 →		8,5,9,4,6,6,7,8,7,9,7,7,8,7,9,9,6,8,9,8,9,8,6,7,9,5,7,7,8	0	2
								1 14→	5,1,4,4,5,4,5,5,3,4,2,2,4,4,4,3,6,5,4,4,3,5,4,4,3,5,3,4,4,3		
	5 5 5	2 0 3	4	7	2 9	5 7	2 8 →		6,6,7,7,4,8,8,6,7,9,6,8,8,11,9,1,7,8,7,7,8,7,8,8,7,9,9,7	0	0
								1 06→	5,3,4,3,3,3,4,2,5,4,4,6,3,5,2,0,4,5,4,4,4,4,5,5,3,4,3		
	5 5 6a	1 0 2	2	1 0	1 4	2 8	1 5 →		8,7,9,8,9,10,6,7,5,6,6,9,2,9,1	0	0
								4 8→	3,3,3,4,4,4,3,4,4,4,4,4,1,3,0		
	7	1 2 3 8	2 4	6 8	1 5 1	3 4 8	1 7 3	6 4 7		0	3

WRITING	PAGE	WORDS	δέ	καί	ARTICLE	PARTICLES	LINES	WORDS REMAINING	1st line of numbers: total of words on each line. 2nd " " " : " " " remaining on line after subtraction of others.	QUES. MARKS	DAGGERS
Tit	5 5 6b	3 8	2	1	3	7	5	2 5→	7,7,9,7,8 / 6,5,5,5,4	0	0
	5 5 7	1 8 7	1	9	1 6	5 1	2 6	1 1 0→	9,9,8,1,9,6,8,8,8,8,7,7,7,9,5,6,8,7,7,6,7,9,8,6,6,8 / 4,7,5,0,3,4,3,6,5,5,4,6,4,4,3,4,3,6,4,2,7,5,3,5,3,5	0	1
	5 5 8	1 6 9	2	7	2 2	3 5	2 7	1 0 3→	9,7,7,3,8,5,7,5,6,6,5,6,6,5,7,6,8,5,6,6,5,9,2,8,6,8,8 / 3,5,3,3,4,5,4,4,4,5,4,3,4,4,4,5,3,4,4,3,4,0,4,3,5,5	0	1
	5 5 9	1 9 1	2	1 6	1 3	5 2	3 2	1 0 8→	7,8,8,8,6,8,1,5,6,6,6,7,6,7,1,8,4,6,3,5,5,4,5,6,5,6,9,5,8,7,8,7 / 4,5,2,4,4,4,1,4,4,6,3,3,5,5,0,3,2,2,1,1,3,3,2,3,2,5,4,4,5,4,5,5	0	2
	5 6 0a	7 4	1	4	7	2 6	1 1	3 6→	7,6,8,9,6,6,8,7,8,4,5 / 5,3,4,5,4,3,3,4,2,2,1	0	0
	5	6 5 9	8	3 7	6 1	1 7 1	1 0 1	3 8 2		0	4
Phm	5 6 0b	5 7	0	7	8	1 2	7	3 0→	7,8,8,10,8,8,8 / 5,4,4,4,5,5,3	0	0
	5 6 1	2 1 4	5	9	2 0	9 2	2 6	8 8→	11,9,8,9,9,4,7,9,8,8,8,9,9,6,10,8,11,1,9,7,8,11,9,9,10,7 / 4,3,4,5,3,2,5,4,5,4,3,3,2,2,3,4,3,1,4,3,6,3,3,4,3,2	0	0
	5 6 2	6 4	1	2	8	2 2	1 1	3 1→	9,1,9,10,6,1,7,6,3,8,2 / 4,1,4,4,3,0,3,6,1,4,1	0	0
	3	3 3 5	6	1 8	3 6	1 2 6	4 4	1 4 9		0	0
Hb	5 6 3	1 4 7	2	8	2 5	4 3	2 5	6 9→	7,8,9,7,9,1,9,4,7,5,6,6,4,4,2,5,6,9,1,6,6,6,6,4,10 / 5,3,5,2,5,0,3,3,4,3,4,2,2,2,1,2,2,4,1,3,2,3,3,1,4	2	0
	5 6 4	1,8 9	4	1 3	2 3	5 5	3 1	9 4→	9,5,9,6,1,7,8,5,5,5,4,1,11,7,4,10,7,5,1,7,7,8,5,6,7,7,8,7,2,7,7,2 / 4,4,3,10,4,4,2,2,3,2,3,2,2,4,5,3,1,1,2,6,4,4,4,3,4,4,1,3,4,1	3	1
	5 6 5	2 1 9	2	1 1	2 9	7 6	3 2	1 0 1→	6,6,6,5,6,9,9,8,8,8,2,11,8,7,10,7,1,7,5,2,5,2,10,8,7,9,8,9,7,6,7,10 / 3,3,3,3,2,3,4,4,5,4,2,1,5,3,3,4,1,3,2,1,2,1,3,4,2,4,3,6,4,5,4,4	1	0
	5 6 6	2 0 2	3	6	3 2	6 3	2 8	9 8→	9,5,6,7,7,10,8,8,9,8,8,10,8,3,7,6,9,8,7,7,5,6,7,6,6,8,8,6 / 3,4,6,4,4,5,4,3,4,4,4,3,2,4,3,3,3,3,4,2,4,2,2,2,4,5,3	0	2
	5 6 7	2 0 9	2	5	3 2	7 8	2 9	9 2→	9,9,6,7,6,9,7,8,6,11,9,6,2,5,9,6,9,6,6,3,6,6,7,9,14,9,8,7,8 / 3,4,3,4,3,3,2,3,5,4,3,3,1,3,3,4,3,3,2,2,2,4,5,3,3,3,2,6	5	1
	5 6 8	2 3 1	2	1 7	2 8	7 6	3 2	1 0 8→	7,1,6,5,9,7,10,8,7,9,8,10,7,7,7,9,7,3,7,8,7,7,6,9,6,7,8,7,7,8,8,9 / 4,1,3,2,3,4,1,2,4,2,4,4,4,4,4,2,1,5,5,4,2,3,5,4,3,4,4,3,4,3,3	0	1
	5 6 9	2 2 0	1	1 5	3 1	5 5	3 1	1 1 8→	7,1,8,6,8,5,9,10,8,7,8,8,7,8,1,8,8,8,9,8,9,7,9,7,4,9,7,6,7,7,6 / 3,1,4,2,4,3,4,3,4,4,4,1,3,4,6,4,5,4,6,5,2,4,5,2,4,5,4,3	0	2
	5 7 0	2 2 4	4	1 6	3 2	5 1	3 2	1 2 1→	6,8,7,7,5,9,9,7,7,8,4,7,8,9,9,5,8,8,9,3,8,7,1,9,6,7,8,7,7,8,7,6 / 4,4,6,5,3,4,5,3,4,5,2,3,4,4,4,3,3,3,5,2,3,5,1,4,4,3,4,4,3,5,4,5	0	1
	5 7 1	2 2 9	6	1 2	3 5	5 5	3 0	1 2 1→	7,9,6,8,5,7,8,7,8,6,9,6,10,4,8,9,8,8,8,8,7,8,8,5,11,8,7,8,14,8 / 4,4,3,4,3,4,5,3,3,6,4,7,2,4,3,5,4,2,3,4,3,4,3,4,3,5,5,5,3,5,5	0	2
	5 7 2	2 1 0	3	1 0	2 5	6 6	2 9	1 0 6→	7,9,8,6,9,8,7,7,8,6,9,7,8,8,3,9,8,6,5,5,6,8,7,10,9,7,6,7,7 / 4,5,4,3,4,5,4,5,4,4,4,4,2,2,4,2,3,2,3,5,4,4,1,5,3,2,3,4	1	0
	5 7 3	1 9 9	3	7	3 0	4 9	2 7	1 1 0→	7,7,8,8,6,9,7,7,9,7,10,6,9,11,8,7,6,8,11,6,7,2,11,6,5,6,7 / 4,5,5,4,4,4,4,3,5,3,5,2,6,3,5,4,5,5,4,4,5,2,4,4,4,3,4	0	1
	5 7 4	2 0 2	3	1 3	3 2	6 1	2 8	9 3→	9,7,5,8,5,9,6,7,6,5,6,8,9,4,5,6,8,9,5,8,8,12,9,7,7,6,10,8 / 3,3,3,2,3,4,3,3,2,2,2,2,3,5,1,2,3,3,4,4,4,4,4,6,4,4,6,2	0	0
	5 7 5	2 4 4	4	9	3 9	5 7	3 2	1 3 5→	6,9,8,8,9,10,7,9,7,14,6,8,6,2,6,8,8,10,8,9,6,8,8,7,8,8,8,8,7,6,6,9,9 / 4,1,4,1,5,2,4,6,5,1,4,4,5,2,4,1,2,5,6,4,4,4,5,4,5,4,4,5,4,5,4,5	0	0
	5 7 6	2 2 9	4	1 0	4 0	6 6	3 1	1 0 9→	5,10,9,10,3,10,1,10,8,8,3,9,7,7,8,8,8,9,7,9,8,7,8,9,6,6,8,8,8,5,7 / 2,5,4,3,3,3,1,3,5,3,2,3,3,2,5,4,3,5,4,6,3,4,4,5,4,3,5,3,3,4,2	0	0
	5 7 7	1 7 7	3	9	2 2	4 5	2 9	9 8→	7,6,7,6,4,5,4,6,4,6,4,7,3,7,1,4,6,14,8,8,1,8,7,7,8,7,9,7,8,6 / 6,3,5,4,2,3,2,3,3,3,3,2,1,2,4,5,4,5,1,4,3,5,5,4,4,4,3,2	1	C
	5 7 8	1 9 6	2	1 1	2 8	4 8	2 9	1 0 7→	7,6,6,7,8,4,8,8,8,5,7,7,7,5,7,6,7,1,7,7,7,7,7,9,7 / 2,3,3,2,2,2,5,4,4,4,3,4,4,5,4,5,4,3,4,3,4,1,3,1,4,5,5,6,6,4	0	0

WRITING	PAGE	WORDS	δέ	καί	ARTICLE	PARTICLES	LINES	WORDS REMAINING	1ST line of numbers: total of words on each line. 2ND " " " : " " " remaining on line after subtraction of others.	QUES. MARKS	DAGGERS
Hb	5 7 9	1 7 3	5	8	2 1	4 4	2 9		9,4,4,2,5,7,7,5,7,7,7,7,6,7,6,9,2,5,6,7,8,2,9,3,6,7,4,10,5	1	0
								9 5→	4,2,2,1,3,5,3,5,3,4,2,4,4,3,4,6,1,4,3,3,3,0,4,2,5,3,3,5,4		
	5 8 0	2 0 8	1	1 3	3 1	4 9	2 8		9,7,9,9,9,6,7,9,5,6,8,9,2,5,8,7,8,7,7,8,8,8,8,6,8,11,7,7,8	0	3
								1 1 4→	5,5,4,5,5,3,4,5,4,4,4,4,4,2,5,4,6,4,4,2,5,5,5,3,4,4,3,3,4		
	5 8 1	2 1 2	1	1 2	3 2	4 4	3 1		6,9,7,8,6,8,6,6,7,5,5,8,8,8,7,8,8,8,3,6,10,6,6,5,8,6,6,6,7,7,8	0	0
								1 2 3→	3,4,2,5,3,4,3,5,3,2,3,4,5,4,5,5,4,1,2,5,4,4,6,5,5,5,4,3,4,4,4		
	5 8 2	1 8 1	3	9	1 8	3 9	2 8		9,7,7,6,2,6,1,8,8,9,5,5,6,6,5,7,5,7,8,6,6,4,9,9,7,8,7,1	1	1
								1 1 2→	4,4,5,5,6,3,1,4,6,3,5,5,6,4,5,3,3,5,5,5,4,4,5,4,2,3,2,1		
	5 8 3	2 1 3	6	8	2 7	6 7	3 0		6,5,7,7,9,7,8,6,6,7,7,5,5,6,5,5,6,8,11,8,11,7,8,9,10,8,10,7,1,8	2	2
								1 0 5→	2,4,3,4,4,5,4,3,2,3,4,3,2,4,2,3,3,4,4,5,5,4,5,3,3,2,6,4,1,4		
	5 8 4	1 9 0	1	1 9	1 5	4 7	2 7		6,10,8,8,10,8,10,7,7,7,4,6,9,8,6,9,6,6,8,5,5,8,6,7,2,7,7	0	2
								1 0 8→	4,5,3,4,5,4,4,4,4,2,3,5,5,3,5,4,5,6,4,4,4,5,5,1,3,3		
	5 8 5	1 7 7	2	9	2 9	4 8	2 5		8,8,4,11,1,9,7,5,9,9,7,6,6,6,8,10,7,8,11,2,6,4,6,9,6,10	1	1
								8 9→	4,5,3,5,1,5,3,4,5,4,4,2,4,3,5,4,4,3,1,3,2,3,4,4,4		
	5 8 6	2 1 4	3	5	3 1	7 4	2 9		6,8,7,8,9,10,6,10,8,7,8,6,9,8,6,6,7,9,7,3,7,7,5,4,10,8,7,9,9	0	0
								1 0 1→	4,5,3,4,5,3,3,5,3,3,4,3,4,4,2,4,3,3,4,0,3,5,3,2,4,5,4,3,3		
	5 8 7	5 8	1	2	1 1	1 9	9		9,1,7,8,6,7,6,9,5	0	0
								2 5→	4,1,4,3,4,3,2,3,1		
	2 5	**4 9 5 3**	**7 1**	**2 5 7**	**6 9 8**	**1 3 7 5**	**7 1 1**	**2 5 5 2**		**1 8**	**2 0**
Jm	5 8 8	1 6 9	5	9	2 6	4 1	2 3		7,8,7,6,7,9,3,9,9,7,6,8,8,7,9,10,7,10,8,9,1,7,7	0	0
								8 8→	6,4,4,4,3,7,2,3,5,4,4,4,3,3,1,2,5,4,3,4,1,5,4		
	5 8 9	1 7 6	6	7	1 7	4 4	2 5		5,8,8,8,6,7,1,7,8,9,6,8,4,8,8,8,7,7,8,6,9,7,7,9	0	1
								1 0 2→	3,4,6,5,4,5,1,4,6,3,5,4,1,5,4,6,3,5,4,5,2,6,3,3,5		
	5 9 0	1 6 4	3	9	2 2	4 4	2 2		7,5,7,7,7,8,9,4,8,7,8,8,8,9,11,8,4,9,7,7,9	2	2
								8 6→	3,4,3,4,3,5,4,4,2,4,4,4,4,4,6,5,3,4,5,3,4		
	5 9 1	1 8 1	7	6	1 8	6 0	2 5		7,7,3,7,8,6,8,9,8,10,2,8,7,6,1,9,11,8,7,8,10,10,3,9,9	5	0
								9 0→	2,3,1,3,3,4,3,6,4,4,2,5,5,4,1,4,6,5,3,3,6,6,1,5,3		
	5 9 2	1 8 1	4	1 2	2 6	4 2	2 2		10,10,3,9,9,9,8,9,8,9,8,8,7,8,8,7,7,9,7,10,9	3	0
								9 7→	4,6,2,5,5,5,4,3,5,4,5,5,4,5,5,5,5,5,3,5,4,3		
	5 9 3	1 9 6	2	1 7	2 9	4 1	2 4		8,6,8,8,9,9,8,9,8,9,8,6,7,8,7,8,9,11,9,6,9,8,10,8	3	0
								1 0 7→	3,4,5,6,7,4,4,5,3,5,3,6,5,3,4,4,4,5,6,5,3,5,5,3		
	5 9 4	1 9 8	5	1 5	2 1	4 4	2 7		7,6,8,9,7,5,7,1,9,8,8,8,9,9,8,10,8,10,9,3,4,4,10,9,6,7,6,9	4	1
								1 1 3→	4,4,5,6,6,5,4,1,5,2,4,5,3,4,4,5,6,6,4,2,3,3,5,4,5,4,4		
	5 9 5	1 5 1	3	1 2	2 0	3 9	2 0		6,6,7,10,8,9,2,6,8,8,5,9,8,9,7,8,8,7,8,6,8	1	2
								7 7→	3,3,4,6,6,4,2,5,4,2,4,5,3,3,3,5,4,4,3,4		
	5 9 6	1 7 9	1	1 0	3 5	4 5	2 3		11,8,7,9,10,7,7,7,6,6,9,9,6,8,8,8,7,8,6,8,6,9,9	0	2
								8 8→	4,4,4,4,3,5,4,4,3,3,5,4,3,4,3,4,4,1,1,3,5,4,2,5		
	5 9 7	1 4 7	1	1 3	1 8	4 5	2 0		13,1,7,7,6,9,8,9,6,7,6,7,10,7,10,2,9,7,8,8	0	3
								7 0→	1,1,3,3,3,4,4,5,2,3,6,5,4,5,5,1,2,3,5,5		
	1 0	**1 7 4 2**	**3 7**	**1 1 0**	**2 3 2**	**4 4 5**	**2 3 1**	**9 1 8**		**1 8**	**1 1**
1-Pt	5 9 8	1 4 3	2	9	1 0	3 3	2 0		6,4,7,7,8,9,8,7,7,6,8,7,8,7,6,7,9,9,6,7	0	1
								8 9→	6,4,7,4,6,5,4,4,4,4,3,5,5,4,4,4,5,4,5,4		
	5 9 9	1 8 1	2	5	1 9	6 6	2 6		7,8,7,8,7,7,10,6,7,7,8,7,8,7,8,8,6,10,3,8,6,8,1,5,6,8	0	2
								8 9→	4,2,4,5,2,2,3,4,4,3,5,5,3,3,3,5,2,5,3,5,1,3,3,2		
	6 0 0	1 5 7	3	1 0	1 4	4 7	2 3		9,9,9,5,5,8,5,4,7,7,8,9,8,6,8,7,8,6,8,7,5,7,2	0	2
								8 3→	4,4,4,3,4,4,3,2,3,4,4,3,3,3,6,2,4,4,3,6,5,4,1		
	6 0 1	1 8 1	5	6	2 2	5 2	2 5		7,1,8,9,8,7,7,7,7,8,10,9,6,6,7,8,8,6,7,8,6,9,6,8,8	0	1
								9 6→	5,1,2,4,4,4,5,3,4,4,4,5,4,4,4,2,4,4,4,3,4,5,4,4,4		
	6 0 2	1 2 9	1	5	1 6	4 3	2 4		6,5,8,7,9,6,7,7,4,4,6,5,3,7,3,5,6,7,4,3,4,5	1	0
								6 4→	3,4,4,3,3,5,4,4,2,1,2,2,2,2,2,3,2,2,3,2,2,2,2,2,3		

WRITING	PAGE	WORDS	δέ	καί	ARTICLE	PARTICLES	LINES	WORDS REMAINING	1ST line of numbers: total of words on each line. 2ND " " " : " " " remaining on line after subtraction of others.	QUES. MARKS	DAGGERS
1-Pt	6 0 3	1 7 0	2	8	2 4	4 3	2 6		6,5,6,8,8,6,8,7,10,8,9,7,7,7,6,7,6,9,3,7,5,7,8,1,5,4	0	1
								9 3→	3,2,4,3,4,4,3,5,4,4,5,4,4,5,4,4,5,4,1,1,4,3,3,1,3,3		
	6 0 4	1 4 2	5	8	1 4	4 3	2 3		5,6,7,5,5,6,6,9,7,9,7,8,9,7,7,6,7,5,7,3,5,3,3	1	1
								7 2→	3,3,4,3,3,2,4,3,3,4,3,4,3,5,3,3,4,3,4,2,2,2,2		
	6 0 5	1 5 9	1	8	1 4	4 4	2 4		8,1,8,5,8,9,6,7,8,8,1,9,7,7,7,6,6,7,7,7,8,7,5	0	1
								9 2→	3,1,4,4,4,5,4,5,5,4,1,4,5,4,5,4,4,5,3,3,5,3,4,3		
	6 0 6	2 0 0	4	7	3 0	6 7	2 4		8,8,7,6,6,7,10,11,10,8,8,7,7,10,6,11,8,9,6,10,10,11,9,8	2	1
								9 2→	3,2,6,3,4,5,5,4,5,4,3,4,4,4,4,2,4,2,3,5,3,5,4		
	6 0 7	1 6 3	3	3	3 0	4 4	2 3		9,6,7,6,7,8,6,7,7,5,6,6,6,6,8,9,8,6,7,9,8,7,9	0	2
								8 3→	5,3,3,3,4,4,3,3,4,3,4,3,3,5,4,3,2,4,5,4,4,3,4		
	6 0 8a	5 9	0	2	7	1 8	1 0		6,7,1,8,6,8,7,7,3,6	0	1
								3 2→	5,3,1,4,4,4,4,3,2,2		
	1 0	1 6 8 4	2 8	7 1	2 0 0	5 0 0	2 4 8	8 8 5		4	1 3
2-Pt	6 0 8b	5 2	0	5	8	1 2	7		7,7,7,8,6,9,8	0	1
								2 7→	6,4,4,4,3,2,4		
	6 0 9	2 1 2	9	9	3 2	6 2	2 7		9,7,7,8,7,10,10,10,9,7,7,8,9,7,7,7,8,7,7,7,7,9,7,9,8,8,6	0	0
								1 0 0→	4,4,5,3,3,3,3,4,2,3,4,4,5,4,4,4,4,3,3,5,4,5,4,3,3		
	6 1 0	1 9 4	1	1 1	1 8	6 0	2 7		5,8,8,6,9,8,8,8,8,9,7,7,7,7,6,9,6,6,6,6,7,7,11,11,8,7	0	1
								1 0 4→	3,4,4,5,4,2,4,5,5,6,3,4,4,1,4,5,3,3,5,3,3,4,4,1,4,5		
	6 1 1	1 5 6	3	1 1	7	2 8	2 4		7,6,7,5,6,8,7,8,7,8,7,6,5,6,8,2,8,8,7,7,8,5,5,5	0	2
								1 0 7→	4,6,5,5,5,4,4,5,6,6,3,5,4,5,4,2,4,4,4,5,4,4,4,5		
	6 1 2	1 4 4	2	3	2 1	2 9	2 2		5,6,7,7,7,6,8,6,5,7,4,9,7,9,7,7,7,8,8,5,7,8,1	0	2
								8 9→	5,4,5,6,4,5,4,4,4,3,4,3,4,5,4,4,4,3,4,5,1		
	6 1 3	1 6 7	2	8	1 9	4 8	2 3		7,8,5,8,8,7,7,8,9,6,8,9,10,8,8,7,1,8,10,8,7,8,2	1	0
								9 0→	5,3,4,3,4,4,5,3,4,4,5,5,4,6,4,1,3,7,5,3,2,2		
	6 1 4	1 5 5	4	1 2	1 6	4 3	2 2		9,6,9,5,7,5,9,5,8,7,5,8,7,9,9,9,8,9,1,5,8,7	0	0
								8 0→	4,5,4,3,4,3,5,4,4,3,4,4,3,3,4,3,1,3,4,4		
	6 1 5a	1 9	0	4	2	3	3		9,9,1	0	1
								1 0→	5,4,1		
	8	1 0 9 9	2 1	6 3	1 2 3	2 8 5	1 5 5	6 0 7		1	7
1-Jn	6 1 5b	1 2 9	1	1 7	1 7	4 2	1 6		9,8,9,7,9,8,7,9,10,8,2,9,10,7,10,7	0	0
								5 2→	4,3,4,4,3,4,2,2,4,2,2,3,5,3,4,3		
	6 1 6	2 1 0	3	1 2	2 3	8 1	2 6		11,9,7,8,9,7,9,7,9,2,9,8,7,10,6,8,9,9,11,10,9,7,4,8,9,8	0	0
								9 1→	4,4,3,4,3,4,3,4,0,3,4,5,2,2,2,4,4,3,5,3,4,2,5,5,6		
	6 1 7	2 3 3	2	1 4	4 7	6 1	2 7		11,10,9,10,10,11,8,1,8,4,8,7,7,8,9,9,11,11,9,11,9,11,7,8,7	0	0
								1 0 9→	3,6,4,5,4,3,5,5,0,4,1,4,4,4,4,5,4,3,5,2,4,4,4,5,6,6,5		
	6 1 8	2 1 0	0	1 5	2 5	9 3	2 4		11,8,9,8,10,10,10,9,9,9,8,11,11,9,5,7,10,11,9,9,3,9,7,8	1	0
								7 7→	2,3,2,3,4,3,4,4,4,4,3,4,4,2,2,3,3,3,5,1,4,3,3		
	6 1 9	2 4 1	0	1 3	3 8	7 8	2 9		9,3,8,9,8,9,7,10,8,2,9,10,9,11,7,8,7,10,9,10,9,11,9,11,9,10,11,9,9,9	0	0
								1 1 2→	4,1,5,5,3,7,4,4,3,2,4,4,3,3,5,5,5,4,5,4,4,5,4,4,1,0,4,4,3		
	6 2 0	1 7 5	2	1 0	2 9	6 0	2 2		11,3,9,7,9,10,8,7,8,8,10,9,9,9,8,3,8,7,8,9,8,7	2	3
								7 4→	4,2,4,3,3,5,4,4,2,3,4,4,4,5,3,2,2,3,2,5,3,3		
	6 2 1	2 2 6	0	1 4	3 9	7 8	2 8		8,8,8,9,7,11,10,4,7,9,7,9,8,9,11,9,2,9,12,10,10,11,8,8,3,7,8,4	0	0
								9 5→	3,3,3,5,3,3,2,2,4,4,3,5,5,4,4,1,2,4,3,4,4,4,3,4,2,3,3,2		
	6 2 2	2 3 0	1	1 2	4 0	8 2	2 9		7,5,9,7,5,6,5,5,5,9,6,9,9,10,8,8,8,10,10,8,8,2,12,10,9,9,11,10,9	0	1
								9 5→	3,3,3,4,2,2,2,1,2,2,4,5,1,3,2,2,2,4,4,5,3,1,4,0,5,4,4,4,4,5,5		
	6 2 3	2 0 3	1	1 2	4 7	5 6	2 2		8,10,10,9,8,10,3,10,8,9,9,9,7,11,9,10,10,11,11,10,12,9,9	1	2
								8 7→	3,4,5,3,4,4,1,4,4,3,4,3,5,3,3,4,5,4,6,5,4,5,4		
	6 2 4	2 1 4	0	8	4 1	7 0	2 4		13,7,10,8,12,9,7,9,10,12,12,9,9,11,9,10,8,8,8,7,9,8,1,9	0	2
								9 5→	5,4,6,3,4,4,5,3,3,4,6,6,5,4,3,3,4,3,4,4,4,4,3,5,1,3		

WRITING	PAGE	WORDS	δέ	καί	ARTICLE	PARTICLES	LINES	WORDS REMAINING	1ST line of numbers : total of words on each line. 2ND " " " : " " " remaining on line after subtraction of others.	QUES. MARKS	DAGGERS
1-Jn	6 2 5a	70	1	5	13	17	8→		9,10,10,10,8,10,7,6	0	0
								3 4→	4,3,6,5,4,4,5,3		
	1	2141	11	132	359	718	255	921		4	8
2-Jn	6 2 5b	68	0	6	10	22	8→		8,10,9,9,9,10,4,9	0	0
								3 0→	4,3,3,2,5,6,2,5		
	6 2 6	177	0	10	23	61	22→		7,10,9,8,8,8,9,7,8,7,2,10,10,11,10,9,9,8,8,9,1,9	0	2
								8 3→	4,6,4,3,3,4,4,5,4,3,2,3,5,4,3,4,4,5,3,5,1,4		
	2	245	0	16	33	83	30	113		0	2
3-Jn	6 2 7	153	0	6	22	50	22→		9,1,7,8,8,7,10,2,8,8,7,8,6,7,3,8,7,9,8,7,6,9	0	0
								7 5→	4,1,3,5,5,4,4,2,4,3,5,4,3,3,2,3,2,6,2,3,3,4		
	6 2 8a	66	2	5	7	19	9→		9,6,9,8,9,7,7,8,3	0	0
								3 3→	5,3,2,4,5,4,4,4,2		
	2	219	2	11	29	69	31	108		0	0
Jd	6 2 8b	61	1	3	4	9	8→		7,8,6,3,5,8,7,7	0	1
								3 4→	6,5,4,2,4,4,5,4		
	6 2 9	177	6	8	26	41	23→		7,9,7,3,6,9,8,8,7,7,10,6,7,1,6,7,8,7,6,7,9,7,10,8,7	0	2
								9 6→	3,5,4,3,3,1,1,8,6,6,4,3,7,1,3,4,3,5,4,4,4,4,4,3		
	6 3 0	144	3	4	16	41	22→		5,6,6,5,7,6,7,9,7,8,8,7,6,7,3,7,8,8,7,7,4,6	0	4
								8 0→	4,4,6,5,3,4,3,6,3,3,3,4,4,2,3,4,3,4,4,3,2		
	6 3 1	89	3	6	9	24	13→		7,7,9,5,9,9,1,7,8,7,7,10,3	0	1
								4 7→	5,4,6,2,4,4,1,3,4,5,4,3,2		
	4	461	13	21	55	115	68	257		0	8
Rv	6 3 2	147	0	14	36	30	18→		8,9,9,7,8,8,8,4,9,12,9,10,8,8,9,8,11,2	0	0
								6 7→	5,5,4,3,6,4,3,2,5,4,3,4,4,3,2,5,3,2		
	6 3 3	189	1	27	26	45	25→		5,5,4,9,2,11,10,8,9,9,8,9,7,8,9,8,3,7,8,8,6,9,10,9,8	0	0
								9 0→	2,2,1,3,1,6,4,3,5,4,4,4,5,5,3,3,1,4,5,4,3,4,6,4,4		
	6 3 4	219	0	25	39	53	26→		9,9,8,9,9,9,1,10,11,9,11,8,10,9,10,1,7,10,9,11,9,7,8,8,10,7	0	0
								1 0 2→	4,5,5,3,3,3,1,4,5,5,4,3,4,6,7,1,4,5,3,5,4,3,4,3,3,5		
	6 3 5	214	1	14	45	51	26→		10,10,9,5,10,8,9,6,10,9,8,6,7,8,8,10,2,10,9,1,8,10,8,10,9,10	0	1
								1 0 3→	4,3,4,2,5,4,4,4,5,4,3,4,5,4,5,5,6,1,6,3,1,4,5,6,4,14		
	6 3 6	211	1	19	37	53	27→		8,7,8,7,7,9,9,10,8,8,9,2,7,1,11,9,10,9,9,7,7,8,7,9,8,8	0	1
								1 0 1→	4,5,5,5,4,3,3,6,4,3,6,1,3,1,5,5,5,4,2,5,4,3,4,4,3,2,4,3		
	6 3 7	219	1	17	32	64	26→		10,9,10,7,9,9,4,11,9,8,8,8,8,8,10,10,9,10,7,9,8,10,2,9,9,1,8	0	2
								1 0 5→	4,4,4,3,4,5,1,4,4,5,2,4,5,4,5,6,4,4,4,5,3,5,5,3,1,5		
	6 3 8	229	0	15	49	60	27→		11,8,9,7,8,10,8,9,7,8,9,9,8,7,9,7,10,7,8,8,10,11,11,8,11,9,2	0	0
								1 0 5→	4,3,3,4,4,5,5,5,4,5,3,3,3,3,3,5,5,4,5,3,4,4,3,6,1		
	6 3 9	221	0	24	27	68	26→		8,10,10,10,8,9,8,11,9,6,9,9,7,8,9,10,8,5,10,10,10,4,9,10,7,7	0	2
								1 0 2→	4,5,5,5,5,4,4,6,5,3,5,3,4,5,3,4,3,0,4,3,4,3,3,5,4,3		
	6 4 0	189	0	29	27	28	25→		7,9,8,8,6,7,4,9,6,8,7,9,8,9,7,9,10,7,9,8,7,1,8,8,10	0	1
								1 0 5→	4,4,5,5,3,4,4,4,3,5,4,4,4,5,2,6,6,5,5,4,4,1,6,3,5		

WRITING	PAGE	WORDS	δέ	καί	ARTICLE	PARTICLES	LINES	WORDS REMAINING	1ˢᵗ line of numbers : total of words on each line. / 2ᴺᴰ " " " : " " " remaining on line after subtraction of others.	QUESTMARKS	DAGGERS
Rv	641	202	0	19	42	42	26	99→	9,7,8,8,8,1,8,9,5,8,10,6,5,7,8,10,8,8,8,10,11,7,9,9,7,8 / 3,5,3,4,3,1,4,4,1,3,4,3,4,5,4,4,3,5,4,5,6,3,3,4,6,5	1	0
	642	195	0	35	37	29	27	94→	10,6,10,7,7,7,5,8,2,10,9,7,2,5,7,9,9,4,7,6,8,12,11,3,8,11,5 / 3,3,4,5,6,4,4,5,1,4,4,3,1,2,5,3,5,4,5,3,4,3,2,2,3,4,2	0	2
	643	196	0	30	27	36	25	103→	9,3,10,8,8,10,9,1,8,7,9,10,6,8,2,10,10,7,9,3,8,7,9,9,9 / 5,2,5,5,5,5,4,1,4,5,5,3,4,4,5,5,3,6,5,2,4,5,4,4,3	0	1
	644	233	0	34	46	46	28	107→	9,8,8,7,10,8,9,8,7,8,7,8,9,10,9,8,7,9,7,10,8,9,9,9,10,9,4 / 4,3,4,3,4,5,5,3,5,4,3,2,4,6,6,4,4,4,3,4,3,3,4,3,4,4,2	2	1
	645	185	0	8	18	43	29	116→	6,8,9,10,6,7,7,8,8,8,6,6,5,5,6,5,5,5,5,5,5,5,6,8,7,9 / 4,4,5,3,4,6,5,4,4,3,2,3,5,3,5,4,4,4,4,4,4,4,4,5,3,4,4	0	0
	646	203	0	25	43	48	31	87→	7,8,4,9,4,8,9,8,4,10,10,9,1,8,8,9,5,9,5,8,8,8,2,8,1,6,9,1,9,1,7 / 4,3,4,3,2,1,4,2,3,4,3,4,1,4,3,5,2,4,2,3,3,3,1,3,0,4,2,1,3,0,4	1	0
	647	213	0	30	46	29	27	108→	9,1,8,8,9,7,7,7,9,8,8,9,8,10,9,9,4,8,10,14,6,8,8,9,9,7,8 / 4,0,4,4,4,5,4,5,3,3,4,4,4,4,5,5,2,4,5,5,4,4,5,5,4,4,4	0	0
	648	229	0	24	52	44	28	109→	9,10,9,9,8,1,8,11,10,9,9,6,9,7,1,8,9,9,9,7,7,11,14,10,8,9,8,9,9,7 / 6,3,5,4,4,1,4,5,4,4,6,3,4,4,1,5,4,4,4,5,4,5,5,4,4,3,3,3,3	0	2
	649	193	0	19	35	38	26	101→	8,8,8,6,5,8,8,8,9,8,8,7,9,6,8,7,4,14,2,8,7,9,8,8,8 / 4,3,3,3,2,5,2,4,6,4,4,6,5,3,4,4,3,4,5,0,5,4,4,5,4,5	0	0
	650	225	0	28	48	55	28	94→	8,7,8,5,10,7,9,8,9,6,11,7,10,8,6,8,9,8,9,11,7,9,9,2,6,7,10,11 / 3,4,4,3,4,4,4,5,3,4,2,3,4,3,3,3,3,4,4,3,3,1,1,5,3,3,5	0	2
	651	232	1	25	50	54	27	102→	8,10,9,8,9,8,7,5,9,11,14,10,10,11,8,9,5,10,9,9,10,8,9,10,1,9,10 / 4,3,6,5,4,5,5,2,4,4,3,2,3,5,5,2,5,4,4,3,4,4,4,1,4,3	0	0
	652	201	0	25	33	46	27	97→	9,8,8,1,7,10,7,9,9,6,1,8,5,10,8,9,8,8,6,9,8,9,5,8,9,7,9 / 5,4,4,1,5,5,1,3,4,4,1,4,5,6,3,4,3,4,4,4,4,4,1,3,3,4,2,3	0	0
	653	199	0	27	36	38	27	98→	7,7,9,10,8,9,7,6,3,9,10,8,6,8,9,9,8,8,7,7,14,2,7,6,8,4,7 / 5,3,4,5,4,3,3,4,1,5,3,4,4,4,4,2,5,5,5,4,3,2,4,4,4,1,3	0	1
	654	170	0	27	39	23	25	81→	7,8,9,7,5,7,2,4,5,6,9,8,1,5,6,11,14,8,4,9,7,9,8,7,8 / 3,4,4,4,2,3,1,2,2,3,4,3,0,2,3,4,4,4,3,6,2,4,5,5,4	0	1
	655	232	0	25	51	48	29	108→	10,14,9,9,7,14,9,14,8,5,9,8,9,9,10,8,9,7,7,7,6,6,7,7,3,9,7,8 / 6,5,3,4,5,5,5,2,6,5,4,4,3,14,5,4,5,2,5,4,2,2,3,2,2,3,2,3	0	0
	656	228	0	25	46	48	30	109→	5,5,6,6,3,5,10,8,9,10,8,7,7,9,11,9,8,9,8,8,1,7,8,9,8,8,10,10,9,8 / 2,1,2,2,3,4,4,5,4,6,4,3,4,5,4,5,2,5,4,2,2,3,2,2,3,3	0	1
	657	155	0	18	23	41	24	73→	9,1,9,7,7,9,1,8,7,8,8,8,7,7,9,9,6,10,9,2,5,6,1,8,1 / 4,1,4,4,4,0,5,5,3,4,2,4,4,4,2,3,4,2,3,2,2,1,3,1	1	1
	658	199	0	21	45	42	24	91→	9,9,9,8,10,7,7,10,8,8,9,8,9,1,9,9,7,7,9,8,9,10,14,9 / 5,5,7,4,2,4,3,5,4,3,4,5,4,1,5,4,3,3,3,3,4,2,4,4	0	0
	659	187	0	19	29	41	26	98→	9,8,6,9,7,8,8,8,8,8,8,8,8,6,7,6,6,5,9,6,7,4,10,9,1 / 6,5,4,3,4,4,3,6,4,3,3,5,3,3,3,3,4,5,4,5,3,5,1	0	1
	660	173	0	20	36	32	29	85→	7,8,5,7,1,5,1,8,7,3,7,3,7,3,9,8,6,9,6,7,6,7,7,7,6,8,6,7,4,7,1 / 4,3,3,3,1,4,1,4,4,1,5,2,3,3,1,4,3,3,3,3,5,2,3,3,4,2,4,1	0	0
	661	201	0	18	46	38	26	99→	7,7,7,5,9,7,9,7,9,3,7,8,2,9,8,10,9,7,9,9,9,8,10,9,8,9 / 4,3,2,2,3,6,4,5,5,1,3,5,1,4,3,4,6,4,5,5,4,4,4,4,4,4	0	0
	662	194	0	17	43	33	28	101→	10,1,1,9,6,10,7,10,9,7,8,9,6,5,6,4,5,5,3,5,4,5,10,9,9,6,10,7,9 / 5,1,5,6,4,5,3,3,4,4,1,5,3,3,3,2,2,2,2,1,2,4,4,5,5,5,6,5	1	0
	663	182	0	22	43	24	26	93→	8,14,9,7,8,6,10,8,9,8,7,1,9,9,6,9,8,8,9,3,6,5,2,5,6,6 / 4,4,4,5,5,4,5,4,4,4,1,3,0,3,5,3,3,4,5,5,1,4,3,2,3,3,3	0	0
	664	211	0	20	51	44	28	96→	9,8,7,8,9,3,9,9,8,7,11,4,9,8,9,8,9,7,7,7,7,9,6,9,7,8,1,8 / 3,4,5,4,3,2,3,5,3,3,3,1,3,4,4,4,3,4,5,4,3,5,3,4,3,4,1,3	0	1
	665	211	0	24	37	35	27	115→	9,7,8,8,7,11,8,8,9,8,8,7,10,3,9,8,9,7,9,9,6,7,6,9,6,7,8 / 5,4,5,4,4,5,5,4,3,5,4,5,3,2,5,4,5,3,5,3,5,3,5,6,6,3,6,3	0	1
	666	247	0	29	44	45	30	129→	8,7,8,9,9,9,8,14,11,8,7,9,8,10,8,9,10,10,9,10,9,7,8,8,8,8,8,5 / 3,5,3,5,4,4,3,4,4,2,6,3,3,4,5,5,7,5,7,5,4,4,6,5,5,4,4,3,3	1	0
	667	188	0	23	34	35	26	96→	11,8,11,6,9,8,8,8,8,7,2,6,6,8,9,3,7,4,5,5,8,8,8,8,1,8 / 5,5,5,3,3,4,3,5,4,6,3,4,4,4,3,5,3,3,3,3,3,3,3,3,1,5	0	1
	668	179	0	16	29	56	27	78→	9,5,6,7,7,8,9,5,6,7,7,9,8,8,7,1,8,8,6,8,3,6,6,5,7,8,8 / 3,1,2,2,4,1,3,3,4,2,3,4,3,5,4,4,0,3,3,3,3,2,2,3,4,4,3	0	0
	669	155	0	41	14	27	24	73→	7,7,8,9,7,7,9,9,6,8,3,9,1,6,8,8,4,6,5,2,7,2,7,10 / 5,4,4,4,4,3,5,4,4,3,1,3,0,2,2,4,3,2,3,1,4,1,4,3	0	0
	670	175	0	20	22	48	29	85→	8,7,9,8,5,6,8,7,4,4,9,9,8,7,6,1,5,7,2,6,5,6,3,6,3,6,5,6,9 / 5,4,5,3,4,2,3,2,3,2,3,2,3,3,6,4,5,1,2,4,1,1,2,2,2,2,2,2,3,2,4	1	0

WRITING	PAGE	WORDS	δέ	καί	ARTICLE	PARTICLES	LINES	WORDS REMAINING	1ST line of numbers: total of words on each line. 2ND " " " : " " " remaining on line after subtraction of others.	QUES.MARKS	DAGGERS
Rv	671	158	0	18	31	33	29	76	8,1,8,7,7,5,1,11,7,6,8,8,2,3,1,9,1,9,9,3,2,7,4,4,4,5,9,8,1 / 2,1,4,2,4,3,1,4,3,3,3,3,1,2,1,3,1,4,5,2,2,4,2,1,1,2,5,6,1	0	1
	672	174	1	19	33	35	25	86	8,7,1,10,2,7,1,8,9,8,9,7,10,8,8,2,8,7,8,8,8,9,6,7,8 / 4,4,0,4,1,4,1,4,4,4,5,2,5,4,5,1,4,3,4,4,4,4,5,3,3	0	3
	673	218	0	26	46	45	28	102	7,7,8,9,10,9,8,3,9,8,4,9,7,9,8,5,9,8,9,8,8,9,8,9,7,10,9,4 / 5,3,4,3,5,4,5,2,5,5,2,5,5,5,2,3,4,4,2,3,3,3,4,4,4,3,1	0	0
	674	228	0	26	48	49	28	105	7,7,8,8,9,9,9,2,8,8,14,9,9,9,7,9,7,9,10,7,8,5,9,7,10,8,9,9 / 4,4,3,5,4,4,3,5,2,3,4,4,3,3,3,4,5,4,4,5,4,2,5,3,4,4,3,4	0	0
	675	231	0	31	55	37	28	108	7,9,8,10,7,8,8,9,9,8,7,10,8,9,11,8,9,9,9,10,6,9,9,10,6,7,9,2 / 3,4,3,5,3,4,5,3,3,4,6,3,3,4,3,2,4,5,4,3,5,5,6,4,4,4,2	0	0
	676	187	1	24	35	40	23	87	8,8,7,7,7,7,8,1,9,9,8,12,9,8,9,8,7,10,9,9,6,9 / 3,2,2,4,2,4,4,1,4,4,5,5,4,4,4,4,3,3,6,5,5,5,4	0	2
	677	206	0	22	37	28	27	119	9,8,7,8,6,8,7,7,7,8,8,8,2,8,9,8,10,8,9,8,6,8,8,8,7,8 / 4,5,3,4,5,7,3,4,6,4,6,5,4,1,4,4,3,4,5,4,4,6,4,5,5,4,6	0	2
	678	239	0	23	51	50	28	115	6,8,7,7,8,10,6,11,9,11,9,8,10,9,9,9,10,10,9,7,6,10,8,7,8,7,11,9 / 4,5,5,4,6,5,5,4,4,5,4,3,3,3,4,5,2,4,4,5,3,3,5,6,3,3,5,3	0	0
	679	188	0	21	37	40	24	90	8,9,9,8,7,9,9,7,9,9,2,8,7,7,9,9,8,9,8,8,8,4,9,8 / 3,3,6,3,4,3,4,4,4,5,1,3,4,3,4,3,4,4,4,5,5,3,3,4	0	0
	680	191	0	17	52	37	24	85	12,3,7,11,9,11,6,7,10,9,9,10,4,7,9,9,9,8,11,10,2,8,3,7 / 5,1,3,4,4,4,3,4,3,5,4,6,4,3,3,3,3,5,3,1,5,3,3	0	0
	49	**9841**	**7**	**1124**	**1888**	**2054**	**1304**	**4778**		**8**	**30**

A Résumé of the Above Totals

	PAGES	WORDS	δέ	καί	ARTICLE	PARTICLES	LINES	WORDS REMAINING	QUES.MARKS	DAGGERS
Mt	87	18345	494	1177	2788	4860	2347	9026	166	114
Mk	62	11269	161	1088	1508	3002	1472	6610	111	83
Lk	97	19482	542	1469	2646	5466	2538	9359	152	99
Jn	73	15631	213	828	2186	5074	1861	7330	171	114
Ac	89	18449	554	1110	2709	4818	2437	9258	71	122
Rm	32	7111	148	276	1105	2225	909	3357	81	34
1-C	32	6829	211	279	869	2137	847	3333	101	24
2-C	21	4477	73	198	552	1696	576	1958	26	22
Ga	11	2230	58	72	277	713	288	1110	18	0
Eph	12	2422	20	137	432	727	310	1106	1	6
Phl	8	1629	27	107	193	544	214	758	1	7
Col	9	1581	'5	101	262	510	208	703	1	7
1-Th	8	1481	15	102	193	501	197	670	2	9
2-Th	5	823	11	50	112	291	104	359	1	4
1-Ti	9	1591	30	93	158	381	237	929	1	4
2-Ti	7	1238	24	68	151	348	173	647	0	3
Tit	5	659	8	37	61	171	101	382	0	4
Phm	3	335	6	18	36	126	44	149	0	0
Hb	25	4953	71	257	698	1375	711	2552	18	20
Jm	10	1742	37	110	232	445	231	918	18	11
1-Pt	10	1684	28	71	200	500	248	885	4	13
2-Pt	8	1099	21	63	123	285	155	607	1	7
1-Jn	11	2141	11	132	359	718	255	921	4	8
2-Jn	2	245	0	16	33	83	30	113	0	2
3-Jn	2	219	2	11	29	69	31	108	0	0
Jd	4	461	13	21	55	115	68	257	0	2
Rv	49	9851	7	1124	1888	2054	1304	4778	8	30
Totals	691	137977	2790	9015	19855	39234	17896	67083	957	761

Critical Notes concerning the Frequencies.   *Sources previously used: M-G⁺ (Moulton and Geden), and M (Morgenthaler).*

WORD	OLD FREQ.	NEW FREQ.	+, – IN NA²⁶	RESULTS AFFECTING OLD FREQ.	REAL, OLD FREQ.	REASONS FOR DISCREPANCIES
1. ἀλλά	635	636	+2	one too many.	634	M-G omit "bis" at Mk 14.36, and include ἀλλ' ἥ twice which I should have subtracted.
2. ἄν	165	166	+3	two too many.	163	M-G's Ac 3.23, not in NA²⁵, was counted; M-G have ὡς ἄν at 2-C 10.9 for NA²⁵ ὡσάν.
3. ἀπό	648	645	–2	one too many.	647	M has 127 in Lk; NA²⁵ has only 126, as in M-G.
4. αὐτή	7	8	+2	one too many.	6	M has 1 in 1-C (7.12) which is lacking in NA²⁵.
5. αὐτῇ	96	94	–1	one too many.	95	M-G have Lk 1.36 which belongs under αὐτὸς ὁ where they also have it.
6. αὐτό acc.	71	69	–1	one too many.	70	M-G have 2-C 7.11 which belongs under the nominative where they also have it.
7. αὐτοῖς	551	556	+3	two too little.	553	M-G have 89 in Lk; I counted 88; they lack Rv 6.8 which is in NA²⁵.
8. αὐτοῦ	1400	1417	+14	three too little.	1403	M-G omit "bis" at Lk 7.18; they lack Rm 6.12; I forgot to include 1-Jn 3.15.
9. αὐτούς	354	357	+2	one too little.	355	M-G lack Lk 17.14 which is found in NA²⁵.
10. γέ	31	26	–1	four too many.	27	I did not subtract γε in the unit-phrases καίτοι γε (once) and μενοῦν γε (thrice).
11. δέ	2771 +11	2790	+3	five too little.	2787	M-G lack δέ; I borrowed M's 2771 and added 11 from Jn 7.53-8.11; = 2782.
12. εἰ w. εἴγε, εἴπως,	295	286	–1	eight too many.	287	M-G list under εἰ (incorrectly) and εἰ οὐ : Lk 11.8; 18.14. Ac 25.11; they list under εἰ (incorrectly) and εἴ τις: Rm 11.17; Ga 6.3; they list εἰ μήν (Hb 6.14) under εἰ ; they list under εἰ : Mk 11.13 and 1-Pt 2.19; I have placed them under εἴ τις.
13. εἰς w. εἰς τί; ₅	1757	1769	+1	eleven too little.	1768	By using the new frequencies and the plusses and minuses in NA²⁶: Mt should have had 217, not 216; Mk, 168, not 167; Lk, 226, not 223; Jn, 188, not 187; Ac, 301, not 299; Eph, 39, not 37; and Rv, 80, not 79.
14. εἰσίν	156	157	+1,–1	one too little.	157	M-G have 19 in Lk; I counted only 18 with M.
15. ἐκ, ἐξ	911	914	+1	two too little.	913	M-G omit "bis" at Ga 3.2 and Rv 17.6.
16. ἐν w. ἐν τίνι; ₇	2711	2752	+10	thirtyone too little.	2742	M-G should read: "ter", not "bis", at Mt 13.57, and "bis" at 26.6; they lack Mk 4.8 (bis), and should read "bis" at Mk 14.3; they lack "bis" at Lk 2.44, 4.25, should read "ter", not "bis", at Lk 10.27, should read "ter" at 11.1 (cancel 11.2 as not in NA²⁵,²⁶) and at 12.38; M-G lack "ter" at Ac 17.31, and "bis" at 24.18, 26.4, and 28.11; they should read "ter", not "bis" at Rm 7.23, and at 1-C 1.10 and 14.21; they should read "bis" at 2-C 7.16 and 12.12, and at Eph 2.3; Eph 2.7 has three, while they should read "bis" at Eph 3.12 (note: in NA²⁶, Eph 2.14 has one ἐν and v.15, two; in M-G, there is no v.14, and v.15 has "ter"); they should read "bis" at Phl 4.12, and "ter" at 1-Th 2.2 (note: in NA²⁶, there is no ἐν at 1-Th 2.6 and two at 2.7); they should read "bis" at 1-Ti 3.13; they omit "bis" at Phm 6, at Hb 8.1, and at 1-Pt 3.19; they should read "quater" at Rv 10.6, not "ter", or, the other (v.) 6 should be counted.
17. ἐπί, ἐφ' -acc.	476	482	+2	four too little.	480	M-G fail to read the following: Mt 24.7: καὶ βασιλεία ἐπὶ βασιλείαν/ Ac 11.15: ὥσπερ καὶ ἐφ' ἡμᾶς ἐν ἀρχῇ / 20.13: προελθόντες ἐπὶ τὸ πλοῖον / 20.4: καὶ ἐπὶ τὰς πηγὰς τῶν ὑδάτων/ 20.4: καὶ ἐπὶ τὴν χεῖρα αὐτῶν. Note that at Rv 10.1 (in NA²⁶) ἐπὶ changes cases from acc. (as in M-G) to genitive!
18. ἐστίν w. τοῦτ' ἔστιν ₁₈	895	898	–3	six too little.	901	M-G omit Mk 6.49 and "bis" at 9.40 and Lk 9.50; they omit 1-C 15.17 and "bis" at Ga 5.19 and 1-Jn 2.4.
19. ἔχω	709	709	–1	one too little.	710	Mt has 75, as in M-G and M; I mistakenly counted 74.
20. ἤ	340	341	–2,+2	one too little.	341	M-G lack Mt 15.6. Perhaps their extra v.5 equals v.6 in NA.
21. ἡμᾶς	167	166	+1,–1	one too many.	166	M-G have ἡμᾶς at 1-Pt 3.18, which was counted, whereas NA²⁵ and ²⁶ have ὑμᾶς.
22. ἡμῶν	393	403	+6	four too little.	397	M-G omit "bis" at 1-Th 1.3; at 3.11 they have "bis" while NA²⁵ has "ter"; 1-Jn 1.4 and 2-Jn 3 are not in M-G because they read ὑμῶν, whereas NA²⁵ reads ἡμῶν.
23. ἦσαν for all impf. forms.	449	451	+1	one too little.	450	M-G fail to read at Hb 8.4 : οὐδ' ἂν ἦν ἱερεύς.
24. Ἰησοῦς –I	907	910	+2	one too little.	908	When M-G was compared to NA²⁵, the previous (erroneous) frequency of 909 should have read 907, the plus two of NA²⁶ then yielding 909; the missing freq. is in M-G who fail to list Jn 4.2 : Ἰησοῦς αὐτὸς οὐκ ἐβάπτιζεν; thus, the real former freq. was 908 (with Jn 8.1,6,10,11).
25. καί	8947 +9	9015	+46	thirteen too little.	9002	Καί does not appear in M-G; I borrowed M's frequency of 8947 and added 9 more for Jn 7.53-8.11; = 8956. According to the new freqs. in NA²⁶ (9015), M. would have had 22 too few; and since M's freq. for Rv is a typographically erroneous 117 (!), it is not worth trying to reconstruct the former frequencies.
26. λέγω	1322	1327	+4	one too little.	1323	M-G lack τίνα με λέγουσιν οἱ ὄχλοι at Lk 9.18.
27. μέ	287	291	+5	one too many.	286	M-G have Mk 6.23, which was previously counted; it is not in NA²⁵, but now in NA²⁶.
28. μέν	181	179	–1	one too many.	180	Phl 3.8 in M-G (μὲν οὖν γε) was accidentally counted; this reading is from Westcott-Hort; NA²⁵ has μενοῦν γε which is different again from Tischendorf's μενοῦνγε (also listed in M-G and now the reading in NA²⁶). M also includes Phl 3.8.
29. μή	680	656	–2	twenty-two too many.	658	M-G divide μή (pp. 639-646) under several headings: ἐὰν μή (p. 240), εἰ μή (pp. 261-262), ἵνα μή (pp. 494-495), and οὐ μή (p.646), but not infrequently repeat references (cf. Mk 12.19 which is listed by them under ἐάν, ἐὰν μή, and μή!). Thus, it would not be worthwhile trying to reconstruct frequencies.
30. ὁ, ἡ, τό	19734 +22	19855	+86	thirteen too little.	19769	M's frequency (19,734) was previously borrowed and the 22 definite articles in Jn 7.53-8.11 were added, yielding 19,756. It would be a useless task now to find where the 13 missing articles are, since M's total is obviously wrong and has been superseded by the count in NA²⁶.
31. οἶδα	321	318	–2	one too many.	320	M-G have two οἶδα words at Lk 12.56; the second is not found in NA²⁵.

Critical Notes concerning the Frequencies.

WORD	OLD FREQ.	NEW FREQ.	+, − IN NA²⁵	RESULTS AFFECTING OLD FREQ.	REAL, OLD FREQ.	⟶ REASONS FOR DISCREPANCIES
32. ὄνομα	228	230	+1	one too little.	229	Phl has 4 in M-G (and NA²⁵ and ²⁶). M has only 3.
33. ὅς, ἥ, ὅ	1369	1400	−4	thirty-five too little	1404	Since M-G have a very involved arrangement, M's frequency was borrowed. And because no one separates the frequencies of the various forms under ὅς — a task which shall be done in a future work of mine — there is no way of finding out where the 35 missing words are, except by re-counting those in NA²⁵ (a rather useless endeavor, seeing that the text has been superseded by NA²⁶). The additions and subtractions in NA²⁶ concern ἥ (−1), ὅς (−2), οὗ (+1), and οὕς (−2).
34. ὅτε	102	103	+2	one too many.	101	Lk should have read 11, not 12 (as M) for NA²⁵.
35. ὅτι	1286	1295	+1	ten too little.	1294	M-G have ten lacunae vis-à-vis NA²⁵: Mk 2.1, 9.11(bis), 41(bis); Ac 22.29(bis), 23.5 (bis); 1-C 8.4(bis); 2-C 13.6(bis); Hb 2.6(bis); Rv 3.1(bis), 17 (ter: M-G have bis).
36. οὐ, οὐκ, οὐχ	1525	1478	+5, −5	——	1478	M-G's entry of οὐ, οὐκ, οὐχ cannot be relied upon to supply only these words, because for some unexplained reason, not a few references from their entries εἰ οὐ and οὐ μή are thrown in (and if some, why not all, or better, why any at all?). For εἰ οὐ: Mt 26.21, 42; Mk 14.21; Lk 11.8, 16.11,12,31, 18.4b; Jn 1.25, 5.47, 10.37; Rm 8.9b, 11.21; 1-C 7.9, 9.2, 11.6, 15.13,14,16,17,29,32, 16.22; 2-Th 3.10; 1-Ti 3.5, 5.8; Hb 12.25; Jm 2.11, 3.2; 2-Pt 2.4; Rv 20.15. For οὐ μή: Mt 16.22, 21.19 (not in NA²⁶), 24.2, 21, 25.9 (v.l. here); Mk 13.19; Lk 8.17c, 10.19; Jn 6.35 bis, 37, 10.5, 28, 13.8, 16.7 (not in NA²⁶, v.l. here); Hb 13.5 bis; Rv 9.6, 18.7, and 21.25.
37. οὐδέ, w. οὐδὲ μή₁	139	143	+3	one too little.	140	Jn was counted previously as having 15 (=M); M-G have 16, i.e., counting Jn 8.11.
38. οὖν	491	499	+5	three too little.	494	Lk should have read 32, not 31 (=M): M-G lack Lk 13.18. Jn should have read 197, not 196: M-G lack "bis" at Jn 13.26. Hb should have read 13 (=M), not 12: 1 omitted Hb 13.15.
39. οὕτως	208	208	−1	one too little.	209	Mk 4.40 in NA²⁵ does not appear in M-G who read οὕτω, as does NA²⁶.
40. παραδίδωμι	120	119	−1, +1	one too many.	119	Mk in M reads 21; no doubt, παραδώσει at Mk 7.13 was mistaken for a verb.
41. πᾶς, πᾶσα, πᾶν	1238	1242	+1	three too little.	1241	In M-G, Lk has 158 as in NA²⁵, not 157. M-G lack a reference at 2-C 9.8: δυναται δὲ ὁ θεὸς πᾶσαν χάριν. In M-G, Eph has 51 as in NA²⁵, not 50.
42. πρῶτος	93	95	+1	one too little.	94	M-G lack a reference at Mt 19.30 which is in NA²⁵: καὶ ἔσχατοι πρῶτοι.
43. σοί	213	213	+1	one too many.	212	In M-G, Jn 17.6,9 belong under σός where they are also listed. M-G lack "ter" at Lk 14.10.
44. σοῦ	474	481	+5	two too little.	476	In M-G, vis-à-vis NA²⁵, Mt 11.10 and Lk 7.27 would both have to read "ter" and not "bis".
45. τέ	205	215	+6	four too little.	209	In M-G, Ac 17.14 and 27.3 both lack "bis"; at Rm 14.8(bis) the count should have been 1, not 2, because M-G's superior number "2" doubles every such reference.
46. τίς	553	555	+2, −2	two too little.	555	Mk should have read 72, not 71 (=M), and Lk, 115, not 114 (=M), because both forms in τίς τί should have been counted previously.
47. τις	518	525	+3	four too little.	522	Mt should have read 114, as in M, 21 (=M), not 20; Ac should have read 113 (=M) not 115 (a bad count! M-G have 112 because they lack Ac 28.21b: ἢ ἐ-λάλησέν τι περὶ σοῦ πονηρόν.); Phl should have read 10 (=M), not 9; Col, 5 (=M), not 4; 1-Ti, 18, not 17 (=M; M-G lack 1-Ti 5.24b: τισὶν δὲ καὶ ἐπακολουθοῦσιν; Jm should have read 15, not 14 (=M; M-G lack Jm 5.19b: καὶ ἐπιστρέψῃ τις αὐτόν.); finally, Rv should have read 12 (=M), and not 13.
48. τοῦτο	318	318	+1	one too many.	317	In M-G, Mt 17.21 was counted previously, the entire verse lacking in NA²⁵(+26)
49. τοῦτον	58	60	−1	three too little.	61	My previous frequency should have read 60, since both M-G and M have 60. Moreover, M-G fail to read "bis" at Ac 7.35.
50. Χριστός	528	529	+1, −1	one too little.	529	1-C should have read 63 for NA²⁵, not 62 (as in M).
51. ψυχή	101	103	+1	one too little.	102	M-G lack a reference at Lk 12.19, which has two such entries, to be inserted before their standing entry: καὶ ἐρῶ τῇ ψυχῇ μου.
52. ὡς I (adv.)	410	411	+2	one too many.	409	2-C 10.9, not found in NA²⁵ (but now in NA²⁶), was previously counted, because M-G have it. NA²⁵ has ὡσὰν (not previously counted, because not in M-G), whereas M-G have ὡς ἄν, which is now the reading in NA²⁶.
53. ὡς II (conj.)	93	93	+1	one too many.	92	2-Th 2.2, previously counted under the conj., has been moved under the adv. M-G have it under both.